HISTOIRE
UNIVERSELLE

PUBLIÉE

par une société de professeurs et de savants

SOUS LA DIRECTION

DE M. V. DURUY

HISTOIRE DE FRANCE

AUTRES OUVRAGES DE M. DURUY

PUBLIÉS PAR LA MÊME LIBRAIRIE.

Histoire des Grecs, depuis les temps les plus reculés jusqu'à la réduction de la Grèce en province romaine. Ouvrage couronné par l'Académie française. 2 volumes in-8, brochés, 12 fr.

Histoire des Romains depuis les temps les plus reculés jusqu'à la fin du règne des Antonins; nouvelle édition. 5 volumes in-8, brochés, 37 fr. 50 c.

Abrégé d'histoire universelle jusqu'en 1848. 1 volume in-12, cartonné, 4 fr. 50 c.

Introduction générale à l'histoire de France. 1 volume in-18 jésus, broché, 3 fr. 50 c.

Causeries de voyage : *De Paris à Vienne.* 1 vol. in-18 jésus, broché, 3 fr. 50 c.

Cours d'histoire, rédigé conformément aux nouveaux programmes de 1874, à l'usage des classes de grammaire et d'humanités. Nouvelle édition entièrement refondue, contenant des cartes géographiques et des gravures d'après les monuments. 6 volumes in-12, cartonnés :

Abrégé d'histoire ancienne. Classe de Sixième. 1 vol. 3 fr.
Abrégé d'histoire grecque. Classe de Cinquième. 1 vol. 3 fr.
Abrégé d'histoire romaine. Classe de Quatrième. 1 vol. 3 fr.
Histoire de l'Europe du ve siècle à la fin du xiiie (395-1270). Classe de Troisième. 1 vol. 3 fr. 50 c.
Histoire de l'Europe, de la fin du xiiie siècle au commencement du xviie (1270-1610). Classe de Seconde. 1 vol. 3 fr. 50 c.
Histoire de l'Europe, de 1610 jusqu'à 1789, précédée d'une courte révision de l'histoire de France antérieure à 1610. Classe de Rhétorique, 1 vol. 3 fr. 50 c.

Petit cours d'histoire. 8 volumes in-18, avec cartes géographiques, cartonnés :

Petite histoire sainte. 1 vol. 80 c.
Petite histoire ancienne. 1 vol. 1 fr.
Petite histoire grecque. 1 vol. 1 fr.
Petite histoire romaine. 1 vol. 1 fr.
Petite histoire du moyen âge. 1 vol. 1 fr.
Petite histoire des temps modernes. 1 vol. 1 fr.
Petite histoire de France, depuis les temps les plus reculés jusqu'à nos jours. 1 vol. 1 fr.
Petite histoire générale. 1 vol. 1 fr.

Pour ceux des ouvrages de M. Duruy qui font partie de l'histoire universelle, voir l'annonce sur la couverture.

Typographie Lahure, rue de Fleurus, 9, à Paris.

HISTOIRE
DE FRANCE

PAR

VICTOR DURUY

NOUVELLE ÉDITION

ILLUSTRÉE
D'UN GRAND NOMBRE DE GRAVURES ET DE CARTES GÉOGRAPHIQUES

> « ....Ce noble et fertile royaume, le plus favorisé par la nature de tous ceux qui sont au monde.... »
> Sir WILLIAM TEMPLE.
> « ....Le plus beau royaume, après celui du ciel. »
> GROTIUS et J. DE MAISTRE.

TOME PREMIER

PARIS

LIBRAIRIE HACHETTE ET Cⁱᵉ

79, BOULEVARD SAINT-GERMAIN, 79

1876

Au temps des premières éditions de ce livre la France avait, chez elle, une prospérité, et dans le monde, une place qui pouvaient satisfaire le patriotisme le plus exigeant. Les jours de malheur sont venus, et les hommes de ma génération porteront probablement jusqu'au tombeau leur incurable douleur. Cependant je n'ai rien effacé dans ces pages qui racontaient le passé de la plus illustre des nations modernes ; car je ne puis me résoudre à terminer ces récits par le cri désespéré de : *Finis Galliæ!* Malgré les passions, les appétits et de criminelles erreurs, l'esprit d'ordre, celui qui conserve en réformant, finira par prévaloir ; et, malgré les démagogues internationaux, qui remplacent la patrie par la coalition de toutes les convoitises cosmopolites, il se fera, je veux l'espérer, une France nouvelle, ardente à la pensée et à l'action, pour continuer le rôle glorieux que l'ancienne a joué dans l'œuvre de la civilisation générale. Le monde a encore besoin de ce pays dont il a si longtemps accepté l'influence et subi l'attrait. Il lui faut ce génie sympathique et clair qui a donné ou traduit à l'Europe toutes les idées de raison et de justice; qui sait maintenir, jusque dans l'utile ou le frivole, la tradition de l'art, et dont les douloureuses épreuves politiques, épargnant à d'autres de cruelles expériences, feront peut-être de nos folies la sagesse des nations. Qui sait d'ailleurs si le tronçon d'épée qui nous est resté dans la main, après une surprise malheureuse, ne sera pas quelque jour nécessaire pour défendre la liberté générale contre de brutales ambitions ? Nous avons bien le droit, au moins, de nous souvenir que nous y avons réussi trois fois déjà, en arrêtant ou brisant la menaçante fortune de Charles-Quint, de Philippe II, et de Ferdinand d'Autriche.

Janvier 1876.

PRÉFACE

DE LA PREMIÈRE ÉDITION.

Un grand poëte étranger appelait la France le soldat de Dieu. Voilà en effet plus de douze siècles qu'elle semble agir, combattre et vaincre ou souffrir pour le monde. Par un singulier privilége, rien de considérable ne s'est fait en Europe qu'elle n'y ait mis la main; aucune grande expérience politique ou sociale n'a été tentée qu'après avoir été accomplie chez elle; et son histoire résume et précise l'histoire même de la civilisation moderne. Tel a été dans le monde grec le rôle d'Athènes, et plus tard, au troisième âge de la civilisation ancienne, celui de Rome. Car il se trouve toujours un point où la vie générale est plus intense et plus riche, un foyer où la civilisation concentre ses rayons épars.

Je voudrais résumer en quelques lignes la marche générale de notre histoire et le rôle civilisateur de la France.

A l'origine, sur ce sol gaulois dont Strabon admirait l'heureuse structure, au point d'y trouver la preuve d'une divine providence, on ne voit qu'un mélange confus de populations étrangères les unes aux autres, d'Ibères et de Gaëls, de Kymris et de Teutons, de Grecs et d'Italiens, où le vieux fond celtique domine. Et cependant, il faut, pour les dompter, dix légions, César et son génie.

Rome organise une première fois ce chaos. A ces peuples batailleurs qui ont troublé tout l'ancien monde par leur humeur vagabonde et guerrière, elle apporte l'ordre et la civilisation; elle couvre leur pays de routes, de monuments et d'écoles. Elle leur donne ses lois et son régime municipal; elle leur léguera ses traditions administratives. La Gaule est alors la plus prospère, la plus romaine, et par conséquent la première des provinces de l'empire.

Mais cet empire, à qui ses poëtes promettaient une durée éternelle, s'écroule sous le poids des vices de son gouvernement. Des peuples nouveaux inondent ses provinces en y semant la ruine et la mort. L'invasion des Barbares se fait partout; c'est dans la Gaule seule qu'elle réussit; c'est là qu'elle fonde l'Etat au sein duquel vinrent se perdre tous les autres. Combien ont duré les royaumes fragiles des Burgundes et des Suèves, des Vandales et des Hérules, des Goths et des Lombards? Le plus fort n'a pas vécu trois siècles, et les successeurs de Clovis et de Charlemagne ont légué leur couronne et leur titre à une maison qui n'est pas éteinte encore.

Après avoir tout recouvert, l'invasion s'arrête, recule et disparaît. Qu'est-ce que l'Afrique a gardé des Vandales, l'Italie des Goths, l'Espagne des Alains et des Suèves? En France, elle se fixe et s'organise à la condition de cesser d'être elle-même en se laissant conduire par ceux qu'elle a vaincus, surtout par l'Église. « Quand tu combats, écrivait à Clovis un évêque de Valence, c'est à nous qu'est la victoire. »

L'évêque disait vrai. La victoire des Francs était le salut du clergé catholique; car, à cette heure, il était menacé des plus sérieux dangers qu'il eût jamais courus ; l'arianisme triomphait partout. Aussi quels vœux ardents pour ce peuple franc qui seul ne portait pas au front la marque de l'hérésie, qui allait rendre à l'Église la sécurité et le pouvoir, qui allait tout conquérir pour tout mettre à ses pieds. *Mitis, depone colla, Sicamber.*

Un ennemi jusqu'alors invincible s'approche : l'islamisme, parti du fond de l'Arabie, s'est étendu, en moins d'un siècle, du Gange aux Pyrénées. Il veut abaisser encore cette barrière. Ses rapides cavaliers passent la Garonne, franchissent la Loire : c'en est fait de l'Europe chrétienne. Les Francs arrêtent ce fougueux élan et rejettent par delà les monts l'invasion musulmane brisée et depuis ce jour impuissante contre l'Europe occidentale.

La papauté, récemment affranchie de la suprématie des empereurs byzantins, était menacée de retomber sous celle des rois lombards. En un temps où toutes les questions allaient être des questions religieuses, où la société entrait et s'enfermait dans l'Église, où les peuples s'inclinaient avec une docile obéissance sous les paroles tombées de la chaire de saint Pierre, il n'était pas bon que le chef de la chrétienté courût le risque, en n'ayant [pas l'indépendance politique, de devenir entre les mains d'un prince un instrument d'oppression. Pépin et Charlemagne préparèrent son indépendance temporelle.

Le monde barbare flottait vague, indécis, s'abandonnant sans règle aux influences multiples qui agissaient sur lui, sans vie commune, par conséquent sans force et sans durée. Charlemagne le prend dans ses puissantes mains, le façonne, l'organise, et sur cette masse réfractaire cherche à répandre le souffle de vie. Il constitue l'Europe germanique et chrétienne, et, en plaçant à Rome son point d'appui, il montre que c'est sur la civilisation antique épurée et transformée par le christianisme qu'il faut s'appuyer. Il relève, pour le malheur de l'Italie, l'empire d'Occident; mais il crée l'Allemagne qui avant lui n'existait pas, et il attache à la France cette suprématie européenne que les Mérovingiens lui avaient fait un instant entrevoir et qu'elle a depuis tant de fois exercée.

Charlemagne meurt; son œuvre se brise : est-il mort tout entier? Non, car sa grande image plane au-dessus des temps féodaux, comme le génie de l'ordre invitant sans cesse les peuples à sortir du chaos pour chercher l'union sous un chef glorieux et fort. Combien le souvenir du grand empereur n'a-t-il pas aidé les rois à reconstituer leur pouvoir et l'État?

Sous Charlemagne, presque toute l'Europe chrétienne était le pays des Francs, et les vieilles provinces du nord-est de la Gaule, d'où ils étaient sortis, formaient le centre de leur empire. Mais ses successeurs laissent tomber de leur tête cette couronne trop lourde. L'empire se divise en royaumes, les royaumes à leur tour se démembrent; la France, ramenée des bords du Rhin derrière la Meuse, n'est plus qu'un confus pêle-mêle de petits États indépendants et les ténèbres redescendent sur le monde. Quand elles se dissipent, une société nouvelle apparaît : la société féodale, et la civilisation moderne commence; son point de départ est surtout en France.

La révolution féodale, sans nul doute, se produisit dans toute l'Europe germanique, mais elle se précisa en France. C'est la féodalité française qui s'implanta en Angleterre avec Guillaume le Bâtard; dans l'Italie méridionale, avec Robert Guiscard; dans le Portugal, avec Henri de Bourgogne; en Terre sainte, avec Godefroy de Bouillon. Ce sont les seigneurs français qui rédigèrent la vraie charte de la féodalité, les *Assises de Jérusalem*; qui créèrent les tournois, les ordres militaires, la chevalerie et le blason; qui conçurent cet idéal de courage, de pureté, de dévouement et de galanterie dont il est resté dans les mœurs modernes des traces ineffaçables. C'est en France, en un mot, que la féodalité et la chevalerie, ou la société aristocratique, ont eu leur plus haute expression, ainsi que la monarchie absolue l'aura plus tard, et plus tard encore la démocratie, comme si ce peuple de France était chargé, au nom et au profit des nations, d'expérimenter toute constitution politique jusque dans ses dernières conséquences.

La féodalité, si oppressive dans son âge de décadence, avait eu son temps de légitimité, quand elle arrêtait la seconde invasion des barbares, celle des Northmans, Hongrois et Sarrasins, car toute puissance s'établit par ses services et tombe par ses abus. Elle eut aussi son âge héroïque, au siècle des Croisades, lorsque des millions d'hommes se levèrent pour marcher à la conquête d'un tombeau. Les Croisades sont le plus grand fait du moyen âge, et elles appartiennent presque toutes à la France, comme la *trêve de Dieu* qui les prépare[1]. L'Orient le sait bien; pour lui, depuis ce temps-là, tout Européen est un Franc, et l'historien des Croisades donnait à son livre le titre de *Gesta Dei per Francos*.

Le moyen âge est alors à son apogée, et c'est en notre pays qu'il atteint toute sa grandeur. L'Italie a d'illustres pontifes, mais un saint est sur le trône de France, c'est le fils aîné de l'Église[2]. Le clergé est partout puissant,

---

1. M. Kluckhohn (*Geschichte des Gottesfriedens*) fait cette remarque que la rapide propagation de la trêve de Dieu fut due à la France, « dont le génie sympathique cherche et propose tout de suite au monde les remèdes qu'il a trouvés aux maux de la société. »

2. Le roi de France était bien plus qu'aucun autre des rois successeurs de Constantin, l'*évêque extérieur*. « Vous êtes prélat ecclésiastique, » disait un archevêque de Reims à Charles VII. Le roi, quel qu'il fût, était, en effet, chanoine de Saint-Martin; il portait, à son sacre, la dalmatique des prêtres sous son manteau royal, et, comme eux, il communiait sous les deux espèces. Je n'ai pas besoin de rappeler qu'on lui croyait le don miraculeux de guérir les écrouelles.

mais où trouve-t-on plus nombreuses, plus vivantes, ces leçons d'égalité et de respect pour l'intelligence que l'Église donnait à la société féodale, en conservant le système de l'élection, perdu ailleurs, et en appelant les derniers des enfants du peuple dans ses chaires pontificales, ce qui les faisait les égaux des plus grands de la terre? Où l'institut monastique, avec les heureuses conséquences qu'il avait alors, a-t-il pris une pareille extension? Un moine français, saint Bernard, gouverne l'Europe. Et quel ordre peut rivaliser avec cet ordre de Cîteaux, dont le chef s'appelait l'abbé des abbés, commandait à plus de trois mille monastères, et de qui relevaient les ordres militaires de Calatrava et d'Alcantara en Espagne, d'Avis et du Christ en Portugal? Un art nouveau que la Grèce et Rome n'avaient point connu, qui n'est ni allemand ni arabe, quoique l'Orient en ait peut-être donné l'inspiration première, élève ces montagnes de pierres ciselées à jour, dont la masse tout à la fois imposante et légère nous ravit encore d'admiration. Paris, « la cité des philosophes, » est le foyer de toute lumière. On accourt des régions les plus lointaines à ses écoles, qui ont tiré la science du fond des monastères et la sécularisent. Les grandes renommées ne se font qu'à son Université, qui compte vingt mille écoliers, et où les plus illustres docteurs de l'Allemagne, de l'Italie et de l'Angleterre sont tour à tour élèves et maîtres. Le latin est leur idiome, et la scolastique est leur science. Mais la langue de Villehardouin et de Joinville aspire à l'universalité, grâce aux croisés qui l'ont portée partout, grâce aux troubadours et aux trouvères qui ont versé à l'Europe un large flot de poésie. « Elle court parmi le monde, dit, en 1275, un Italien qui traduit en français une chronique de son pays. Et le maître de Dante s'en sert pour écrire son *Trésor*, parce que « la parlure de France est plus commune à toutes gens. » La domination intellectuelle de l'Europe nous appartient déjà.

La civilisation ne marche pas en ligne droite; elle a des temps d'arrêt et des reculs qui feraient désespérer, si l'on ne savait que la vie de l'humanité est un long voyage sur une route difficile, où l'éternel voyageur monte et redescend en avançant toujours. Lorsqu'au temps de saint Louis et du *Docteur Angélique* le moyen âge eut atteint les hautes cimes de l'art et de la science catholiques, il descendit rapidement sur la pente opposée et se perdit dans les bas-fonds du siècle suivant, un de ceux qui ont porté le plus de misères.

Le grand treizième siècle, en effet, est clos à peine, que tout ce qu'il avait aimé et glorifié s'abaisse ou tombe. La papauté est indignement bafouée dans Anagni et retenue captive dans Avignon par cette même main de la France qui l'avait aidée à s'élever au-dessus des couronnes. Le schisme va déchirer l'Église, la croisade monte sur le bûcher avec les chevaliers du Temple, et la féodalité, sourdement minée, chancelle : un seigneur redouté, le neveu d'un pape, est pendu comme un vilain, et un vilain, un argentier reçoit des lettres de noblesse.

Quelle est donc la force qui fait toutes ces ruines autour d'elle et qui s'élève sur tant de débris? Le grand révolutionnaire, à cette époque, est le roi, comme l'aristocratie l'avait été avant Hugues Capet, comme le peuple le sera après Louis XIV. Naguère prisonnière dans les quatre ou cinq villes de Philippe Ier, la royauté avait en deux siècles brisé ce cercle de forteresses féodales qui l'enfermait, et marché à grands pas, d'usurpation en usurpation, comme disaient les grands, vers l'autorité absolue; c'est-à-dire qu'elle avait ressaisi un à un les pouvoirs publics envahis par les seigneurs, et qu'à ces indociles vassaux qui dataient leurs chartes du règne de Dieu, en l'absence d'un roi, *Deo regnante*, elle avait imposé la paix du roi, la justice du roi, la monnaie du roi, et qu'après un intervalle de trois siècles, elle avait repris le droit de faire des lois pour tout l'État. Le dernier des capitulaires est de Charles le Simple, la première ordonnance d'un intérêt général est de Philippe Auguste. A l'avénement des Valois, la féodalité n'avait plus que des pouvoirs administratifs et militaires.

Cette révolution par en haut avait été possible, parce qu'il s'était fait aussi une révolution par en bas. La philosophie et le christianisme avaient tué moralement l'esclavage antique ; l'invasion l'avait désorganisé, et peu à peu les esclaves étaient devenus des serfs, ne devant qu'un travail réglé au lieu d'un travail arbitraire, vivant et mourant, loin d'un maître capricieux et violent, sur le sol où ils étaient nés et où la famille agricole commençait enfin à se constituer. Cette classe nouvelle s'accrut de deux façons : les esclaves s'y élevèrent, les colons et les hommes libres dépossédés y tombèrent. Au dixième siècle, la transformation était opérée. Il restait bien peu d'esclaves, et on ne trouvait que des serfs dans la population rurale, ainsi que dans une grande partie de la population urbaine.

Alors un autre travail commença. L'évêque Adalbéron, dans un poëme latin, adressé au roi Robert, ne reconnaît que deux classes dans la société : les clercs qui prient, les nobles qui combattent ; au-dessous, bien loin, rampent les serfs et manants qui travaillent, mais ne sont rien dans l'État. Ces hommes, que l'évêque Adalbéron ne comptait pas, l'effrayaient pourtant. Il pressentait avec douleur une révolution prochaine : « Les mœurs changent, s'écrie-t-il, l'ordre social est ébranlé. » C'est le cri de tous les heureux du siècle à chaque réclamation partie d'en bas. Il ne se trompait point ; une révolution commençait, qui allait tirer les manants de la servitude pour les élever au niveau de ceux qui étaient alors les maîtres du pays ; mais il a fallu à cette révolution sept cents ans pour réussir.

Les villes donnèrent le signal. L'insurrection communale y fit entrer la liberté et l'ordre. La royauté favorisa ce mouvement hors de ses domaines, sur les terres des seigneurs, et les milices communales à leur tour secondèrent le roi dans ses guerres féodales. Elles suivirent l'oriflamme devant tous les châteaux que Louis VI voulut abattre et aidèrent Philippe Auguste à gagner notre première victoire nationale, celle de Bouvines.

Mais les communes visaient à une indépendance jalouse. Or l'indépendance des villes ne valait pas mieux que celle des châteaux; la royauté les ruina toutes deux, car elle eût empêché la formation de la vie nationale. Mais, au lieu de restreindre ces libertés anarchiques, en les ramenant à des libertés compatibles avec l'ordre et l'unité de l'État, la royauté les ruina absolument, et ainsi, prépara le vide qui plus tard se fit autour d'elle.

Cependant si les châteaux et les communes perdent, les simples villes de bourgeoisie et les campagnes gagnent. Les premières obtiennent des garanties pour leur industrie et leur commerce, pour la sûreté des biens et de la personne de leurs habitants; les autres voient se relever encore la condition des populations rurales. Au douzième siècle, les serfs sont admis à témoigner en justice; au treizième, les affranchissements se multiplient, car les seigneurs commencent à comprendre qu'ils gagneront à avoir sur leurs terres des hommes libres laborieux, plutôt que des serfs « qui négligent de travailler en disant qu'ils travaillent pour aultruy; » au quatorzième, les campagnes s'organisent; les paroisses ecclésiastiques deviennent des communautés civiles; au quinzième enfin, elles arrivent, pour un moment, à la vie politique : les paysans prennent part, dans des assemblées primaires, à la nomination des députés aux états généraux de 1484. Bourgeois dépossédés de priviléges exclusifs et serfs affranchis se rencontrent donc à mi-chemin de la servitude à la liberté et s'y tendent la main.

Tous les pays ont eu des communes et des serfs; la France seule a composé de toute sa population roturière le tiers état qui est encore en formation dans le reste de l'Europe. C'est une société nouvelle qui commençait et nous en portions le drapeau.

Ainsi ces esclaves qui, aux temps anciens, n'étaient que des choses, des instruments de travail, *instrumentum vocale*, achetés et vendus pêle-mêle avec le bœuf, le cheval et la charrue, *instrumentum mutum*; qui, au moyen âge, ont retrouvé leur personnalité et sont devenus des hommes, montent encore : les voilà citoyens. Enrichis par le commerce, éclairés par la science qu'ils ont demandée aux universités, et préparés au maniement des affaires publiques par la gestion des intérêts municipaux, ils sont appelés par Philippe le Bel à la vie politique. Peu à peu ils s'installent, par leurs chefs, dans le ministère, dans le parlement, dans le grand conseil, à la cour des comptes, à la cour des aides, dans toutes les charges de finance et de judicature. De là ils régentent le royaume, quelquefois le roi, mais aussi, par peur de la féodalité, ils dirigent le prince vers le pouvoir absolu et l'y établissent.

Au commencement du quatorzième siècle, les États généraux où ils siégent disposent de la couronne : ils font le roi; en 1357, en 1484, ils veulent presque le défaire. Mais la féodalité était trop puissante encore, la forte autorité d'un seul trop nécessaire; ces tentatives avortent. Elles n'étaient point sorties d'ailleurs de la conscience réfléchie et générale du pays, mais de la pensée hardie de quelques hommes, à la vue des épouvantables misères où la France était plongée.

La royauté, en effet, oubliant un moment ce qui avait fait sa fortune et redevenant chevaleresque, féodale, avait mené le pays aux abîmes; il s'en tire de lui-même, après d'inexprimables souffrances. Avertie du moins par cette cruelle leçon, la royauté descend de son cheval de bataille, dépose la hache d'armes et la lance qui avaient si mal servi à Philippe VI et au roi Jean ; elle se fait bourgeoise ; elle rappelle ses conseillers roturiers. La noblesse n'a pour ceux-ci que des dédains, des insultes, et, de temps à autre, les envoie au gibet ou dans l'exil, en prenant leurs biens ; mais ces petites gens vont toujours, s'abritant de la royauté qui a besoin de leur intelligence et qui n'a rien à craindre de leur faiblesse ; ils vont, tenant en main leur évangile politique, la loi romaine, propageant leur droit roturier qui repose sur l'égalité, par opposition au droit féodal qui repose sur le privilége, et un jour ils bannissent un comte d'Armagnac, condamnent à mort un duc d'Alençon, font brûler un maréchal de Retz ou jettent un bâtard de Bourbon à la rivière, cousu dans un sac sur lequel ils ont écrit : « Laissez passer la justice du roi. »

D'où leur viennent cette confiance et cette force ? C'est qu'ils ont fait du roi le grand juge de paix du pays, et qu'ils lui ont donné trois choses avec lesquelles on a tout le reste : le vœu public, l'argent, l'armée. Le moyen âge ne connaissait ni les armées permanentes, ni les impôts perpétuels. Le roi y vivait de son domaine et n'avait de soldats que ceux que les seigneurs lui amenaient pour un temps et un but déterminés. Les conseillers de Charles VII, remontant à travers dix siècles, allèrent prendre à l'empire romain son double système de taxes et d'armées permanentes. Ce système était né à Rome en même temps que le pouvoir absolu et l'avait affermi ; il eut chez nous les mêmes effets. Louis XI acheva de détruire l'aristocratie féodale ; Charles VIII et François I*er* l'entraînèrent à leur suite dans de lointaines expéditions et l'assouplirent dans les camps à la discipline militaire. Au seizième siècle, la féodalité n'était plus que la noblesse de France.

A la faveur des guerres de religion et de minorité,

elle essaye de ressaisir le pouvoir. Richelieu fait rouler sur l'échafaud ses plus hautes têtes et jette à terre ses dernières forteresses; elle retombe décimée, ruinée dans les antichambres de Louis XIV, qui la décore de titres et de cordons, mais l'enchaîne au char triomphant de la royauté.

Tout en opérant cette révolution intérieure, la France agissait au dehors : Charles VIII, par son expédition d'Italie, avait ouvert les grandes guerres qui, mêlant les peuples, les intérêts et les idées, avaient établi, au point de vue politique, la solidarité des nations européennes, que la France avait essayé de former à deux moments du moyen âge : du temps des Croisades, au point de vue religieux; du temps de Charlemagne, dans une première et grandiose ébauche d'organisation sociale. Au seizième siècle, au dix-septième, elle défend la liberté de l'Europe contre la maison d'Autriche. Sous Louis XIV, elle la menace, mais l'en dédommage par le prodigieux éclat de sa civilisation, qui se reflète jusque dans les régions les plus lointaines.

A cette époque de grandeur inespérée, la société française a pris une forme nouvelle. Le successeur de Hugues Capet, l'héritier de cette humble couronne que quelques évêques et seigneurs donnaient et retiraient, règne sur vingt millions d'hommes et signe ses ordonnances de la formule : « Tel est mon bon plaisir. » Comme l'empereur romain, il est la loi vivante, *lex animata*. Il remonte même plus haut que l'Empire, jusqu'à ces monarchies orientales où le despotisme politique et religieux, pour être plus sûr de l'aveugle obéissance des peuples, attribue au prince une part de la divinité. Il se dit le vicaire de Dieu sur la terre; il proclame son droit divin; il se met à part de l'humanité. Les peuples voisins acceptent la théorie nouvelle que la France formule et pratique. Le droit divin des rois est partout affirmé; et l'Europe, avec une étrange docilité, modèle toutes ses royautés sur celle de Versailles. Louis XIV n'est assurément pas un grand homme, mais il est bien certainement un grand roi et le plus grand que l'Europe ait vu.

Quand, dans l'histoire du monde, un fait considérable se produit avec persistance, ce fait a des causes nécessaires; c'est par là qu'il devient légitime. Mais sur la terre il n'y a rien d'éternel. Les peuples, réunions d'êtres actifs et libres, ont des besoins toujours nouveaux; pour eux, l'immobilité serait la mort. Nées des besoins généraux et contraintes, pour durer, de les satisfaire, les constitutions doivent se plier aux transformations qui s'opèrent dans les idées et les habitudes, comme l'enveloppe élastique et souple qui, suivant la croissance, cède et s'étend autour du germe qu'elle protége. Pour imposer la paix et l'ordre à tant de volontés discordantes et de passions ennemies, pour associer tant d'éléments contraires, il fallait qu'un pouvoir unique se subordonnât tous les autres; il fallait que les foyers locaux de vie indépendante s'éteignissent, et que la France se sentît vivre en un seul homme, avant de sentir s'agiter en elle la vie nationale; il fallait enfin que Louis XIV pût dire : « L'État, c'est moi, » pour que Siéyès pût lui répondre : « L'État, c'est nous[1]. »

Pendant que la royauté du droit divin montait, entourée d'hommages légitimes, à ce Capitole, dont la roche Tarpéienne est si proche, un sourd et long travail s'opérait encore dans le bas de la société. Le moyen âge, au milieu de son anarchie et de ses violences, avait eu de grandes et fortes maximes de droit public; nulle taxe ne peut être levée qu'après le consentement des contribuables, nulle loi n'est valable si elle n'est acceptée par

---

1. Quelques écrivains regrettent aujourd'hui ce travail de nivellement opéré par la royauté. J'avoue n'y avoir nul regret; j'en ai beaucoup cependant que notre pays n'ait pas eu et ne garde pas encore de vieilles et fortes libertés municipales.

ceux qui lui devront obéissance ; nulle sentence n'est légitime, si elle n'est rendue par les pairs de l'accusé. Ces principes et bien d'autres, combattus, étouffés, reparaissent sans cesse. Il y a toujours quelque voix qui les rappelle et empêche la prescription ; c'est le sire de Pecquigny aux états de 1357 ; le sire de la Roche aux états de 1484 et bien d'autres aux états d'Orléans et de Pontoise, dans les deux assemblées de Blois, surtout à celle de 1614, dont les cahiers renferment presque toutes les demandes de 1789. Ainsi la tradition des garanties publiques et des droits nationaux ne se perdait point. Chaque génération les transmettait à la génération suivante, et elle allait ainsi, grossissant à travers les siècles, à mesure que se développait la vie nationale, et que le sentiment des intérêts généraux s'élevait au-dessus du sentiment des intérêts particuliers.

Les rois n'avaient entendu qu'avec déplaisir cette voix des députés du pays, et pour l'étouffer ils cessèrent, à partir de 1614, de les réunir. « Il n'est pas bon, disait Louis XIV, que quelqu'un parle au nom de tous. » Mais du pied même de leur trône, cette voix parla encore, faible et timide, pourtant puissante, par les échos qu'elle trouvait. Le parlement, « la cour du roi, » essaya de sortir de l'obscurité de ses fonctions judiciaires, pour s'élever à un rôle politique. Il s'appela « le protecteur-né du peuple, » et si, devant Louis XIV, il garda le silence, après lui il s'enhardit au point d'agiter tout le dix-huitième siècle de ses querelles avec la cour.

Le parlement seul eût été impuissant. Cette aristocratie de fonctionnaires pouvait parler pour le peuple, elle ne pouvait le faire agir. Mais l'éducation nationale s'était faite. Par le travail des bras et de l'intelligence, le tiers état avait gagné, à chaque génération, en richesses et en lumières. Au moyen âge il n'y avait qu'une richesse, la terre, et les seigneurs la tenaient ; le travail libre en avait enfin créé une autre, les capitaux, et ils étaient aux mains des bourgeois[1]. A la suite de l'aisance était venue l'étude, les esprits s'éclairaient. La France n'avait pas eu Luther et sa réforme religieuse qui l'eussent rejetée en arrière, mais elle avait eu Descartes et sa réforme philosophique qui l'avaient poussée en avant. Elle était restée catholique, sans l'inquisition, et une renaissance presque aussi brillante que celle de l'Italie avait ouvert à l'esprit les voies où se trouvaient l'art, la science, la vérité. Toutes ces grandes choses produisirent dans les esprits intelligents un ébranlement qui, avec le concours heureux de génies supérieurs, nous valut le plus grand âge de notre littérature et pour la seconde fois la domination intellectuelle de l'Europe.

Louis XIV, survenu au milieu de cette fête de l'esprit français, y mit l'ordre et la discipline. Mais les nobles égards qu'il montra à ceux qui n'avaient que les dons de l'intelligence, tournèrent contre son système politique. Corneille était à peine dans le palais de Richelieu quelque chose de plus qu'un domestique à faire des vers; Racine, Boileau, Molière, furent presque les amis du grand roi. Curieux enchaînement des choses! Louis XIV qui constitue le pouvoir absolu était obligé d'encourager l'industrie et la littérature, deux forces destinées à renverser ce qu'il édifiait : car l'une donnait au tiers état la richesse qui fera demander des garanties; et l'autre les lumières qui feront revendiquer des droits.

Au dix-septième siècle la littérature était renfermée dans le domaine de l'art, et l'opposition ne sortait pas de la sphère des croyances religieuses. Les opposants étaient les protestants, les jansénistes : le grand pamphlet du temps est écrit contre les jésuites. Au dix-huitième siècle, le pouvoir absolu ayant compromis les intérêts matériels que multipliaient chaque jour le commerce et

---

1. Les capitaux dont les titres sont négociés à la Bourse valent bien aujourd'hui 30 milliards possédés par 2 millions de personnes.

l'industrie, l'opposition passa dans le domaine des idées politiques, et la littérature, expression de ce besoin nouveau, envahit tout et prétendit tout régler. Les forces les plus viriles de l'esprit français semblèrent tournées à la recherche du bien public. On ne travailla plus à faire de beaux vers, mais à lancer de belles maximes. On ne peignit plus les travers de la société pour en rire, mais pour changer la société même. La littérature devint une arme que chacun, les imprudents comme les habiles, voulut manier, et qui, frappant de toutes parts, sans relâche, fit de terribles et irremédiables blessures. Par une étrange inconséquence, ceux qui avaient le plus à souffrir de cette invasion des gens de lettres dans la politique, étaient ceux qui y applaudissaient le plus. Cette société du dix-huitième siècle, frivole, sensuelle, égoïste, avait au moins au milieu de ses vices le culte des choses de l'esprit. Jamais les salons ne furent aussi animés, la politesse aussi exquise, la conversation aussi brillante. Le talent y tenait presque lieu de naissance, et la noblesse, avec une témérité chevaleresque qui rappelle celle de Fontenoy, essuyait, le sourire sur les lèvres, le feu de cette polémique ardente que des fils de bourgeois dirigeaient contre elle.

Alors une immense enquête commence. Les uns recherchent et signalent les vices de l'organisation sociale; ils lèvent le voile sous lequel se cachaient les plaies profondes qui énervent le pays, qui l'épuisent, qui vont le tuer si l'on n'y porte remède; les autres ne tiennent même pas compte du vieil édifice où la société s'est abritée si longtemps; par la pensée, ils le jettent bas et voudraient sur le sol nivelé construire une société nouvelle. Cette voix de la France est entendue au delà de ses frontières; les gouvernements se réveillent, rois et ministres se mettent à l'œuvre, ils creusent des canaux, ils font des routes, ils encouragent l'industrie, le commerce et l'agriculture. Partout on parle de justice et de bienfaisance;

mais la France, qui a sonné la cloche d'alarme, montré le péril, indiqué le remède et décidé les princes à commencer la moitié de la tâche, les réformes matérielles, ne peut, pour elle-même, rien obtenir. Turgot, Necker sont renvoyés comme de dangereux utopistes; Calonne lui-même tombe le jour où il prononce le mot de réforme des abus. L'ancien régime ne veut rien céder; il perd tout. La révolution éclate, et elle proclame les idées qui sont aujourd'hui le fondement de notre droit public et privé, que la République et l'Empire semèrent par l'Europe avec nos victoires, et qui feront le tour du monde, parce qu'un seul mot les résume, justice.

On a dit bien souvent du génie littéraire de la France que son caractère distinctif est le bon sens, la raison; j'ajouterais à un certain point de vue, l'impersonnalité; car Rabelais et Montaigne, Descartes et Molière, Pascal, Voltaire et Montesquieu écrivent pour le monde autant que pour leur patrie. Le but qu'ils poursuivent, c'est le vrai; leur ennemi personnel, le faux; et les types immortels qu'ils dessinent appartiennent à l'humanité bien plus qu'à la France. Dans ce sens, notre littérature, comme nos arts, est, de toutes les littératures, la plus humaine, parce qu'elle est la moins exclusivement nationale.

C'est aussi le caractère distinctif du génie politique de la France et de son histoire. Rien de ce qui est outré n'y dure longtemps. La féodalité s'arrête et recule avant d'avoir fait de notre pays une autre Allemagne; les communes se transforment avant d'avoir fait de la France une autre Italie, de sorte que nous n'avons eu ni l'anarchie féodale dont l'une ne s'est dégagée que de nos jours, ni l'anarchie municipale qui a si longtemps livré l'autre à l'étranger. La royauté absolue, nécessaire pour niveler le sol, n'a pu s'éterniser, comme elle le pensait, dans son droit divin, pas plus que le radicalisme, ne s'éternisera dans ce qu'il ose appeler son droit révolutionnaire.

Cette marche oscillante et continue fait le charme de notre histoire, parce qu'on y reconnaît la marche même de l'humanité. Ce n'est pas que la France ait mené le monde; mais, elle s'est maintes fois trouvée à l'avant-garde et elle a tenu le drapeau sur lequel les autres se sont souvent guidés. Ils suivaient de loin, essayant de résister à la pénétrante influence; ils parlaient bien haut de nos fautes et de nos travers; ils réveillaient leurs plus patriotiques souvenirs et exaltaient leurs gloires nationales; mais la première langue qu'ils apprenaient après celle du foyer domestique, était la nôtre[1], et le premier regard qu'ils jetaient hors de leur frontière et de leur histoire tombait sur notre France.

Après la bataille de Salamine, les chefs grecs se réunirent pour décerner le prix de la valeur. Chacun s'attribua le premier, mais tous accordèrent le second à Thémistocle[2].

---

1. « La France a deux bras avec lesquels elle remue le monde, sa langue et l'esprit de prosélytisme qui forme l'essence de son caractère. C'est grâce à cette double influence qu'elle exerce une magistrature réelle sur les autres nations. » (Joseph de Maistre, *Correspondance*, t. I.) Dans le mois de mai 1867, il a été imprimé en Allemagne 16 ouvrages français et 34 traductions d'ouvrages français, total 50. Toutes les publications de l'Allemagne dans les autres langues étrangères mortes ou vivantes, qui y sont relatives, dépassent à peine le chiffre des précédentes. Elles sont au nombre de 53, savoir : 20 pour le latin, 7 pour le grec, 13 pour l'anglais, 5 pour l'italien, 5 pour le danois, le suédois, etc. Londres a ouvert, en 1868, un théâtre français à l'exemple de Saint-Pétersbourg et de bien d'autres capitales.

2. Je n'ai rien avancé en tout ceci, qu'un des historiens les plus renommés de l'Allemagne contemporaine, Léopold Ranke, n'ait dit lui-même dans son ouvrage : *Franzœsische Geschichte, vornehmlich im XVI und XVII Jahrhundert* (Berlin, 1852-1854), où il représente la France comme ayant reçu la mission de reviser, d'époque en époque, les grandes lois de la vie européenne, les institutions qu'elle avait le plus contribué à faire prévaloir autour d'elle. La *Gazette de Prusse* appelait naguère (1861) la France « la mère des libertés, » et M. de Cavour nommait : « les hommes immortels de la Constituante, les bienfaiteurs de l'humanité. » Discours au sénat italien, 9 avril 1861.

C'est avec une tristesse profonde que je retrouve, après la fatale guerre de 1870 et l'abominable insurrection de 1871, ces pages et ces souvenirs de gloire. Et pourtant, le vieux et noble pays qui, par la bouche de Mirabeau, s'était donné pour devise : « le Droit est le souverain du monde, » vaut bien ces parvenus d'hier dont la barbarie savante, la froide cruauté et les conquêtes iniques ont eu leur légitime expression dans l'odieuse formule qui ne semblait plus de notre âge ; « la Force prime le Droit. »

CARTES ET GRAVURES

CONTENUES

DANS LE PREMIER VOLUME DE L'HISTOIRE DE FRANCE[1].

CARTES.

Gaule, sud de la Bretagne et nord-ouest de la Germanie sous l'empire romain
Empire des Francs mérovingiens.
Empire de Charlemagne.
La France avant les Croisades.
La France à l'avénement des Valois.
La France sous Louis XI.
La France sous François Ier.

GRAVURES.

1.	Le puy de Sancy...	4
2.	Gorges d'Enval dans les monts Dôme..................	5
3.	Bords de la Creuse...	8
4.	Sources du Loiret...	9
5.	L'étang de Berre...	14
6.	La fontaine de Vaucluse.....................................	15
7.	La chute du Rhin à Schaffhouse...........................	16
8.	Menhir, fig. A..	29
9.	Cromlechs, fig. B...	29
10.	Les alignements de Carnac................................	30
11.	Allée couverte...	31
12.	Dolmen de l'Isle-Bouchard.................................	32

1. Pour placer l'histoire des choses à côté de celle des hommes, il a été inséré dans cet ouvrage un grand nombre de gravures, représentations fidèles de monuments des diverses époques.

13. Dolmen de Connéré (Maine)..	32
14. Annibal...	41
15. Arc de triomphe à Orange...	47
16. Jules César..	49
17. Temple d'Auguste et de Livie à Vienne............................	61
18. Maison-Carrée à Nîmes..	62
19. Intérieur des arènes d'Arles...	63
20. Ruines d'un théâtre romain à Arles.................................	64
21. Les arènes de Nîmes...	65
22. Le pont du Gard...	66
23. La porte d'Or, à Fréjus...	67
24. Porte romaine à Trèves..	68
25. Invasion des Barbares...	76
26. Les armes des Francs...	85
27. Église de Saint-Remi...	91
28. Anciennes murailles de Carcassonne................................	95
29. Tombeau de sainte Radegonde.......................................	107
30. Saint-Victor de Marseille...	121
31. Cloître de Saint-Trophime...	122
32. Crypte de Saint-Denis...	140
33. Abbaye de Jumiéges...	142
34. L'abbaye de Chelles..	143
35. Pépin force les Alpes...	155
36. La ville haute (la cité) de Carcassonne............................	157
37. Église de Sainte-Croix restaurée.....................................	159
38. Porte d'Aix-la-Chapelle..	171
39. Cathédrale d'Aix-la-Chapelle..	172
40. Charles le Chauve..	194
41. Château de Tancarville...	200
42. Cathédrale de Noyon..	213
43. L'Épaule de Gallardon...	217
44. Ruines du château de Robert le Diable...........................	219
45. Château d'Angers...	221
46. Cathédrale d'Angers...	223
47. Ancien château de Montlhéry..	235
48. Portes féodales (fig. A et B)..	232
49. Château de Coucy (fig. C)...	236
50. Ruines du château de Coucy...	237
51. Armures..	239
52. Armes...	240
53. Ancienne église abbatiale de Saint-Riquier......................	243
54. Portail de l'église de Moissac...	245
55. Notre-Dame d'Orcival...	247
56. La cathédrale d'Angoulême restaurée.............................	249

57.	Façade de Notre-Dame la Grande à Poitiers............	251
58.	Fontevrault, ruines de l'abbaye....................	260
59.	Cloître de Fontevrault. Statue de Henri II, comte d'Anjou, roi d'Angleterre...............................	261
60.	Jérusalem.......................................	273
61.	Croisés en marche................................	275
62.	Armorial de l'église de Lyon......................	279
63.	Armures du onzième siècle........................	281
64.	Tournoi...	282
65.	Tour de Montlhéry................................	285
66.	Cathédrale du Mans...............................	290
67.	Cathédrale de Laon...............................	293
68.	Abbaye de Saint-Victor...........................	300
69.	Marche des croisés aux environs de Laodicée.......	304
70.	Portail de l'église de Saint-Denis................	305
71.	Église de Saint-Denis (vue intérieure)............	307
72.	Ruines de l'abbaye de la Victoire.................	317
73.	Béziers...	320
74.	Porte Bardou à Montfort-l'Amaury.................	321
75.	Ruines du château de Montfort....................	322
76.	Paris sous Philippe Auguste......................	324
77.	Notre-Dame de Paris..............................	325
78.	Porte Saint-Honoré...............................	326
79.	Saint-Jean, cathédrale de Lyon...................	331
80.	Port d'Aigues-Mortes.............................	332
81.	La Sainte-Chapelle...............................	339
82.	Mort de saint Louis..............................	341
83.	Porte Narbonnaise à Carcassonne..................	349
84.	Roger Bacon.....................................	353
85.	Le cloître de Fontfroide, près de Narbonne.......	358
86.	L'abbaye de la Couronne..........................	359
87.	Nef de la cathédrale d'Amiens....................	360
88.	Cathédrale d'Amiens (vue extérieure).............	361
89.	Cathédrale de Sens...............................	363
90.	Avignon...	375
91.	Le palais de la Cité.............................	379
92.	Porte Mordelaise à Rennes........................	389
93.	La Réole..	393
94.	Église Saint-Vulfran à Abbeville.................	419
95.	Reprise du château de la Rochelle................	433
96.	Le vieux Louvre.................................	438
97.	Chapelle du château de Vincennes.................	439
98.	Froissart.......................................	440
99.	Armures en fer battu............................	441

100. Notre-Dame de Dijon	446
101. Château de Clisson	451
102. Porte du château de Sablé	453
103. Hôtel Saint-Pol	459
104. Le Châtelet	464
105. Le pont de Montereau	467
106. Tombeaux des ducs de Bourgogne, Philippe le Hardi et Jean sans Peur, au musée de Dijon	469
107. Donjon de Mehun	472
108. Maison dite de Jeanne d'Arc	482
109. Statue équestre de Jeanne d'Arc	483
110. Cathédrale de Reims	487
111. Hôtel de ville et beffroi d'Arras	499
112. Maison d'Agnès Sorel	504
113. Tombeau d'Agnès Sorel à Loches	505
114. Arbalètes et dague	511
115. Canons	518
116. Un tournoi au moyen âge	521
117. Maison de Jacques Cœur	526
118. Maison de Xaincoings, à Tours	527
119. Un portail de la cathédrale de Beauvais	551
120. Granson	557
121. Porte de la Craffe, à Nancy	558
122. Porte du palais ducal de Nancy	559
123. Armure de Charles le Téméraire	561
124. Le palais de justice et le château des ducs d'Alençon	563
125. Tombeau de Louis XI à Notre-Dame de Cléry	576
126. Une route au quinzième siècle	577
127. Charles VIII	582
128. Jeanne de France	583
129. Château de Langeais	595
130. Bataille de Fornoue	603
131. Château de Nantes	606
132. Louis XII (statue du Louvre)	607
133. Anne de Bretagne	609
134. Prise de Gênes	615
135. Jules II	617
136. Mort de Gaston de Foix à Ravenne	619
137. Château de la Palice	621
138. Combat de la Régente et de la belle Cordelière	623
139. Tombeau du cardinal d'Amboise	627
140. Cathédrale de Rouen	629
141. Hôtel de Sens	632
142. Ancienne cour des comptes	633

143. Palais de justice de Rouen............................	634
144. Chapelle de l'hôtel de Cluny, à Paris..................	635
145. Hôtel de ville de Compiègne...........................	636
146. Tombeau de Louis XII et d'Anne de Bretagne à Saint-Denis	637
147. François Ier..	641
148. Bayard...	643
149. François Ier armé chevalier par Bayard...............	645
150. Maison de la Renaissance à Noyon.....................	651
151. Hôtel du Bourg-Théroude.............................	653
152. Mort de Bayard......................................	657
153. Château de Rambouillet..............................	671
154. Henri II à cheval....................................	675
155. Cathédrale de Toul...................................	676
156. Cathédrale de Metz...................................	677
157. Ancien hôtel de Guise, à Calais.......................	682
158. Armure de Henri II..................................	683
159. Salle de spectacle et hôtel de ville de Saint-Quentin....	697
160. Hôtel d'Anjou, à Angers..............................	699
161. Château d'Azay-le-Rideau............................	701
162. Château de Fontainebleau.............................	703
163. Fontainebleau. Intérieur de la galerie de François Ier....	704
164. Galerie d'Henri II...................................	705
165. Ancien château de Madrid............................	706
166. Belvédère de Chambord...............................	707
167. Chenonceaux...	708
168. Château de Chambord................................	709
169. Château de Nantouillet...............................	710
170. Château d'Ussé......................................	711
171. Château d'Écouen....................................	712
172. Façade principale de la cour intérieure du Louvre......	713
173. Un des pavillons de la cour du Louvre................	715
174. Salle des Cariatides, au Louvre.......................	716
175. La sépulture du Christ dans l'abbaye de Solesmes.......	717
176. Maison dite de François Ier...........................	718
177. Bernard de Palissy...................................	719
178. Fontaine des Innocents...............................	720
179. Saint-Michel de Dijon................................	721

HISTOIRE
DE FRANCE.

INTRODUCTION.

DESCRIPTION GÉOGRAPHIQUE DE LA FRANCE [1].

Limites. — Deux mers, l'Océan et la Méditerranée; deux chaînes de hautes montagnes, les Pyrénées et les Alpes; enfin un des plus grands fleuves de l'Europe, le Rhin, marquaient dans l'antiquité les limites de la Gaule, plus grande d'un quart que la France d'aujourd'hui. C'est seulement au traité de Verdun, en 843, que la France a reculé du Rhin et des Alpes derrière la Meuse et le Rhône. Elle n'a cessé, depuis qu'elle s'est reconquise elle-même, de réclamer son antique héritage. Elle a retrouvé la barrière des Alpes; elle a accepté celle du Jura, qui laisse la Suisse en dehors de son domaine, et elle avait naguère 40 lieues de frontières le long du Rhin. Mais de Dunkerque à Lauterbourg subsistait l'immense ouverture par laquelle toutes les invasions sont venues, et qu'essayèrent de boucher Louis XIV en y élevant

---

[1]. Principaux ouvrages à consulter : *Explication de la carte géologique de la France*, par Dufrénoy et Élie de Beaumont; Bruguière, *Orographie de l'Europe*; Baude, *les Côtes de la France*; Lavallée, *Géographie physique, historique et militaire*; Maury, *les Forêts de la France*; Becquerel, *Des climats...*, etc. Je demande la permission de renvoyer aussi à mon *Introduction à l'Histoire de France*, qui contient l'histoire de la formation de notre sol, ou la *géologie de la France*, et la description de sa surface ou la *géographie*.

trois lignes de places fortes, la Révolution et Napoléon en semant dans les provinces voisines, comme une garde avancée, nos idées et nos lois.

Aspect général. — Ce vaste territoire de l'ancienne Gaule, si bien circonscrit par la nature, se présente comme un plan incliné depuis la cime des Alpes jusqu'à l'Océan. Sa partie supérieure, qui s'appuie sur la chaîne centrale des grandes Alpes, est comprise, du Var au Saint-Gothard, entre deux degrés et demi de latitude. Mais le pays s'élargit à mesure qu'il s'abaisse vers l'Océan; et de l'embouchure du Rhin à celle de l'Adour, il occupe un espace de neuf degrés. Si l'on comblait par la pensée toutes les vallées intermédiaires, on verrait qu'il serait possible de s'élever insensiblement depuis le bord de la mer jusqu'aux pentes abruptes du Mont-Blanc qui cache ses neiges éternelles dans une nue à 4500 mètres de hauteur. C'est le roi des montagnes de l'Europe, et naguère il nous a été rendu.

Les Pyrénées françaises ont la même inclinaison que les Alpes. Leurs vallées tombent brusquement en Espagne, tandis qu'elles s'abaissent en pente douce du côté de la France, où leurs principaux contre-forts courent dans la direction du nord-ouest, vers l'océan Atlantique.

Il y a donc deux régions distinctes. Au sud et au sud-est les montagnes, c'est-à-dire les forêts et les pâturages, les lacs et les rivières torrentueuses, les populations sobres, infatigables, peu manufacturières, mais essentiellement militaires. A l'ouest et au nord, les collines mollement ondulées et les vallées fécondes, les plaines déboisées et les rivières navigables, les marais et les landes, les cités industrielles et les ports. Toutefois deux larges et profondes vallées, les grands bassins du Rhin et du Rhône, sillonnent la région montagneuse de l'est, tandis que les derniers gradins des montagnes se prolongent au loin vers l'ouest; de sorte que l'Auvergne, au centre de la France, a, comme les Alpes, ses pâtres et ses chevriers; les vallées du Rhône et du Rhin ont, comme celles de la Seine, de la Loire et de la Garonne, leurs grandes villes commerçantes et manufacturières.

Ce parallélisme est de la plus haute importance, car il constitue l'unité nationale de la France. Si l'Est n'avait eu que des montagnards, et l'Ouest que des marins, il se serait formé en France deux nations qui seraient peut-être encore étrangères l'une à l'autre, comme l'Écosse et l'Angleterre l'ont été si longtemps, parce qu'elles auraient eu des mœurs et des intérêts trop contraires.

Les Cévennes et les Vosges. — Le trait caractéristique du sol français est la longue chaîne des Cévennes et des Vosges. La formation de ces montagnes qui coupent la France en deux, a, en effet, creusé entre leur pied et celui des Alpes, du Jura et de la forêt Noire, l'immense pli où se jettent le Rhin et le Rhône; et leurs ramifications qui dessinent, au nord et à l'ouest, tout le relief de la France, ont donné naissance à plusieurs grands bassins débouchant sur trois mers. Enfermées tout entières dans notre territoire, elles sont comme l'épine dorsale de la France. Mais en même temps qu'elles déterminent les différentes lignes de partage des eaux, elles s'abaissent assez pour laisser passer sur leur faîte, de l'une à l'autre région, routes, canaux et chemins de fer.

Les Cévennes proprement dites n'appartiennent qu'au département de la Lozère. Mais elles étendent leurs rameaux et leur nom, d'une part, jusque vers Castelnaudary, où elles rencontrent les dernières collines des Pyrénées (monts Corbières), de l'autre jusque vers Châlon, où elles touchent aux hauteurs de la Côte-d'Or. Ces collines, le plateau de Langres et les monts Faucilles, au sud d'Épinal (491 mètres), unissent les Cévennes aux Vosges, dont les sommets, à cause de leur forme arrondie, portent le nom de ballons. Les plus hautes montagnes des Vosges sont le ballon de Guebwiller (1431 mètres) et le Haut d'Honec (1431 mètres). Celles des Cévennes sont le mont Mézenc, dans le Vivarais (1774 mètres) et la Lozère (1490 mètres). Le point culminant de la Côte-d'Or, le Tasselot, près de Dijon, n'en a que 602 ; la cime de Montaigu, sur le plateau de Langres, en a seulement 497, et les montagnes du Mâconnais à peine 160.

Considérées ensemble, les Cévennes et les Vosges représentent une chaîne de 960 kilomètres de développement, souvent étroite, qui pourtant a 280 kilomètres de largeur sous le parallèle de Limoges.

Ramifications occidentales des Cévennes. — Cette chaîne, ayant son escarpement à l'est, n'envoie de ce côté que de courts rameaux qui viennent brusquement mourir dans le grand fossé du Rhin, de la Saône et du Rhône. Mais à l'ouest se détachent de la Lozère les montagnes du Velay et du Forez, qui séparent la Loire de l'Allier, et les monts de

4 DESCRIPTION GÉOGRAPHIQUE DE LA FRANCE.

la Margeride (1200 mètres), qui se réunissent aux montagnes de l'Auvergne où le puy de Dôme, le plomb du Cantal et le

puy de Sancy s'élèvent jusqu'à 1438, 1858 et 1897 mètres. Du massif que forment ces montagnes, partent toutes les hauteurs qui couvrent le pays entre la Garonne et la Loire, et dont la surface ondulée semble être celle d'une mer solidifiée

Gorges d'Enval dans les monts Dôme [1].

[1]. Le ravin d'Enval (20 kilom. de Clermont) est un des endroits les plus pittoresques et les plus sauvages de l'Auvergne. On lui a donné le nom de Bout du Monde.

au milieu d'une tempête. Ce sont les mamelons du haut Quercy, du Périgord et du Limousin, dont les dernières ondulations vont mourir dans le Poitou, au plateau de Gatine (136 mètres).

On a compté en Auvergne les cratères de 300 volcans ; les laves couvrent encore le flanc des montagnes, et des sources thermales révèlent le voisinage des feux souterrains. Le Vésuve a été aussi, pendant des milliers d'années, un volcan éteint. Ceux d'Auvergne se ranimeront-ils un jour comme lui ? La science ne peut pas dire non.

Ramifications de la Côte-d'Or. — Aux montagnes de la Bourgogne se rattachent les collines tristes et sévères du Morvan et du Nivernais, qui séparent la Seine et la Loire. Derrière Orléans, ces hauteurs s'étalent en un vaste plateau, et plus loin se relèvent en une petite chaîne qui est déjà remarquable à Alençon (273 mètres). Entre la Mayenne et la Vire cette chaîne se divise, et ses deux rameaux forment la charpente des deux presqu'îles du Cotentin et de la Bretagne qui s'avancent si hardiment dans la mer, portant chacune à son extrémité son grand port militaire, Brest et Cherbourg ; celui-ci fermé par sa digue, une montagne de granit jetée dans la mer ; celui-là dont la rade immense ne s'ouvre sur l'Océan que par la passe étroite du goulet.

Ramifications du plateau de Langres et des monts Faucilles : l'Argonne et l'Ardenne. — Du plateau de Langres et des monts Faucilles partent l'Argonne (439 mètres) et l'Ardenne (601 mètres), qui enveloppent la Meuse. L'Ardenne traverse même le fleuve, ou plutôt s'ouvre pour lui donner passage, et va former entre les sources de la Somme, de l'Escaut et de la Sambre un nœud d'où se détachent les collines de la Picardie et du pays de Caux, qui se terminent derrière le Havre aux caps de la Hève et d'Antifer ; celles de l'Artois et du Boulonnais, dont l'extrémité tombe dans la Manche aux caps Gris-Nez et Blanc-Nez ; celles enfin de la Belgique, qui sont peu élevées, mais souvent abruptes. L'Ardenne oriental, plateau inculte et marécageux (698 mètres), rejoint les collines volcaniques de l'Eiffel (866 mètres), dont les derniers coteaux, chargés de vignobles et de vieilles forteresses féodales, forment entre Cologne et Coblentz la partie la plus pittoresque de la vallée du Rhin.

Extrémité septentrionale des Vosges. — Les Vosges vont aussi mourir au bord du grand fleuve, entre Spire et

Mayence, sous le nom de Hardt (674 mètres) et de mont Tonnerre (678 mètres). Aux sources de la Lauter, une branche s'en détache, le Hundsrück (821 mètres), qui contourne la Nahe et rejette la Moselle jusqu'au pied de l'Eiffel. Serrées de près par la Moselle et le Rhin qui leur sont parallèles, les Vosges n'ont pas de contre-forts étendus. Pourtant leur épaisseur entre Colmar et Luxeuil est de 60 kilomètres, mais elle n'est que de 28 entre Phalsbourg et Saverne. Du côté de l'Alsace leurs collines sont encore chargées de ruines féodadales, et le voyageur qui traverse cette belle province a devant les yeux, pour ainsi dire, deux âges de la vie du monde : dans la plaine, les usines avec leur activité féconde ; dans la montagne, les murs démantelés et les tours entr'ouvertes des vieux châteaux, images désolées de ces temps où le grand travail était la guerre.

Vallées intérieures. — Toutes les vallées dont la tête est dans les Cévennes et les Vosges, sont intérieures, puisqu'elles partent des montagnes qu'on peut regarder comme le centre géographique de la France. Toutes celles qui viennent d'un point situé en dehors de la circonférence, je veux dire en dehors de notre frontière, sont excentriques. Cette différence n'est pas moins importante à noter en histoire qu'en géographie. Les premières ont été le berceau du peuple et du génie français ; par les autres sont venues les influences étrangères.

La Moselle ; la Meuse ; la Somme. — Le revers oriental des Cévennes ne donne naissance qu'à de faibles cours d'eau, l'Hérault, le Gard et l'Ardèche. La Saône descend des monts Faucilles, et l'Ill, des Vosges. Mais à l'ouest et au nord courent de grands fleuves nés au centre du pays : la Moselle, qui nous mène sur le Rhin inférieur ; la Meuse, qui nous ouvrirait l'océan Germanique ; l'Escaut, dont la large et profonde embouchure forme à Anvers le meilleur port du nord de l'Europe ; la Somme, bassin côtier, maintenant sans importance maritime ; enfin la Seine et la Loire, les deux fleuves français par excellence, ceux dont les bords ont vu la nationalité naître, grandir, et de là gagner de proche en proche les Pyrénées, les Alpes et le Rhin.

La Loire. — Le plus terrible des deux par ses crues subites et ses bas-fonds mobiles est la Loire, dont les sources se trouvent sur une haute montagne du Vivarais, à 1400 mètres au-dessus de l'Océan. En vain l'a-t-on enfermée de di

Bords de la Creuse.

gues puissantes dont l'origine remonte peut-être aux temps carlovingiens, et que chaque génération a exhaussées, étendues. En 1846 elle a encore une fois tout rompu, après un violent orage tombé sur les montagnes qui l'encaissent. En quelques heures un capital de 45 millions fut englouti. En 1856 l'inondation a été presque aussi terrible. L'Allier lui amène les eaux de l'Auvergne qui ne vont pas à la Garonne;

Source du Loiret.

le Cher, celles du Berry; la Vienne, grossie de la Creuse dont la vallée est si pittoresque, les eaux du Limousin et du Poitou qui ne descendent pas à la Charente; la Mayenne, celles du Maine, de l'Anjou et du Perche. A Nantes, elle a tout reçu. Mais, malgré le volume considérable de ses eaux, elle a encore au-dessous de cette ville des bas-fonds qui forçaient les gros navires à s'arrêter autrefois à Paimbœuf; aujourd'hui ils s'arrêtent à Saint-Nazaire, devenu un de nos ports les plus actifs. Le Loiret n'est qu'une infiltration de la Loire[1].

La Seine. — La Seine, née dans la Côte-d'Or[2], a pour affluents tous les cours d'eau de l'Orléanais, de la Bourgogne occidentale, de la Champagne, de la Picardie et de la Normandie. Avant Montereau, elle n'a reçu que l'Aube; après Pontoise elle ne reçoit que l'Eure. C'est entre ces deux villes que ses principaux affluents lui arrivent : l'Yonne, la Marne et l'Oise, grossie de l'Aisne. C'est entre ces deux villes aussi, au-dessous de la Marne qui vient de l'est, au-dessus de l'Oise qui vient du nord, au centre par conséquent du bassin, que s'élève Paris.

L'empereur Julien vantait, il y a quinze cents ans, les paisibles allures de la Seine. « L'été et l'hiver, disait-il, son niveau est le même. » Le déboisement des collines et des plaines, le nivellement du sol par la culture et l'exhaussement du lit du fleuve, ont rendu ses débordements moins rares. Aujourd'hui les hautes eaux excèdent parfois l'étiage de 6, 8, et même 9 mètres. Les travaux exécutés à Quillebœuf, dans la basse Seine, ont dompté ses sables mobiles, régularisé son cours et approfondi son lit. « Il faut accommoder les vaisseaux pour les ports, disait, il y a deux siècles, Richelieu, là où les ports ne se peuvent accommoder pour les vaisseaux. » Ce qui n'était pas possible au temps du grand cardinal le sera peut-être pour nous; des trois-mâts partis de Londres et de Bordeaux sont déjà venus s'amarrer aux quais du Louvre.

Vallées excentriques. — Les vallées de la Garonne, du Rhône et du Rhin sont excentriques, car ces trois fleuves ont leur source hors de notre territoire. Aussi ont-elles été rattachées les dernières au royaume, l'une en 1271 et en 1453, l'autre en 1481, la troisième en 1648. Toutes trois conservaient encore en 1789 des priviléges et une organisation à

---

1. Le Loiret sort d'un gouffre à huit kilom. d'Orléans et n'en a que douze de cours. Comme il débite quarante-deux mètres cubes par minute, il porte bateau dès sa source. Ses crues suivent celles de la Loire à un jour ou deux d'intervalle.

2. La Seine prend sa source près de la ferme des Vergerots, commune de Saint-Germain-la-Feuille. Dans la période gallo-romaine, les sources de la Seine étaient l'objet d'un culte et un temple leur avait été consacré; on en a retrouvé des débris. Le conseil municipal de la ville de Paris a fait élever (1867) un monument « aux sources du fleuve qui a donné son nom au département de la Seine et auquel Paris doit son antique prospérité. »

part; mais les deux premières avaient depuis longtemps mêlé leur vie à celle de la France, dont l'action, pendant tout le moyen âge, fut principalement dirigée du nord au sud. C'est depuis Henri IV et Richelieu que nous faisons face au Rhin.

Si ces provinces récemment acquises ont peu contribué à la formation de la nationalité française, elles la complètent admirablement, car elles nous font toucher à nos limites véritables. Aussi toute l'activité de la France, refoulée pendant des siècles dans les régions centrales, s'est-elle étendue vers ces extrémités plus animées, plus brillantes aujourd'hui que ne l'ont jamais été nos vieilles provinces. Poitiers, Bourges, Sens, Provins, Amboise, Tours, Blois, Chartres s'appauvrissent et se meurent en comparaison de Bordeaux, de Marseille, de Mulhouse et de Strasbourg.

La vallée de la Garonne et l'isthme pyrénéen. — La vallée de la Garonne a, des sources de la Neste à celles de la Vézère, 300 kilomètres en largeur. La paroi méridionale est formée par les Pyrénées, qui lui envoient les eaux tombées à leur surface, sur une étendue de 140 kilomètres (Ariége, Salat, Neste, Gers et Baïse). La paroi septentrionale, formée par les monts d'Auvergne, a une longueur double. Aussi, de ce côté, le fleuve reçoit-il par l'Agout, le Tarn, l'Aveyron, le Lot, la Dordogne, la Vézère, l'Isle et la Dronne, une masse d'eau si considérable, qu'à Bordeaux il a sept à huit cents mètres de large, qu'à Blaye c'est un golfe, à Royan une mer.

L'isthme pyrénéen, entre les golfes de Lion et de Gascogne, mesure 320 kilomètres de Bayonne à Perpignan, et 400 de la tour de Cordouan à Narbonne. Mais dans cette dernière direction il est creusé sur les deux tiers de son étendue par la Garonne, un des plus beaux fleuves de France. La nature a donc placé là une admirable ligne de navigation naturelle. De Toulouse, où la Garonne tourne vers l'Océan, jusqu'à l'Aude, qui se jette dans la Méditerranée, il n'y a que 80 kilomètres. Mais les monts Corbières y passent; heureusement ce n'est que pour y mourir. Au col de Naurouse leur altitude est de 180 mètres; celle de Toulouse étant de 146, il suffit donc de s'élever, depuis cette ville, de 43 mètres, pour atteindre le col et redescendre à la Méditerranée.

Sans même consulter l'histoire, nous pouvons dire hardiment que les hommes, les choses et les idées ont depuis vingt siècles passé par là. Il s'y trouvait, au témoignage de Strabon, une des grandes routes du commerce gaulois. Les Romains, et, après eux, les Wisigoths l'ont suivie pour gagner Toulouse, Bordeaux et Poitiers, en tournant l'Auvergne. Les Francs ont refait le même chemin, mais en sens contraire, pour atteindre Narbonne. Riquet y a laissé un immortel souvenir de sa persévérance, le canal du Midi, mieux appelé le canal des Deux-Mers.

Cette magnifique vallée devait avoir deux grandes villes, l'une maritime, l'autre agricole et industrielle; car ce phénomène se reproduit sur tous nos fleuves. Le Rhône a Lyon et Marseille; la Loire, Orléans et Nantes; la Seine, Paris et Rouen. Le Havre est de récente origine. Les mêmes causes expliquent ce parallélisme singulier. La vie, abondante dans ces riches bassins, se concentre naturellement en deux points pour répondre au double intérêt que le fleuve dessert: l'exploitation de la mer et celle de la terre. Sur la Garonne, ces deux villes s'appellent Bordeaux et Toulouse; la première, qui du milieu de ses landes ne peut regarder que la mer, n'a jamais eu par elle-même d'influence continentale; la seconde, qui fait songer à Paris par sa position au débouché de plusieurs vallées et au centre d'un fertile bassin, a eu de brillantes destinées et se dit encore la reine du Midi.

Vallée du Rhône; la Camargue. — La vallée du Rhône est plus longue, mais aussi plus étroite. Ce fleuve naît au glacier de la Furca. Dans le Valais, son bassin n'a souvent, comme le Valais lui-même, qu'une lieue de largeur, et seulement quelques toises à Saint-Maurice, où le fleuve s'est creusé un étroit passage entre les parois escarpées de deux montagnes hautes de huit à neuf mille pieds. Plus loin s'ouvre l'immense abîme que les eaux du Rhône ont rempli, le Léman, le plus beau des lacs de l'Europe. Là, l'espace s'étend, la vallée s'élargit, et si les âpres montagnes de la Savoie viennent baigner dans le lac jusqu'à une profondeur de 400 mètres leurs flancs coupés à pic, sur l'autre rive se développent les riches plaines, les belles collines du pays de Vaud. Mais à trois lieues de Genève, au fort l'Écluse, le Rhône, comme à Saint-Maurice, traverse une gorge affreuse où sa profondeur, à l'époque de la fonte des neiges, est de 60 à 70 pieds. Quand les eaux sont basses, il disparaît.

Ce n'est qu'après avoir tourné la pointe du Jura que son

bassin s'étend enfin des Alpes aux Cévennes. Mais l'espace est encore trop étroit pour qu'il prenne l'allure paisible d'un fleuve de pays de plaines. Les hautes montagnes qui l'entourent ne lui envoient que des rivières torrentueuses, et lui-même garde toujours un caractère capricieux et terrible. De Lyon à la mer, il fuit avec la rapidité d'une flèche ; en quinze heures il arrive à Beaucaire. En vain les digues s'amoncellent sur ses bords, il les franchit et porte au loin la désolation. Qu'un vent du midi passe sur les hautes cimes et y fonde en quelques heures les neiges de l'hiver, ou que des pluies abondantes tombent sur les Alpes déboisées, aussitôt le long de leurs flancs dénudés se précipitent mille torrents qui entraînent les sables et les rochers, comblent leur ancien lit, en cherchent un nouveau et vont grossir les rivières, puis le grand fleuve, de leurs eaux troublées et impétueuses.

Le limon que le Rhône reçoit ainsi, il le porte le long de son cours qu'il sème de nombreux bas-fonds, et jusqu'à la Méditerranée, où il jette dans les grandes crues, en vingt-quatre heures, plus de cinq millions de mètres cubes de matières solides. Ainsi s'est comblée l'immense embouchure que la nature, aux premiers âges du monde, lui avait formée, alors que tout l'espace qui s'étend d'Arles à la mer n'était qu'un vaste golfe. Un delta de sable et de cailloux roulés, de 74 000 hectares, la Camargue, le force à se diviser en plusieurs bras, qui, comme ceux du Nil, ont souvent changé et de position et de nombre. Aujourd'hui il en reste deux, dont un seul est navigable ; encore est-il fermé par une barre qui, année moyenne, avance de 42 mètres vers le sud, et dont naguère le sommet n'était souvent qu'à quelques décimètres au-dessous des eaux. Cette barre s'entr'ouvrait çà et là pour former des passes qui changeaient incessamment sous l'impulsion des vents du large ou des crues du fleuve ; de sorte que les navires attendaient quelquefois des semaines entières à la tour Saint-Nicolas, un instant favorable pour franchir la barre. Un jour sur quatre le passage était impossible. Aussi le grand port de la vallée du Rhône n'est-il pas sur le fleuve même, mais à 50 kilomètres vers l'est, à Marseille, et Arles, avant le chemin de fer, se mourait. Entre les deux villes, est une petite mer intérieure, l'étang de Berre, qui nous donnerait un port magnifique s'il débouchait dans la Méditerranée par une ouverture plus profonde. Par le canal de Saint-

Louis les gros bâtiments auront enfin une entrée facile dans le fleuve.

Affluents du Rhône; la Durance et l'Isère. — Le Rhône ne reçoit des Cévennes que d'insignifiants cours d'eau. Mais le Jura lui envoie l'Ain ; les Alpes, la Durance et l'Isère. Encaissée, à son origine, entre de hautes montagnes, la Durance n'est, malgré ses 320 kilomètres de cours, qu'un torrent capricieux et dévastateur. Les rochers, les sables qu'elle entraîne, la rapidité de son cours, ses changements soudains, la rendent impropre à la navigation. Autrefois elle se

L'étang de Berre.

jetait dans le Rhône au-dessous d'Arles, à travers la plaine de la Crau, surface de 400 hectares de cailloux roulés qu'elle a apportés des Alpes. Il n'y a pas d'aspect plus désolé que celui de son large lit, sans bords arrêtés, partout hérissé de rocs énormes, coupé de sables arides, semé d'îles innombrables. Mais, sous cet ardent soleil du Midi, où l'eau est le premier besoin de l'agriculture dont elle décuple les produits, les fleuves sont tour à tour bienfaisants et terribles. C'est dans le bassin de la Durance que se sont élevées toutes les vieilles cités gauloises qui ne sont pas assises au bord de la mer ou du Rhône : Briançon, Embrun, Gap, Sisteron, Digne,

Senez, Forcalquier. Les villes d'Aix, de Draguignan et de Grasse sont de fondation romaine; Arles et Marseille sont d'origine grecque. L'Isère, qui passe à Grenoble, reçoit le Drac,

La fontaine de Vaucluse[1].

torrent fougueux, et l'Arc, descendu du Mont-Cenis. Ses débordements, moins fréquents que ceux de la Durance, ont

1. La fontaine de Laure et de Pétrarque sort d'un gouffre au pied d'une énorme falaise rougeâtre, d'où les eaux, à l'époque de la fonte des neiges, s'élancent avec impétuosité. Un rocher voisin porte les ruines d'un ancien château-fort des évêques de Cavaillon.

été parfois plus terribles. La Drôme arrose Die et se jette directement dans le Rhône. La Sorgues naît à la fontaine de Vaucluse, dont on a vainement sondé les profondeurs.

La Saône. — S'il n'avait pas d'autres affluents, le Rhône pourrait être, en arrière des Alpes, une bonne ligne militaire : il ne serait pas un grand fleuve commercial et politique. Mais par la Saône son bassin s'ouvre vers la Bourgogne et la Champagne, et par là arrivent, dans les provinces qu'il traverse, les produits et les idées de la vieille France. Malgré son cours paresseux, dans un lit mal encaissé, la Saône est donc une des grandes artères du pays, et comme le lien du sud-est et du nord. Aussi que de villes sur ses

La chute du Rhin à Schaffhouse.

rives! C'est à son confluent avec le Rhône que se trouve, après Paris, la plus grande agglomération d'hommes qu'il y ait en France, Lyon.

Vallée du Rhin. — Le Rhin et le Rhône ont un cours symétrique. Nés sur les flancs opposés du Saint-Gothard, ils s'éloignent rapidement l'un de l'autre, le premier dans la direction du nord, le second dans celle de l'ouest. Vers Brégenz, le Rhin rencontre les Alpes de la Souabe, qui le jettent dans le lac de Constance, comme les Alpes de la Savoie jettent le Rhône dans le lac de Genève. Arrêtés par le Jura, ils en tournent la double extrémité, mais pour tomber sur les Cévennes et sur les Vosges, qui les forcent à se diriger définitivement, l'un vers la Méditerranée, l'autre vers la mer du Nord.

Moins torrentueux, moins rapide, le Rhin fait de plus longs détours. Du Saint-Gothard à Bâle, où il arrive grossi de l'Aar, qui double son volume en lui apportant toutes les eaux de la Suisse, il serait déjà navigable sur une grande étendue, sans ses rapides et ses chutes, à Schaffhouse et à Laufenbourg. De Bâle jusque vers Mayence, son lit est encore embarrassé d'îles nombreuses, qui ont si souvent facilité aux armées le passage du fleuve. Plus loin, la beauté des sites, la multitude des villes qui baignent leurs pieds dans ses flots, la richesse des cultures à côté de rochers arides et sévères, les ruines féodales dont sont couvertes toutes les cimes de l'Hundsrück, de l'Eiffel et du Westerwald, enfin l'aspect du fleuve tour à tour gracieux et sauvage, ou terrible et grandiose, rendent cette vallée une des plus belles de l'Europe.

Au delà de Cologne, le Rhin s'écoule lentement vers Dusseldorf et la Hollande, grossi par l'Ill, qui s'y est jeté à Strasbourg, par le Necker à Manheim, par le Mein à Mayence, par la Moselle à Coblentz, etc. Cependant, malgré la masse considérable de ses eaux, il arrive, comme le Rhône, humblement à la mer. Comme lui, il se divise en plusieurs bras : le Wahal et le Lech, qui se réunissent à la Meuse, l'Yssel qui se rend dans le Zuyderzée. Appauvri par toutes ces pertes, le Rhin véritable, le bras du moins qui porte ce nom, n'a plus à Leyde, après un cours de 1200 kilomètres, que la largeur d'un grand fossé, et il disparaissait naguère dans les sables avant d'atteindre l'Océan. Heureusement le Wahal et le Lech le mettent en communication avec la vaste embouchure de la Meuse, et il s'ouvre par là à la grande navigation.

Communication entre les bassins. — Les Cévennes et les Vosges ne sont pas assez élevées pour intercepter les communications. Au midi elles laissent passer le canal des Deux-Mers; au centre, ceux du Charolais et de Bourgogne; au nord, celui de la Marne au Rhin. Les ramifications dont elles couvrent la France ont présenté encore moins d'obstacles. La Seine a pu être rattachée à la Loire par les canaux d'Orléans, de Briare et du Nivernais ; à l'Escaut par ceux de Saint-Quentin et de la Somme; à la Meuse par ceux de la Sambre et des Ardennes; à la Saône et au Rhône par le canal du Centre[1]; le Rhône avec le Rhin par le canal de l'Est, avec la Garonne par le canal de Beaucaire et celui du Midi. Il n'y aurait même pas de grave difficulté à vaincre pour réunir la Marne et la Meuse à la Saône; et si la Garonne et la Loire restent encore isolées l'une par rapport à l'autre, c'est que la mer sert de canal entre Nantes et Bordeaux.

Grandes lignes de dépression et de peuplement du territoire français. — La France est orientée dans le sens de l'équateur et des méridiens. Sa frontière de Bayonne à Antibes court dans la direction des parallèles, et si l'on jetait la Bretagne, dont la position est excentrique, entre la pointe de Barfleur et le cap Gris-Nez, sa limite septentrionale serait aussi parallèle à l'équateur. Ses grands côtés, je veux dire : à l'ouest, le littoral du golfe de Gascogne et celui du Cotentin, qui seraient réunis si les vagues montaient seulement de 100 mètres derrière Saint-Malo, et à l'est, la ligne des Alpes, du Jura et du Rhin, suivent presque exactement deux méridiens. Les grandes routes intérieures ont même direction. De sorte qu'en traçant sur une carte de France un carré dont les quatre extrémités seraient : Caen, Bordeaux, Marseille, Dunkerque, et qui auraient pour diagonales deux lignes courbes tirées de Marseille au Havre et de Bordeaux à Strasbourg, on aurait marqué les grandes lignes de dépression du sol français, celles que suivent les grandes routes, les chemins de fer et les canaux projetés ou déjà en exploitation.

De Bordeaux à Marseille, et de Marseille à Dunkerque et à Rouen, la voie navigable est à peu près complète; elle l'est tout à fait du Havre à Strasbourg; elle peut l'être aisément de Caen à Bordeaux. Pour relier Bordeaux à Strasbourg, il ne resterait qu'à franchir le faîte qui sépare les bassins de la Dordogne et de l'Allier, puisque la Loire communique déjà avec la Saône, et celle-ci avec le Rhin.

Regardons de près ces questions, malgré leur matérialisme apparent, car l'explication d'une partie des faits de l'histoire est là. Ces échancrures des montagnes, ces dépressions du sol ouvrent, en effet, les seules voies naturelles que les hommes aient longtemps suivies. C'est par elles qu'ont passé la guerre, le commerce, les idées, toute la vie enfin

---

[1]. Dans le Charolais et le Lyonnais, la distance de la Loire au Rhône n'est que de 24 à 32 kilomètres. Saint-Étienne est au point où les deux fleuves sont le plus rapprochés. Cette position et ses mines de houille expliquent sa rapide prospérité.

des nations qui, pour faciliter l'éternel voyage, ont semé leur route de villes populeuses. Ainsi, disent les légendes bretonnes, les fées du Morbihan descendaient, en filant, du haut de leurs montagnes, et de leur tablier s'échappaient les rocs énormes que le voyageur étonné rencontre le long des chemins. A l'entrée, à l'issue, au centre de ces voies naturelles, principalement sur le bord des fleuves, « ces chemins qui marchent tout seuls, » disait Pascal, de grandes cités se sont assises comme autant d'étapes pour les marchands et les armées, comme autant de foyers lumineux pour la civilisation qui a rayonné autour d'elles.

Les grandes lignes de dépression du sol ont donc été les grandes lignes de communication et de peuplement : j'ajouterai encore les grandes voies de l'unité et de la nationalité françaises. C'est dans ces directions que le Midi, au temps de Rome, a agi sur le Nord, et que le Nord, sous les fils de Clovis et de Pépin d'Héristal, sous Philippe Auguste et saint Louis, sous Louis XI et Richelieu, a réagi à son tour sur le Midi qu'il s'est assimilé. Supposez de hautes montagnes entre chacun de nos grands fleuves, et la France sera l'Espagne ou l'Italie ; je veux dire que tous les habitants de chaque bassin auraient, pendant de longs siècles, formé une nation à part.

Le peuplement est rapide dans les vallées riches comme le sont les nôtres, et ce que Napoléon disait, que « de Paris à Rouen il n'y a qu'une seule ville, dont la Seine est la grand'-rue, » on peut le dire de la Loire, de la Garonne, de la Saône et du Rhône. Mais, dans les bassins hermétiquement fermés, la vie est exclusive, le patriotisme local. La moins ouverte de nos grandes vallées, celle de la Garonne, a été celle aussi dont la population a le plus énergiquement résisté à l'influence centrale. Toulouse frémit encore au souvenir de la défaite qui la subordonne à Paris, et Bordeaux se plaignait naguère d'être, avec tout le Midi, sacrifié aux provinces du Nord.

La Loire et la Seine, au contraire, qui ont entre elles tant de communications faciles, ont presque toujours coulé sous les mêmes lois. Paris et Orléans étaient les deux villes patrimoniales de nos rois, et la première acquisition de la royauté renaissante fut Bourges. Trois siècles plus tard, Charles VII, chassé de Paris, s'y réfugia. Les Valois semblent même hésiter entre les deux fleuves. Leurs somptueux châteaux sont à Fontainebleau et à Amboise, à Saint-Germain et à Chambord ; Blois et Tours furent quelque temps les deux capitales de Henri III et de Henri IV. Presque toujours aussi, la Saône a été dans la dépendance de la Seine. Les Burgondes payèrent, avant les Wisigoths de Toulouse, tribut à Clovis, et la Bourgogne n'eut presque jamais que des ducs capétiens. Dès l'année 1310, Philippe IV mettait la main sur Lyon ; en 1349, Philippe VI achetait Grenoble et Montpellier ; et les Anglais restèrent un siècle de plus à Bordeaux !

Unité et situation du territoire français au vrai centre de l'Europe. — Une des grandes causes de l'unité physique, et, par suite, de l'unité morale de la France, est assurément cette facilité de communication entre les divers bassins. Ils descendent à toutes les mers, mais ils sont facilement reliés entre eux. Il y a unité dans la variété. C'était la meilleure condition pour le développement d'une grande société et d'une civilisation puissante.

Ajoutez que, si la France n'est pas matériellement le milieu de l'Europe, elle occupe du moins une position centrale par rapport aux mers européennes, puisque la Méditerranée, le golfe de Gascogne, la Manche et la mer du Nord baignent ses rivages, et par rapport aux principales nations de ce continent, puisqu'elle a pour voisines l'Espagne, l'Italie, la Suisse, l'Allemagne et l'Angleterre. De là ses longues guerres et les dangers qu'elle a si souvent courus ; mais de là aussi l'influence qu'elle a tant de fois exercée au dehors.

Cet ordre de considérations serait long à épuiser, car c'est dans une sérieuse étude de la position géographique de la France, de sa configuration physique, de son sol et de son climat, qu'on trouvera l'explication des traits généraux de son histoire. Je relèverai seulement quelques particularités singulières. La France, qui a dans sa population des représentants de toutes les *races* européennes, les Slaves exceptés, a aussi tous les *terrains* géologiques de ce continent, tous ses *climats*, celui de nos plaines pouvant être regardé comme son climat moyen, et enfin tous ses *végétaux*, c'est-à-dire 3600 espèces, ou 1380 de plus que l'Allemagne et 2290 de plus que l'Angleterre, ce qui l'a fait très-légitimement appeler le jardin de l'Europe. Enfin sa langue est celle que toutes les autres nations traduisent le mieux. Aussi, grâce à la clarté de notre idiome combinée avec l'influence de notre histoire, le français est-il devenu la langue de la diplomatie et des idées européennes.

PREMIÈRE PÉRIODE.

LA GAULE INDÉPENDANTE.

(1600-50 AVANT J. C.)

CHAPITRE I.

POPULATIONS PRIMITIVES; MŒURS ET COUTUMES
(1600-125 AV. J. C.)[1].

Populations primitives. — Des races inconnues habitèrent d'abord la Gaule, en même temps que le renne et le mammouth; et l'on a fréquemment trouvé, dans les grottes où il faisait sa demeure, les restes de l'homme préhistorique, ses armes, ses outils en os ou en pierre, et jusqu'à ses dessins, mêlés à des débris d'animaux aujourd'hui disparus. Aux premières lueurs de l'histoire qui éclairent ce pays, on le voit partagé entre trois ou quatre cents peuplades appartenant à trois grandes familles : les Celtes, les Ibères et les Belges.

Celtes. Les Celtes étaient partis, à une époque inconnue, des plaines de l'Asie centrale, avec les aïeux des Pélasges ou premiers habitants de la Grèce et de l'Italie et avec ceux des Slaves qui restèrent dans l'Europe orientale, mais bien long-

---

[1]. Principaux ouvrages à consulter : les *Commentaires de César*, l'*Histoire des Gaulois* de M. Amédée Thierry.

temps avant les tribus germaniques, qui se fixèrent ensuite entre la Vistule et le Rhin. Durant cette marche de la grande armée celtique, des corps nombreux s'arrêtèrent dans la vallée du Danube et tout le long des Alpes, tandis que la tête de la colonne s'avançait droit à l'occident tant qu'elle trouva la terre pour la porter. Arrivés au bord de l'Atlantique, les Celtes virent de hautes falaises blanchir à l'horizon, et voulurent les atteindre. La grande île qui flanque la Gaule devint encore leur domaine, et ils ne s'arrêtèrent que le jour où du haut des derniers promontoires de l'Écosse et de l'Irlande ils n'aperçurent devant eux que l'immensité de l'Océan. Il n'y avait pas à aller plus loin : le grand ouvrage commencé dans la Bactriane était achevé. Les Celtes s'étendirent et multiplièrent sur ce vaste territoire, gardant en témoignage de leur origine asiatique, un idiome qui, plus éloigné que le grec et le latin du sanscrit, la langue sacrée des brahmes de l'Inde, s'y rattache cependant par des liens étroits, et révèle la parenté qui unissait les Celtes ou Gaulois à la grande famille des nations indo-européennes. Cette langue est encore aujourd'hui parlée au fond de la Bretagne, en quelques coins reculés du pays de Galles, dans le nord de l'Écosse et de l'Irlande ; par les derniers représentants de cet ancien peuple. Ainsi quelques débris restés debout attestent la grandeur imposante des monuments écroulés.

Ibères ou Basques. — Les Celtes avaient trouvé un peuple établi avant eux dans la Gaule, les Ibères, qui étaient probablement venus par le nord de l'Afrique et l'Espagne ; ils occupaient tout le pays au sud de la Loire et furent à peu près refoulés, sous le nom d'Aquitains, au sud de la Garonne. Leur langue était celle que parlent encore les Vascons ou Basques dans une partie des Pyrénées ; elle est sans rapport aucun avec les autres idiomes européens, si ce n'est peut-être avec le finnois.

Belges. — Les Belges arrivèrent les derniers vers l'an 600. Ils passèrent le Rhin dans la partie inférieure de son cours, sous la conduite de Hu le puissant, chef de guerre, législateur et prêtre, et, après de longs combats, occupèrent toute la Gaule au nord de la Loire, qui fut même franchie.

Phéniciens. — Les hardis navigateurs de Tyr et de Carthage, qui parcoururent de si bonne heure tous les rivages de la Méditerranée, parurent aussi aux bouches du Rhône.

Ils se contentèrent d'abord de quelques échanges avec les indigènes; puis, obéissant à l'humeur envahissante qui leur faisait couvrir de colonies les côtes de l'Afrique, de la Sicile et de l'Espagne, ils s'avancèrent dans l'intérieur du pays. L'histoire légendaire des travaux de l'Hercule tyrien recouvre l'histoire réelle des voyages et des fondations de la race phénicienne en Gaule. Le dieu, disait la tradition, arriva aux bords du Rhône, où il eut à soutenir un combat terrible. Ses flèches épuisées, il allait succomber lorsque son père vint à son aide : Jupiter fit tomber du ciel une pluie de pierres qui fournit de nouvelles armes au héros. Ces pierres, on les peut voir encore ; l'immense plaine de la Crau en est toute jonchée. Hercule victorieux fonda, non loin de là, la ville de Nîmes, et au cœur de la Gaule celle d'Alésia. La vallée du Rhône ainsi conquise au commerce et à la civilisation, le héros reprit sa route vers les Alpes, et les dieux le contemplèrent fendant les nuages et brisant la cime des monts. C'était le col de Tende qu'Hercule entr'ouvrait, et la route d'Italie en Espagne qu'il jetait par-dessus les Alpes abaissées. Ainsi, dans les âges reculés, les peuples aiment à attribuer au bras invincible d'un héros les efforts séculaires des générations, ou ce que la nature elle-même accomplit.

Grecs. — Les Phéniciens avaient précédé les Grecs dans la domination de la Méditerranée, mais ils furent supplantés par eux en Gaule. Les Rhodiens s'établirent aux bouches du Rhône, tandis que les colonies phéniciennes de l'intérieur tombaient aux mains des indigènes. Vers l'an 600, arrivèrent les Phocéens qui fondèrent Marseille. Les Grecs plaçaient une gracieuse histoire à l'origine de cette ville. « Un marchand phocéen, Euxène, aborda, disaient-ils, sur la côte gauloise, à quelque distance de l'embouchure du Rhône. Il était sur les terres du chef des Ségobriges, Nann, qui reçut bien l'étranger et l'invita au festin des fiançailles de sa fille. L'usage voulait que la jeune vierge vînt elle-même offrir une coupe à celui des hôtes de son père qu'elle choisissait pour son époux. Quand elle entra, à la fin du repas, tenant la coupe pleine, ce fut devant le Phocéen qu'elle s'arrêta. Nann accepta le choix de sa fille et donna à l'étranger le golfe où il avait pris terre. Euxène y jeta les fondements de Marseille. »

Caractère, mœurs et coutumes. — Toutes les tribus celtiques ou belges avaient des coutumes à peu près semblables, malgré la différence des origines, et aux yeux des étrangers elles ne formaient qu'un seul peuple. Les Grecs et les Romains ne voyaient que des Gaulois dans la Gaule, parce qu'ils y trouvaient partout le même courage. « Race indomptable, disaient-ils, qui fait la guerre non-seulement aux hommes, mais à la nature et aux dieux. Ils lancent des flèches contre le ciel quand il tonne; ils prennent les armes contre la tempête; ils marchent, l'épée à la main, au-devant des fleuves débordés ou de l'Océan en courroux. » Et ce qui les rendait encore plus redoutables, c'était leur nature généreuse autant que brave. « Chez ce peuple franc et simple, dit Strabon, chacun ressent les injustices faites à son voisin, et si vivement, qu'ils se rassemblent tous pour les venger. »

Diodore de Sicile fait des Gaulois ce portrait: « Ils sont de grande taille, ont la peau blanche et les cheveux blonds. Quelques-uns se coupent la barbe et d'autres la laissent croître modérément; mais les nobles se rasent les joues et laissent pousser les moustaches, de manière qu'elles leur couvrent la bouche. Ils prennent leurs repas, non point assis sur des siéges, mais accroupis sur des peaux de loup et de chien. A côté d'eux sont des foyers flamboyants avec des chaudières et des broches garnies de quartiers entiers de viande. On honore les braves en leur offrant les meilleurs morceaux. Les Gaulois invitent aussi les étrangers à leurs festins, et ce n'est qu'après le repas qu'ils leur demandent qui ils sont et ce qu'ils viennent faire dans le pays. Souvent, pendant le festin, leurs discours font naître des querelles, et, comme ils méprisent la vie, ils se provoquent à des combats singuliers. »

Le même écrivain ajoute: « Les Gaulois sont d'un aspect effrayant; ils ont la voix forte et rude; ils parlent peu, s'expriment par énigmes et affectent dans leur langage de laisser deviner la plupart des choses. Ils emploient beaucoup l'hyperbole, soit pour se vanter eux-mêmes, soit pour abaisser les autres. Dans leurs discours, ils sont menaçants, hautains et portés au tragique; mais ils ont de l'intelligence et sont capables de s'instruire, ils ont aussi des poëtes qu'ils appellent *bardes*, et qui chantent la louange ou le blâme, en s'accompagnant sur une rote, instrument semblable à la lyre. »

Costumes et armes. — « Les Gaulois portent des vêtements singuliers; ils ont des tuniques bigarrées de différentes couleurs, et des chausses qu'ils appellent *braies*. Avec des agrafes, ils attachent à leurs épaules des saies rayées d'une étoffe à petits carreaux multicolores, épaisse en hiver, légère en été. Ils ont pour armes défensives des boucliers aussi hauts qu'un homme et que chacun orne à sa manière. Comme ces boucliers servent non-seulement de défense, mais encore d'ornement, quelques-uns y font graver des figures d'airain en bosse et travaillées avec beaucoup d'art. Leurs casques d'airain ont de grandes saillies et donnent à ceux qui les portent un aspect tout fantastique. A quelques-uns de ces casques sont fixés des cornes; à d'autres, des figures en relief d'oiseaux ou de quadrupèdes. Ils ont des trompettes barbares, d'une construction particulière, qui rendent un son rauque et approprié au tumulte guerrier. Les uns portent des cuirasses de mailles de fer; les autres combattent nus. Au lieu d'épées ils ont des espadons suspendus à leur flanc droit par des chaînes de fer ou d'airain. Quelques-uns entourent leur tunique de ceintures d'or et d'argent. Leurs épées ne sont guère moins grandes que le javelot des autres nations, et leurs *saunies*, lourdes piques qu'ils lancent, ont les pointes plus longues que leurs épées. De ces saunies, les unes sont droites et les autres recourbées, de sorte que non-seulement elles coupent, mais encore déchirent les chairs, et qu'en retirant l'arme on agrandit la plaie. »

Manière de combattre. — « Dans les voyages et dans les combats, beaucoup se servent de chars à deux chevaux, portant un conducteur et un guerrier. Ils lancent d'abord la saunie et descendent ensuite pour attaquer l'ennemi avec l'épée. Quelques-uns méprisent la mort au point de venir au combat sans autres armes qu'une ceinture autour du corps. Ils emmènent avec eux des serviteurs de condition libre, et les emploient comme conducteurs et comme gardes. Avant de livrer bataille, ils ont coutume de sortir des rangs et de provoquer les plus braves des ennemis à un combat singulier, en brandissant leurs armes pour effrayer leurs adversaires. Si quelqu'un accepte le défi, ils chantent les prouesses de leurs ancêtres, vantent leurs propres vertus et insultent leurs adversaires. Ils coupent la tête de leurs ennemis vaincus, l'attachent au cou de leurs chevaux et clouent ces trophées à leurs maisons. Si c'est un ennemi renommé, ils conservent sa tête avec de l'huile de cèdre, et on en a vu refuser de vendre cette tête contre son poids d'or. »

Usages divers. — Les femmes étaient libres dans le choix de leur époux. Elles apportaient une dot; mais le mari devait prendre sur son bien une valeur égale. On mettait le tout en commun, et cette somme restait au dernier survivant. Le fils ne pouvait aborder son père en public avant d'être en âge de porter les armes, et celui-ci avait sur sa femme comme sur ses enfants, le droit de vie et de mort. « Lorsqu'un père de famille d'une haute naissance vient à mourir, dit César, ses proches s'assemblent, et, s'ils ont quelque soupçon sur sa mort, les femmes sont mises à la question ; si le crime est prouvé, on les fait périr par le feu et dans les plus horribles tourments. Les funérailles sont magnifiques. Tout ce qu'on croit avoir été cher au défunt, on le jette dans le bûcher, même les animaux ; peu de temps encore avant l'expédition de César, on brûlait avec le mort les esclaves et les clients qu'on savait qu'il avait aimés. » Souvent des parents plaçaient sur le bûcher des lettres adressées à leurs proches, dans la pensée que les morts pourraient les lire.

Religion. — Les Gaulois adorèrent d'abord le tonnerre, les astres, l'océan, les fleuves, les lacs, le vent, c'est-à-dire les forces de la nature ; *Kirk* était le vent le plus terrible ; *Tarann*, l'esprit du tonnerre ; *Bel*, le dieu du soleil ; *Pennin*, le génie des Alpes ; *Arduine*, celui de l'immense forêt des Ardennes. Plus tard, les druides sans doute apprirent au peuple à adorer les forces morales et intelligentes : *Hésus*, le génie de la guerre ; *Teutatès*, celui du commerce et l'inventeur des arts ; *Ogmius*, le dieu de la poésie et de l'éloquence, qui était représenté avec des chaînes d'or, sortant de sa bouche pour aller saisir et entraîner ceux qui l'écoutaient. La fête de Teutatès se célébrait la première nuit de l'année nouvelle, dans les forêts, à la lueur des flambeaux. Cette nuit-là, suivant des traditions contestées aujourd'hui, le chef des prêtres, cueillait avec une faucille d'or le *gui*, plante parasite qui naît sur les branches de certains arbres et qui jouait un grand rôle dans les cérémonies religieuses et la médecine des Gaulois ; mais ils ne recherchaient que celui qui poussait sur le chêne, leur arbre sacré. A Hésus, ils vouaient souvent, avant la bataille, les dépouilles de l'ennemi, et, après la victoire, ils lui sacrifiaient ce qui leur restait du bétail qu'ils avaient enlevé. « Le surplus du butin, dit César, est placé dans un dépôt public ; et on peut voir, dans beaucoup de villes, de ces monceaux de dépouilles entassées dans des lieux consacrés. Il arrive rarement qu'au mépris de la religion un Gaulois ose s'approprier clandestinement ce qu'il a pris à la guerre, ou ravir quelque chose de ces dépôts. Le plus cruel supplice et la torture sont réservés pour ce larcin. »

Les druides. — Les prêtres des Gaulois, les druides ou *hommes des chênes*, avaient des croyances élevées qui semblaient un écho des grandes doctrines de l'Inde; ils croyaient aux peines et aux récompenses dans la vie à venir. Mais d'horribles superstitions, des sacrifices humains, ensanglantaient les grossiers autels qu'ils élevaient au fond des forêts séculaires ou au milieu des landes sauvages. « Tous les Gaulois, dit César, sont très-superstitieux: aussi ceux qui sont attaqués de maladies graves, comme ceux qui vivent au milieu de la guerre et des dangers, immolent des victimes humaines ou font vœu d'en immoler, et ont recours, pour ces sacrifices, au ministère des druides. Ils pensent que la vie d'un homme est nécessaire pour racheter celle d'un autre homme, et que les dieux immortels ne peuvent être apaisés qu'à ce prix; ils ont même institué des sacrifices publics de ce genre. Ils ont quelquefois des mannequins d'une grandeur immense et tissus en osier, dont ils remplissent l'intérieur d'hommes vivants; ils y mettent le feu et font expirer leurs victimes dans les flammes, ils pensent que le supplice de ceux qui sont convaincus de vol, de brigandage ou de quelque autre délit, est plus agréable aux dieux immortels; mais quand ces hommes leur manquent, ils prennent des innocents. »

Tous les druides n'avaient qu'un seul chef dont l'autorité était sans bornes. « A sa mort, le plus éminent en dignité lui succède; ou si plusieurs ont des titres égaux, l'élection a lieu par le suffrage des druides, et la place est quelquefois disputée par les armes. A une certaine époque de l'année, ils s'assemblent dans un lieu consacré sur la frontière du pays des Carnutes, qui passe pour le point central de toute la Gaule. Là se rendent de toutes parts ceux qui ont des différends, et ils obéissent aux jugements et aux décisions des druides. On croit que leur doctrine a pris naissance dans la Bretagne, et qu'elle fut de là transportée dans la Gaule; aujourd'hui ceux qui veulent en avoir une connaissance plus approfondie se rendent ordinairement dans cette île pour s'y instruire.

« Les druides ne vont point à la guerre et ne payent aucun des tributs imposés aux autres Gaulois. Séduits par de si grands priviléges, beaucoup de Gaulois s'efforcent d'entrer dans cet ordre; mais il faut, pour cela, apprendre un grand nombre de vers, et il en est qui passent vingt années dans ce noviciat. Il n'est pas permis de confier ces vers à l'écriture, tandis que, dans la plupart des autres affaires publiques et privées, on se sert des lettres grecques. Il y a, ce me semble, deux raisons de cet usage: l'une est d'empêcher que la science des druides ne se répande dans le vulgaire ; et l'autre, que leurs disciples, se reposant sur l'écriture, ne négligent leur mémoire. Une croyance qu'ils cherchent surtout à établir, c'est que les âmes ne périssent point, et qu'après la mort elles passent d'un corps dans un autre, croyance qui leur paraît singulièrement propre à inspirer le courage, en éloignant la crainte de la mort. Le mouvement des astres, l'immensité de l'univers, la grandeur de la terre, la nature des choses, la force et le pouvoir des dieux immortels, tels sont, en outre, les sujets de leurs discussions ; ils les transmettent à la jeunesse. »

Voici quelques-uns de leurs aphorismes: « Il faut avoir grand soin de l'éducation des enfants.— L'argent prêté dans cette vie sera rendu dans l'autre.—Les amis qui se donnent la mort pour accompagner leurs amis, les retrouveront dans l'autre monde. — Tous les pères de famille sont rois dans leurs maisons. »

Bardes, devins et prophétesses. — On trouve affiliés à l'ordre des druides, des bardes, des devins et des prophétesses. Celles-ci, magiciennes redoutées, aimaient à vivre sur des écueils sauvages, battus par une mer orageuse. Les neuf druidesses de l'île de Sein, à la pointe occidentale de la Bretagne, passaient pour connaître l'avenir, et leurs paroles apaisaient, croyait-on, ou soulevaient les tempêtes. D'autres, qui habitaient un îlot à l'embouchure de la Loire, devaient, à une certaine époque de l'année, abattre et reconstruire en un même jour la demeure de leur dieu. Dès que brillait le premier rayon de soleil, le toit s'écroulait sous leurs coups redoublés, et un autre temple s'élevait rapidement. Mais malheur à celle qui laissait tomber un seul des matériaux du nouvel édifice ! elle était aussitôt déchirée par les mains de ses sœurs, rendues furieuses, et ses chairs sanglantes étaient dispersées autour de l'édifice sacré.

Les *ovates* ou devins étaient chargés de toute la partie matérielle du culte. C'étaient eux qui cherchaient la révélation de l'avenir dans les entrailles de la victime et en consultant le vol des oiseaux. Un Gaulois n'accomplissait aucun acte important sans recourir à la science divinatoire de l'ovate. Telle est l'éternelle curiosité des peuples enfants. Ils ne savent rien du passé, rien du présent, ils n'ont de souci que pour percer les ténèbres de l'avenir.

Menhir, fig. A.

Tant que le pouvoir des druides fut incontesté, les bardes furent les poëtes sacrés appelés à toutes les cérémonies religieuses. Après que les chefs militaires se furent affranchis de la domination des prêtres, les bardes célébrèrent les puis-

Cromlechs, fig. B.

sants et les riches. De chantres des dieux et des héros, ils se firent les courtisans des hommes. On les voyait à la table des grands payer, par leurs vers, le droit de s'y asseoir. Un d'eux arrive trop tard, quand Luern, le roi des Arvernes, remontait sur son char; le barde suit le char qui s'éloigne

30 POPULATIONS PRIMITIVES; MŒURS ET COUTUMES.

en déplorant sur une modulation grave et triste le sort du poëte que l'heure a trompé. Luern charmé lui jette une poignée d'or. Aussitôt la rote s'anime, ses cordes vibrent avec un son joyeux, et le barde chante: « O roi, l'or germé sous

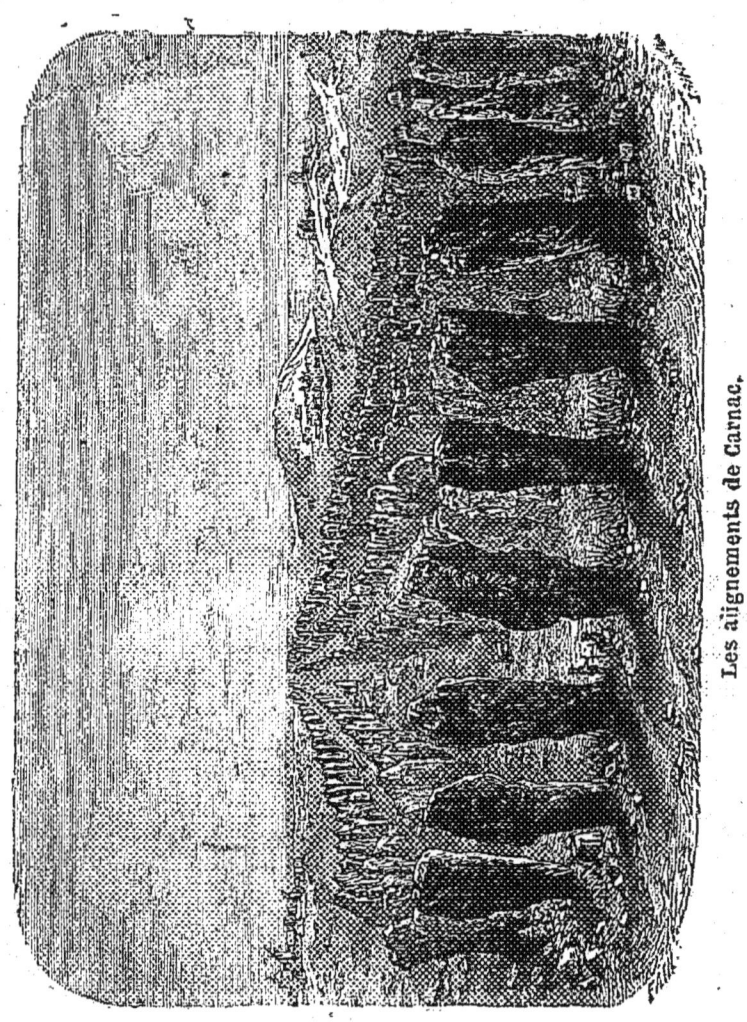

Les alignements de Carnac.

les roues de ton char; la fortune et le bonheur tombent de tes mains. »

Monuments druidiques. — On trouve encore, et en grand nombre, des monuments appelés druidiques, dans nos provinces de l'ouest; ce sont des *peulvans* ou *menhirs* (fig. A), blocs énormes de pierres brutes, fichées en terre isolément, ou rangées en avenues; dans ce dernier cas, elles forment des *alignements*, comme ceux de Carnac, qui sont disposés en onze lignes parallèles, sur un espace de 1005 mètres, et présentent sur cette grève sauvage l'aspect le plus bizarre. De loin, on dirait une armée de géants soudainement pétrifiée comme elle marchait à quelque titanique entreprise. Les *cromlechs* (fig. B) étaient des menhirs rangés en un cercle unique ou en plusieurs cercles concentriques, quelquefois autour d'un menhir plus élevé ; les *dolmens* étaient de grossiers autels formés d'une ou plusieurs grandes pierres plates posées horizontalement sur des pierres verticales ; on les connaît, dans un grand nombre de départements, sous les noms de : *Pierre levée, Pierre couverte, Pierre levade, Table du diable, Tuile des fées, Allée couverte* ; il y a de ces pierres qui ont jusqu'à sept mètres de longueur et autant de largeur. La table du dolmen de l'Isle-Bouchard a six mètres de long [1].

Ces étranges monuments portent parfois de grossières ciselures et des signes divers : on y voit des croissants, des excavations rondes disposées en cercles, des spirales, des figures qui représentent peut-être des animaux ou des arbres entrelacés. Ainsi, dans les Vosges, sur la cime du Donon, d'où l'on aperçoit à la fois la plus grande partie de la Lorraine, de l'Alsace et du grand-duché de Bade, on trouve une grande dalle et à côté des blocs de grès épars, qui portent des figures en bas-reliefs de grandeur naturelle et grossièrement sculptées. C'est le tombeau de Pharamond, disent les gens du pays ; c'était probablement un de ces monuments que nous appelons druidiques et qui, dus à une race antérieure, ont été la grande architecture de l'âge de pierre. La place était bien choisie, car de là se découvre un de ces magnifiques horizons, au milieu desquels l'âme s'élève sans efforts de la terre vers Dieu.

Les plus célèbres monuments appelés druidiques sont ceux

1. Les *pierres fichées* ou *pierres fiches*, comme les paysans les appellent, ont donné leur nom à un grand nombre de bourgs, *Pierre-Fiche*, près de Mende ; *Pierre-Piques*, près de Montévilliers ; *Pierrefite*, près de Pont-l'Évêque, d'Argentan, de Falaise, de Mortagne, de Beauvais, de Paris, de Bar-le-Duc, de Mirecourt, en Sologne, dans le Berry, près de Limoux, de Bourganeuf, de Guéret, de Brives, de Roanne, etc. Les *alignements* de Carnac étaient formés autrefois de plus de 4000 pierres, mais les habitants du voisinage ont exploité ce monument comme une carrière, et il ne reste aujourd'hui que 1200 de ces pierres, dont quelques-unes sont colossales. M. Pélissier de Reynaud a vu des *pierres levées* dans la régence de Tunis, à Kissera. Une inscription trouvée là attestait qu'une légion composée de Gaulois avait occupé cette localité. Du reste, cet usage n'était point particulier aux Gaulois ; beaucoup de peuples l'ont pratiqué ; c'est l'architecture primitive.

Allée couverte.

Dolmen de l'Isle-Bouchard.

Dolmen de Connère. (Maine.)

de Carnac, de Lok-Maria-Ker et de la lande du Haut-Brien, en Bretagne; l'allée couverte ou dolmen de Bagneux près de Saumur, et connue sous le nom de *Roche aux Fées*, qui a 20 mètres de longueur sur 16 de largeur et 3 de hauteur; celle d'Essé, à 28 kilomètres de Rennes; la *Pierre branlante*, de Perros-Guyrech (Côtes-du-Nord), longue de 14 mètres sur 7 d'épaisseur et si parfaitement équilibrée, qu'un seul homme peut la mettre en branle malgré son poids de 500,000 kilogrammes. On trouve un assez grand nombre de pierres semblables dans la Bretagne, le long de la Loire, dans le Poitou, l'Auvergne et les Cévennes; mais il y en a aussi en Suède, en Danemark, en Crimée, en Afrique, en Asie. C'était l'œuvre de populations très-diverses, représentant, pour des époques très-différentes, un même état de civilisation par lequel l'humanité a passé. Un autre genre de monuments, les *tumuli*, sont des cônes de terre qui surmontent un tombeau. Celui de Cumiac a plus de 30 mètres de hauteur.

Les idées vivent autant que le granit. Quelques restes de cérémonies druidiques se pratiquaient, il n'y a pas deux siècles, dans les forêts du Dauphiné, et on en retrouverait encore bien des traces au fond de nos provinces.

Gouvernement. — Les druides, ministres d'un culte sanguinaire et seuls dépositaires de toute science, régnèrent longtemps par la supériorité intellectuelle et par la terreur. Trois siècles environ avant notre ère, les chefs des tribus et les nobles brisèrent, au milieu d'affreuses convulsions, le joug de la caste sacerdotale. Mais l'aristocratie militaire, après sa victoire, trouva deux ennemis : quelques-uns des siens, plus habiles ou plus braves, réunirent plusieurs tribus et se firent rois; sur d'autres points, les classes inférieures, surtout les habitants des villes, se soulevèrent. Les druides s'unirent aux rebelles contre les nobles qui les avaient dépossédés, et dans la plupart des cités le gouvernement aristocratique et royal fut aboli et remplacé par un gouvernement démocratique plus ou moins mêlé d'éléments anciens. Ainsi, dans une cité, c'étaient les notables et les prêtres qui, constitués en sénat, nommaient un *vergobret*, ou juge annuel, et au besoin un chef de guerre; dans une autre, le peuple lui-même instituait un sénat ou des magistrats, quelquefois même un roi qui restait dans la dépendance de l'assemblée générale et dans celle des prêtres. Aussi un ancien disait-il que les rois de la Gaule, sur leurs siéges dorés, au milieu de toutes les pompes de leur magnificence, n'étaient que les ministres et les serviteurs de leurs prêtres.

État de la Gaule 58 ans avant J. C. — Cette révolution achevait de s'accomplir quand César entreprit de dompter les Gaulois. Il ne trouva, dit-il, dans ce pays que deux sortes d'hommes qui fussent honorés, les druides et les nobles. « Pour la multitude, son sort ne vaut guère mieux que celui des esclaves; car, accablés de dettes, d'impôts et de vexations de la part des grands, la plupart des hommes libres se livrent eux-mêmes en servitude. Les druides, ministres des choses divines, accomplissent les sacrifices publics et particuliers et sont les juges du peuple. Ils connaissent de presque toutes les contestations publiques et privées. Lorsqu'un crime a été commis, lorsqu'un meurtre a eu lieu, ou qu'il s'élève un débat sur un héritage, sur les limites, ce sont eux qui statuent; ils répartissent les récompenses et les peines. Si un particulier ou un homme public ne défère point à leur décision, ils lui interdisent les sacrifices; c'est chez eux la punition la plus rare. Ceux qui encourent cette interdiction sont mis au rang des impies et des criminels, tout le monde fuit leur entretien, leur abord, et craint la contagion du mal dont ils sont frappés : tout accès en justice leur est refusé, et ils n'ont part à aucun honneur.

« La seconde classe est celle des nobles. Quand il survient quelque guerre, ce qui, avant l'arrivée de César, avait lieu presque tous les ans, ils prennent tous les armes, et proportionnent à l'éclat de leur naissance et de leur richesse le nombre de serviteurs et de clients dont ils s'entourent. » Quelques-uns de ces clients se vouaient à leur chef, à la vie, à la mort. Chez les Aquitains, ces dévoués s'appelaient *soldures*. « Telle est, dit César, la condition de ces hommes, qu'ils jouissent de tous les biens de la vie avec ceux auxquels ils se sont consacrés par un pacte d'amitié; si le chef périt de mort violente, ils partagent son sort et se tuent de leur propre main; et il n'est pas encore arrivé, de mémoire d'homme, qu'un de ceux qui s'étaient dévoués à un chef par un pacte semblable ait refusé, celui-ci mort, de mourir aussitôt.

« Dans les cités qui passent pour administrer le mieux les affaires de l'État, c'est une loi sacrée que celui qui apprend, soit de ses voisins, soit du public, quelque nouvelle intéressant la cité doit en informer le magistrat, sans la communiquer à nul autre, l'expérience leur ayant fait connaître que souvent les hommes imprudents et sans lumières s'effrayent des fausses rumeurs, se portent à des crimes et prennent des partis extrêmes. Les magistrats cachent ce qu'ils jugent convenable et révèlent à la multitude ce qu'ils croient utile. C'est dans l'assemblée seulement qu'il est permis de s'entretenir des affaires publiques. »

Industrie; commerce. — Les Phéniciens et les Grecs avaient appris aux Gaulois l'art d'exploiter les mines, et les Édues (peuple de la Bourgogne) eurent des fabriques pour l'or et l'argent; les Bituriges (peuple du Berry), pour le fer. Ce dernier peuple trouva même l'art, resté traditionnel chez lui et cnez ses voisins les Arvernes (peuple de l'Auvergne), de fixer à chaud l'étain sur le cuivre. Les Édues inventèrent le placage. Ils ornaient ainsi les mors et les harnais des chevaux. Le roi Bituit avait un char tout plaqué d'argent. « La Gaule ne marqua pas moins, dit un habile historien des Gaulois, dans l'art de tisser et de brocher les étoffes; ses teintures n'étaient pas sans réputation. En agriculture, elle imagina la charrue à roues, le crible de crin et l'emploi de la marne comme engrais. Les Gaulois composaient diverses sortes de boissons fermentées, telle que la bière d'orge et la bière de froment mêlée d'hydromel. Toutefois ils ne paraissent avoir cultivé le froment qu'au temps d'Auguste. Bien qu'ils eussent peu de vin, on leur attribuait l'invention des tonneaux propres à le conserver. » Nous avons encore de leurs médailles. Sur quelques-unes on voit un cheval sans bride ou un sanglier, double symbole de liberté et de guerre.

Le commerce ne pouvait être fort actif, car il y avait peu d'objets d'échange. Cependant les Séquanes (Franche-Comté) envoyaient, par la Saône et le Rhône, leurs salaisons à Marseille, d'où elles se répandaient dans l'Italie et la Grèce. La Gaule exportait aussi de gros draps, et entretenait avec l'île de Bretagne d'assez nombreuses relations dont le centre était à Corbilo, à l'embouchure de la Loire.

CHAPITRE II.

LES MIGRATIONS GAULOISES (1600-125 AV. J. C.).

Invasion en Espagne. — Nul peuple barbare n'eut, chez les nations anciennes, un égal renom d'intrépidité; car toutes apprirent, à leurs dépens, à connaître son courage. Entraînés par leur humeur batailleuse, les Celtes de la vallée du Danube et de la Gaule se jetèrent sur les pays qui se trouvaient à leur portée. Ils allèrent chercher fortune au delà des Alpes comme au delà des Pyrénées, en Grèce et jusqu'en Asie.

Après avoir refoulé les Aquitains des bords de la Loire derrière ceux de la Garonne, ils pénétrèrent, à une époque inconnue, en Espagne, où le peuple qui résista le plus énergiquement aux Romains était, comme son nom l'indique, un mélange de Celtes et d'Ibères, les Celtibériens. Numance, « la seconde terreur de Rome, » était une ville de ce peuple. On trouve aussi, à l'extrémité de la Lusitanie, une peuplade des *Celtici*.

Invasion en Italie (1400 et 587); prise de Rome (390). — Si la province italienne de l'Ombrie doit son nom à une peuplade gauloise, nos pères auraient une première fois passé les Alpes, en corps de nation, quatorze siècles avant notre ère, sous le nom d'Ombriens. L'invasion, vers 587, des Insubres, des Cénomans, des Boïes et des Sénons est plus certaine. Ainsi, à deux reprises dans l'antiquité, les Gaulois auraient fait la conquête du nord de l'Italie, où leurs descendants sont si souvent retournés. Leurs guerres avec les Romains furent longues, acharnées; seuls de tous les ennemis de Rome, ils franchirent ces murs que Pyrrhus et Annibal purent à peine voir et maudire de loin.

Deux siècles plus tard, 30 000 guerriers de ce peuple sénon pénètrent dans l'Étrurie et demandent des terres aux habitants de Clusium, qui ferment leurs portes et implorent le secours de Rome. Le sénat envoie trois ambassadeurs, trois Fabius, pour interposer sa médiation. « De quel droit attaquez-vous les Étrusques? dit Q. Ambustus. — Ce droit, répond le brenn sénon, nous le portons, comme vous autres Romains, à la pointe de nos épées; tout appartient aux braves. » Les Fabius s'irritent de cette fierté, et, oubliant leur caractère d'ambassadeurs, se mêlent aux assiégés dans une sortie; un d'eux, Q. Ambustus, tue même, en vue des deux armées, un chef gaulois qu'il dépouille de ses armes.

Aussitôt les barbares cessèrent les hostilités contre Clusium, et demandèrent à Rome réparation. Tout le collége des Féciaux insista, au nom de la religion, pour que justice fût rendue. Mais le crédit de la famille Fabia l'emporta; les coupables furent absous, et le peuple, comme frappé de vertige, leur donna trois des six places de tribuns militaires.

A ces nouvelles, les Sénons, renforcés par quelques bandes venues des bords du Pô, se mirent en marche sur Rome, sans attaquer une seule ville, sans piller un village. Ils descendaient par la rive gauche du Tibre, lorsque, arrivés près de l'Allia, ils aperçurent sur l'autre bord l'armée romaine s'étendant sur une longue ligne, le centre dans la plaine, la droite sur des hauteurs, la gauche couverte par le Tibre. L'attaque commença du côté des collines où l'aile droite, composée de vieux soldats, tint ferme; mais le centre, effrayé des cris et de l'aspect sauvage des barbares qui s'avançaient en frappant leurs boucliers de leurs armes, se jeta en désordre sur l'aile gauche qui fut rompue. Tout ce qui ne put passer le Tibre à la nage et se réfugier derrière la forte enceinte de Véies, périt dans la plaine, sur les bords et dans le lit du fleuve; l'aile droite, intacte, battit en retraite sur Rome, et, sans garnir les murailles, sans fermer les portes, courut occuper la citadelle du mont Capitolin (16 juillet 390). Heureusement les barbares s'étaient arrêtés pour piller, couper les têtes des morts et célébrer dans des orgies leur facile victoire. Rome eut le temps de revenir de sa stupeur et de prendre les mesures qui pouvaient encore sauver le nom romain. Le sénat, les magistrats, les prêtres et mille des plus braves de la jeunesse patricienne s'enfermèrent dans le Capitole. On y porta tout l'or des temples, tous les vivres de la ville; pour la foule, elle couvrit bientôt les chemins et se dispersa dans les cités voisines. Cæré donna asile aux Vestales et aux choses saintes.

Le soir du jour qui suivit la bataille, les éclaireurs gaulois se montrèrent; mais, étonnés de trouver les murs dégarnis de soldats et les portes ouvertes, ils craignirent quelque piége, et l'armée remit au lendemain à pénétrer dans la ville. Les rues étaient silencieuses, les maisons désertes; dans quelques-unes seulement, les barbares virent avec étonnement des vieillards assis dans des chaises curules, couverts de longues robes bordées de pourpre et appuyés, l'air calme et l'œil fixe, sur un long bâton d'ivoire. C'étaient des consulaires qui s'offraient en victimes pour la république ou qui n'avaient pas voulu aller mendier un asile chez leurs anciens sujets. Les barbares les prirent pour des statues ou pour des êtres surnaturels; mais un d'eux ayant passé doucement la main sur la longue barbe de Papirius, celui-ci le frappa de son bâton, et le Gaulois, irrité, le tua : ce fut le signal du massacre. Rien de ce qui avait vie ne fut épargné; après le pillage, l'incendie détruisit les maisons.

Les barbares n'avaient vu des soldats et un appareil de guerre qu'au Capitole; ils voulurent y monter, mais sur la pente étroite et rapide qui y conduisait, les Romains eurent peu de peine à les repousser, et il fallut changer le siége en blocus. Pendant sept mois, les Gaulois campèrent au milieu des ruines de Rome. Un jour, ils virent un jeune Romain descendre à pas lents du Capitole, revêtu de vêtements sacerdotaux et portant en ses mains des choses consacrées : c'était un membre de la famille Fabia. Sans s'émouvoir des cris ni des menaces, il traversa le camp, monta lentement au Quirinal et y accomplit des sacrifices expiatoires; puis il retourna, aussi calme, aussi peu pressé, par la route qu'il avait suivie. Admirant son courage ou frappés de craintes superstitieuses, les Gaulois l'avaient laissé passer.

Les dieux sont apaisés, disaient les Romains; la fortune va changer. Et elle change en effet, quand d'un côté est la persévérance et de l'autre une confiance aveugle. Dans leur imprévoyance, les barbares ne s'étaient réservé ni provisions ni abris; un automne pluvieux amena des maladies qui les décimèrent, et la famine les força de courir par bandes toutes les campagnes voisines. Les Latins et les Étrusques, qui s'étaient d'abord réjouis des malheurs de Rome, s'effrayèrent à leur tour. Le meilleur général de la république, Camille, était alors exilé dans Ardée; cette ville lui donna quelques soldats avec lesquels il surprit et massacra un détachement gaulois. Ce premier succès encouragea la résistance;

de tous côtés, les paysans s'armèrent, et les Romains réfugiés à Véies proclamèrent Camille dictateur. Il fallait la sanction du sénat pour confirmer l'élection. Un jeune plébéien, Cominius, traversa de nuit le Tibre à la nage, évita les sentinelles ennemies, et, s'aidant des ronces et des arbustes qui tapissaient les parois escarpées de la colline, parvint jusqu'à la citadelle. Il en redescendit aussi heureusement et rapporta à Véies la nomination qui devait lever les scrupules de Camille. Mais les Gaulois avaient remarqué l'empreinte de ses pas ; par une nuit obscure, ils montèrent jusqu'au pied du rempart. Déjà ils atteignaient les créneaux, quand les cris des oies consacrées à Junon éveillèrent un patricien renommé pour sa force et son courage, Manlius, qui renversa du haut du mur les plus avancés des assaillants. La garnison couvrit bientôt tout le rempart et un petit nombre de Gaulois purent regagner leur camp. Le Capitole était sauvé, grâce à Manlius ; mais les vivres étaient épuisés, et Camille ne paraissait pas. Le tribun militaire Sulpicius convint avec le brenn, rappelé dans sa patrie par une attaque des Vénètes, que les Gaulois s'éloigneraient moyennant une rançon de 1000 livres pesant d'or (326 kilogr.), et que des vivres et des moyens de transport leur seraient fournis par les alliés et les colonies de Rome. Quand on pesa l'or, les barbares apportèrent de faux poids ; comme Sulpicius se récriait : *Væ victis!* dit le brenn : « Malheur aux vaincus ! » et il jeta encore dans la balance sa large épée et son baudrier.

Les barbares s'éloignèrent ; mais Camille annula le traité, de son autorité dictatoriale. Il ordonna aux villes alliées de fermer leurs portes, d'attaquer les traînards et les bandes isolées. Durant le blocus, où étaient venus jusqu'à 70 000 Gaulois, de nombreux détachements avaient quitté le siège pour courir le pays ; il en était allé jusqu'en Apulie ; quand ils revinrent, le gros de l'armée était parti, tout le Latium en armes, les légions romaines réorganisées. Aussi, de ceux-là, bien peu échappèrent. Les Cærites en massacrèrent une troupe tombée de nuit dans une embuscade, et une autre fut écrasée par Camille près d'une ville dont le nom s'est perdu. La vanité romaine profita de ces légers succès pour les changer en une victoire si complète, que pas un barbare n'aurait échappé à l'épée vengeresse des soldats de Camille.

Guerre de Rome contre les Gaulois cisalpins (283-192). Rome ne put, d'un siècle, venger cet affront. En 283, le consul Dolabella pénétra chez les Sénons avec des forces supérieures. Il brûla les villages, tua les hommes, vendit les enfants et les femmes, et ne quitta le pays qu'après en avoir fait un désert. Rome se vanta qu'il ne restait pas un de ceux dont les pères avaient combattu à l'Allia, et que la rançon du Capitole avait été retrouvée et prise dans le trésor des Sénons. Malgré ce fier langage, elle n'osa qu'en 232 ordonner le partage entre les citoyens pauvres des terres enlevées à ce peuple. Les Boïes, dont ces terres touchaient la frontière, refusèrent de laisser les Romains s'établir si près d'eux, et, à leur appel, presque tous les Gaulois cisalpins se levèrent. Une formidable armée, 50 000 fantassins et 20 000 chevaux, prit la route de Rome. L'effroi fut au comble dans la ville; les livres sibyllins consultés demandèrent le sacrifice de deux Gaulois; on les enterra vivants au milieu du marché aux bœufs. Puis on déclara qu'il y avait *tumulte*, ce qui obligeait tous les citoyens, même les prêtres à s'armer; 150 000 hommes furent échelonnés en avant de Rome, et on tint en réserve 620 000 soldats fournis par les alliés. L'Italie entière s'était levée pour repousser les Gaulois. Ceux-ci arrivèrent jusqu'à trois journées de Rome. Mais cernés entre deux armées, auprès du cap Télamone, ils laissèrent 40 000 hommes sur le champ de bataille (225).

Le sénat se décida aux plus grands efforts pour délivrer l'Italie de pareilles terreurs. Deux consuls franchirent le Pô. Reçus vigoureusement par les Insubres, ils furent heureux d'accepter un traité qui leur permît de se retirer sans combat. Ils gagnèrent le pays des Cénomans; et quand, après quelques jours de repos et d'abondance, ils eurent refait leurs troupes, oubliant le traité, ils rentrèrent par le pied des Alpes sur le territoire insubrien. 50 000 hommes marchèrent à leur rencontre pour venger cette perfidie, mais furent vaincus; une seconde armée de 30 000 auxiliaires gaulois, venue des bords du Rhône au secours des Insubres, ne put les sauver. Leur roi Virdumar fut tué par Marcellus en combat singulier, et le consul célébra en rentrant dans Rome le plus fastueux triomphe : il rapportait les armes du vaincu, comme troisièmes et dernières dépouilles opimes.

Les Gaulois cisalpins paraissaient soumis, quand Annibal descendit des Alpes avec une armée carthaginoise venue d'Espagne. Des Pyrénées jusqu'au Rhône il n'avait point rencontré d'obstacle ; mais un peuple gaulois, inquiet de sa présence au milieu du pays, avait voulu l'arrêter au passage du fleuve. Il était aisément venu à bout de cette résistance isolée et avait trouvé sur l'autre rive du Rhône les députés des Boïes qui s'étaient offerts à guider sa marche à travers les Alpes. Après les victoires du Tessin et de la Trébie, les Gaulois cisalpins accoururent en foule dans son camp ; ils le suivirent dans sa marche sur Rome, et ce fut avec du

Annibal.

sang gaulois qu'il gagna les victoires de Trasimène et de Cannes.

Cette lutte merveilleuse dura seize ans. Quand elle fut terminée, après la journée de Zama, les Cisalpins avaient depuis longtemps oublié Rome et la domination romaine. Le sénat se souvint d'eux : il reprit l'œuvre de la conquête interrompue par l'arrivée d'Annibal, et n'arrêta ses légions qu'après qu'elles eurent donné la ceinture des Alpes pour frontière à la république. Un peuple gaulois, les Boïes, refusa d'accepter le joug. Il préféra abandonner la terre qu'il occupait depuis quatre siècles, et alla chercher sur les bords du Danube, en deux contrées qui ont gardé son nom, la Bohême d'abord (*Bojehemum*), la Bavière ensuite (*Bojaria*), un pays où il pût vivre libre (192).

Invasion en Grèce. — Lorsque les Insubres avaient passé les Alpes sous la conduite de Bellovèse et conquis la vallée du Pô, d'autres Gaulois avaient pris route avec Sigovèse par la vallée du Danube. Ils y restèrent trois siècles sans que l'histoire dise rien d'eux. Alexandre les rencontra comme il approchait du Danube. Ils lui envoyèrent une ambassade. « Que craignez-vous ? leur demanda le jeune conquérant, qui attendait un hommage à sa valeur. — Que le ciel ne tombe. — Les Celtes sont fiers, » répliqua Alexandre ; et il leur donna le titre d'alliés et d'amis. Un demi-siècle plus tard on les retrouve, cette fois en armes et menaçants. Alexandre était mort, et une épouvantable confusion ébranlait son empire. Ils vendirent d'abord leurs services à quelques-uns de ses successeurs. Mais vers l'an 280, trois tribus, les Tolistoboïes, les Trocmes et les Tectosages, arrivèrent de la Gaule même, et tous ensemble se décidèrent à envahir la Macédoine et la Thrace pour leur compte. Un brenn ou généralissime fut choisi, et une armée formidable pénétra en Macédoine. La phalange fut enfoncée : trois rois, successivement nommés par les Macédoniens, périrent, et tout le plat pays fut au pouvoir des Gaulois. « Du haut des murs de leurs villes, dit Justin, les habitants levaient les mains vers le ciel, invoquant les noms de Philippe et d'Alexandre, dieux protecteurs de la patrie. »

Les Gaulois, cependant, se retirèrent pour aller mettre leur butin en sûreté. La Macédoine respira ; mais durant l'hiver le brenn prépara de nouvelles forces, et, au printemps de 279, il rentra dans le pays des Macédoniens, écrasa leur dernière armée et, si l'effroi n'a pas grossi aux yeux des Grecs le nombre des assaillants, descendit en Thessalie, à la tête de 150 000 fantassins et de 20 000 cavaliers. Tout ce qui restait d'hommes de cœur en Grèce accourut aux Thermopyles pour y arrêter cette multitude, et les derniers vaisseaux d'Athènes vinrent s'embosser dans le golfe Maliaque pour aider à la défense du défilé.

Énergiquement repoussés du passage des Thermopyles, les Gaulois découvrirent le sentier qui avait ouvert la Grèce à Xerxès, et qui, chose étrange! ne fut pas gardé cette fois avec plus de soin. Ils se dirigèrent aussitôt sur Delphes pour en ravir les trésors. On raconte que le dieu consulté avait répondu qu'il saurait bien se défendre, qu'un tremblement de terre entr'ouvrit le sol sous les pieds des barbares et fit rouler les rochers sur leurs têtes, qu'une tempête enfin bouleversa les airs et que la foudre consuma les Gaulois qui n'avaient pas péri sur les montagnes renversées. Cette légende, renouvelée de l'invasion des Perses, n'est qu'un embellissement poétique de la résistance organisée par les habitants d'un pays si facile à défendre. Repoussés de Delphes qu'ils semblent pourtant avoir pillé, les Gaulois firent une retraite que les attaques des montagnards rendirent désastreuse. La faim, le froid leur causèrent d'horribles souffrances. Le brenn, dangereusement blessé, se tua de sa propre main, pour échapper à la colère de ses soldats ou à la honte de sa défaite (278).

Les Gaulois dans la vallée du Danube. — Les débris de l'armée gauloise remontèrent vers le nord. Les uns restèrent sur les bords du Danube, où ils formèrent le grand peuple des Scordisques; les autres allèrent rejoindre leurs compagnons campés dans la Thrace. Les Gaulois du Danube continuèrent à vendre leurs services au plus offrant. Ils fournirent à Pyrrhus ses meilleurs soldats. Ce prince, qui se connaissait en courage, fut si fier d'avoir vaincu les Gaulois de son compétiteur Antigone, qu'il fit ramasser leurs dépouilles sur le champ de bataille et les suspendit aux murs d'un temple de Minerve, avec un vers gravé au-dessous: «Pyrrhus le Molosse, après avoir détruit l'armée d'Antigone, a offert à Minerve les boucliers des braves Gaulois.» Plus tard, les Scordisques se trouvèrent aux prises avec les légions du sénat et exterminèrent encore une fois toute une armée romaine. Ils marchaient sur l'Italie, après avoir ravagé l'Illyrie entière, quand l'Adriatique les arrêta; de colère ils déchargèrent leurs flèches dans les flots et ce ne fut que peu après qu'on les refoula sur le Danube, où ils se perdirent dans la masse des peuples barbares de ces régions que les empereurs finirent par réduire en provinces.

Les Gaulois en Asie (Galates). — Les Gaulois de la Thrace eurent un sort plus brillant. Deux princes se disputaient alors la couronne de Bithynie, dans l'Asie Mineure. Un d'eux, Nicodème, prit les Gaulois à sa solde. Ils le mirent sur le trône; puis, trouvant le pays bon, les habitants timides et les cités riches, ils coururent pendant quarante années la péninsule, rançonnant princes et peuples. « Les rois de l'Orient, dit Justin, n'osaient entreprendre aucune guerre s'ils n'avaient de ces barbares à leur solde. Telle était la terreur inspirée par le nom seul de Gaulois et le constant bonheur de leurs armes, que sans eux les princes sur le trône se croyaient menacés, et qu'avec eux un roi déchu comptait toujours recouvrer sa puissance. » Quelques-unes de ces bandes vinrent planter leurs tentes sur les ruines de Troie, où les chroniqueurs du moyen âge placeront l'origine et le premier séjour des Francs. D'autres saccagèrent le territoire des colonies grecques, et il nous reste quelques vers touchants sur trois jeunes Milésiennes qui se donnèrent la mort pour échapper à leurs outrages.

« Nous sommes mortes, ô Milet, chère patrie, afin de ne point subir l'insolence déréglée des barbares Galates, nous, trois jeunes filles, trois de tes citoyennes, que la violence belliqueuse des Celtes a forcées de recourir à cette destinée; car nous n'avons point attendu que notre sang coulât par un meurtre impie, ni qu'on nous fiançât par un hymen, mais nous avons trouvé dans Pluton un protecteur. »

Refoulés enfin au centre de la péninsule, ils s'établirent, sous plusieurs chefs ou tétrarques, dans le pays qui de leur nom fut appelé Galatie. Quand les légions romaines eurent vaincu à Magnésie et rejeté au delà du Taurus le roi de Syrie, Antiochus, elles ne voulurent pas laisser intacte au cœur de l'Asie Mineure cette dénomination toujours menaçante, et le consul Manlius fit contre les Galates une expédition heureuse qui eut un grand retentissement. Ils se séparèrent et furent successivement vaincus (189). Parmi les captifs se trouva Chiomara, femme du tétrarque Ortiagon. Un centurion romain l'outragea; elle obtint cependant qu'il lui rendrait sa liberté moyennant une somme d'argent qu'un esclave gaulois alla chercher. La nuit venue, le centurion conduisit Chiomara au bord du fleuve où devait se faire l'échange. Il était venu seul pour n'avoir pas à partager la rançon que deux parents de la captive avaient apportée. Tandis que le Romain comptait son or, Chiomara ordonne dans sa langue aux Gaulois de le tuer, puis prend sa tête, et arrive au-devant de son époux, jette cette tête à ses pieds, en lui apprenant l'injure en même temps que la vengeance.

Rome, contente d'avoir vaincu les Galates, laissa à ce peuple sa liberté qu'il garda jusqu'en l'an 25 avant Jésus-Christ. A cette époque, sans combats nouveaux, la Galatie fut réduite en province romaine : mais, quatre siècles plus tard, saint Jérôme retrouvait autour d'Ancyre la langue que, dans sa jeunesse, il avait entendu parler sur les bords de la Moselle et du Rhin. Ces infatigables coureurs d'aventures, qu'on eût jugés si prompts à perdre, le long du chemin, le souvenir de la patrie, et si faciles à se laisser prendre aux mœurs étrangères, gardaient donc pieusement leurs coutumes et leur langue maternelle.

Je ne sais si, dans la vallée du Danube et dans cette Asie Mineure tant de fois bouleversée, on retrouverait quelque trace vivante encore des anciennes émigrations celtiques; mais dans la haute Italie, qui n'a pas été foulée par moins de peuples divers, on a reconnu des traits de physionomie et certains accents qui décèlent une origine gauloise. Ainsi, de nos jours, se perpétue, au milieu de la domination anglaise, sur les bords du Saint-Laurent et au fond de quelques vallées du cap de Bonne-Espérance, l'idiome qu'y ont porté, des bords de la Seine et de la Loire, les colons de Henri IV ou de Colbert et les proscrits de l'édit de Nantes. La race à la tête si légère, disait-on, a montré sur la terre étrangère la même persistance que les Bretons sur la terre natale.

CHAPITRE III.

CONQUÊTE DE LA GAULE PAR LES ROMAINS
(125-50 AV. J. C.)[1].

Formation de la province Narbonaise (125). — Rome n'osa attaquer les Gaulois chez eux qu'après avoir

---

[1]. Principaux ouvrages à consulter : les *Commentaires de César*, les *Études* sur les Commentaires de César publiées par MM. de Saulcy, le général Creuly, J. Maissiat, etc.; la *Vie de César* par l'empereur Napoléon III.

dompté leurs colonies de la Cisalpine et de l'Asie Mineure. Sa domination s'étendait jusqu'au Taurus, et elle avait une province en Afrique, elle occupait l'Espagne, qu'elle ne possédait pas encore un pouce de terrain dans cette Gaule qui touchait à ses portes. Cependant il lui fallait à tout prix s'assurer une route par terre d'Italie en Espagne. Les Grecs de Marseille, depuis longtemps alliés de Rome par crainte et par haine de Carthage, lui en fournirent le moyen. Cette riche et commerçante cité avait couvert de ses comptoirs tout le littoral gaulois de la Méditerranée. Provoqués par ses empiétements, les Gaulois du voisinage se soulevèrent. Marseille recourut en toute hâte au sénat, et une armée romaine, après avoir écrasé les Ligures, donna leurs terres aux Massaliotes (154). De nouvelles plaintes amenèrent une seconde fois, en l'année 125, les légions contre les Salyes qui furent vaincus. Cette fois Rome garda ce qu'elle avait conquis; elle eut une nouvelle province entre le Rhône et les Alpes. Sextius donna à cette province une capitale, en fondant près d'une source d'eaux thermales la ville d'Aix (*Aquæ Sextiæ*, 122). Les Édues, entre la Saône et la Loire (Bourgogne), demandèrent aussitôt à entrer dans l'alliance de Rome. Les Allobroges (Savoie et Dauphiné), plus rapprochés de la nouvelle province, vinrent au contraire l'attaquer : 20 000 barbares restèrent sur le champ de bataille (121). L'année suivante, les Romains franchirent à leur tour l'Isère; mais le roi des Arvernes, Bituit, les rappela en jetant sur leurs derrières 290 000 Gaulois. Quand le roi barbare, monté sur son char d'argent et entouré de sa meute de combat, vit le petit nombre de légionnaires : « Il n'y en a pas, dit-il, pour un repas de mes chiens; » mais la discipline, la tactique, surtout les éléphants vainquirent cette multitude. Quelque temps après, Bituit, attiré à une conférence, fut enlevé, chargé de chaînes et conduit à Rome. Tout le pays que le Rhône enveloppe, depuis le lac Léman, fut réuni à la province qui, les années suivantes, fut étendue jusqu'aux Pyrénées. Les Volces Tectosages, maîtres de Toulouse, acceptèrent le titre de *fédérés*; et la colonie de *Narbo Martius* (Narbonne) dut veiller sur les nouveaux sujets. Sa position près de l'embouchure de l'Aude en fit bientôt la rivale de Marseille (118). Béziers fut colonisé plus tard.

Cette province transalpine, gardée par ses deux colonies, Aix et Narbonne, couverte par les Tectosages et les Édues, récents alliés de Rome, était comme un poste avancé, d'où le sénat contenait et surveillait les nations gauloises.

Les Cimbres et les Teutons (110); bataille d'Aix (102). — L'invasion des Cimbres et des Teutons faillit emporter cette domination récente. Trois cent mille de ces barbares, reculant devant un débordement de la Baltique, franchirent le Rhin, inondèrent la Gaule, et, arrivés sur les bords du Rhône, y écrasèrent successivement cinq armées ro-

Arc de triomphe à Orange [1].

maines. Mais, au lieu de franchir les Alpes, ils passèrent les Pyrénées et allèrent user leur temps et leurs forces contre les belliqueux Celtibériens. Ce fut le salut de Rome. Elle eut le temps d'envoyer Marius garder sa province gauloise. Cet habile général plaça son camp sur la rive gauche du Rhône, et, pour en assurer les approvisionnements, qui ne pouvaient

---

1. Cet arc de triomphe attribué à Marius, est plus vraisemblablement de César. Sa hauteur est de $19^m,26$, sa largeur de $24^m,35$. Le grand arc a 9 mètres sous clef et 5 mètres d'ouverture; les petits, $6^m,07$ sur 3 de largeur.

lui arriver quand les passes du fleuves n'étaient point praticables, il creusa un canal qui permit aux vaisseaux de Marseille et de l'Italie d'éviter les dangereuses embouchures du Rhône. Il imposa à ses soldats tant de travaux qu'on les appelait les mulets de Marius. Mais, dans ces pénibles ouvrages, ils reprirent la force, la discipline, la confiance que les molles habitudes leur avaient fait perdre ; et, quand les barbares reparurent, Marius ne craignit plus de se mesurer avec eux.

Ce fut près d'Aix que la horde rencontra Marius. Il était campé sur une colline où l'eau manquait. Quand ses soldats se plaignirent de la soif, il leur montra de la main une rivière qui baignait le camp des barbares : « C'est là, leur dit-il, qu'il faut en aller chercher au prix de votre sang. » Cependant les valets de l'armée qui n'avaient d'eau ni pour eux ni pour leurs bêtes, descendirent en foule vers la rivière ; les barbares, se croyant attaqués, coururent prendre leurs armes et revinrent, frappant leurs boucliers en mesure et marchant en cadence au son de cette musique sauvage. Mais, en passant la rivière, ils rompirent leur ordonnance, et ils n'avaient pas eu le temps de la rétablir, lorsque les Romains fondirent sur eux de leur poste élevé, et les heurtèrent avec tant de force qu'ils les obligèrent, après un grand carnage, à prendre la fuite. Parvenus à leurs chariots, ils trouvèrent un nouvel ennemi auquel ils ne s'attendaient pas : c'étaient leurs femmes qui frappaient également et les fuyards et ceux qui les poursuivaient ; elles se jetaient au milieu des combattants, et, de leurs mains nues, s'efforçaient d'arracher aux ennemis leurs épées et leurs boucliers.

Les Romains, après ce premier succès, regagnèrent leur poste à la nuit tombante ; mais l'armée ne fit pas entendre, comme il était naturel après un si grand avantage, des chants de joie et de victoire. Elle passa toute la nuit dans le trouble et la frayeur, car le camp n'avait ni clôture ni retranchement. Il restait encore un grand nombre de barbares qui n'avaient pas combattu et qui, toute la nuit, poussèrent des cris horribles, mêlés de menaces et de lamentations : on eût dit des hurlements de bêtes féroces. Les cris de cette multitude immense faisaient retentir les montagnes voisines et jetaient la terreur dans le camp romain ; Marius lui-même, frappé d'étonnement, s'attendait à une attaque nocturne dont il craignait le désordre. Mais les Teutons ne sortirent de leur camp ni cette nuit ni le lendemain; ils employèrent ce temps à se préparer au combat.

Cette seconde bataille, livrée deux jours après la première, ne fut pas plus heureuse pour les barbares; attaqués en face par les légions, surpris en arrière par un lieutenant de Marius, ils ne purent résister. Le massacre fut horrible, comme

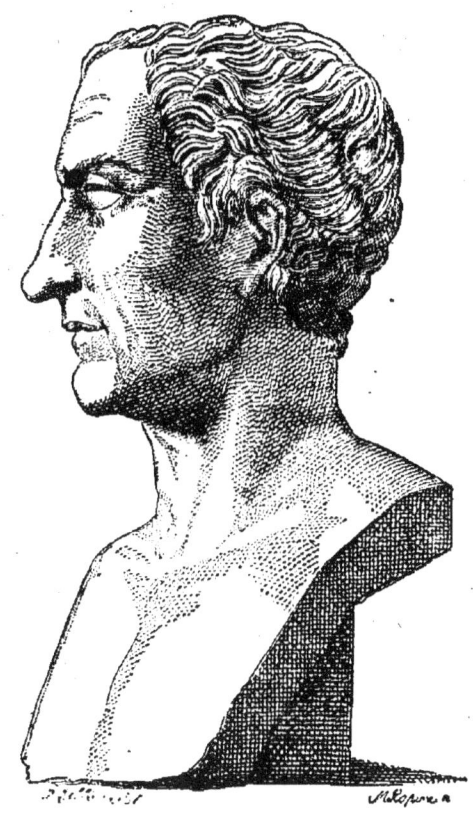

Jules César.

dans toutes ces mêlées de l'antiquité où l'on se battait à l'arme blanche, homme à homme. Plutarque raconte que les corps consumés dans les champs par les pluies qui tombèrent pendant l'hiver, engraissèrent tellement la terre que l'été suivant elle fut d'une fertilité prodigieuse, et que les Marseillais firent enclore leurs vignes avec les ossements dont la plaine était jonchée (102).

Les Suèves et les Helvètes; César en Gaule (58). — Rome aurait sans nul doute profité de la victoire de Marius pour s'étendre dans la Gaule, où pendant l'invasion même des Cimbres elle avait mis la main sur la riche cité de Toulouse, si des troubles civils n'avaient presque aussitôt désolé l'Italie et ébranlé pendant quarante années la république. Cette conquête que Rome abandonnait, un peuple germain voulut la faire. Les Suèves reprirent la route qu'avaient suivie les Cimbres, et 120 000 guerriers, avant-garde de ce grand peuple, pénétrèrent, sous Arioviste, dans la vallée de la Saône. Les Édues et les Séquanes (Bourgogne et Franche-Comté) implorèrent à Rome protection contre eux. Dans le même temps, les Helvètes (la Suisse), sans cesse harcelés par les Germains, voulaient quitter leur pays, traverser la Gaule et aller s'établir sur les bords de l'Océan. Rome avait alors pour consul un des plus éclatants génies que le monde ait connus, Jules César. Il se proposait de renverser la liberté menteuse de Rome républicaine. Mais il lui fallait de l'or pour acheter ce peuple dégradé, de la gloire militaire pour gagner les soldats, et une grande guerre pouvait seule les lui donner. Il se fit nommer gouverneur de l'Illyrie et des deux Gaules (Cisalpine et Transalpine) avec la mission de repousser les Helvètes et de chasser les Suèves.

Iʳᵉ campagne (58); soumission de la vallée de la Saône. — César commença par les Helvètes; il les arrêta par une grande bataille sur les bords de la Saône, et les força à retourner dans leur pays. Cette première expédition achevée, il se trouva en face d'Arioviste et lui fit proposer une entrevue : « Si j'avais besoin de César, répondit le Germain, je serais allé vers lui; César a besoin de moi, qu'il vienne. » Le proconsul ayant répliqué par des menaces : « Personne ne s'est encore attaqué à moi, dit le barbare, qu'il ne s'en soit repenti. Quand César le voudra, nous mesurerons nos forces, et il apprendra ce que sont des guerriers qui, depuis quatorze ans, n'ont pas dormi sous un toit. » Les soldats de César s'effrayaient au récit que faisaient les habitants de la haute taille et de l'indomptable courage des Germains. Il les mena cependant contre eux, et une bataille acharnée mit les barbares en fuite. Arioviste blessé repassa le fleuve avec quelques-uns des siens; et, à cette nouvelle qui répandit la joie dans la Gaule, le reste de la nation des Suèves rentra dans ses forêts. Deux guerres formidables avaient été terminées en une seule campagne (58).

IIᵉ et IIIᵉ campagnes; conquête de la Belgique (57), de l'Armorique et de l'Aquitaine (56). — Les Belges, inquiets de voir les légions si près d'eux, s'armèrent, et au printemps César rencontra, sur les bords de l'Aisne, 300 000 barbares renommés comme les plus braves de la Gaule. Une diversion décida les Bellovaques (Beauvais) à courir à la défense de leurs foyers; les autres peuples suivirent ce fatal exemple, et César n'eut qu'à faire charger sa cavalerie pour changer cette retraite en une fuite désordonnée. Pendant tout un jour, les Romains tuèrent sans péril pour eux-mêmes (57).

La coalition dissoute, il fallait dompter l'un après l'autre tous ces peuples; les Suessions, les Bellovaques et les Ambiens (Soissons, Beauvais et Amiens) ne résistèrent même pas; mais les Nerviens (Hainaut) attendirent les légions derrière la Sambre et faillirent les exterminer. Toute l'armée nervienne se fit tuer. « De nos 600 sénateurs, disaient les vieillards à César, il en reste 3; de 60 000 combattants, 500 ont échappé. » Cette journée, une de celles où César ne combattait pas seulement pour la victoire, mais pour la vie, mit la Belgique à ses pieds. Les Atuatiques seuls (entre Namur et Liége) étaient encore en armes; il força leur principale ville; 53 000 furent vendus. Pendant cette expédition, le jeune Crassus, détaché avec une légion, parcourait le pays compris entre la Seine et la Loire sans rencontrer de résistance. Dès la seconde campagne (57), la Gaule semblait soumise.

César était en Illyrie, quand il apprit qu'une de ses légions avait failli être exterminée dans le Valais et que toute l'Armorique (Bretagne) était soulevée. Il accourut et attaqua lui-même les Vénètes (Morbihan), qui, comptant sur leurs 200 vaisseaux, acceptèrent une bataille navale, où toute leur flotte fut détruite. Ce désastre, dans lequel succomba l'élite de la nation, amena la paix. En même temps, Sabinus, au nord, avait dispersé l'armée des Aulerques (le Mans), des Éburoviques (Évreux), des Unelles (St-Lô) et des Lexoves (Lisieux). Au sud, Crassus avait pénétré sans obstacle jusqu'à la Garonne, franchi ce fleuve, battu 50 000 hommes et reçu la soumission de presque toute l'Aquitaine. Cette année (56), la Gaule entière, des Pyrénées à la mer du Nord, avait vu les légions victorieuses.

IV⁰ et V⁰ campagnes; expéditions au delà du Rhin et en Bretagne (55-54); soulèvements partiels en Gaule (54-53). — Mais durant l'hiver que César passait en Italie, 450 000 Usipiens et Tenctères franchirent le Rhin. Malgré les neiges, César repassa précipitamment les Alpes. Les Germains, trompés par une trêve, furent surpris, et la horde, acculée sur la langue de terre qu'enveloppent à leur confluent le Rhin et la Meuse, périt presque tout entière. Cette invasion et les secours que, l'année précédente, les Armoricains avaient reçus de l'île de Bretagne, apprirent à César que, pour n'être pas troublé dans sa conquête, il devait isoler la Gaule de la Bretagne et de la Germanie. Il passa donc le Rhin, effraya les tribus voisines, et revint frapper un autre coup sur la Bretagne. Le débarquement fut difficile; on prit terre cependant après un combat au milieu des flots.

Mais on était alors à l'époque de la pleine lune; la marée, favorisée par un vent violent, dispersa une escadre qui amenait à César sa cavalerie, et brisa ses navires de charge. Il se hâta de battre les insulaires pour repasser bien vite, mais avec honneur, sur le continent. « Les Romains disparurent, dit un ancien chroniqueur, comme disparaît sur le rivage de la mer la neige qu'a touchée le vent du midi. »

Cette retraite ressemblait trop à une fuite pour que César ne recommençât pas cette expédition. Il reparut l'année suivante dans la Bretagne. Cette fois, il força les Bretons à lui livrer des otages et à lui promettre un tribut annuel.

Ambiorix. — Dans sa première campagne, César avait refoulé les Helvètes dans leurs montagnes, les Suèves au delà du Rhin, c'est-à-dire asservi l'est de la Gaule; dans la seconde, le nord avait été conquis; dans la troisième, l'ouest; dans la quatrième, il avait montré aux Gaulois, par ses deux expéditions de Bretagne et de Germanie, qu'ils n'avaient rien à attendre de leurs voisins; et il venait, dans la cinquième, de renouveler cette leçon en portant de nouveau dans la Bretagne ses aigles victorieuses. On regardait donc la guerre des Gaules comme finie; elle avait à peine commencé. Jusqu'alors, quelques peuples avaient combattu séparément; ils vont se lever tous à la fois. César, pour les tenir asservis, avait cependant appelé à son aide l'expérience des généraux romains si profonde en fait de domination. Partout il avait favorisé l'élévation de quelques ambitieux qui lui livraient l'indépendance de leurs cités, ou formé un parti romain qui dominant l'assemblée publique et le sénat, gênait leur action et trahissait leurs conseils. Il s'était habilement saisi d'un autre moyen d'influence, la tenue des États de la Gaule, réunion annuelle des députés de tous les peuples. La paix la plus profonde semblait donc régner. Ce calme trompeur et l'apparente résignation des chefs gaulois aux États qu'il tint à Samarobriva, chez les Ambiens, lui inspirèrent une entière sécurité, et la disette ayant rendu les vivres rares, il dispersa ses huit légions sur un espace de plus de cent lieues.

Cependant il existait un vaste complot dont un chef éburon, Ambiorix, et le Trévire Indutiomar étaient l'âme. On devait prendre les armes dès que César serait parti pour l'Italie, appeler les Germains et assaillir les légions dans leurs quartiers, en coupant rigoureusement entre elles les communications. Le secret fut bien gardé ; mais un mouvement prématuré des Carnutes retint César en Gaule. Ambiorix, qui le croyait déjà au delà des Alpes, éclata de son côté par le massacre de toute une légion et l'attaque du camp de Q. Cicéron. Dans le même temps, Indutiomar, chez les Trévires, soulevait le peuple et menaçait le camp de Labiénus. Au nord et à l'est de la Loire, le mouvement devint général. Les Édues et les Rèmes restaient seuls traîtres à la cause nationale.

Malgré sa vigilance, César ne savait rien. Depuis douze jours, une de ses légions était détruite; depuis une semaine, un de ses lieutenants, Q. Cicéron, était assiégé, et pas un messager n'avait pu arriver jusqu'au quartier général, à Samarobriva (Amiens). Un esclave gaulois passa cependant et apprit au consul l'extrémité où son lieutenant était réduit. César n'avait sous la main que 7000 hommes, et les assiégeants étaient au nombre de 60 000; néanmoins il attaqua et dégagea le camp de Cicéron où il n'y avait pas un soldat sur dix qui ne fût sans blessure. Labiénus ne fut pas moins heureux contre les Trévires (Trèves) : il tua Indutiomar. Mais Ambiorix, quoique traqué comme une bête fauve, et poursuivi de retraite en retraite, échappa. Son peuple (habitants du Limbourg) paya pour lui : il fut exterminé.

VIᵉ campagne; révolte générale, Vercingétorix (52). — Ces exécutions augmentèrent la haine du nom romain, et, durant l'hiver, un nouveau soulèvement fut préparé. Pour que l'engagement fût irrévocable, on porta les drapeaux militaires dans un lieu écarté, et, sur ces enseignes, les députés de tous les peuples ligués jurèrent de prendre les armes dès que le signal serait donné. Ce signal partit du pays des Carnutes (Chartres). Tous les Romains établis à Genabum (Orléans ou plutôt Gien), grande ville de commerce sur la Loire, furent égorgés; le même jour, la nouvelle en fut portée par des crieurs disposés sur les routes jusqu'à Gergovie (près de Clermont), à 150 milles de distance. Là vivait un jeune et noble Arverne, Vercingétorix, dont le père avait autrefois voulu usurper la royauté. Dès qu'il apprit le massacre de Genabum, il souleva son peuple, se fit investir du commandement militaire et, déployant l'activité que réclamaient les circonstances, il provoqua la réunion d'un conseil suprême des cités gauloises. De la Garonne à la Seine, tous les peuples répondirent à son appel; on lui déféra à lui-même la conduite de la guerre. Ainsi les Arvernes et le centre de la Gaule, restés jusqu'à présent étrangers à la lutte, allaient y prendre le premier rôle.

Vercingétorix poussait activement les préparatifs et donnait à la ligue une organisation qui avait jusqu'à présent manqué à toutes les tentatives des Gaulois. Son plan d'attaque fut habile : un de ses lieutenants, Luctère, descendit au sud pour envahir la Narbonaise, tandis que lui-même marchait au nord contre les légions; mais sur son chemin il s'arrêta pour soulever les Bituriges, clients des Édues, et ce délai permit à César d'arriver d'Italie. En peu de jours le proconsul organisa la défense de la province, chassa l'ennemi, traversa les Cévennes malgré six pieds de neige, et porta la désolation sur le territoire arverne. Puis, repassant les montagnes, il longea le Rhône et la Saône à marches forcées, traversa, sans se faire connaître, tout le pays des Édues (Bourgogne), et arriva au milieu de ses légions. Son audace et sa prodigieuse activité avaient déjoué le double projet du général gaulois.

Les premiers coups de César frappèrent Genabum. Une attaque impétueuse des légions au milieu même de la nuit réussit; tout fut tué ou pris. Sur le pont de Genabum, César passa la Loire et enleva encore la première ville des Bituriges qu'il rencontra, Noviodunum (Nohan ou Neuvy-sur-Baranjon). Vercingétorix, accouru pour la sauver, vit sa chute; il comprit qu'avec un tel adversaire il fallait une autre guerre. En un seul jour, vingt villes des Bituriges furent par eux-mêmes livrées aux flammes; les autres peuples imitèrent cette héroïque résolution. On voulait affamer l'ennemi, mais on n'alla pas jusqu'au bout; la capitale du pays, Avaricum (Bourges), fut épargnée; aussitôt César s'y porta. En vingt-cinq jours il construisit des tours d'attaque et une terrasse longue de 300 pieds sur 80 de hauteur. César raconte que, dans une tentative des assiégés pour détruire ses ouvrages, un Gaulois, placé en avant d'une porte, lançait sur une tour embrasée des boules de suif et de poix pour activer l'incendie. Atteint par un trait parti d'un scorpion, il tomba; un autre prit aussitôt sa place, un troisième succéda à celui-ci également blessé à mort, puis un quatrième, et tant que l'action dura, ce poste périlleux ne resta pas vide un seul instant. La place fut prise cependant, et de 40 000 soldats ou habitants qu'elle renfermait, 800 à peine échappèrent.

Les provisions que César trouva dans Avaricum le nourrirent pendant les derniers mois de l'hiver; le printemps venu, il détacha Labiénus avec quatre légions contre les Sénons (Sens) et les Parises (Paris), tandis que lui-même conduisait le reste de l'armée contre les Arvernes (Auvergne). Mais Vercingétorix couvrait Gergovie (près de Clermont); une attaque réussit mal, 46 centurions y périrent. César se décida à rejoindre Labiénus; cette marche ressemblait à une fuite. Les Édues, croyant que César ne s'en relèverait pas, massacrèrent dans toutes leurs villes ses recrues et les marchands italiens. Cette défection mettait l'armée dans un tel péril, que plusieurs conseillaient au proconsul de regagner la Province. Mais, s'il était vaincu en Gaule, il était proscrit à Rome. Il écarta donc tout projet de retraite et s'enfonça hardiment au nord, laissant 100 000 Gaulois entre lui et la Narbonaise.

La ligue du nord avait pris pour chef l'Aulerque Camulogène, vieux guerrier habile et actif, qui avait porté à Lutèce (Paris) son quartier général. Cette ville, alors renfermée tout entière dans une île de la Seine, était défendue au sud par les marais de la Bièvre. Quand Labiénus voulut attaquer de ce côté, il ne put même approcher de la place. Il rétrograda jusqu'à *Melodunum* (Melun), saisit toutes les barques qu'il trouva sur le fleuve, enleva le bourg et passa sur l'autre rive pour attaquer Lutèce par le nord. Camulogène, craignant d'y être forcé, brûla la ville et les ponts, puis se retira sur les hauteurs de la rive gauche. Il savait que les Bellovaques s'armaient sur les derrières de Labiénus, et il voulait forcer ce général à recevoir bataille, adossé à un grand fleuve et enveloppé par deux armées. Mais Labiénus trompa sa vigilance et passa la Seine sur un point où Camulogène ne pouvait lui opposer que le tiers de ses forces. Le vieux chef essaya de rejeter les Romains dans le fleuve; une action sanglante s'engagea; Camulogène y périt avec presque tous ses guerriers. A ce succès Labiénus ne gagnait que sa retraite; il se hâta d'atteindre le territoire sénon. César y était déjà arrivé.

Une nouvelle assemblée de tous les députés de la Gaule confirma à Vercingétorix le commandement suprême. Trois peuples évitèrent seuls d'y paraître : les Lingons (Langres), les Rèmes (Reims) et les Trévires (Trèves). Par leur moyen, César, qui manquait de cavalerie, soudoya plusieurs bandes de Germains qu'il monta avec les chevaux de ses tribuns et des chevaliers. Il rencontra Vercingétorix non loin de la Saône. Les cavaliers gaulois avaient juré qu'ils ne reverraient jamais leurs femmes ni leurs enfants, s'ils ne traversaient au moins deux fois les lignes romaines. César courut les plus grands dangers et laissa même son épée aux mains de l'ennemi. Mais ses légionnaires reçurent bravement cette charge furieuse et poursuivirent à leur tour l'ennemi qui s'enfuit en désordre jusque sous les murs d'Alésia.

Siége d'Alésia (52). — Alésia[1], assise sur le plateau d'une colline escarpée, passait pour une des fortes places de la Gaule. En avant de ses murs, sur les flancs de la colline, Vercingétorix traça un camp pour son armée, qui comptait environ 80 000 fantassins et 10 000 cavaliers. César conçut l'audacieuse pensée de terminer d'un coup la guerre en assiégeant à la fois la ville et l'armée. Alors commencèrent de prodigieux travaux. D'abord un fossé de 20 pieds de large sur 11 000 pas de développement; derrière celui-là un second fossé de 15 pieds de profondeur, puis un troisième dans lequel il jeta une rivière. Le dernier bordait une terrasse de 12 pieds de hauteur, avec créneaux, palissadée

---

[1]. Les fouilles opérées à Alise-Sainte-Reine, dans la Côte-d'Or, par ordre de l'empereur Napoléon III, ont décidé la question : c'est là que fut la ville assiégée par César, et non à *Alaise*, en Franche-Comté, comme l'ont soutenu de fort savants hommes.

sur tout son pourtour de troncs d'arbres fourchus, et flanquée de tours à 80 pieds de distance l'une de l'autre. En avant des fossés, il plaça 5 rangées de chevaux de frise, 8 lignes de pieux enfoncés en terre, et dont la pointe était cachée sous des branchages; plus près encore du camp ennemi, il sema des chausse-trappes armées d'aiguillons acérés. Tous ces ouvrages furent répétés du côté de la campagne, où la contrevallation avait un circuit de 16 milles. Cinq semaines et moins de 60 000 hommes suffirent à cette tâche.

Avant que les lignes fussent achevées, Vercingétorix renvoya sa cavalerie qui lui devenait inutile et qu'il ne pouvait nourrir, promettant de tenir trente jours, mais appelant les peuples gaulois à se lever en masse. Sa voix fut entendue; 248 000 guerriers d'élite se rassemblèrent de tous les points de la Gaule pour délivrer leurs frères; ils vinrent se briser contre l'inexpugnable rempart des légions. Après avoir supporté plusieurs assauts, César attaqua lui-même, repoussa les Gaulois, tailla en pièce leur arrière-garde et jeta dans leurs rangs une terreur panique qui les dispersa. Cette fois, la Gaule était bien vaincue, et pour toujours.

La garnison d'Alésia n'avait plus qu'à accepter la capitulation qu'il plairait au vainqueur d'accorder. Vercingétorix, espérant adoucir le proconsul en faveur de ses frères, vint se livrer lui-même. Monté sur son cheval de bataille et couvert de sa plus riche armure, il sortit seul de la ville, arriva au galop jusqu'en face du tribunal de César, et, sautant à bas de son cheval, jeta aux pieds du Romain, impassible et dur, son javelot, son casque et son épée. Les licteurs l'emmenèrent. César lui fit attendre six ans son triomphe et la mort. On a, de nos jours, élevé sur la montagne où l'on croit que fut Alise une statue au défenseur de l'indépendance gauloise.

VIIe campagne; derniers mouvements (51); mesures prises pour pacifier la Gaule (50). — César n'osa pourtant pas aller hiverner au delà des Alpes : il fallait surveiller les Gaulois du nord et de l'ouest, qui n'avaient pris qu'une faible part à la dernière lutte et qui armaient en secret. Au milieu de l'hiver, il tomba sur les Bituriges (Bourges) et, portant dans tout le pays le fer et la flamme, il força cette population à fuir chez les nations voisines. Les Carnutes (Chartres), qui remuaient, furent aussi sévèrement châtiés. Les Bellovaques (Beauvais) s'étaient levés en masse : le proconsul écrasa au passage d'une rivière leur meilleure infanterie et les força à implorer sa clémence; toutes les cités du nord-est renouvelèrent leurs promesses d'obéissance. César parcourut la Belgique et rejeta encore une fois Ambiorix au delà du Rhin; puis il retourna demander des otages aux cités armoricaines et étouffer l'insurrection entre la Loire et la Garonne. Bientôt il n'y eut plus de guerre que chez les Cadurques (Cahors) à Uxellodunum[1]; ce fut en coupant l'eau aux assiégés qu'on les força à se rendre. César, qu'une telle guerre à la longue aurait ruiné, voulut faire un terrible exemple : il fit trancher les mains à tous ceux qu'il trouva dans Uxellodunum.

Cette odieuse exécution fut le dernier acte de la terrible lutte qui décida que les Gaulois ne resteraient pas livrés au libre développement de leur génie national. Leur civilisation indigène était plus avancée que les récits habituels ne le feraient croire; et, s'il n'est pas possible de dire ce que, laissée à son essor, cette civilisation fût devenue, il est toujours permis d'honorer une résistance héroïque et de plaindre la fin prématurée d'un grand peuple.

Pour Rome, la guerre des Gaules ferma glorieusement la liste des conquêtes de la république romaine. César y avait employé 8 années, 10 légions et les inépuisables ressources de la discipline romaine, de son génie militaire, de son incomparable activité. La Gaule domptée par les armes, il passa une année entière (50) à la gagner, à lui faire oublier sa défaite. Point de confiscations, d'impôts onéreux; aucune de ces mesures violentes et vexatoires dont tant de proconsuls avaient donné l'exemple. La Gaule fut réduite en province romaine; mais les villes conservèrent leurs lois et leur gouvernement; le seul signe de la conquête fut un tribut de 40 millions de sesterces (7 794 000 fr.).

---

1. D'après des fouilles faites en 1866 on a lieu de croire que l'emplacement de cette cité était non pas à Luzech, comme on l'a cru longtemps, mais à *Puy-d'Issolu*.

DEUXIÈME PÉRIODE.

LA GAULE SOUS LES ROMAINS.

(50 ANS AVANT J. C. — 476 APRÈS J. C.)

CHAPITRE IV.

LES GAULOIS SOUS L'EMPIRE [1].

(50 ans avant J. C., 395 après notre ère.)

Organisation de la Gaule par Auguste; 4 provinces, 60 cités. — La conquête de la Gaule avait donné à César l'armée la plus aguerrie en même temps que la plus dévouée, un renom immense et de prodigieuses richesses. Avec ses victoires, il éblouit ceux qu'il ne put acheter avec son or, et le reste, il l'accabla par les armes; mais la guerre civile et sa mort prématurée l'empêchèrent de s'occuper de la Gaule. Auguste même ne put y passer qu'après être devenu le seul maître du monde romain. L'an 27 avant notre ère, il se rendit en Gaule, et, pour effacer les anciennes relations des peuples et les anciens souvenirs, il changea les limites des provinces et les noms de plusieurs villes. L'Aquitaine, auparavant enfermée entre les Pyrénées et la Garonne, fut étendue jusqu'à la Loire. La Celtique, appelée Lugdunaise, fut limitée aux pays compris entre la Loire, la Seine et la Marne. Le reste forma la Belgique.

De nombreuses colonies romaines furent établies en Gaule afin d'y développer l'élément romain. Dans la Narbonaise, Fréjus devint un des grands arsenaux de l'empire, et Arles prit de tels accroissements qu'on l'appela la Rome des Gaules.

---

1. Principal ouvrage à consulter : *Histoire de la Gaule sous l'administration romaine*, par M. Amédée Thierry.

Gergovie, qui avait vu fuir César, fut dépouillée du rang de capitale des Arvernes, attribué à une bourgade voisine, *Augusto-Nemetum* (Clermont). La cité de *Bratuspantium* fut de même déshéritée au profit de *Cæsaromagus* (Beauvais). Les capitales des Suessions (Soissons), des Véromandues (Saint-Quentin), des Tricasses (Troyes), des Rauraques (August, canton de Bâle), des Ausces (Auch), des Trévires (Trèves), prirent le nom d'*Augusta*. La ville des Turones devint *Cæsarodunum* (Tours); celle des Lémovices s'appela *Augustoritum* (Limoges), et *Bibracte* fut célèbre dans tout l'empire sous le nom d'*Augustodunum* (Autun).

Les privilèges furent aussi inégalement répartis; les Édues (Bourgogne), les Rèmes (Champagne), conservèrent le titre d'alliés, qui fut encore concédé aux Carnutes, pour qu'au sud, à l'ouest et au nord, il y eût trois peuples puissants intéressés au maintien du nouvel ordre social. Les Santons (Saintes), les Arvernes (Auvergne), les Bituriges (Berry), clients émancipés des Édues, et les Suessions (Soissons), conservèrent leurs lois. Enfin, la Gaule fut divisée en 60 circonscriptions municipales, c'est-à-dire que le nombre des peuples gaulois, reconnus comme constitués en corps de nation, fut réduit à ce chiffre. Cette double mesure facilita singulièrement la police et l'administration du pays car chacune de ces 60 cités devint responsable des désordres qui éclataient sur son territoire. Pour leur servir de modèle, Auguste leur donna une capitale toute romaine, *Lugdunum* (Lyon), au confluent de la Saône et du Rhône, qui fut le centre de l'administration impériale dans la Gaule. Agrippa fit partir de ses murs quatre grandes voies militaires allant à l'Océan, au Rhin, à la Manche, et le long du Rhône et de la Méditerranée jusqu'aux Pyrénées.

Le druidisme était encore puissant. Auguste l'attaqua d'une manière habile; il fit romains tous les dieux gaulois et leur dressa des autels qui portèrent leur double nom; ainsi, Belen-Apollo, Mars-Camul, Diana-Arduinna, etc. De plus, il défendit les sacrifices humains, et ne promit le droit de cité qu'à ceux qui abandonneraient les rites druidiques. Ces efforts réussirent, car nulle province ne devint si vite romaine.

Réorganisation au quatrième siècle : 17 provinces, 120 cités. — Cette première organisation de la Gaule par Auguste fut modifiée au quatrième siècle de notre ère. On forma alors une *préfecture* des Gaules dont le siége fut à Trèves, et qui comprit les trois *diocèses* d'Espagne, de Bretagne et de Gaule, ce dernier divisé en 17 provinces, lesquelles étaient subdivisées en 120 cités. Le *préfet*, le *vicaire* du diocèse, les 17 *proconsuls* ou gouverneurs de provinces, n'avaient que l'autorité civile ; l'autorité militaire appartenait aux *comtes* et aux *ducs*, qui résidaient surtout le long des frontières.

Chaque cité dominait sur les bourgs de son territoire, lequel était souvent assez vaste pour que plusieurs de nos provinces en aient reproduit fidèlement les limites. Ainsi la

Temple d'Auguste et de Livie à Vienne[1].

Touraine, le Périgord, le Poitou, le Quercy, le Berry, etc., n'étaient que les territoires des anciennes villes de Tours, de Périgueux, de Poitiers, de Cahors et de Bourges. Dans chaque cité un sénat héréditaire, une curie ou assemblée de propriétaires possédant au moins 25 arpents, et des officiers municipaux, généralement élus par la curie, géraient les affaires de la ville et de son territoire, sous la surveillance du gouverneur de la province, qui d'abord correspondait directement avec l'empereur, et plus tard avec le président ou

[1]. Ce temple est probablement contemporain de la Maison-Carrée de Nîmes, dont il rappelle le caractère général, et par conséquent postérieur à Auguste.

vicaire du diocèse. Ce gouverneur n'intervenait pas dans les affaires intérieures de la cité. Ses relations avec elle concernaient seulement la juridiction et le payement des tributs. Il revisait, en effet, sur appel, les sentences rendues par les sénats municipaux, et il recevait, après en avoir indiqué la quotité, les impôts, dont la répartition et la perception étaient faites par la curie elle-même sous sa responsabilité. Parfois les députés de toutes les villes et même de toutes les provinces se réunissaient. Malheureusement ces assemblées qui

Maison-Carrée à Nîmes[1].

eussent éclairé le gouvernement sur les véritables intérêts des provinces, n'eurent jamais de sessions régulières et tombèrent en désuétude. En 365, une innovation importante fut introduite par Valentinien dans le régime municipal. Il institua un défenseur de la cité, sorte de tribun du peuple chargé de défendre ses intérêts contre les officiers impériaux, le fisc

---

[1]. La Maison-Carrée est un rectangle de 25^m,65 sur 13^m,64. L'intérieur n'a que 16 mètres de long sur 12 de large et autant de hauteur. Les murs ont seulement 10 centimètres d'épaisseur; 10 colonnes d'ordre corinthien cannelées forment le péristyle; 20 autres, à moitié engagées dans les parois, enveloppent l'édifice.

et les oppressions de tout genre, et qui dut être choisi en dehors de l'aristocratie municipale. Cette charge fut presque aussitôt et presque partout confiée aux évêques et devint le principe de leur puissance dans les cités.

La civilisation romaine en Gaule; écoles, arts, industrie, commerce. — Les Gaulois, condamnés au repos, portèrent dans les travaux de la paix l'activité qu'ils avaient montrée dans la guerre. Les forêts druidiques tombèrent sous la hache des défricheurs ou furent percées de routes que le commerce et la civilisation suivirent. Les villes

Intérieur des Arènes d'Arles.

se multiplièrent, l'art grec s'y implanta, et la Vénus d'Arles, le Jupiter d'Aix, retrouvés dans leurs ruines, peuvent rivaliser avec les belles statues de l'antiquité. Des arcs de triomphe, des temples, des cirques, des théâtres, des aqueducs s'élevèrent, non pas toujours par les mains d'artistes étrangers. Orange garde encore un arc de triomphe, le plus beau que les Romains nous aient laissé (voy. p. 47); Vienne, le temple d'Auguste et de Livie; Nîmes, ses *Arènes*, qui ne sont pas le plus grand des amphithéâtres romains, mais un des mieux conservés, sa *Maison-Carrée*, délicieux monument que Colbert voulait transporter à Versailles et Napoléon à Paris, où du moins on l'a à peu près copié, en des proportions plus grandes à l'église de la Madeleine ; enfin, à quelque distance de ses murs, le *pont du Gard*. Cette construction colossale, qui coupe la vallée sauvage du Gardon à une élévation de 48 mètres, n'était qu'une partie d'un immense aqueduc que la riche et voluptueuse cité s'était bâti, pour amener jusqu'à elle, à travers dix lieues de montagnes et de vallées, les

Ruines d'un théâtre romain à Arles.

eaux limpides et fraîches des Cévennes. Dans le même temps, les écoles de Bordeaux, d'Autun, de Lyon et de Vienne rivalisaient avec celles de la Grèce, et la Gaule vaincue envoyait aux maîtres du monde des grammairiens, des orateurs et des poëtes : Valerius Cato, surnommé la Sirène latine; Cornelius Gallus, de Fréjus, poëte élégiaque, ami de Virgile et d'Auguste ; Trogue-Pompée, du pays des Voconces (Die, dans la Drôme), le premier auteur latin d'une histoire universelle, dont Justin nous a conservé l'abrégé; Domitius Afer, le maître de Quintilien, qui le déclare l'orateur le plus éloquent qu'il ait entendu, mais qui déshonora son génie par sa bassesse. Pétrone souilla aussi les muses latines par son *Satyricon*, tableau immoral d'une société profondément dégradée. Mais Marcus Aper a eu l'honneur de passer pour l'auteur d'un livre qui porte le nom de Tacite. Favorinus d'Arles, sophiste célèbre, ami de Plutarque et de l'empereur

Les Arènes de Nîmes [1].

Adrien, s'étonnait lui-même, étant Gaulois de parler si bien grec. Plus tard brillèrent au quatrième siècle, un poëte ai-

[1]. D'après un fragment d'inscription trouvé dans les arènes de Nîmes, la construction de cet amphithéâtre daterait de la seconde moitié du deuxième siècle. Son grand axe a $133^m,32$; le petit, $101^m,40$; sa hauteur, $21^m,2$; l'épaisseur des constructions est de $31^m,53$. Ce massif renferme cinq galeries de circulation, des aqueducs, des salles, et 162 escaliers principaux conduisant à 35 rangs de gradins d'où la vue plonge sur l'arène; un mur (*podium*) de $2^m,69$ d'élévation séparait les spectateurs des combattants. Une première *précinction* de 4 rangs de gradins était réservée aux magistrats et notables de la ville; une seconde de 11 rangs, aux chevaliers; une troisième de 10 rangs, aux simples citoyens; une quatrième de 10 aussi, au bas peuple et aux esclaves. 24 000 spectateurs pouvaient y trouver place. Le Colisée, à Rome, avait 50 rangs de gradins, 646 mètres de circonférence extérieure, 51 de hauteur et pouvait contenir 80 000 spectateurs.

mable, Ausone de Bordeaux; au cinquième, Rutilius Numatianus, qui écrivit en vers un itinéraire de Rome, et Sidoine Apollinaire, qui fut à la fois poëte et évêque.

Le commerce, l'industrie s'étaient développés plus vite encore que les arts et les lettres. Au temps d'Auguste, les plus florissantes cités ne se trouvaient qu'aux points par où

Le pont du Gard [1].

la Gaule touchait à l'Italie; dès le deuxième siècle de notre ère, l'activité avait gagné tout le pays et l'activité amenait la

[1]. Nous avons encore des arcs de triomphe romains à Carpentras, Aix, Arles, Autun, Cavaillon, Saintes, aux deux extrémités du pont antique de Saint-Chamas, à Reims (*porte de Mars*), et à Orange. On trouve des restes d'aqueducs à Lyon et à Jouy, près de Metz. Celui d'Arcueil, près de Paris, a été reconstruit à plusieurs reprises et pour la dernière fois au commencement du dix-septième siècle : mais le pont du Gard est encore debout. Vaison, Saint-Chamas, Sommière et Saintes ont ou avaient naguère des ponts romains. Nîmes, Autun, Reims ont des portes de villes; Paris, Nîmes, Fréjus, Saintes et plusieurs localités du Languedoc et de l'Auvergne, des thermes; Yernègues, près d'Aix, Vienne, Riez, Arles, Autun, Avallon, des débris de temples. Deux seulement sont debout, à Nîmes et à Vienne. On a trouvé des ruines d'amphithéâtres dans cinquante-quatre localités de la France actuelle. A Paris, en perçant la rue Monge, on vient de découvrir les ruines d'immenses arènes (1870). Quelle boucherie d'hommes se faisait chaque année dans l'empire romain pour les plaisirs du peuple ! Bordeaux a encore le *palais Gallien*, ruines d'un amphithéâtre commencé par Gallien, achevé par Tétricus.

richesse. Toulouse éclipsa Narbonne; Nîmes, si richement dotée par les Antonins de monuments splendides, effaçait l'antique cité phocéenne qui avait perdu ses mœurs sévères et qui laissait s'établir le proverbe répété à tous ceux qui s'oubliaient dans la mollesse : « Tu fais voile vers Marseille. » Lyon, l'ancienne métropole, voyait croître une rivale dans

La porte d'Or, à Fréjus [1].

la ville de Trévires (Trèves), le principal boulevard de la Gaule contre les Germains. Mayence, Cologne, vingt autres cités bordaient le Rhin pour en fermer les passages. Vienne, Autun et Reims avec leurs écoles; Lutèce (Paris), qui, grâce

[1]. La porte d'Or ou Dorée, arche triomphale d'une assez grande hauteur construite en assises superposées de pierres et de briques, était la porte de communication entre la ville et le port.

à sa position à égale distance de la Germanie et de l'île des Bretons, devint la résidence des Césars chargés de veiller sur ces deux frontières ; Langres et Saintes avec leur industrie des caracalles (sorte de manteau en laine) qu'elles envoyaient dans toute l'Italie ; Bordeaux, le port principal pour l'Espagne et la Bretagne, nous montrent la vie se répandant au centre comme à la circonférence, sur le Rhin et l'Océan comme aux bords de la Méditerranée.

La langue, les lois, les arts de Rome prenaient donc pos-

Porte romaine à Trèves.

session de la Gaule, mais aussi la *vie romaine*, avec ses plaisirs sensuels et grossiers, son goût des spectacles sanglants, des combats de bêtes, des luttes de gladiateurs et l'effroyable corruption de ses mœurs. Pourtant la nationalité gauloise n'était pas complétement étouffée sous cette civilisation étrangère. Le vieil idiome celtique subsistait, surtout à l'ouest, dans l'Armorique (Bretagne) ; au nord, dans la Belgique et sur les bords de la Moselle ; même au centre chez les Arvernes, où, au cinquième siècle de notre ère, le plus grand nombre des nobles parlaient encore la langue de leurs pères.

Si la langue vivait, bien des coutumes aussi s'étaient conservées. Le druidisme même, quoique persécuté par les empereurs, n'avait pas entièrement disparu. On en trouva longtemps des restes informes, survivant dans les coutumes superstitieuses de nos provinces reculées (culte des pierres, des fontaines, les fées, les génies, etc.).

Le christianisme en Gaule. — Auguste avait combattu le druidisme qui s'était énergiquement associé à la lutte pour l'indépendance. Claude proscrivit les druides, abolit leur culte et porta la peine de mort contre ceux qui le pratiquaient, ce qui ne l'empêcha pas de durer des siècles encore. Un adversaire plus redoutable fut le christianisme. Dès le deuxième siècle, il y avait des chrétiens au delà des Alpes. Lyon eut la première église des Gaules et les premiers martyrs.

Vers le milieu du deuxième siècle de notre ère, étaient arrivés dans cette ville quelques prêtres de l'Église de Smyrne, ayant à leur tête l'évêque Pothin, disciple de saint Polycarpe, qui avait lui-même dans sa jeunesse entendu l'apôtre saint Jean. Pothin gagna à la foi, en peu d'années, une communauté nombreuse, et défendit avec éclat l'orthodoxie contre les hérétiques. En ce temps-là Marc Aurèle rendit un édit contre les chrétiens ; aussitôt la persécution commença dans Lyon. Les fidèles, conduits devant le gouverneur, furent mis à la torture. Quelques-uns, vaincus par la douleur, consentirent à brûler de l'encens devant les idoles, mais le plus grand nombre affronta le martyre. Pothin, âgé de 90 ans, fut lapidé par le peuple. Quarante-sept autres *confesseurs* périrent sous la dent des lions ou par la hache ; une femme et un enfant, Blandine et Ponticus, avant de mourir dans l'amphithéâtre, avaient lassé la fureur des bourreaux (177).

L'Église de Lyon, un moment dispersée, fut de nouveau réunie par saint Irénée, que sa science et son génie firent appeler la lumière de l'Occident, la hache de l'hérésie. Il périt dans la persécution ordonnée par Septime Sévère, en 202. Cependant la parole du Christ n'avait point encore été portée dans le reste de la Gaule. Vers l'an 250, sept évêques partirent de Rome pour en faire la conquête. Paul, Trophime, Saturnin, prirent en quelque sorte possession de la Gaule méridionale ; ils s'établirent à Narbonne, Arles et Toulouse. Deux autres, Martial et Gatien, se dirigèrent vers l'ouest, vers Limoges et Tours ; les deux derniers enfin pénétrèrent :

l'un, Strémonius, dans les âpres montagnes de l'Arvernie ; l'autre, saint Denis, jusqu'aux bords de la Seine, à Lutèce. Mais la persécution arrêta leurs pieux travaux. Saturnin fut livré dans Toulouse à la rage d'un taureau furieux. Denis fut décapité sur la montagne de Mars (Montmartre), près de Lutèce, et enterré, par les soins d'une pieuse femme, dans la plaine qui a gardé son nom.

Les disciples qu'ils laissaient derrière eux eurent le même zèle et les mêmes souffrances : à Chartres, on jeta dans un puits les premiers qui se présentèrent pour évangéliser le pays ; à Troyes, le confesseur Patrocle expira sous des chaînes rougies au feu ; à Metz, Clément fut réduit à prendre pour retraite et pour église les souterrains de l'amphithéâtre, interrompu, quand il prêchait, par le rugissement des bêtes qui devaient dévorer les chrétiens. Les dangers doublaient la ferveur et le dévouement : on voyait de nobles hommes, des fils de sénateurs, Quintinus (saint Quentin), Crespinius et Crespinianus (saint Crépin et saint Crépinien), embrasser d'infimes professions, pour avoir dans toutes les classes de la société un accès plus facile et pousser avec vigueur la propagande chrétienne. Un siècle plus tard, saint Martin reprit et compléta dans les régions du nord et de l'ouest l'œuvre de saint Denis.

Mais déjà le christianisme s'était assis avec Constantin sur le trône impérial. Dans cette grande révolution, la Gaule pouvait revendiquer une part glorieuse. Elle avait eu déjà l'honneur de défendre énergiquement l'orthodoxie, au deuxième siècle, avec saint Irénée ; elle l'eut encore au quatrième avec saint Hilaire, évêque de Poitiers ; et c'est en s'appuyant sur les Églises de Gaule et d'Afrique que le christianisme maintint son unité contre les hérésies orientales.

Grâce à la loi de Constantin qui permettait aux églises de recevoir des donations, la puissance temporelle du clergé avait suivi les progrès de sa puissance morale ; et dans la décadence de l'empire, les villes, mal protégées par ceux qui devaient les défendre, donnèrent à leur évêque, avec le titre de *defensor civitatis*, la principale autorité dans la cité.

Événements politiques ; persécutions contre les druides; Florus et Sacrovir. — On vit dès le règne de Tibère combien la Gaule tenait à la paix qu'elle devait aux Romains. Julius Florus essaya, en l'an 21 de notre ère, de soulever les Belges, et Sacrovir tenta d'entraîner les peuples de la Celtique. Cette révolte causa quelque émotion à Rome, mais l'abandon où les chefs furent laissés, montra le peu de fondement de ces craintes. Florus et Sacrovir se tuèrent eux-mêmes. Caligula porta dans la Gaule sa folie furieuse. Claude, si sévère pour les druides, ouvrit aux Gaulois l'entrée du sénat. On conserve encore à Lyon des tables d'airain sur lesquelles se lisent des fragments du discours qu'il prononça à cette occasion. Le mouvement qui précipita Néron partit des bords de la Saône ; l'Aquitain Vindex, gouverneur de la Lugdunaise, donna le signal auquel on répondit de toutes les provinces. L'empire fut violemment ébranlé : en deux ans (68-70) quatre empereurs revêtirent la pourpre.

Civilis, Sabinus et Éponine. — Au spectacle de ces révolutions, le Batave Civilis crut que le temps était venu de briser le lien que César avait noué. Les druides, sortis de leurs retraites, au fond des bois, annonçaient la chute de la race latine et l'avénement des nations transalpines. Un Gaulois, Sabinus, prit le titre d'empereur. Mais déjà Vespasien était à Rome : tout se réorganisait sous sa main puissante ; les légions rentraient dans le devoir, et Civilis, retiré dans les marais de la Batavie, demandait la paix. Sabinus cacha sa royauté éphémère dans un souterrain, où il vécut neuf ans avec sa femme Éponine. Découvert à la fin et conduit à Rome, il fut envoyé au supplice. En vain Éponine se jeta aux genoux de Vespasien : « César, disait-elle en lui montrant ses enfants, je les ai conçus et allaités dans les tombeaux, afin que plus de suppliants vinssent embrasser tes genoux. » Les assistants pleuraient, et Vespasien lui-même. Cependant il fut inflexible. Alors Éponine, se relevant, demanda à partager le sort de celui qu'elle n'avait pu sauver. « J'ai été plus heureuse avec lui, dit-elle, dans les ténèbres et sous la terre que toi dans la puissance suprême. » Elle fut exaucée. Plutarque rencontra, à Delphes, un de leurs enfants.

Les césars gaulois (261-273). — Plus d'un siècle se passa sans que la Gaule fournît rien à l'histoire. En 197, la bataille de Lyon décida la querelle entre Albinus et Sévère. Mais, au siècle suivant, les révolutions continuelles auxquelles le monde romain était en proie enhardirent les barbares. De puissantes confédérations se formèrent en Germanie, qui assaillirent incessamment la rive gauche du Rhin. Dans le désordre universel, la Gaule reprit la pensée de Civilis et de Sabinus : elle eut des césars gaulois qui se succédèrent pendant douze ans (261-273). Le dernier, Tetricus, fatigué du pouvoir, trahit lui-même son armée et se livra à Aurélien. Dès que les barbares apprirent la mort de ce prince redouté, ils se jetèrent sur la Gaule et y saccagèrent soixante-dix villes. Un autre Aurélien, Probus, accourut et rejeta les Germains dans leurs forêts ; mais le nord de la Gaule n'en était pas moins couvert de ruines [1].

Misère croissante au quatrième siècle ; les bagaudes. — Sous le coup de ces fréquentes incursions, sous l'oppression fiscale de l'administration romaine, disparaissait la prospérité dont les provinces avaient joui durant deux siècles. L'inquiétude remplaçait la sécurité ; le commerce, le travail s'arrêtaient. La misère gagnait tout le pays ; on en vit les effrayants progrès, lorsque, au temps de Dioclétien, les paysans se soulevèrent sous le nom de *bagaudes*. Il fallut que Maximien leur fît une guerre en règle. Il détruisit leur camp retranché qui se trouvait près de Paris, au bourg de Saint-Maur-les-Fossés.

Ravages des barbares ; Julien en Gaule. — Constance Chlore, ou le Pâle, administra doucement la Gaule et chercha à en fermer les plaies. Son fils Constantin (306), avant d'aller vaincre Maxence et Licinius, eut soin de donner aux barbares de sévères leçons, dont le souvenir les fit tenir en repos pendant tout son règne. Deux chefs francs qu'il avait faits prisonniers furent jetés aux bêtes dans l'amphithéâtre de Trèves. Mais ils avaient trop bien appris les routes de la Gaule pour n'y pas rentrer dès que la main qui en défendait les approches se retirait. Sous Constance ils reparurent, et, pour arracher la Belgique aux Francs et aux Alamans, ce prince fut obligé d'y envoyer Julien (355). Le jeune césar délivra la Gaule de ces hôtes incommodes. En 357, il battit près de Strasbourg sept rois des Alamans. 600 guerriers francs qu'il avait pris dans un château, après une attaque de 54 jours, furent envoyés par lui à Constance, qui les incorpora aussitôt dans sa garde. Toutefois, Julien permit à une des tribus de ce peuple, les Francs Saliens, de s'établir aux bords de la Meuse inférieure. Il se plaisait à Lutèce dont il vantait le climat. Ce fut dans cette ville, au palais impérial des Thermes

---

1. Aurélien agrandit Genabum, qui, par reconnaissance, prit son nom qu'elle a gardé (Orléans). Probus mérita, par un autre service, que les Gaulois conservassent son souvenir : il fit planter par ses soldats beaucoup de vignes dans la Gaule.

dont il reste encore des ruines [1], que Julien fut proclamé empereur par ses soldats (360). Il ne revit plus la Gaule, et, après lui, l'empire fut partagé en empire d'Orient et en empire d'Occident.

La Gaule dans le lot d'Honorius (395). — Valentinien, qui régna sur l'Occident (364), et son fils Gratien (375), tinrent les barbares en respect. Mais quand ils n'envahissaient pas le territoire en corps de nation, ils envahissaient les légions, comme auxiliaires soldés, puis les charges, les honneurs; il y en avait dans toutes les places, parce que, seuls au milieu de ces Romains dégénérés, ils conservaient du courage, de l'audace, de l'activité. Un d'eux, le Franc Arbogast, tua Valentinien II, près de Vienne, et fit lui-même un empereur, le rhéteur Eugène (392). Théodose renversa le protecteur et le protégé, et, pour quelque temps, régna sur toutes les provinces; mais, à sa mort, l'empire fut de nouveau divisé, et la Gaule tomba dans le lot d'Honorius (395)

CHAPITRE V.

INVASION DES BARBARES. LES FRANCS AVANT CLOVIS [1].
(241-481.)

Décadence de l'empire. — L'empire romain avait vécu quatre siècles, deux avec honneur et prospérité, deux dans

---

1. Ces ruines se voient boulevard Saint-Michel et font partie du musée de Cluny. Le palais semble avoir été construit par Constance Chlore, vers l'an 300. Un aqueduc, élevé au lieu où se trouve encore celui d'Arcueil, y amenait l'eau nécessaire aux *thermes* ou bains. Les jardins du palais descendaient jusqu'à la Seine, et, en face, dans l'île, s'élevait Paris qui faisait déjà un commerce considérable par eau. En creusant, en 1711, dans le chœur de la cathédrale, on découvrit deux autels et un piédestal chargé de bas-reliefs où sont représentés les dieux romains et gaulois; l'inscription apprend que ce monument avait été érigé sous Tibère par la corporation des *nautæ* ou mariniers, qui étaient apparemment la plus puissante de la ville, puisque Paris a gardé pour *armes* un vaisseau aux voiles déployées.

2. Ouvrages à consulter : Gibbon, *Histoire de la décadence et de la chute*

la misère et la honte. Mais les empereurs avaient dégradé les âmes par la peur; et ces âmes sans ressort virent, avec l'apathique et lâche indifférence qu'elles avaient montrée envers le despotisme, la ruine imminente de l'empire et l'approche des barbares. A la fin du quatrième siècle, il n'y avait plus de courage ni de discipline parmi les soldats, plus de patriotisme parmi les citoyens, que ruinaient les exactions croissantes d'un gouvernement chaque jour plus incapable de protéger les sujets. Enfin le christianisme, qui n'avait pas modifié les mœurs de la société romaine, était lui-même un élément de dissolution pour l'empire.

Les Gaulois, désarmés depuis quatre cents ans, n'étaient plus en état de tenir une épée, et les descendants de ces terribles compagnons des brenns fuyaient, comme des troupeaux timides, devant quelques Germains. Ne sachant pas se défendre, ils ne savaient même pas s'unir. Chacun vivait pour sa ville, pour soi; Lyon ne s'inquiétait point des malheurs de Trèves, Bordeaux de ceux de Reims; et ainsi, dès que la mince ligne de soldats qui bordait le Rhin était percée, les barbares couraient impunément le pays. Que fut-ce donc quand l'Italie, elle-même menacée, rappela à son secours ce qui lui restait de légions, et que la barrière du Rhin ne fut même plus gardée?

Origine des Francs. — Dès le milieu du troisième siècle avant notre ère, les Germains avaient formé sur la rive droite du Rhin deux formidables confédérations : au sud, celle des tribus suéviques, qui s'appelèrent les Alamans (les hommes); au nord, celle des Saliens, des Sicambres, des Bructères, des Chérusques, des Cattes, etc., qui prirent le nom de Francs (les braves). La première mention qu'on trouve de ceux-ci dans les écrivains romains est de l'an 241. Aurélien, alors tribun légionnaire, battit un corps de Francs, et comme ses soldats furent appelés, après ce succès, à marcher en Orient, contre les Perses, ils chantaient :

> Mille Francos, mille Sarmatas semel occidimus.
> Mille, mille, mille, mille Persas quærimus.

de l'empire romain; Grégoire de Tours, *Histoire ecclésiastique des Francs*; Aug. Thierry, *Lettres sur l'Histoire de France*; Ozanam, *Études germaniques*; Amédée Thierry, *Récits de l'histoire romaine au cinquième siècle*.

Courses de Francs jusqu'en Afrique (256) : Francs établis par Probus sur le Pont-Euxin (277). — En 256, une bande de Francs traversa toute la Gaule, franchit les Pyrénées, ravagea l'Espagne pendant douze ans, et alla se perdre en Afrique. Probus, qui reprit les cités gauloises envahies par les Francs, à la mort d'Aurélien, transporta une colonie de ce peuple sur la mer Noire (277). Mais, fatigués bientôt de cet exil, ils se saisirent de quelques barques, passèrent les détroits, franchirent la Méditerranée, en pillant tour à tour les côtes d'Asie, de Grèce et d'Afrique, jusqu'aux colonnes d'Hercule, puis tournant l'Espagne et la Gaule, vinrent conter à leurs compatriotes des bords du Rhin la faiblesse du grand empire qu'ils avaient impunément traversé de part en part.

Invasions en Gaule et établissement sur la Meuse au temps de Julien. — Puisqu'ils allaient si loin, ils ne devaient pas se faire faute d'aller plus près, dans les provinces gauloises qui bordaient la rive gauche du Rhin (358). Dès que la vigilance de Rome se relâchait, ils passaient le fleuve et dévastaient la Belgique. Julien eut fort à faire contre eux et trouva qu'ils avaient si bien ruiné les bords de la Meuse, que le mieux était de les leur abandonner pour qu'ils les repeuplassent. Ainsi les Francs avaient été les premiers à passer le Rhin, les premiers à s'établir dans la Gaule comme auxiliaires et alliés de l'empire; ils furent les derniers à y fonder un État.

Le Franc Arbogast (392). — Non-seulement les Francs s'établissaient paisiblement dans l'empire, mais quelques-uns d'entre eux s'élevaient aux plus hautes charges. Lorsque Théodose eut vaincu l'usurpateur Maxime au profit de Valentinien II, il donna à ce jeune homme, comme principal ministre, le Franc Arbogast, qui venait de délivrer la Gaule des Germains et qui remplit de barbares tous les offices civils et militaires. Valentinien ne supporta pas longtemps cette tutelle, il voulut retirer au comte tous ses emplois : « Je tiens ma charge de Théodose, répondit Arbogast en présence de toute la cour, lui seul peut me l'ôter. » Valentinien, saisi d'une violente colère, se jeta sur lui l'épée à la main. Quelques jours après, l'empereur fut trouvé mort dans son lit (15 mai 392).

Argobast ne pouvait espérer que Théodose laisserait ce meurtre impuni; n'osant se proclamer lui-même empereur, il jeta la pourpre sur les épaules de l'un de ses secrétaires, le rhéteur Eugène, et tous deux cherchèrent à rallier à leur cause ce qui restait de païens. Cette conduite souleva contre eux la population chrétienne ; une seule bataille, près d'Aqui-

Invasion des Barbares.

lée, mit fin à cette domination. Eugène, fait prisonnier par Théodose, fut mis à mort ; Argobast se tua lui-même (394).

La grande invasion (406) ; royaumes des Burgondes (413) et des Wisigoths (419). — Cependant la grande invasion avait lieu. Vers la fin de l'année 406, pendant que les légions étaient occupées en Italie à repousser Radagaise, qui avait conduit 200 000 barbares dans la Péninsule, des Suèves, des Alains, des Vandales, s'avancèrent vers le Rhin. Les Francs établis sur la rive gauche voulurent barrer la route à ces nouveaux venus et tuèrent 20 000 Vandales dans une grande bataille; mais, les alliés des vaincus survenants, les Francs furent défaits, et le 31 décembre de la même année, la horde franchit le fleuve. Après d'immenses ravages, le flot destructeur passa par-dessus les Pyrénées et inonda l'Espagne. Mais derrière ce premier ban de barbares, d'autres étaient venus à la curée. Les Burgondes, sous leur roi Gondicaire, s'arrêtèrent dans l'est, et Honorius les trouvant plus pacifiques que leurs devanciers, leur accorda, ce qu'au reste il ne pouvait leur refuser, toutes les terres qui s'étendent du lac de Genève au confluent du Rhin et de la Moselle (413).

Vers le même temps, les Wisigoths qu'Alaric avait amenés des bords du Danube en Italie furent conduits par son beau-frère Ataulf dans la Gaule méridionale. Ce barbare se fit Romain du mieux qu'il pût, et s'efforça de relever les ruines amoncelées par son peuple. Il épousa Placidie, sœur de l'empereur Honorius, renversa deux usurpateurs qui avaient pris la pourpre en Gaule, et commença, au profit de l'empire, la conquête de l'Espagne sur les Suèves et les Alains. Mais il fut assassiné à Barcelone (415), et son successeur Wallia, moins désintéressé, continua cette guerre pour son propre compte. Les Wisigoths, maîtres de l'Aquitaine jusqu'à la Loire et de la plus grande partie de l'Espagne, eurent alors un empire qui semblait devoir durer longtemps, et dont Toulouse fut la capitale (419).

Les Francs Saliens sous Clodion (428) et Mérovée (448); bataille des plaines Catalauniques (451). — Lors de la grande invasion de 406, les Francs avaient essayé d'arrêter les envahisseurs. N'y ayant pas réussi et l'empire s'abandonnant lui-même, ils avaient voulu au moins en avoir leur part, et on les voit quelques années plus tard s'avancer dans l'intérieur du pays. Vers 428, les Francs Saliens avaient pour roi Clodion qui résidait à Dispargum, dans le pays de Tongres (le Limbourg). Nous ne parlons pas du chef qu'on lui donne pour prédécesseur, Pharamond, parce que son nom ne se rencontre pas dans les histoires les plus dignes de foi [1]. Clodion prit Tournai et Cambrai, mit à mort tous les Romains qu'il y trouva et, s'avançant vers la Somme, arriva près de Hesdin (448). Les Saliens s'étaient établis derrière une enceinte de chariots, sur des collines que baignait une rivière, et, croyant les Romains bien loin, célébraient le mariage d'un de leurs chef. Le camp était en fête et ne songeait pas à se garder. Il retentissait du bruit des chants et des danses : au-dessus s'élevait la fumée des grands feux où les viandes cuisaient. Tout à coup le général romain, Aétius, alors le plus redoutable défenseur de l'empire, paraît : ses soldats débouchent, en files serrées et au pas de course, sur une chaussée étroite. Ils traversent le pont de bois jeté sur la rivière et attaquent avant que l'ennemi ait eu le temps de former ses lignes. Derrière les guerriers qui combattaient, d'autres entassaient pêle-mêle sur les chariots tous les apprêts du festin, et les mets et les grandes cruches de bière couronnées de feuillage. Mais il fallut céder et fuir ; les chariots restèrent aux mains des vainqueurs, avec la blonde épousée. Clodion ne survécut pas à sa défaite.

Mérovée, parent de Clodion, lui succéda comme chef des Saliens ; trois ans après, les Francs se joignirent à tous les barbares cantonnés en Gaule et au reste des Romains pour arrêter la formidable invasion des Huns.

Ces Huns, arrivés depuis trois quarts de siècle du fond de l'Asie, étaient pour tous un sujet d'effroi et d'horreur. Ils n'avaient rien de commun avec les peuples de l'Occident, ni les traits de la figure ni les habitudes de la vie. Leur visage osseux était comme percé de deux petits trous d'où sortaient des regards sinistres ; leur nez était plat et large, leurs oreilles énormes et écartées, leur peau brune, leur barbe rare. « Ce sont des bêtes à deux pieds, » disait Ammien Marcellin. Ils erraient à travers des steppes immenses, dans des chariots énormes ou sur de petits chevaux infatigables. Leur nourriture était le lait de leurs juments ou un peu de chair qu'ils mangeaient après l'avoir mortifiée entre la selle et le dos de leur monture.

Ce furent ces hommes qui, se jetant sur l'Europe dans la seconde moitié du quatrième siècle, ébranlèrent tout le monde

---

1. Grégoire de Tours ne le connaît point. Des chroniqueurs plus récents sont moins embarrassés. Non-seulement ils connaissent Pharamond, mais ils savent que les Francs descendent certainement de Francus, fils d'Hector.

barbare et le précipitèrent sur l'empire romain. Les Goths fuyaient devant eux, quand ils passèrent le Danube ; les Vandales, les Burgondes, quand ils passèrent le Rhin. Après une halte d'un demi-siècle au centre de l'Europe, les Huns se remirent en mouvement.

Attila, roi de ce peuple, contraignit toutes les tribus qui erraient du Rhin à l'Oural, de le suivre. Quelque temps, il hésita sur lequel des deux empires il irait porter la colère du ciel. Il se décida pour l'Occident, passa le Rhin, la Moselle, la Seine, et marcha sur Orléans. Les populations fuyaient devant lui dans une indicible épouvante, car le *fléau de Dieu* ne laissait pas pierre sur pierre là où il avait passé. Metz et vingt cités avaient été détruites : Troyes seule avait été sauvée par son évêque saint Loup. Il voulut avoir Orléans, la clef des provinces méridionales : et l'innombrable armée enveloppa la ville. Son évêque, saint Aignan, soutint le courage des habitants, en leur promettant un puissant secours. Aétius, en effet, arrivait avec toutes les nations barbares campées dans la Gaule, aux dépens desquelles la nouvelle invasion se faisait. Attila pour la première fois recula ; mais afin de choisir un champ de bataille favorable à sa cavalerie, il s'arrêta dans les plaines Catalauniques, près de Méry-sur-Seine ou d'Arcis (non à Châlons-sur-Marne, comme on l'a dit longtemps). Là eut lieu un choc effroyable. Dans une première rencontre, les Francs, qui faisaient l'avant-garde d'Aétius, et les Gépides, qui étaient à l'arrière-garde de l'armée d'Attila, se battirent avec un tel acharnement, que 15 000 restèrent sur la place. Le jour de la grande mêlée, 165 000 combattants jonchèrent ce champ de carnage. Attila était vaincu. Il s'enferma dans un camp qu'entouraient comme une enceinte tous ses chariots, et « au matin, dit le Goth Jornandès, l'historien de cette guerre, les vainqueurs virent, au milieu de ce camp, un immense bûcher formé de selles de chevaux, Attila au sommet, des Huns au pied, la torche à la main, prêts à y mettre le feu, si l'enceinte était forcée : tel un lion, poursuivi par les chasseurs jusqu'à l'entrée de sa tanière, se retourne, les arrête et les épouvante encore de ses rugissements. » Les alliés n'osèrent affronter le désespoir des Huns, et laissèrent Attila rentrer en Germanie (451). L'année suivante il se dédommagea par une invasion dans la haute Italie ; il mourut au retour, d'un coup de sang, et son empire tomba avec lui, mais non le terrible souvenir de son nom et de sa cruauté[1]. Les Wisigoths, dont le roi avait péri, et les Francs de Mérovée, avaient eu, avec Aétius, le principal honneur de cette mémorable journée des champs Catalauniques.

Les Francs Saliens sous Childéric (456-481). — Mérovée eut pour successeur, en 456, son fils Childéric. Les Francs, qu'il irrita par sa luxure, le chassèrent et prirent à sa place, comme chef, le général romain Ægidius. Childéric se réfugia dans la Thuringe, laissant dans son pays un homme qui lui était attaché, pour qu'il apaisât par de douces paroles les esprits furieux. Il lui donna un signe afin que cet homme pût lui faire connaître quand il serait temps de retourner dans sa patrie : ils divisèrent en deux une pièce d'or; Childéric en emporta une moitié, et son ami garda l'autre, disant : « Quand je vous enverrai cette moitié, vous pourrez revenir en toute sûreté. » Ægidius était déjà dans la huitième année de son règne, lorsque le fidèle ami de Childéric, ayant secrètement apaisé les Francs, envoya à son prince des messagers pour lui remettre la moitié de la pièce qu'il avait gardée. Celui-ci reconnut à cet indice que les Francs désiraient son retour; il quitta la Thuringe et fut rétabli dans son pouvoir. Quelque temps après, Basine, reine de Thuringe, se rendit auprès de lui. Comme il lui demandait par quel motif elle venait d'un pays si éloigné, elle répondit : « J'ai connu ton mérite et ton grand courage, c'est pour cela que je suis venue; si j'avais su qu'il y avait dans les régions au delà des mers un homme plus méritant que toi, c'est lui que j'aurais désiré connaître. » Childéric l'épousa; il en eut un fils qu'on appela du nom de Clovis. « Ce fut un grand prince et un redoutable guerrier. » (Grégoire de Tours.)

Childéric mourut en 481 et fut enterré à Tournai. On a trouvé, en 1655, dans son tombeau, son anneau sur lequel était gravée une tête chevelue, son stylet pour écrire, quelques abeilles d'or ou plutôt des fleurons qui avaient été fixés sur un manteau de soie rouge dont les débris tombèrent en poussière au contact de l'air, un globe en cristal de roche, beaucoup de monnaies romaines et un fer de hache.

Chaos de la Gaule. — Ces aventures du chef des Sa-

---

[1] Les Huns ont laissé à l'Europe plus qu'un souvenir terrible : elle leur doit la peste bovine qui, depuis cette époque, s'est établie à demeure dans les steppes de la Russie méridionale.

liens n'intéressaient qu'un petit peuple et un coin de la Gaule où, après la bataille de Méry et la grande ligue un instant formée contre Attila, tout était retombé pour trente années dans le chaos. L'empire d'Occident était mort en 476, quand Odoacre, un chef hérule, déposa le dernier empereur, Romulus Augustule, et fonda le premier royaume barbare d'Italie. En Gaule, on ne s'en aperçut pas, car un général romain, Ægidius, que Grégoire de Tours appelle roi des Romains, gardait les pays entre la Loire et la Somme, que n'occupait encore aucun peuple barbare, et les léguera à son fils Syagrius. Les cités de l'Armorique se gouvernaient depuis longtemps d'une manière indépendante. Les Francs se pressaient en plus grand nombre dans la Belgique. Les Bretons, assaillis dans leur île par des pirates saxons, venaient à leur tour piller Angers, près de la Loire (470). Un des derniers empereurs avait cédé aux Wisigoths tout le sud de la Gaule à l'ouest du Rhône; ils s'emparent encore d'Arles, de Marseille et d'Aix à la gauche du fleuve (480). Des Bretons pénètrent dans le Berry, des Francs jusqu'à Narbonne, qu'ils saccagent. C'est un va-et-vient perpétuel. Les peuples se heurtent, se mêlent, du nord au sud, de l'est à l'ouest; tous cherchent fortune les armes à la main. Les pacifiques cités gallo-romaines réorganisent leurs milices, et profitent de l'universel désordre pour vider des querelles séculaires. Seulement on entend au milieu de ce chaos la grande voix de l'Église qui parle de paix et d'ordre à ces furieux et qui étend sa main pour protéger les faibles. Le concile d'Arles, en 452, interdit de mettre les affranchis en esclavage pour crime d'ingratitude, à moins que la faute n'ait été juridiquement prouvée. Le concile d'Orange (441) menace des censures ecclésiastiques celui qui essayera de ramener à la servitude les hommes affranchis par l'Église, et défend de livrer les serfs réfugiés dans les lieux saints.

TROISIÈME PÉRIODE.

FRANCE MÉROVINGIENNE.

(481-687).

CHAPITRE VI.

CLOVIS (481-511)[1].

La Gaule en 481. — Lorsque Clovis, fils de Childéric, fut élevé sur le bouclier par les Francs Saliens pour être leur chef de guerre, il y avait en Gaule bien des dominations :

1º Entre la Loire et les Pyrénées, les Wisigoths, maîtres en outre des trois quarts de l'Espagne, et au delà du Rhône, de tout le pays entre la Durance et la mer;

2º Dans la vallée de la Saône et du Rhône jusqu'à la Durance, les Burgondes;

3º Entre les bouches de la Loire et celles de la Seine, les cités armoricaines libres, sous des chefs indigènes ou des magistrats municipaux;

4º Entre la Mayenne, la moyenne Loire et la Somme, Syagrius commandait à ce qui restait de l'empire;

5º Entre les Vosges et le Rhin, des Alamans avaient pris la place des Burgondes, fixés définitivement plus au sud;

---

[1]. Ouvrages à consulter pour ce chapitre et les trois suivants : Grégoire de Tours, *Histoire des Francs*, jusqu'en 591; *Récits mérovingiens*, par Augustin Thierry; *Essais sur l'Histoire de France*, par M. Guizot.

6° Une colonie venue de la grande île de Bretagne, un siècle auparavant, s'était établie à l'extrémité de l'Armorique, où elle formait un État particulier, la petite Bretagne, dont le nom s'étendra à la presqu'île entière ;

7° Enfin toute la Belgique était au pouvoir des Francs. Leurs principaux chefs résidaient à Cologne, à Tournai, à Cambrai et à Térouanne.

Qui tirera la Gaule de ce chaos? Nul, à cette heure, n'aurait su le dire. L'État de Syagrius n'est qu'un débris informe qui n'est ni assez romain ni assez barbare pour avoir quelque chance de durée. Les Armoricains n'aspirent qu'à vivre à l'écart. Les Saxons occupent seulement un point de la Gaule, et n'y laisseront pas de souvenirs. Mais trois peuples en possèdent une vaste étendue et peuvent s'en disputer la domination.

Les Burgondes et les Wisigoths. — Les Burgondes n'avaient point des mœurs farouches ; la civilisation romaine et le christianisme les avaient touchés et adoucis. Ils étaient barbares encore, mais ils avaient vu de près et depuis longtemps la société romaine. Nombre d'entre eux étaient venus travailler dans les cités gauloises, et, lorsque l'invasion les jeta sur la Gaule, ils prirent sans violence les deux tiers des terres et le tiers des esclaves, mais n'eurent pour les Gallo-Romains, restés au milieu d'eux, ni dédain superbe, ni blessante insolence. Leur loi nationale emprunta beaucoup aux lois des Romains et eut des délicatesses qui accusent une bonhomie peu habituelle à ces coureurs d'aventures du cinquième siècle. « Quiconque, dit un article, aura dénié le couvert et le feu à un étranger en voyage sera puni d'une amende de trois sous d'or.... Si le voyageur vient à la maison d'un Burgonde et y demande l'hospitalité, et que celui-ci indique la maison d'un Romain, et que cela puisse être prouvé, il payera trois sous d'amende et trois sous pour dédommagement à celui dont il aura montré la maison. » Malheureusement pour leur puissance, c'étaient des missionnaires ariens qui les avaient convertis.

Les Wisigoths n'étaient pas plus terribles. Il y avait un siècle qu'ils étaient cantonnés dans l'empire, non, comme les Francs, sur le bord et en une contrée que de longues dévastations avaient rendue à la barbarie, mais au cœur des plus riches provinces. Les pères de beaucoup d'entre eux avaient vu Constantinople et Rome, et tous les restes imposants de la civilisation romaine. Aussi la cour des rois wisigoths à Toulouse était-elle déjà pleine d'élégance et de recherche, malgré la présence de nombreux barbares qui venaient solliciter la protection du puissant roi qui dominait sur les trois quarts de l'Espagne et sur un tiers de la Gaule. « J'ai presque vu deux fois la lune achever son cours, dit le premier poëte du temps, Sidoine Apollinaire, noble Arverne qui plus tard fut évêque, et je n'ai obtenu qu'une seule audience : le maître de ces lieux trouve peu de loisirs pour moi ; car l'univers entier demande aussi réponse et l'attend avec soumission. Ici nous voyons le Saxon aux yeux bleus, intrépide sur les flots, mal à l'aise sur la terre. Ici le vieux Sicambre, tondu après une défaite, laisse croître de nouveau ses cheveux. Ici se promène l'Hérule aux joues verdâtres, presque de la teinte de l'Océan dont il habite les derniers golfes. Ici le Burgonde haut de sept pieds, fléchit le genou et implore la paix. Ici l'Ostrogoth réclame le patronage qui fait sa force, et à l'aide duquel il fait trembler les uns, humble d'un côté et fier de l'autre. Ici toi-même, ô Romain, tu viens prier pour ta vie ; et quand le Nord menace de quelques troubles, tu sollicites le bras d'Euric contre les hordes de la Scythie ; tu demandes à la puissante Garonne de protéger le Tibre affaibli. »

Si l'on eût alors cherché à quel peuple devait rester la Gaule, on n'eût pas hésité à en promettre la possession entière aux Wisigoths. Mais ce peuple, malgré le courage montré à la bataille de Méry, avait perdu son énergie sauvage. De plus il était arien comme les Burgondes, c'est-à-dire en contradiction de foi religieuse avec les Gallo-Romains. Déjà même l'antipathie entre les sujets orthodoxes et les maîtres hérétiques amenait, d'un côté, des persécutions ; de l'autre, de secrets complots, ou tout au moins des vœux, des espérances.

Les Francs ; mœurs et religion. — « Les Francs relevaient et rattachaient sur le sommet du front leurs cheveux d'un blond roux, qui formaient une espèce d'aigrette et retombaient par derrière en queue de cheval. Leur visage était entièrement rasé, à l'exception de deux longues moustaches, qui leur retombaient de chaque côté de la bouche. Ils portaient des habits de toile serrés au corps par un large ceinturon auquel pendait l'épée. Leur arme favorite était une hache à un ou deux tranchants, dont le fer épais et acéré tenait à un manche très-court. Ils commençaient le combat en la lançant de loin et rarement ils manquaient d'atteindre l'endroit précis où ils voulaient frapper. Outre la hache, qui de leur nom s'appelait *francisque*, ils avaient une arme de trait particulière, que, dans leur langue, ils nommaient *hang*, c'est-à-dire hameçon. C'était une pique de médiocre

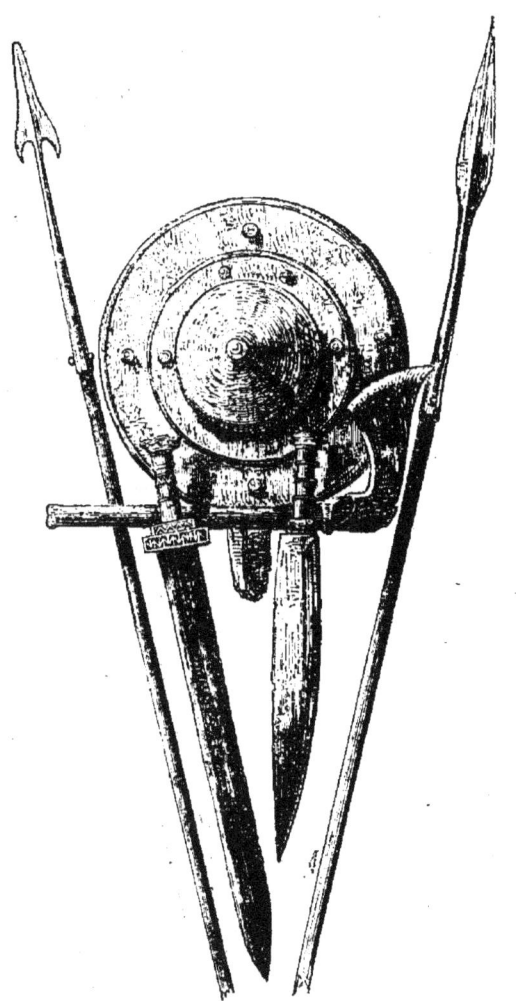

Les armes des Francs.

grandeur, propre à servir de près et de loin, dont la pointe, longue et forte, était armée de plusieurs barbes ou crochets tranchants et recourbés comme des hameçons. Des lames de fer en recouvraient le bois dans presque toute sa longueur, de sorte qu'il ne pouvait être brisé ni entamé à coups d'épée. Lorsque ce hang s'était fiché au travers du bouclier, les crocs dont il était garni en rendant l'extraction impossible, il restait suspendu et balayait la terre par son extrémité. Alors le Franc qui l'avait jeté s'élançait, et, posant un pied sur le javelot, appuyait de tout le poids de son corps, de sorte que l'adversaire contraint à baisser le bras se découvrait la tête et la poitrine. Quelquefois le hang, attaché au bout d'une corde, servait en guise de harpon à amener tout ce qu'il atteignait. Pendant qu'un des Francs lançait le trait, son compagnon tenait la corde, puis tous deux joignaient leurs efforts soit pour désarmer l'ennemi, soit pour l'attirer lui-même par son vêtement ou son armure. » (Aug. Thierry.)

La religion des Francs était le culte belliqueux et grossier d'Odin, le dieu des Scandinaves. Ils croyaient qu'après la mort le brave montait au Walhalla, palais construit au milieu des nuages et dont les plaisirs étaient de continuels combats interrompus par de longs festins, où la bière et l'hydromel circulaient sans relâche dans le crâne des ennemis tués par les héros. « Aussi les Francs aimaient la guerre avec passion comme le moyen de devenir riches dans ce monde, et dans l'autre convives des dieux. Les plus jeunes et les plus violents d'entre eux éprouvaient quelquefois dans le combat des accès d'extase frénétique, pendant lesquels ils paraissaient insensibles à la douleur et doués d'une puissance de vie tout à fait extraordinaire. Ils restaient debout et combattaient encore, atteints de plusieurs blessures, dont la moindre eût suffi pour terrasser d'autres hommes. » Nous retrouverons dans les Normands le même fanatisme guerrier. Un chant anglo-saxon peut nous donner une idée de cette ivresse de sang, de cette joie de la destruction, qui animait les Francs au combat. « L'armée est en marche; les oiseaux chantent, les cigales crient, les lames belliqueuses retentissent. Maintenant commence à luire la lune errante sous les nuages; maintenant s'engage l'action qui fera couler les larmes.... Alors commença le désordre du carnage, les guerriers s'arrachaient des mains leurs boucliers creux; les épées fendaient les os des crânes; la citadelle retentissait du bruit des coups; le corbeau tournoyait noir et sombre comme la feuille du saule; le fer étincelait comme si le château eût été tout en feu. Jamais je n'entendis conter bataille plus belle à voir. »

Institutions politiques des Francs; élection des rois dans la famille de Mérovée. — Les institutions des Francs étaient celles de tous les peuples germaniques. Chaque tribu avait un chef que les Romains ont appelé roi, mais auquel il ne faudrait pas reconnaître les pouvoirs ni la majesté que ce titre implique. Ces rois, chez la plupart des nations germaniques, étaient exclusivement choisis dans une famille investie d'une sorte de consécration religieuse. Chez les Francs, cette famille, chargée de fournir des rois aux tribus et à la confédération tout entière, était celle de Mérovée. Mais on verra des guerriers, tout en respectant ce vieux droit, ne se croire obligés ni à une fidélité bien certaine, ni à une obéissance bien docile, et quitter très-aisément un des Mérovingiens pour un autre qui leur promettait plus de butin.

Assemblées publiques. — « Chez les Germains, dit Tacite, les petites affaires sont soumises à la délibération des chefs; les grandes à celle de tous. Et cependant celles même, dont la décision est réservée au peuple, sont auparavant discutées par les chefs. On se rassemble, à moins d'un événement subit et imprévu, à des jours marqués, quand la lune est nouvelle ou qu'elle est dans son plein; ils croient qu'on ne saurait traiter les affaires sous une influence plus heureuse. Ce n'est pas comme chez nous, par jours, mais par nuits, qu'ils calculent le temps : ils donnent ainsi les rendez-vous, les assignations. La nuit leur paraît marcher avant le jour. Un abus naît de leur indépendance; c'est qu'au lieu de se rassembler tous à la fois, comme s'ils obéissaient à un ordre, ils perdent deux ou trois jours à se réunir. Quand l'assemblée semble assez nombreuse, ils prennent séance tout armés. Les prêtres à qui est remis le pouvoir d'empêcher le désordre, commandent le silence. Ensuite le roi, ou celui des chefs que distinguent le plus son âge, sa noblesse, ses exploits ou son éloquence, prend la parole et se fait écouter par l'ascendant de la persuasion, plutôt que par l'autorité du commandement. Si l'avis déplaît, on le repousse par des murmures; s'il est approuvé, on agite les framées : ce suffrage des armes est le signe le plus honorable de leur assentiment. »

Faiblesse de la tribu des Saliens; victoire de Soissons (486). — En 481, Clovis [1], le véritable fondateur de

---

[1]. L'historien des Francs, Grégoire de Tours, dont nous citerons le plus

l'empire des Francs, ne possédait que quelques districts de la Belgique, avec le titre de roi des Francs Saliens, cantonnés aux environs de Tournai. L'armée dont il pouvait disposer ne dépassait pas le chiffre de quatre à cinq mille guerriers. Les cinq premières années de son règne sont restées dans une obscurité que son âge explique. A vingt ans, il proposa une expédition de guerre à ses Francs, y entraîna Ragnachaire, roi de Cambrai, et tous deux, à la tête de cinq mille guerriers, défirent, près de l'ancienne abbaye de Nogent, à douze kilomètres au nord de Soissons, Syagrius, qui s'enfuit chez les Wisigoths; il fut plus tard livré par eux à Clovis et mis à mort.

Le vase de Soissons. — Le butin fait après la victoire fut considérable. Saint Remi, évêque de Reims, qui semble avoir entretenu de bonne heure d'amicales relations avec Clovis, réclama du roi un vase précieux qui avait été enlevé de l'une de ses églises. Quand tout le butin eut été mis en commun, le roi, avant le partage, dit : « Je vous prie, mes fidèles, de me donner ce vase, hors part. » Tous y consentirent, excepté un soldat qui, frappant le vase d'un coup de hache, s'écria : « Tu n'auras que ce que le sort t'accordera. » Les autres, néanmoins, consentirent à la volonté du roi, qui prit le vase à moitié brisé et le renvoya à l'évêque. L'année suivante, à l'assemblée qui se tenait chaque année au mois de mars, Clovis fit la revue de l'armée ; quand il arriva devant celui qui avait frappé le vase, il lui dit : « Personne n'a des armes en aussi mauvais état que les tiennes. » En même temps il les lui arracha et les jeta à terre. Comme le soldat se baissait pour les ramasser, le roi lui fendit la tête d'un coup de sa francisque en disant : « Il te sera fait ainsi que tu as fait au vase, l'an passé, dans Soissons. » Et Grégoire de Tours ajoute : « Il parvint de la sorte à inspirer à tous une grande crainte. »

On doit remarquer ici les droits à la fois illimités et restreints de cette royauté barbare. Clovis n'a que sa part de butin, comme un de ses soldats, et c'est le sort qui la lui donne : en même temps, il frappe à mort, sans jugement,

possible les paroles mêmes, écrit *Chlodovechus* : le *ch*, dans ce nom, représente l'aspiration gutturale des Allemands : c'est donc le même nom que *Hlodoveus* ou *Louis*. Le vrai nom allemand était *Hlodowich*, célèbre guerrier. *Merowich* signifie de même éminent guerrier ; *Hilderich* (Childéric), brave au combat, etc.

pour venger une injure personnelle, et nul ne murmure. Évidemment, deux idées contraires se heurtent dans ces têtes barbares : le caractère sacré de la royauté et le sentiment invincible de l'égalité, idées qui ne se retrouvent pas à cette époque seulement de notre histoire.

Mariage de Clovis et de Clotilde (493). — Les années qui suivirent la bataille de Soissons se passèrent à négocier et à combattre avec les villes d'entre Somme et Loire. Clovis était désireux surtout de mettre la main sur Paris. Il le harcela longtemps. Mais une sainte fille, dont le souvenir est resté populaire dans cette ville où la popularité dure si peu, sainte Geneviève était dans ses murs et soutenait la constance des habitants. Une guerre avec les Thuringiens qui appela Clovis au delà du Rhin, puis son mariage avec Clotilde, nièce de Gondebaud, roi des Burgondes, donnèrent un autre cours aux événements. Clotilde était catholique et elle obtint que son premier-né « fût consacré au Christ par le baptême. » C'étaient là des faits de la plus haute importance. Les évêques du nord de la Gaule, qui avaient sans doute préparé cette union, espérèrent une conversion prochaine du roi lui-même; et les cités d'Amiens, de Beauvais, de Paris, de Rouen ouvrirent leurs portes à l'homme qui avait épousé une femme de leur foi.

Guerre contre les Alamans ; conversion de Clovis (496). — Les Alamans avaient longtemps assailli la Gaule, comme les Francs; mais ils n'en occupaient que quelques cantons le long des Vosges, terres depuis longtemps dévastées, où il n'y avait plus rien à prendre. En voyant les Francs mettre la main sur tant de riches cités romaines, le désir leur vint de les forcer à partager avec eux; et ils passèrent le Rhin en grand nombre. Les Francs accoururent, Clovis en tête. Le choc fut terrible; Clovis se crut un moment vaincu, et, dans sa détresse, invoqua le dieu de Clotilde. Un plus violent effort fit changer le sort de la bataille[1]. Les Alamans, rejetés au delà du Rhin, furent poursuivis jusqu'en Souabe, et la population de ce pays, ainsi que les Bavarois qui habitaient la région voisine, reconnut la suprématie des Francs.

---

1. Grégoire de Tours ne dit pas où se livra la bataille. Il paraît douteux qu'elle se soit engagée, comme on le dit généralement, à Tolbiac, entre Bonn et Aix-la-Chapelle, les Alamans habitant loin de là, au sud du Neckar.

Plus le succès était grand, plus Clovis se crut obligé à tenir parole. Saint Remi lui donna le baptême, et trois mille de ses soldats le reçurent avec lui. En répandant l'eau sainte sur la tête du nouveau néophyte, l'archevêque lui dit : « Baisse la tête, Sicambre adouci; adore ce que tu as brûlé, brûle ce que tu as adoré. » Puis renouvelant la coutume du sacre des rois juifs, il l'oignit du saint chrême.

Ce baptême, ce sacre changèrent peu, comme on le verra, les mœurs de Clovis : au lieu d'Odin, il invoqua le Christ et resta le même; mais, par un singulier hasard, il se trouva alors en Gaule et dans tout le monde chrétien le seul prince orthodoxe. La population gallo-romaine, opprimée par les Burgondes et les Wisigoths ariens, tourna désormais vers le chef converti des Francs ses regards et ses espérances. Il eut pour lui tout l'épiscopat des Gaules. Avitus, évêque de Vienne, lui écrivait : « Votre foi est notre victoire; désormais où vous combattez, nous triomphons; » et le pape Anastase : « Le siége apostolique se réjouit de ce que Dieu a pourvu au salut de l'Église en élevant un si grand prince pour la protéger. »

Les Burgondes tributaires (500) et les Wisigoths vaincus (507). — La conversion de Clovis avait éloigné de lui quelques-uns de ses leudes. Ses succès, surtout le butin qu'on pouvait faire sous un chef habile, les ramenèrent. Le pays entre la Loire et la Somme était soumis, et l'Armorique gagnée à son alliance. Après s'être ainsi bien affermi au nord, avec une prudence peu ordinaire à ces barbares, Clovis songea à étendre vers le sud ses conquêtes. Il attaqua d'abord les Burgondes. Clotilde poussait son époux à cette guerre pour venger la mort de son père, assassiné par Gondebaud. Le roi Gondioc, mort en 463, avait en effet laissé quatre fils entre lesquels son royaume avait été partagé. L'aîné, Gondebaud, pour avoir tout l'héritage, avait tué de sa main un de ses frères, Chilpéric, le père de Clotilde, et fait mourir l'autre dans les flammes; le quatrième, Godegisèle, gardait encore sa part, mais redoutait un sort pareil et appelait secrètement Clovis. Gondebaud, vaincu près de Dijon (500), s'enfuit jusqu'à Avignon. Clovis l'y suivit et l'obligea à se reconnaître tributaire. Le roi des Francs s'était à peine éloigné que Gondebaud surprenait son frère dans Vienne et le poignardait dans une église où il s'était réfugié.

Syagrius, après sa défaite, s'était réfugié chez les Wisigoths. Ceux-ci, craignant déjà une guerre avec les Francs, avaient livré le fugitif. Plus tard, Clovis et Alaric eurent une entrevue près d'Amboise. « Ils avaient, dit Grégoire de Tours, conversé, mangé et bu ensemble, et, après s'être promis amitié, ils s'étaient retirés en paix. Mais beaucoup de

Église de Saint-Remi [1].

gens dans toutes les Gaules désiraient alors extrêmement être soumis à la domination des Francs. Ainsi, à Rodez,

---

1. Saint-Remi est la plus ancienne église de Reims, bien qu'elle n'ait été commencée qu'en 1045. Elle renfermait les reliques de saint Remi et la sainte ampoule, fiole en verre qui contenait l'huile pour le sacre des rois. Une légende voulait que cette fiole eût été apportée du ciel par une colombe le jour du baptême de Clovis. Elle fut brisée sur la place publique de Reims en 1792. Le portail de Saint-Remi est du douzième siècle.

une querelle s'étant élevée entre l'évêque Quintien et les citoyens, les Goths qui habitaient cette ville ressentirent de violents soupçons, car les citoyens reprochaient à Quintien de vouloir les soumettre aux Francs et avaient résolu de le tuer. L'homme de Dieu, instruit de ce dessein, se leva pendant la nuit, avec ses plus fidèles ministres, sortit de la ville et se retira en Auvergne. »

Nous ignorons si les évêques du Midi ainsi persécutés n'invoquèrent pas la protection de Clovis. Mais un jour le roi dit à ses soldats : « Je supporte avec grand chagrin que ces ariens possèdent une partie des Gaules. Marchons avec l'aide de Dieu, et, après les avoir vaincus, réduisons leur pays en notre pouvoir. » Ce discours plut à tous ses guerriers, et l'armée se dirigea aussitôt vers Poitiers, respectant religieusement sur son passage, par l'ordre exprès du roi, les biens des églises. Aussi les légendes marquaient-elles sa route par des miracles. Sur les bords de la Vienne, une biche d'une merveilleuse grandeur sort tout à coup d'un bois et indique un gué que le roi cherchait. Pour éclairer sa marche durant la nuit, un globe de feu s'allume et brille au sommet de l'église de Saint-Hilaire de Poitiers.

Ce fut non loin de cette ville, dans la plaine de Vouillé, que les deux armées se rencontrèrent. Le roi des Wisigoths resta sur le champ de bataille avec ses meilleurs soldats (507). Poitiers, Saintes, Bordeaux ouvrirent leurs portes aux vainqueurs; l'année suivante, il entra dans Toulouse. Les Wisigoths eussent perdu toutes leurs possessions au nord des Pyrénées sans l'assistance du grand Théodoric, roi des Ostrogoths d'Italie. Une armée qu'il envoya en Gaule vainquit près d'Arles les Francs et les Burgondes réunis pour la conquête de la Provence. De l'autre côté du Rhône, Carcassonne fit une énergique résistance. La Septimanie, toute la côte depuis le Rhône jusqu'aux Pyrénées, demeura aux Goths de l'ouest, et le pays au sud de la Durance aux Goths de l'est.

Clovis maître de la plus grande partie de la Gaule.
— Sauf cette bande étroite du littoral de la Gaule et de la Méditerranée, Clovis possédait tout le reste du pays, depuis le Rhin jusqu'aux Pyrénées, par lui-même ou par les Burgondes et les Armoricains ses alliés. Un grand royaume barbare se formait donc dans cette Gaule si bien disposée pour une seule domination. Lorsque Clovis rentra à Tours, il y trouva les envoyés de l'empereur d'Orient, Anastase, lequel,

CLOVIS (481-511).

charmé de voir s'élever au delà des Alpes un rival du grand prince des Ostrogoths d'Italie, envoyait au roi des Francs les titres de consul et de patrice avec la tunique de pourpre et la chlamyde. « Alors Clovis posa la couronne sur sa tête, et, étant monté à cheval, il jeta de l'or et de l'argent au peuple assemblé. Depuis ce jour il fut appelé consul et auguste. » Le souvenir de l'empire romain était vivant encore. Ces titres, conférés par l'empereur, semblaient donner le droit à celui qui n'avait que la force. Clovis, aux yeux des Gallo-Romains, n'était plus le conquérant barbare et païen, mais le prince orthodoxe et le consul de Rome.

Malheureusement l'orthodoxie, comme le consulat, n'était qu'affaire de costume; sous la chlamyde, comme sous la robe du catéchumène, il y avait toujours le barbare.

Clovis fait tuer les autres rois francs. — Clovis fixa sa résidence à Paris [1]. « Pendant son séjour dans cette ville, il envoya en secret au fils de Sigebert, lui faisant dire : « Voilà que ton père est âgé, il boite de son pied malade; « s'il venait à mourir, son royaume t'appartiendrait. » Séduit par cette ambition, Chlodéric forma le projet de tuer son père. Or un jour, Sigebert sortit de sa ville de Cologne, passa le Rhin, et, après s'être promené dans la forêt de Buconia, s'endormit à midi dans sa tente; son fils dépêcha contre lui des assassins qui le tuèrent. Alors il fit dire au roi Clovis : « Mon « père est mort, et j'ai en mon pouvoir ses trésors et son « royaume; envoie-moi quelques-uns des tiens, et je leur « remettrai volontiers ceux des trésors qui te plairont. » Clovis répondit : « Je rends grâce au ciel de ta bonne vo- « lonté et je te prie de montrer tes trésors à mes messagers; « ensuite tu les posséderas tous. » Chlodéric montra aux envoyés les trésors de son père. Pendant qu'ils les examinaient, le prince dit : « C'est dans ce coffre que mon père « avait coutume d'amasser ses pièces d'or. » Ils lui dirent : « Plonge ta main jusqu'au fond pour voir tout ce qu'il y a. »

---

1. Il bâtit, vers l'an 507, sur le sommet de la montagne au pied de laquelle se trouvait le palais des Thermes, et sur l'emplacement d'un cimetière des Romains, au milieu des arbres et des vignes, l'église des apôtres saint Pierre et saint Paul. Pour désigner l'emplacement de l'église, « il avait lancé sa hache droit devant lui, afin qu'un jour on pût mesurer la force et la portée de son bras par la longueur de l'édifice. » Cette église, reconstruite à plusieurs reprises, reçut le nom de sainte Geneviève, morte à Paris vers 512. Il n'en reste que la haute tour enfermée dans les bâtiments du lycée voisin, appelée tour Clovis, et qui est elle-même du treizième siècle.

Il le fit; et, comme il était baissé, un des envoyés leva sa francisque et lui brisa le crâne. Ainsi cet indigne fils subit la mort dont il avait frappé son père. Lorsque Clovis sut que Sigebert et son fils étaient morts, il vint à Cologne, y convoqua tout le peuple, et lui dit : « Écoutez ce qui est arrivé, « pendant que j'étais à naviguer sur le fleuve de l'Escaut. « Chlodéric, fils de mon parent, tourmentait son père en lui « disant que je voulais le tuer. Comme Sigebert fuyait dans « la forêt de Buconia, il a envoyé des meurtriers qui l'ont « mis à mort. Lui-même a été assassiné je ne sais par qui, « au moment où il ouvrait les trésors de son père. Je ne « suis nullement complice de ces choses; je ne puis répan- « dre le sang de mes parents, car cela est défendu. Mais, « puisque ces choses sont arrivées, je vous donne un con- « seil; s'il vous est agréable, acceptez-le. Ayez recours à « moi, mettez-vous sous ma protection. » Le peuple répondit à ces paroles par des applaudissements de main et de bouche, et, l'ayant élevé sur un bouclier, ils le créèrent leur roi.

« Dans la guerre contre Syagrius, Clovis avait appelé à son secours Chararic, roi de Térouanne; mais celui-ci se tint à l'écart, attendant l'issue du combat, pour faire alliance avec celui qui remporterait la victoire. Clovis ne l'oublia pas, et, quand il le put, l'entoura de piéges, le fit prisonnier avec son fils, et les fit tondre tous deux, enjoignant qu'ils fussent ordonnés prêtres. Comme Chararic s'affligeait de son abaissement et pleurait, on rapporte que son fils lui dit : « Ces « branches ont été coupées d'un arbre vert et vivant, il ne « séchera point et en poussera rapidement de nouvelles. « Plaise à Dieu que celui qui a fait ces choses ne tarde pas à « mourir! » Ces paroles furent rapportées à Clovis; il crut qu'ils le menaçaient de laisser croître leur chevelure et ensuite de le tuer; il ordonna qu'on leur tranchât la tête à tous deux. Après leur mort, il s'empara de leur royaume, de leurs trésors et de leurs peuples.

« Il y avait encore à Cambrai un roi nommé Ragnachaire, si effréné dans ses débauches, qu'il épargnait à peine ses proches parents; Clovis fit faire des bracelets et des baudriers de cuivre doré, et les donna aux leudes de Ragnachaire pour les exciter contre lui. Il marcha ensuite, avec son armée, contre ce chef et le battit. Les propres soldats de Ragnachaire l'amenèrent au vainqueur avec son frère Richaire, tous deux les mains liées derrière le dos. Quand il fut en présence de

Anciennes murailles de Carcassonne.

Clovis, celui-ci dit : « Pourquoi as-tu fait honte à notre fa-
« mille en te laissant enchaîner ? Il te valait mieux mourir ; »
et, ayant levé sa hache, il la lui rabattit sur la tête. Ensuite
il se tourna vers le frère, et lui dit : « Si tu avais porté se-
« cours à ton frère, il n'aurait pas été enchaîné ; » et il le
frappa de même de sa hache. Après leur mort, ceux qui les
avaient trahis reconnurent que l'or qui leur avait été donné
était faux. Ils le dirent au roi ; on rapporte qu'il leur répondit : « Celui qui de sa propre volonté traîne son maître à la
« mort, mérite un pareil sort ; » ajoutant qu'ils devaient être
contents de ce qu'on leur laissait la vie. Ces rois dont nous
venons de parler étaient des parents de Clovis. Renomer
fut encore tué par son ordre dans la ville du Mans. Après
leur mort, Clovis recueillit leurs royaumes et tous leurs trésors. »

**Clovis seul chef de toutes les tribus franques; sa
mort à Paris (511).** — « Ayant tué de même beaucoup
d'autres rois, ses proches parents, dans la crainte qu'ils ne
lui enlevassent l'empire, il étendit son pouvoir dans toute la
Gaule. On rapporte qu'un jour il assembla ses sujets et parla
ainsi de ses proches qu'il avait fait périr : « Malheur à moi
« qui suis resté comme un voyageur parmi des étrangers,
« n'ayant pas de parents qui puissent me secourir, si l'ad-
« versité venait ! » Mais ce n'était pas qu'il s'affligeât de leur
mort ; il parlait ainsi par ruse et pour découvrir s'il avait encore quelque parent, afin de le faire tuer.

« Toutes ces choses s'étant passées ainsi, Clovis mourut à
Paris, où il fut enterré dans la basilique des Saints-Apôtres
(Sainte-Geneviève) qu'il avait lui-même fait construire avec
la reine Clotilde. Il mourut cinq ans après la bataille de
Vouillé. Son règne avait duré trente ans, et sa vie quarante-
cinq. » (Grégoire de Tours [1].)

1. Le premier concile de l'Église gallicane se tint à Orléans en cette
même année 511. On a cru reconnaître dans ses canons les principes de
la *régale*, c'est-à-dire le droit pour le prince de percevoir le revenu des
bénéfices pendant la vacance du siège.

CHAPITRE VII.

LES FILS DE CLOVIS (511-561).

Partage de la monarchie franque entre les quatre fils de Clovis. — A la mort de Clovis, l'État qu'il avait fondé comprenait toute la Gaule, moins la Gascogne, où aucune troupe franque ne s'était montrée, et la Bretagne, que surveillaient des comtes ou chefs militaires, établis à Nantes, à Vannes et à Rennes. Les Alamans, dans l'Alsace et la Souabe, étaient plutôt associés à la fortune des Francs que soumis à l'autorité de leur roi. Les Burgondes, après avoir un instant payé tribut, s'y étaient, du vivant même de Clovis, refusés; et les villes de l'Aquitaine, faiblement contenues par les garnisons franques laissées à Bordeaux et à Saintes, étaient restées presque indépendantes.

Quant à la nation victorieuse, unie seulement pour la conquête et le pillage, elle s'était contentée de chasser les Wisigoths de l'Aquitaine sans les y remplacer; la guerre terminée, les Francs avaient regagné, avec le butin, leurs anciennes demeures dans le nord. Clovis lui-même s'était fixé à Paris, position centrale entre le Rhin et la Loire, d'où il pouvait plus facilement surveiller la Bretagne, l'Aquitaine, les Burgondes et les tribus franques de la Belgique.

Les quatre fils de Clovis firent quatre parts de son héritage et de ses leudes ou fidèles, de manière que chacun d'eux eût une portion à peu près égale du territoire au nord de la Loire, où la nation franque s'était établie, et aussi une partie des cités romaines de l'Aquitaine qui payaient de riches tributs. Childebert fut roi de Paris, avec Poitiers, Périgueux, Saintes et Bordeaux; Clotaire, roi de Soissons, avec Limoges; Clodomir, roi d'Orléans, avec Bourges; Thierry, roi de Metz, avec Cahors et l'Auvergne.

Ces divisions singulières préparaient des querelles, qui bientôt éclatèrent; et comme, par suite de ces partages, toutes les provinces étaient devenues des provinces frontières, il n'y en eut pas une qui échappât au pillage et à la dévastation. Les vieilles inimitiés des cités gauloises furent aussi par là réveillées, et leurs milices se livrèrent plus d'une fois de sanglants combats, à la faveur des querelles de leurs maîtres.

Conquête de la Thuringe (530). — Pendant quelques années, l'impulsion donnée par Clovis continua : Thierry repoussa victorieusement des Danois qui étaient descendus aux bouches de la Meuse, et, en 530, il fit la conquête de la Thuringe. Ce pays avait trois rois, trois frères : Baderic, Hermanfried et Berthaire. Hermanfried avait une femme méchante qui semait la guerre civile entre les frères. Poussé par elle, il tua Berthaire, mais il n'osa attaquer Baderic. Un jour, au moment du repas, il trouva la moitié seulement de la table couverte; et comme il demandait ce que cela signifiait : « Il convient, dit sa femme, que celui qui se contente de la moitié d'un royaume, n'ait que la moitié d'une table. » Hermanfried, excité par ces paroles et par d'autres semblables, envoya secrètement des messagers à Thierry pour l'engager à attaquer son frère, lui disant : « Si tu le mets à mort, nous partagerons son pays. » Baderic, en effet, tomba sous le glaive; mais Hermanfried ne tint pas au roi Thierry ce qu'il avait promis, de sorte qu'il s'éleva entre eux une grande inimitié.

« Or, un jour, ayant rassemblé les Francs, le roi Thierry leur dit : « Rappelez-vous, je vous prie, que les Thuringiens
« sont venus attaquer vos pères, qu'ils leur enlevèrent tout
« ce qu'ils possédaient, suspendirent les enfants aux arbres
« par le nerf de la cuisse; firent périr d'une mort cruelle
« deux cents jeunes filles, les liant par le bras au cou des
« chevaux qu'on forçait à coup d'aiguillons acérés de s'écar-
« ter chacun de son côté, en sorte qu'elles furent mises en
« pièces. D'autres furent étendues sur les ornières des che-
« mins et clouées en terre avec des pieux; puis on faisait
« passer sur elles des chariots chargés, et, leurs os ainsi
« brisés, ils les laissaient pour servir de pâture aux chiens
« et aux oiseaux. » A ces paroles, les Francs demandèrent tout d'une voix à marcher contre les Thuringiens. Thierry prit avec lui pour le seconder son frère Clotaire et son fils Théodebert, fit un grand massacre des Thuringiens, et réduisit leur pays en sa puissance.

« Tandis que les rois francs étaient en Thuringe, Thierry voulut tuer son frère. Il fit tendre, dans sa maison, une toile d'un mur à l'autre, cacha derrière des hommes armés et manda son frère, comme pour conférer avec lui sur quelque affaire importante. Mais la toile étant trop courte, les pieds des hommes passaient par-dessous et Clotaire les vit avant d'entrer; aussi garda-t-il ses armes et se fit-il bien accompagner. Thierry comprit que son projet était découvert, il inventa une fable; on parla de choses et d'autres; et, ne sachant pas de quoi s'aviser pour expliquer le motif qui lui avait fait appeler son frère, il lui donna un grand plat d'argent. Clotaire partit, après l'avoir remercié de son présent. Pendant qu'il retournait à son logis, Thierry se plaignit aux siens d'avoir perdu son plat sans aucun profit; il finit par dire à son fils Théodebert : « Va trouver ton oncle, et prie-« le de te céder le présent que je lui ai fait. » L'enfant y alla et obtint ce qu'il demandait; Thierry était très-habile en de telles ruses.

« Lorsqu'il fut revenu chez lui, il engagea Hermanfried à venir le trouver, en lui donnant sa foi qu'il ne courait aucun danger; et il l'enrichit de présents très-honorables. Mais un jour qu'ils causaient sur les murs de la ville de Tolbiac, Hermanfried, poussé par je ne sais qui, tomba du haut du mur et rendit l'esprit. »

Conquête du pays des Burgondes (534). — Clovis avait rendu les Burgondes tributaires; mais Clotilde n'était pas satisfaite : la mort de Gondebaud, en 516, ne put encore apaiser sa haine; et un jour elle dit à Clodomir et à ses autres fils : « Que je n'aie pas à me repentir, mes très-chers enfants, de vous avoir nourris avec tendresse; soyez, je vous prie, indignés de mon injure, vengez la mort de mon père et de ma mère. » Ils marchèrent en effet contre les deux rois des Burgondes, Gondemar et Sigismond. Le dernier avait récemment étranglé son fils pendant qu'il dormait. Les Burgondes furent défaits, et Sigismond fut pris; Clodomir le fit jeter dans un puits avec sa femme et son autre fils. Mais un jour qu'il poursuivait trop vivement l'ennemi, il fut lui-même entouré et tué à Véséronce près de Vienne (524).

La conquête de la Burgondie fut ajournée par cette mort; mais, en 532, Clotaire et Childebert préparèrent une nouvelle expédition et invitèrent leur frère Thierry à marcher avec eux. Le roi d'Austrasie refusa. « Si tu ne veux pas aller en Burgondie avec tes frères, lui dirent ses leudes, nous te quitterons et les suivrons à ta place. » Thierry avait une autre expédition en vue ; les gens de l'Auvergne avaient essayé de se soustraire à sa domination, puis de se donner à Childebert ; il comptait les en punir. « Suivez-moi en Auvergne, dit-il à ses fidèles, et je vous conduirai dans un pays où vous trouverez de l'or et de l'argent autant que vous en pourrez désirer, d'où vous enlèverez des troupeaux, des esclaves et des vêtements en abondance. Seulement ne suivez pas ceux-ci. » Clotaire et Childebert marchèrent donc seuls en Burgondie, ils assiégèrent Autun, et, ayant mis en fuite Gondemar, occupèrent tout le pays (534).

Pendant ce temps-là, Thierry tenait parole à ses leudes ; il leur abandonnait l'Auvergne, qui fut effroyablement dévastée.

Aventures d'Attale. — Nous emprunterons encore à Grégoire de Tours un récit qu'il place après ces événements et qui montre les mœurs du temps et la triste condition des plus riches Gallo-Romains, mêlés malgré eux aux affaires des rois barbares, dont ils payaient souvent les caprices au prix de leur liberté.

La guerre d'Auvergne avait brouillé Thierry et Childebert. « Ils se réconcilièrent, et, s'étant prêté serment de ne point marcher l'un contre l'autre, ils se donnèrent mutuellement des otages pour confirmer leurs promesses. Parmi ces otages, il se trouva beaucoup de fils de sénateurs. De nouvelles discordes s'étant élevées entre les rois, leurs otages furent réduits en servitude et condamnés aux travaux publics, ou devinrent les serviteurs de ceux qui les avaient en garde. Un bon nombre s'échappèrent et retournèrent dans leur pays ; parmi ceux qui demeurèrent en esclavage se trouva Attale, neveu du bienheureux Grégoire, évêque de Langres ; il servait un barbare qui habitait le territoire de Trèves. Le bienheureux Grégoire envoya des serviteurs à sa recherche, et, lorsqu'on l'eut trouvé, on apporta au maître des présents ; il les refusa en disant : « De la race dont il est, il me faut dix « livres d'or pour sa rançon. » Lorsque les serviteurs furent revenus, Léon, attaché à la cuisine de l'évêque, lui dit : « Si « tu veux me permettre de partir, peut-être viendrai-je à « bout de le tirer de captivité. » Son maître fut joyeux de ces paroles, et Léon se rendit au lieu qu'on lui avait indiqué. Il voulut enlever secrètement le jeune homme, mais ne put y parvenir. Alors il dit à un de ceux qu'il avait amenés avec

lui : « Viens me vendre à ce barbare, le prix sera pour toi. »
L'homme accepta volontiers et le vendit douze pièces d'or.
« Que sais-tu faire ? lui demanda son nouveau maître. — Je
« suis habile à faire tout ce qui se mange à la table, et je ne
« crains pas qu'on en trouve un qui m'égale dans ce talent-
« là; quand tu voudrais donner un festin au roi, je suis en
« état de composer des mets royaux. — Eh bien, voilà le
« jour du Soleil qui approche (c'est ainsi que les barbares
« appellent le jour du Seigneur) ; ce jour-là mes voisins et
« mes parents sont invités à ma maison ; fais-moi un repas
« duquel ils disent : *Nous n'aurions pas attendu mieux de la
« maison du roi.* » Léon répondit : « Que mon maître or-
« donne qu'on me rassemble une grande quantité de vo-
« lailles, et je ferai ce qu'il me commandera. »

« On lui donna ce qu'il avait demandé. Le jour du Seigneur
venu, il fit servir les choses les plus délicieuses. Les convives
louèrent beaucoup le festin, le maître remercia son serviteur
et lui donna autorité sur tout ce qu'il possédait. Léon fut
chargé de distribuer à tous ceux qui étaient avec lui leur
nourriture. Comme il prenait grand soin de plaire en tout à
son maître, le barbare avait en lui une entière confiance. Au
bout d'un an, Léon se rendit dans la prairie située proche de
la maison où Attale était à garder les chevaux, et se couchant
à terre loin de lui et le dos tourné de son côté, afin qu'on ne
s'aperçût pas qu'ils parlaient ensemble, il dit au jeune
homme : « Il est temps que nous songions à retourner dans
« notre patrie; je t'avertis donc, quand, cette nuit, tu auras
« ramené les chevaux dans l'enclos, de ne pas te laisser aller
« au sommeil, mais, dès que je t'appellerai, de venir, et
« nous nous mettrons en marche. » Le barbare avait invité
ce soir-là à un festin beaucoup de ses parents, au nombre
desquels était son gendre. Lorsqu'ils eurent quitté la table
vers le milieu de la nuit et qu'ils se furent retirés dans leurs
chambres, Léon porta un breuvage au gendre de son maître,
qui, tout en buvant, lui parla ainsi : « Dis-moi donc, toi,
« l'homme de confiance de mon beau-père, quand te viendra
« l'envie de prendre ses chevaux, et de t'en retourner dans
« ton pays ? » Ce qu'il disait par jeu et en s'amusant ; et lui
de même en riant répondit avec vérité : « C'est mon projet
« pour cette nuit, s'il plaît à Dieu. » A quoi l'autre lui dit :
« Eh bien, je vais recommander à mes serviteurs d'être vigi-
« lants pour que tu ne m'emportes rien. » Ils se quittèrent en

riant. Tout le monde était endormi, Léon appela Attale, et, les chevaux sellés, lui demanda s'il avait des armes. Attale répondit : « Non, je n'ai que cette petite lance. » Léon entra dans la demeure de son maître, et prit son bouclier et sa framée. Celui-ci demanda qui était là : « C'est Léon, ton ser-
« viteur; je presse Attale de se lever en diligence pour con-
« duire les chevaux au pâturage, car il est là endormi comme
« un ivrogne. » L'autre dit : « Fais ce qu'il te plaira; » et se rendormit.

« Léon, étant sorti, munit d'armes le jeune homme, et, par la grâce de Dieu, trouva ouverte la porte d'entrée qu'il avait fermée au commencement de la nuit avec des clous enfoncés à coups de marteau pour la sûreté des chevaux; ils rendirent grâces au Seigneur, prirent leur monture, et s'en allèrent en toute hâte. Lorsqu'ils furent arrivés au bord de la Moselle, ils trouvèrent des hommes qui les voulurent arrêter; mais, ayant laissé leurs chevaux et leurs vêtements, ils passèrent l'eau sur des planches, et, la nuit venue, entrèrent dans la forêt, où ils se cachèrent. Ils marchèrent trois jours et trois nuits sans trouver de nourriture; alors, par la permission de Dieu, ils rencontrèrent un arbre couvert de prunes, et en mangèrent, ce qui les soutint un peu, et leur permit de continuer leur route. Ils entrèrent en Champagne. Comme ils approchaient de Reims, ils entendirent un bruit de chevaux, et dirent : « Couchons-nous à terre, afin que les
« gens qui viennent ne nous aperçoivent pas. » Ils se jetèrent derrière un grand buisson de ronces, tenant leurs épées nues à la main. Les cavaliers ralentirent leur course en arrivant près de ce buisson, et l'un d'eux dit : « Malheur à moi ! je ne
« puis retrouver ces misérables ! Mais, par mon salut, si je
« les rattrape, l'un sera attaché au gibet, et je ferai hacher
« l'autre en pièces à coups d'épée. » C'était leur maître qui parlait ainsi; il venait de la ville de Reims, où il avait été à leur recherche, et il les aurait trouvés en route, si la nuit ne l'en eût empêché. Quand il fut reparti, les fugitifs se mirent en route, et, entrés dans la ville, ils se rendirent à la maison du prêtre Paulelle, qui était lié d'une vieille amitié avec le bienheureux Grégoire. Léon lui donna le nom de son maître. « Voilà, s'écria le prêtre, ma vision vérifiée ! J'ai vu
« cette nuit deux colombes, l'une blanche, l'autre noire, qui
« sont venues en volant se poser sur ma main. » Ils dirent au prêtre : « Dieu nous le pardonnera malgré la solennité de

« ce jour ; nous vous en prions, donnez-nous quelque nour-
« riture, car voilà la quatrième fois que le soleil se lève de-
« puis que nous n'avons goûté ni pain ni rien de cuit. » Le
prêtre leur donna du pain trempé dans du vin, puis cacha les
deux jeunes gens et s'en alla à matines. Cependant le barbare
avait retrouvé leurs traces : il suivit Paulelle à l'église, mais,
trompé par le prêtre, il s'en retourna. Les jeunes gens demeurèrent deux jours dans cette maison, et, ayant repris des
forces, s'en allèrent, pour retourner chez saint Grégoire. Le
pontife, réjoui en voyant ces jeunes gens, pleura sur le cou
de son neveu Attale. Il délivra Léon et toute sa race du joug
de la servitude, lui donna des terres en propre, dans lesquelles il vécut libre, le reste de ses jours, avec sa femme et
ses enfants. »

**Guerre contre les Wisigoths et les Ostrogoths :
expéditions au delà des Alpes (539) et des Pyrénées
(542).** — Le roi des Ostrogoths, le puissant maître de l'Italie, Théodoric, qui avait déjà arrêté les succès de Clovis, enleva, en 523, le Valais aux Burgondes, et le Rouergue, le
Vivarais et le Velay aux Francs. Mais il mourut en 526, et
les Francs, prenant alors l'offensive, ravagèrent toute la Septimanie (531). Cette province resta néanmoins aux Wisigoths,
qui la garderont deux siècles ; ce sera par cette porte des
Pyrénées que les Arabes entreront sur les terres des Francs.
En 533, les Austrasiens reprirent le Rouergue, le Velay et
le Gévaudan ; trois ans après, Vitigès, roi des Ostrogoths,
céda aux Francs la Provence pour obtenir leur alliance contre
les Grecs. Théodebert, en effet, qui succéda en 534 à Thierry,
son père, dans la royauté d'Austrasie, conduisit une nombreuse armée en Italie, battit les Goths qui l'avaient payé,
les Grecs qui l'avaient appelé et ensuite pilla le pays tout à
l'aise.

La maladie décima son armée. Mais les barbares ne comptaient pas les morts, ils ne comptaient que le butin. Celui
que Théodebert rapporta fut si considérable, que Childebert
et Clotaire, pour garder leurs leudes, durent leur en promettre un aussi riche en Espagne. Ils passèrent les Pyrénées et
prirent Pampelune. Saragosse les arrêta. Ils furent battus
dans la retraite.

**Mort violente de presque tous les princes francs
(524-558).** En ce temps-là, les princes ne vieillissaient
guère ; les excès les tuaient jeunes, quand la main de leurs

proches les épargnait. Des quatre fils de Clovis, Chlodomir, roi d'Orléans, avait été tué le premier en 524, mais du moins par l'ennemi. Il laissait trois fils que Clotilde, leur aïeule, accueillit. Un jour Childebert envoya secrètement vers son frère Clotaire et lui fit dire : « Notre mère garde avec elle les fils de notre frère, et veut leur donner le royaume; il faut que tu viennes promptement à Paris, pour que nous décidions si on leur coupera les cheveux comme au reste du peuple, ou si nous les tuerons pour partager ensuite le royaume de notre frère. » Fort réjoui de ces paroles, Clotaire vint à Paris. Childebert avait déjà répandu dans le peuple le bruit que les deux rois étaient d'accord pour mettre ces enfants à la place de leur père. Ils dépêchèrent donc à la reine des messagers, qui lui dirent : « Remets-nous les enfants, pour que nous les élevions au trône. » Elle, remplie de joie et ne sachant pas leur artifice, après avoir fait boire et manger les enfants, les envoya en disant : « Je croirai n'avoir pas perdu mon fils, si je vous vois succéder à son royaume. » Les enfants, étant allés, furent pris aussitôt et séparés de leurs serviteurs. Alors Childebert et Clotaire adressèrent à la reine Arcadius, portant des ciseaux et une épée nue. Quand il fut arrivé près de la reine, il les lui montra en disant : « Tes fils, nos seigneurs, ô très-glorieuse reine, attendent que tu leur fasses savoir ta volonté sur la manière dont il faut traiter les enfants; ordonne qu'ils vivent les cheveux coupés, ou qu'ils soient égorgés. »

Consternée à ce message et en même temps émue d'une grande colère, en voyant cette épée et ces ciseaux, elle se laissa transporter par son indignation; ne sachant dans sa douleur ce qu'elle disait, elle répondit imprudemment : « Si on ne les élève pas sur le trône, j'aime mieux les voir morts que tondus. » Arcadius s'inquiéta peu de sa douleur, et ne chercha pas à pénétrer ce qu'elle penserait ensuite; il revint en diligence près de ceux qui l'avaient envoyé, et leur dit : « Vous pouvez continuer, avec l'approbation de la reine, ce que vous avez commencé. » Aussitôt Clotaire prit par le bras l'aîné des enfants, le jeta à terre et lui enfonça son couteau sous l'aisselle. L'autre, aux cris de son frère, se jeta aux pieds de Childebert, lui disant avec larmes : « Secours-moi, mon très-bon père, afin que je ne meure pas comme mon frère. » Childebert se laissa toucher et dit : « Je te prie, mon très-cher frère, aie la générosité de m'accorder sa vie ; si tu ne veux pas le tuer, je te donnerai, pour le racheter, ce que tu demanderas. » Mais Clotaire l'accabla d'injures : « Repousse-le loin de toi, ou tu mourras certainement à sa place : c'est toi qui m'as excité à cette affaire, et tu es si prompt à reprendre ta foi ! » Childebert, à ces paroles, repoussa l'enfant et le jeta à Clotaire, qui lui enfonça son couteau dans le côté et le tua. Ils tuèrent ensuite les serviteurs et les gouverneurs, et, après qu'ils furent morts, Clotaire monta à cheval et s'en alla, sans se troubler aucunement du meurtre de ses neveux. La reine fit emporter les corps de ses petits-fils sur un brancard et les conduisit avec beaucoup de chants pieux et une immense douleur à l'église Saint-Pierre, où on les enterra tous deux de la même manière. L'aîné avait dix ans, l'autre sept.

Ils ne purent prendre le troisième, Clodoald, qui fut sauvé par le secours de braves guerriers. Dédaignant un royaume terrestre, il se consacra à Dieu, se coupa les cheveux de sa propre main, et fut fait clerc. Il persista dans les bonnes œuvres et mourut prêtre. Son souvenir s'est perpétué par le nom de Saint-Cloud, donné au village où il se retira.

A la mort de Thierry, en 534, Clotaire et Childebert auraient bien traité son fils Théodebert comme ils avaient traité les enfants de Clodomir. Mais Théodebert, déjà en âge d'homme, d'ailleurs plein de bravoure et aimé de ses leudes, se trouvait en état de se défendre. Ce fut le prince mérovingien le plus actif et le plus brillant. Après sa singulière expédition en Italie, il en méditait une autre contre Constantinople; et on ne sait trop ce qui fût arrivé, si, faisant tourner tête à l'invasion qui, depuis un siècle et demi, allait de l'est à l'ouest, il l'eût ramenée du fond de l'Occident, et eût jeté sur la seconde Rome la masse désordonnée et puissante des nations germaniques. Mais il périt à la chasse. Quelque temps auparavant, sa femme, Deuterie, jalouse de la beauté de sa propre fille, l'avait mise dans un chariot attelé de taureaux sauvages qui la précipitèrent du haut d'un pont, de sorte qu'elle périt dans le fleuve.

Théodebert était mort en 547 ; Théodebald, son fils, âgé de quatorze ans, mourut en 553. Clotaire s'empara de son héritage. Le nouveau roi d'Austrasie eut presque aussitôt à empêcher une défection des Saxons qui refusaient de payer leur tribut de 500 vaches. « Comme il s'avançait contre eux avec une armée, ils lui apportèrent des paroles de soumission, mais ses soldats l'obligèrent à les chasser sans réponse. Ils revinrent encore, offrant la moitié de tout ce qu'ils possédaient ; et Clotaire disait à ses leudes : « Renoncez, je vous prie, à « votre projet, car le droit n'est pas de notre côté. Si vous « voulez aller absolument à ce combat, je ne vous suivrai « pas. » Eux alors, irrités, se jetèrent sur lui, déchirèrent sa tente, l'accablèrent d'injures et, l'entraînant de force, voulaient le tuer. Il les suivit donc, mais ils furent battus. On doit se bien représenter ces mœurs et cet esprit indompté des guerriers francs, pour comprendre l'abaissement où tombèrent successivement les deux royautés mérovingienne et carlovingienne.

Clotaire Ier, seul roi des Francs (558-561). — En 558, le roi de Paris, Childebert, mourut. Clotaire recueillit encore cet héritage et se trouva seul roi des Francs. Il ne régna que trois ans sur toute la monarchie de Clovis. Chramme, son fils, avait formé quelque complot contre lui avec Childebert. Son oncle mort, il courut se réfugier en Bretagne; son père l'y poursuivit, battit les Bretons qui voulaient le défendre, et l'ayant pris, le fit attacher avec sa femme et ses enfants dans la cabane d'un paysan, à laquelle on mit le feu.

Clotaire ne survécut lui-même qu'une année à ce fils, et mourut dans sa *villa* de Compiègne[1] où il venait souvent faire,

---

[1]. Les rois francs n'habitaient guère les cités. Ils allaient d'une de leurs *villas* à l'autre, consommant en chacune les provisions qui y avaient été amassées. Voici la description que donne Augustin Thierry de la *villa* de Braine : « C'était une de ces immenses fermes où les rois des Francs tenaient leur cour et qu'ils préféraient aux plus belles villes de la Gaule. L'habitation royale n'avait rien de l'aspect militaire des châteaux du moyen âge : c'était un vaste bâtiment entouré de portiques d'architecture romaine, quelquefois construit en bois poli avec soin et orné de sculptures qui ne manquaient pas d'élégance. Autour du principal corps de logis, se trouvaient disposés par ordre les logements des officiers du palais, soit barbares, soit romains d'origine. D'autres maisons de moindre apparence étaient occupées par un grand nombre de familles qui exerçaient, hommes et femmes, toutes sortes de métiers, depuis l'orfèvrerie et la fabrique des armes, jusqu'à l'état de tisserand et de corroyeurs, depuis la broderie en soie et en or, jusqu'à la plus grossière préparation de la laine et du lin. La plupart de ces familles étaient gauloises, nées sur la portion du sol que le roi s'était adjugée comme part de conquête, ou transportées violemment de quelque ville voisine pour coloniser le domaine royal, des bâtiments d'exploitation agricole, des haras, des étables, des bergeries et des granges. Les maisons des cultivateurs et les masures de serfs du domaine complétaient le village royal, qui ressemblait parfaitement, quoique sur une plus grande échelle, aux villages de l'ancienne Germanie. » Aug. Thierry, *Récits des temps mérovingiens*, t. I, p. 363.

dans l'immense forêt qui l'enveloppe, ces grandes chasses qui plaisaient tant aux premiers Mérovingiens. A l'approche de la mort, sous le coup de la douleur, ce barbare se sentit enfin vaincu : « Quel est ce roi du ciel, s'écria-t-il, qui fait ainsi périr les plus grands rois de la terre ? »

Sainte Radegonde. — Au nombre des femmes de Clotaire, il s'en trouva une dont l'histoire peut nous reposer de tant de scènes sanglantes. Radegonde était fille de ce Bertaire, roi de Thuringe, qui était tombé sous les coups de son frère, et elle-même avait fait partie du butin de Clotaire. Ce prince, frappé de sa beauté précoce, la fit élever avec soin, et plus tard la prit pour épouse. Radegonde avait vu avec horreur cet hymen qui lui donnait le titre de reine. Ses souvenirs la reportaient sans cesse au milieu de sa famille égorgée, et elle ne les oubliait qu'en se dérobant aux honneurs de son rôle officiel pour vivre au milieu des pauvres,

Tombeau de sainte Radegonde[1].

subvenir à leurs besoins, soigner leurs plaies les plus rebutantes, ou bien écouter un clerc lettré et causer longuement des saintes Écritures avec quelque évêque. « C'est une nonne, disait brutalement Clotaire, et non une reine. » Le cloître, en effet, était l'asile où cette âme délicate et aimante voulait fuir les passions grossières qui l'entouraient. Un jour que le roi fit tuer le dernier frère qui lui restait, elle courut à Noyon et trouva l'évêque saint Médard à l'autel : « Je t'en supplie, très-saint père, lui dit-elle, consacre-moi au Seigneur. » Il y avait à craindre toute la colère du roi ; l'évêque hésita, car

---

1. L'église bâtie par sainte Radegonde fut détruite par un incendie en 1033 et aussitôt reconstruite. Le tombeau de la sainte est dans une crypte placée sous l'abside.

l'église était pleine de guerriers francs qui le menaçaient. Mais la reine, revêtant aussitôt un habit de recluse, le somma de donner à Dieu celle qui voulait rompre sans retour avec le siècle ; et il la consacra diaconesse par l'imposition des mains.

Clotaire se montra fort irrité. Vaincu, cependant, à la longue, par la patiente résistance des évêques, il permit à la fille des rois thuringiens de fonder un monastère de femmes à Poitiers, dont elle est devenue la patronne. Elle s'y renferma en 550, pour n'en plus sortir que morte en 587. Durant cette longue reclusion, elle mêla toujours aux bonnes œuvres et à l'austérité des exercices religieux la culture des lettres ; toujours aussi elle garda ses chers souvenirs du foyer domestique, et nous les retrouvons dans les mauvais vers du plus grand poëte de ce temps, Fortunatus, qui se fit ordonner prêtre pour ne la point quitter.

Ainsi la nature humaine ne perd jamais ses droits ; au milieu du plus furieux déchaînement des passions mauvaises, il reste encore des sentiments purs et délicats. Au sixième siècle, c'était l'Église qui offrait un refuge à ces âmes tendres ou élevées que la barbarie croissante épouvantait : le cloître pour ceux qui cherchaient le recueillement et la solitude ; le clergé régulier pour les vertus plus actives, pour ceux qui ne craignaient pas d'aller porter à des hommes de sang des paroles de paix, de justice et d'amour. Voilà pourquoi les plus mauvais siècles du moyen âge restent, par quelques côtés supérieurs en moralité aux plus beaux siècles du paganisme, et comment l'humanité avance, alors même qu'on la croit précipitée dans les abîmes.

CHAPITRE VIII.

LES FILS ET PETITS-FILS DE CLOTAIRE Ier (561-613).

Nouveau partage (561). — Après la mort de Clotaire Ier 561), la monarchie fut de nouveau divisée en quatre royaumes : ceux de Paris, de Soissons, de Metz et de Burgondie. La mort prématurée du roi de Paris, Charibert, les réduisit à trois en 567. Ce dernier partage eut plus de durée que les précédents, parce qu'il répondait à des divisions réelles, à des nationalités distinctes. Gontran commanda aux Burgondes, Sigebert aux Francs austrasiens ou orientaux, et Chilpéric à cette population mêlée de Francs et de Gallo-Romains, qu'on appela Neustriens ou les Occidentaux. Quant à l'Aquitaine, elle resta divisée entre les trois rois, chacun voulant sa part de ces belles contrées du Midi et des riches cités dont les tributs rempliraient son trésor. Mais Paris avait déjà assez d'importance pour qu'aucun d'eux ne consentît à le laisser à un de ses frères. Il fut décidé qu'il appartiendrait à tous les trois, et que chacun n'y pourrait entrer qu'avec la permission des deux autres.

De ces trois personnages, Gontran eut le rôle le moins éclatant, mais l'existence la plus longue ; il put voir les sanglantes catastrophes dont les deux autres royaumes furent le théâtre.

Un chroniqueur du septième siècle, Frédégaire, fait le récit suivant, qui, en ce temps-là, courait parmi le peuple : « Une nuit que Childéric, père de Clovis, reposait près de sa femme Basine, celle-ci lui dit : « O roi, lève-toi, et ce que « tu verras dans la cour du logis, tu viendras le dire à ta « servante. » Childéric se leva et vit passer des bêtes qui ressemblaient à des lions, à des licornes et à des léopards. Il revint vers sa femme et lui dit ce qu'il avait vu ; et Basine lui dit : « Maître, va derechef, et ce que tu verras, tu le racon- « teras à ta servante. » Childéric sortit de nouveau et vit pas-

ser des bêtes semblables à des ours et à des loups. Ayant raconté cela à sa femme, elle le fit sortir une troisième fois ; il vit alors des chiens et d'autres animaux inférieurs qui se roulaient et se déchiraient les uns les autres. Alors Basine dit à Childéric : « Ce que tu as vu de tes yeux arrivera en vé-
« rité : il nous naîtra un fils qui sera un lion par son cou-
« rage ; les fils de notre fils ressembleront aux léopards et
« aux licornes ; mais ils engendreront à leur tour des enfants
« semblables aux ours et aux loups pour leur voracité. Ceux
« que tu as vus pour la dernière fois viendront pour la fin et
« la ruine du royaume. »

Cette fois encore l'imagination populaire avait rencontré juste. Nous aussi, nous avons vu passer les lions et les léopards, et nous voici avec les ours et les loups dévorants. Sous les fils de Clovis, l'esprit de conquête animait encore les Francs ; maintenant il n'y aura plus, pendant un siècle et demi, que l'esprit de rapine et de meurtre.

Opposition de la Neustrie et de l'Austrasie ; Frédégonde et Brunehaut. — Dans l'Austrasie (Belgique et Lorraine), plus rapprochée du Rhin par où les barbares étaient venus, et couverte d'une plus nombreuse population franque, les coutumes germaniques dominaient ; et une foule de petits chefs y formaient une aristocratie puissante et guerrière, jalouse de ses rois. La Neustrie (Ile-de-France, Normandie, etc.), plus romaine parce qu'elle renfermait moins de barbares et plus d'anciennes cités, accordait davantage à l'autorité de ses rois et conservait quelques souvenirs, quelques usages de l'administration impériale. Cette différence de mœurs et de situation amena entre la Neustrie et l'Austrasie une opposition politique, qui éclata d'abord dans la rivalité de Frédégonde et de Brunehaut, l'une épouse de Chilpéric, l'autre épouse de Sigebert : plus tard, dans celle d'Ébroïn et des maires d'Austrasie.

Invasion des Avars et des Lombards (562-576). — Un nouveau peuple, arrivé de l'Asie par la route des Huns, avait pénétré dans la vallée du Danube, et, la remontant, se heurta contre l'empire franc. Sigebert, chargé, comme roi d'Austrasie, de défendre les frontières orientales, battit une première fois les Avars en 562. Mais six ans plus tard ceux-ci pénétrèrent jusqu'en Bavière et en Franconie, vainquirent Sigebert et le firent prisonnier. Il faut cependant que leur victoire n'ait pas été bien décisive, car ils relâchèrent leur captif et rentrèrent dans la Pannonie. Dans le même temps, les Lombards, depuis peu maîtres de l'Italie, envahissaient les États de Gontran. A trois reprises différentes, ils pénétrèrent jusqu'aux bords du Rhône (571-576). L'empire franc était trop près encore de son origine pour se laisser déjà entamer. Les Lombards furent rejetés au delà des Alpes, comme les Avars l'avaient été au delà des pays germains.

Meurtre de Galswinthe (567). — Pendant que le roi d'Austrasie combattait dans l'intérêt de la cause commune, ses frères profitaient de son absence pour piller ses provinces occidentales. A cette injure Chilpéric en ajouta une autre : il fit étrangler sa femme Galswinthe, sœur de Brunehaut. Toutes deux étaient filles du roi des Wisigoths, Athanagilde, qui avait cru acheter, par cette union, l'amitié des Francs. Brunehaut, femme d'un cœur viril, avait accepté sans répugnance l'hymen avec un de ces chefs qui, aux yeux des Goths amollis par le doux climat d'Espagne, étaient des barbares. Mais Galswinthe, moins ambitieuse de la puissance, avait vu avec terreur arriver le jour où il lui avait fallu quitter sa mère, pour aller chercher bien loin vers le Nord un époux inconnu. Notre plus habile historien a raconté, d'après un poëte du temps, Fortunatus, cette touchante histoire, et peint cette douce figure qui se détache si bien sur ce fond de barbarie. « Quand les ambassadeurs francs se présentèrent pour saluer la fiancée de leur roi, ils la trouvèrent sanglotant sur le sein de sa mère. Tout durs qu'ils étaient, ils furent émus et n'osèrent parler de voyage. Ils laissèrent passer deux jours, et le troisième ils vinrent se présenter devant la reine en lui annonçant cette fois qu'ils avaient hâte de partir, lui parlant de l'impatience de Chilpéric et de la longueur du chemin. La reine pleura et demanda encore pour sa fille un jour de délai. « Un seul jour encore, et je ne demanderai plus rien ; savez-« vous que là où vous emmenez ma fille, il n'y aura plus de « mère pour elle ! » Mais tous les retards possibles étaient épuisés ; Athanagilde imposa son autorité de roi et de père, et, malgré les larmes de sa mère, Galswinthe fut remise entre les mains de ceux qui avaient mission de la conduire à son futur époux.

« Une longue file de cavaliers, de voitures, de chariots et de bagages traversa les rues de Tolède et se dirigea vers la porte du Nord. Le roi suivit le cortége de sa fille jusqu'à un pont jeté sur le Tage, à quelque distance de la ville ; mais la reine ne put se résoudre à retourner si vite, et voulut aller au delà. Quittant son propre char, elle s'assit auprès de Galswinthe, et, d'étape en étape, de journée en journée, elle se laissa entraîner à 100 milles de distance. Chaque jour elle disait : « C'est jusque-là que je veux aller, » et, parvenue à ce terme, elle passait outre. A l'approche des montagnes, les chemins devinrent difficiles, elle ne s'en aperçut pas, et voulut encore aller plus loin. Mais comme les gens qui la suivaient grossissaient beaucoup le cortége, augmentaient les embarras et les dangers du voyage, les seigneurs goths résolurent de ne pas permettre que leur reine fît un mille de plus. Il fallut se résigner à une séparation inévitable, et de nouvelles scènes de tendresse, mais plus calmes, eurent lieu entre la mère et la fille. La reine exprima en paroles douces sa tendresse et ses craintes maternelles : « Sois heureuse, dit-« elle, mais j'ai peur pour toi ; prends garde, ma fille, prends « bien garde. » A ces mots, qui s'accordaient trop bien avec ses propres pressentiments, Galswinthe pleura : « Dieu le « veut, il faut que je me soumette. » Et la triste séparation s'accomplit.

« Un partage se fit dans ce nombreux cortége. Cavaliers et chariots se divisèrent, les uns continuant à marcher en avant, les autres retournant vers Tolède. Avant de monter sur le char qui devait la ramener en arrière, la reine des Goths s'arrêta au bord de la route, et, fixant ses yeux vers le chariot de sa fille, elle ne cessa de le regarder, debout et immobile, jusqu'à ce qu'il disparut dans l'éloignement et dans les détours des chemins. Galswinthe, triste, mais résignée, continua sa route vers le nord. Son escorte, composée de seigneurs et de guerriers des deux nations, Goths et Francs, traversa les Pyrénées, puis les villes de Narbonne et de Carcassonne, sans sortir du royaume des Goths qui s'étendait jusque-là ; ensuite elle se dirigea, par la route de Poitiers et de Tours, vers la cité de Rouen, où devait avoir lieu la célébration du mariage. Aux portes de chaque grande ville, le cortége faisait halte, et tout se disposait pour une entrée solennelle : les cavaliers jetaient bas leurs manteaux de route, découvraient les harnais de leurs chevaux, et s'armaient de leurs boucliers suspendus à l'arçon de la selle; la fiancée du roi de Neustrie quittait son lourd chariot de voyage pour un char de parade, en forme de tour et tout couvert de plaques d'argent ...

« Les noces de Galswinthe furent célébrées avec autant de magnificence et d'appareil que celles de sa sœur Brunehaut. Il y eut même cette fois pour la mariée des honneurs extraordinaires ; et tous les Francs de la Neustrie, seigneurs et simples guerriers, lui jetèrent tous à la fois leurs épées, et les brandirent en l'air en prononçant une vieille formule païenne qui dévouait au tranchant du glaive celui qui violerait son serment. Ensuite le roi renouvela solennellement sa promesse de constance et de foi conjugale ; posant sa main sur une châsse qui contenait des reliques, il jura de ne jamais répudier la fille du roi des Goths, et tant qu'elle vivrait, de ne prendre aucune autre femme. »

Il tint sa promesse quelques mois ! Avant d'arriver, Galswinthe avait une rivale, Frédégonde, dont le nom seul rappelle tout ce qu'il y a jamais eu de sécheresse et d'implacable cruauté dans le cœur d'une femme. Repoussée un instant, par l'arrivée de la fille du roi des Goths, dans l'ombre d'où elle était sortie, elle reprit bientôt sur Chilpéric l'ascendant qu'elle avait exercé déjà. Galswinthe osa se plaindre, puis demanda à retourner dans son pays ; Chilpéric craignit de perdre les trésors qu'elle avait apportés. Une nuit, un serviteur affidé fut introduit dans sa chambre, et l'étrangla pendant qu'elle dormait.

Meurtre de Sigebert (575). — Brunehaut voulut aussitôt la venger ; elle poussa son époux à la guerre. Mais Gontran s'interposa. On remit l'affaire au jugement du peuple assemblé, et la sentence obligea Chilpéric à livrer à Brunehaut cinq villes d'Aquitaine qu'il avait constituées comme douaire à Galswinthe, le lendemain des noces. En 573, il essaya de revenir sur cette cession et envahit les domaines de Sigebert en Aquitaine. Le roi d'Austrasie accourt, traînant à sa suite une immense armée venue d'outre-Rhin, et qui semblait une invasion nouvelle. Chilpéric, épouvanté, céda encore, mais, à peine Sigebert avait-il renvoyé ses bandes sauvages, que de nouvelles provocations le ramenèrent en Neustrie. Cette fois ce fut pour en finir avec son frère. Rien ne put l'arrêter. Il entra dans Paris, et les Neustriens s'engagèrent à le prendre pour roi. Chilpéric ne conservait que Tournai ; Sigebert voulut le lui enlever. Au moment de partir, il vit arriver un pieux personnage, Germain, évêque de Paris, qui s'efforça d'arracher de son cœur la pensée mauvaise que le roi de Metz y avait laissée entrer. « Roi Sigebert, lui dit l'évêque, si tu pars sans intention de mettre ton frère à mort, tu reviendras vivant et victorieux; mais si tu as une autre pensée, tu mourras; car le Seigneur a dit : « La fosse que tu prépares afin que ton frère y tombe, te « fera tomber toi-même. » Sigebert ne répondit rien et alla recevoir à Vitry, sur la Scarpe, les acclamations des Neustriens qui le proclamaient roi, puis il marcha contre Tournai. Mais Frédégonde veillait sur son époux et sur elle-même : deux soldats, fanatisés par elle, se rendirent à Vitry, où ils demandèrent à saluer Sigebert et à l'entretenir en secret. Comme il les écoutait, ayant chacun d'eux à ses côtés, ils le frappèrent à la fois dans le flanc avec de longs couteaux empoisonnés. Il ne poussa qu'un cri et tomba mort (575). Chilpéric était délivré.

Meurtre de Chilpéric et de deux de ses fils (584). — Brunehaut, alors à Paris avec ses trésors et son tout jeune fils, qui fut Childebert II, était à la merci de Chilpéric. Le roi de Neustrie prit les trésors et s'inquiéta peu de l'enfant. Un des fidèles de Sigebert pénétra dans le palais où il était gardé, le cacha dans une grande corbeille, et se laissant, à l'aide d'une corde, glisser du haut des murs, le conduisit à Metz par des chemins détournés. L'enfant n'avait que cinq ans, les leudes néanmoins le proclamèrent roi et lui donnèrent un maire du palais pour gouverner à sa place. Cette minorité était favorable à leurs désirs d'indépendance.

Cependant Frédégonde épouvantait la Neustrie de ses assassinats. Son mari avait deux fils d'un premier mariage, Mérovée et Clovis, dont les droits devaient primer ceux de Clotaire, fils de Frédégonde. Mérovée commit l'imprudence d'épouser Brunehaut; la marâtre saisit ce prétexte pour lui aliéner son père et le poursuivit avec un tel acharnement, que le malheureux se fit tuer par un des siens ou tomba sous les coups d'un affidé de la reine. Ses amis périrent dans d'atroces supplices. L'évêque de Rouen, qui avait béni ce mariage, fut lui-même égorgé dans son église, sur les marches de l'autel, pendant qu'il offrait le sacrifice de la messe. Clovis tomba après, puis une de ses sœurs et Audowère, leur mère.

Ainsi se vérifiaient les paroles d'un évêque : « Après le synode qui s'était tenu à Paris, raconte Grégoire de Tours, j'avais déjà dit adieu au roi, et me préparais à m'en retourner chez moi. Ne voulant cependant point partir sans avoir salué l'évêque d'Alby, j'allai le chercher et le trouvai dans la cour de la maison de Braine : nous nous éloignâmes un peu pour causer, et il me dit : « Ne vois-tu pas au-dessus de ce toit ce que j'y aperçois? — J'y vois, lui dis-je, un second petit bâtiment que le roi a dernièrement fait élever au-dessus. » Il reprit : « N'y vois-tu pas autre chose? — Non, » dis-je; et, supposant qu'il parlait ainsi par manière de jeu, j'ajoutai : « Si tu vois quelque chose de plus, montre-le moi. » Alors, poussant un profond soupir, il me dit : « Je vois le glaive de la colère divine tiré et suspendu sur cette maison. » Et véritablement les paroles de l'évêque ne furent pas menteuses.

Chilpéric lui-même fut peut-être une des victimes de Frédégonde. Un soir qu'il revenait de la chasse à sa villa royale de Chelles, comme il descendait de cheval, la main appuyée sur l'épaule d'un des leudes, il fut poignardé par Leudéric, un des serviteurs de la reine (584); d'autres, il est vrai, accusent Brunehaut.

Ce prince, que Grégoire de Tours appelle un Néron, un Hérode, avait pourtant, au milieu de tous ses vices et de sa barbarie, des instincts d'administration et quelque curiosité littéraire. Il faisait des vers, fort mauvais assurément, mais d'où je conclus qu'il lisait des poëtes que bientôt personne ne lira plus, et il trouvait bien beau l'ordre qu'avaient établi les empereurs. Il est vrai que ce qu'il prisait surtout, c'était leur système financier. « Le roi Chilpéric, dit Grégoire de Tours, fit faire dans tout son royaume des rôles d'impositions nouvelles et très-pesantes, ce qui fut cause que beaucoup quittèrent leurs cités et abandonnèrent leurs propriétés.... il avait été ordonné que chaque propriétaire de terre payerait une amphore de vin par demi-arpent. On avait imposé sur les autres terres et sur les esclaves beaucoup d'autres contributions ou prestations qu'il était impossible de supporter. » Les peuples, par de fréquentes révoltes, protestaient contre le retour de cette fiscalité dévorante qui avaient entraîné la ruine du vieil empire. Mais il fallut des malheurs domestiques, la mort de plusieurs enfants, pour persuader au roi et à Frédégonde que la colère du ciel était sur leur maison à cause de ces tributs; ils firent alors brûler les rôles.

Le roi Gontran. — Tant de meurtres effrayèrent le débonnaire Gontran. « Pour faire cesser cette mauvaise coutume de tuer les rois, il se rendit un jour à l'église, où tout le peuple était assemblé pour la messe, fit faire silence par un diacre, et dit : « Je vous conjure, hommes et femmes qui « êtes ici présents, gardez-moi une fidélité inviolable, et ne « me tuez pas comme vous avez tué dernièrement mes frè- « res. Que je puisse au moins pendant trois ans élever mes « neveux, de peur qu'il n'arrive après ma mort que vous pé- « rissiez avec ces petits enfants, puisqu'il ne resterait de « notre famille aucun homme fort pour vous défendre. » A ces mots tout le peuple adressa des prières au Seigneur. » (Grégoire de Tours.)

Entre Frédégonde et Brunehaut, il y avait en effet de quoi trembler pour un pacifique. Cependant Frédégonde avait déféré à Gontran la tutelle de son fils, le jeune Clotaire II, mais il se sentait de tous côtés entouré de périls. Il craignait les leudes qui, de jour en jour, voulaient moins s'assujettir à la royauté; et un vaste complot venait de s'organiser dans le midi. L'Aquitaine, restée toute romaine, avait essayé de se séparer des contrées barbares du nord en se donnant un roi particulier, Gondowald. Cet aventurier, qui se disait fils de Clotaire Ier, périt, mais après avoir été sur le point de réussir (585).

Traité d'Andelot (587). — Un autre complot plus formidable fut secrètement formé en 587, parmi les leudes d'Austrasie et de Burgondie. Il s'agissait d'assassiner les deux rois et de se partager ensuite le pays. Un des assassins, arrêté au moment où il levait le couteau sur Gontran, avoua tout. Les conjurés périrent, et parmi eux, nombre de ducs et de comtes. Childebert et Gontran effrayés eurent une entrevue à Andelot (dans la Haute-Marne, à vingt kilomètres nord-est de Chaumont), pour régler tous leurs différends. Il fut décidé que l'héritage de celui des deux qui mourrait sans enfants passerait au survivant; que les leudes ne pourraient plus, selon leur caprice, porter d'un roi à l'autre leur fidélité ; mais, en retour, on garantit à certains d'entre eux la possession de leurs bénéfices. C'était le premier pas vers le régime féodal.

Pouvoir de Brunehaut en Austrasie, puis en Burgondie. — Gontran mourut en 593; Childebert II réunit les deux royaumes et essaya de prendre celui de son cousin Clotaire II, le fils de Frédégonde; ses troupes furent battues à Droissy, près de Soissons, et il n'eut pas le temps de réparer cet échec, une maladie l'ayant enlevé en 596. L'aîné de ses fils, Théodebert II, eut l'Austrasie; l'autre, Thierry II, la Burgondie. Brunehaut espéra régner en Austrasie sous son petit-fils, comme elle avait régné sous son fils. Mais elle irrita les Austrasiens en essayant de ramener un peu d'ordre dans l'État et de soumettre les leudes à plus d'obéissance. Se sentant haïe des grands, elle chercha à maintenir son pouvoir sur son petit-fils en le jetant dans tous les désordres. Elle fut punie de cet odieux calcul. Les compagnons de débauche du jeune roi la chassèrent (599).

Retirée en Burgondie, auprès de son autre petit-fils, elle y porta la même soif de pouvoir, mêlant, il faut le dire, à son ambition impérieuse des vues plus hautes que n'en avaient les princes de ce temps. Elle goûtait les arts et les lettres; elle pensait ce que ne pensaient guère tous ces Mérovingiens : que les rois n'ont pas seulement à jouir des tributs payés par les peuples, mais qu'ils leur doivent en échange de l'ordre et des travaux d'utilité publique ; elle bâtissait des églises, faisait construire des routes et se souvenait de l'administration romaine qu'elle eût voulu restaurer. Malheureusement tous les moyens lui étaient bons, surtout le grand moyen de ce temps, celui qui semblait simplifier tout, l'assassinat. Ainsi fit-elle lapider saint Didier, évêque de Vienne, qui voulait arracher son petit-fils aux vices qu'elle nourrissait en lui. Elle n'osa pourtant pas porter la main sur saint Colomban, moine irlandais, d'une éloquence égale à son courage, et qui parcourait la Gaule en rappelant les moines à la discipline et quelquefois les princes à l'humanité. Comme il reprochait vivement à Thierry II ses déréglements, Brunehaut le chassa du monastère qu'il venait de fonder à Luxeuil, au milieu des solitudes des Vosges, et le fit embarquer sur la Loire pour le renvoyer en son pays.

Au milieu de ces intrigues de cour, il y avait des guerres de peuples. Deux fois les Neustriens avaient été vainqueurs des Austrasiens, près de Soissons, à Droissy (593), et à Latofao (Haute-Marne) (596); mais ils furent mis en pleine déroute à Dormeille, en Gâtinais (600), et près d'Étampes (604) par les Burgondes : Paris fut pris. C'en était fait de Clotaire II si le roi d'Austrasie ne l'eût sauvé en traitant avec lui. Brunehaut, furieuse de voir lui échapper une vengeance poursuivie pendant trente années, s'en prit à Théodebert. Elle décida son frère Thierry à l'attaquer; les leudes s'y refusèrent d'abord, mais en 610 ils allèrent d'eux-mêmes à cette guerre. Théodebert, vaincu, fut mis à mort avec ses enfants. Son frère ne lui survécut guère (613).

Conspiration des grands contre Brunehaut; sa mort affreuse (613). — Il n'y avait plus d'hommes pour régner en Austrasie et en Burgondie, mais quatre enfants et leur aïeule Brunehaut. Les grands frémirent à la pensée qu'ils allaient se trouver à la merci de cette femme impérieuse, et un complot s'ourdit secrètement. Elle faisait marcher les armées de ses deux royaumes contre Clotaire II, et comptait sur une victoire certaine; elle fut livrée par ses propres soldats au fils de son implacable ennemie. Il lui reprocha la mort de dix rois, l'abandonna pendant trois jours aux insultes de son armée, puis la fit attacher à la queue d'un cheval indompté. Les quatre fils de Thierry II avaient été déjà égorgés; Clotaire II se trouva, comme son aïeul Clotaire Ier, seul roi des Francs (613). L'horrible Frédégonde sa mère, était morte « pleine de jours » en 597.

CHAPITRE IX.

ÉTAT DE LA GAULE AU SIXIÈME SIÈCLE[1].

Désordres et ténèbres de ce temps. — L'humanité a traversé peu d'époques aussi malheureuses que le sixième et le septième siècle de notre ère. L'indiscipline, les brutales violences des barbares, l'absence de tout ordre, le réveil des antiques rivalités de ville à ville, de canton à canton, et partout enfin une sorte de retour à l'état de nature, voilà ce que montrent les documents de cette triste époque. On avait toujours à craindre le pillage, l'incendie ou quelque attaque soudaine et le meurtre. Outre le mal que faisait la violence présente, il y avait encore les perpétuelles inquiétudes que

---

[1] Ouvrages à consulter : *Essais sur l'Histoire de France*, par M. Guizot; *Récits mérovingiens*, par Aug. Thierry.

causait la pensée des violences futures, les barbares se faisant aussi peu scrupule de prendre la liberté que les biens des vaincus. Ainsi, lorsque Chilpéric envoya sa fille en Espagne pour la marier au roi des Goths, il fit enlever à Paris un grand nombre d'habitants de condition distinguée, qui durent, bon gré mal gré, quitter leur patrie, leur famille, pour composer le cortége de sa fille. Chaque année, ces rois barbares se faisaient la guerre, et chaque année aussi faisaient la paix. Alors ils se livraient mutuellement des otages : c'étaient toujours des fils de riches Gallo-Romains, qui, à la première rupture, étaient des deux côtés réduits à la servitude. On a vu plus haut l'histoire d'Attale, un de ces otages.

Ajoutons pour achever le tableau de ces temps déplorables, que toute culture de l'esprit s'arrête; que la langue latine se déforme dans ces bouches grossières, que, rois et chefs, nul, hors de l'Eglise et des administrations municipales, ne s'inquiète plus de savoir lire et écrire. La civilisation recule et semble sur le point de disparaître sous les ruines amoncelées par les barbares, et mieux que jamais on peut dire le mot prêté à un ancien : « Ce n'est pas avec de l'eau, mais avec des larmes que Dieu mouilla la terre dont il fit l'homme. »

Frédégaire, le continuateur de Grégoire de Tours, reconnaît avec tristesse le progrès croissant de la barbarie. Le pieux évêque était lui-même bien inculte, et demandait déjà grâce pour les fautes de son style; du moins l'esprit vivait en lui. « J'aurais souhaité, dit Frédégaire, qu'il me fût échu en partage une pareille faconde et que je pusse quelque peu lui ressembler. Mais on puise difficilement à une source dont les eaux tarissent. Le monde se fait vieux, la pointe de la sagacité s'émousse; aucun homme de ce temps ne peut ressembler aux orateurs des âges précédents; aucun n'oserait y prétendre. »

Trois sociétés en Gaule. — Quand l'invasion eut passé sur la Gaule, brisant les liens antiques, et apportant de nouvelles idées politiques et sociales, comme elle avait amené de nouveaux peuples, trois sociétés se trouvèrent en présence, dont l'une servit de lien aux deux autres ; les Gallo-Romains, les barbares, et entre eux, se recrutant des deux côtés, l'Église.

Le clergé; importance du rôle des évêques. — L'Église était allée au-devant des barbares ; elle conquit ses vainqueurs, les amena au pied de ses autels, leur fit courber la tête sous sa parole et sous sa main. Mais au contact de cette barbarie, elle prit elle-même quelque rudesse. Des Germains, des Francs, aspirèrent aux honneurs de l'épiscopat, et portèrent dans les basiliques des mœurs qu'elles ne connaissaient point. Le grand mouvement intellectuel qui animait naguère la société religieuse se ralentit, puis s'arrêta ; les ténèbres descendirent sur l'Église même. Cependant le clergé conserva quelque tradition de la culture ancienne, quelque teinture des lettres : et, si sa science diminua, son influence s'accrut dans les villes, où l'évêque fut le chef véritable ; auprès des rois qui trouvaient dans ses rangs d'habiles conseillers ; auprès des grands, qui payaient ses prières par de riches aumônes, préférant faire pénitence avec des terres données à l'Église plutôt qu'avec de bons exemples donnés à leurs fidèles. Armés de l'excommunication, les évêques inspiraient aux plus violents de ces hommes, même aux rois, une crainte salutaire ; et ils ajoutèrent à leur autorité morale un pouvoir réel, en obtenant de Clotaire Ier ou de Clotaire II le droit de recevoir, concurremment avec le comte ou gouverneur de la cité, la dénonciation des crimes de vol, de sédition et d'incendie.

Cette ingérence du clergé dans les affaires du siècle était heureuse, car il y avait plus de lumière, d'impartialité et de douceur dans ses tribunaux que dans ceux des barbares. Il était alors à l'avant-garde de la société ; et les quatre-vingt-trois conciles tenus en Gaule du sixième au huitième siècle n'attestent pas seulement son activité politique et la ferveur de son zèle, mais aussi ses constants efforts pour rendre les mœurs meilleures et mettre dans l'organisation sociale plus de justice et moins d'inégalité. Si le concile de Mâcon (585) imposait l'obligation de payer la dîme ou le dixième de tous les produits de la terre aux ministres de l'Église, sous peine d'excommunication perpétuelle, c'est que l'Église était seule en ce temps-là à songer aux pauvres. Le concile de Lyon (583) avait décrété qu'il y aurait dans toutes les villes un logement séparé pour les lépreux, lesquels seraient nourris et entretenus aux frais de l'Église. Le concile de Châlon (644) défendait de vendre des esclaves chrétiens hors du royaume ; et les Pères ajoutaient : « La religion réclame que les chrétiens soient rachetés entièrement des liens de la servitude. »

ÉTAT DE LA GAULE AU SIXIÈME SIÈCLE. 121

L'assemblée d'Orléans, en 511, avait accordé aux églises le droit d'asile; droit, mauvais en temps de paix, d'ordre et de justice, précieux à une époque où le faible était à la merci du fort. L'Église prenait donc courageusement les affligés sous sa protection. Elle appelait à elle la veuve, l'orphelin, le pauvre, le proscrit, et c'est parce qu'elle avait avec elle tous les faibles qu'elle fut si forte, car les faibles et les opprimés, c'était alors à peu près tout le monde.

Saint-Victor de Marseille [1].

Les monastères. — A côté des églises s'élevaient les monastères. Saint-Martin avait introduit en Occident la vie cénobitique que saint Antoine avait, le premier, au troisième siècle, pratiquée en Orient et dans les déserts de la Thébaïde. Il avait fondé, en 360, le monastère de Ligugé, à 8 kilomètres de Poitiers, et, plus tard, celui de Marmoutiers, près de Tours. Vers le même temps, fut bâti celui de l'île Barbe au-dessus de Lyon, et au commencement du cinquième siècle celui de Saint-Victor, à Marseille, qui furent tous deux long-

1. L'abbaye de Saint-Victor, bâtie par Cassien et longtemps un foyer de science religieuse, a été plusieurs fois rebâtie et restaurée.

temps célèbres. Dès lors les couvents se multiplièrent rapidement; au sixième siècle, il y en avait déjà 238. Les cénobites vivaient sans règle générale, et quelques-uns se livraient aux excès d'une piété plus bizarre qu'édifiante, comme ce *stylite* des environs de Trèves, qui se tenait debout et pieds nus, hiver comme été, sur la cime d'une colonne d'où les évêques du voisinage eurent grand'peine à le faire descendre. Mais vers 530, saint Benoît de Nursia rédigea, pour les moi-

Cloître de Saint-Trophime [1].

nes du Mont-Cassin, des statuts qui furent promptement adoptés dans toute la Gaule. Cette sage règle rejetait les macérations inutiles et partageait le temps des moines entre la prière, le travail des bras et celui de l'esprit; elle leur faisait défricher le sol, mais aussi elle leur imposait la lecture et la copie des manuscrits. « On perce le diable d'autant de coups, disait un abbé, qu'on trace de lettres sur le papier. » Un peu de vie littéraire se conserva donc au fond des mo-

[1]. Ce cloître, un des plus beaux de France, tient à l'église de Saint-Trophime à *Arles*, où se montre le mélange de l'ancien art romain et de l'architecture chrétienne des premiers âges.

nastères, et c'est de là qu'elle sortira pour se répandre sur la société, quand cette société aura retrouvé assez de sécurité et de loisir pour se remettre à penser.

« Une abbaye n'était pas seulement un lieu de prières et de méditation, c'était encore un asile ouvert contre l'envahissement de la barbarie sous toutes ses formes. Ce refuge des livres et du savoir abritait des ateliers de tout genre, et ses dépendances formaient ce que nous appelons aujourd'hui une ferme modèle ; il y avait là des exemples d'industrie et d'activité pour le laboureur, l'ouvrier, le propriétaire. Ce fut, selon toute apparence, l'école où s'instruisirent ceux des conquérants à qui l'intérêt bien entendu fit faire sur leurs domaines de grandes entreprises de culture ou de colonisation, deux choses dont la première impliquait alors la seconde [1]. »

Les Gallo-Romains ; la prépondérance passe des villes aux campagnes. — Les barbares avaient renversé l'administration impériale, mais non l'organisation intérieure des cités. Cependant un comte franc était venu s'y établir pour y représenter le roi, percevoir l'impôt que les Gallo-Romains continuèrent à payer, et rendre la justice. Les vaincus gardèrent leur curie, leurs magistratures, l'usage de la loi romaine, et ces institutions ont, dans un très-grand nombre de villes, traversé tout le moyen âge. Mais la présence permanente de ce comte franc, investi de tous les pouvoirs du roi, porta de graves atteintes aux libertés municipales, qui, à d'autres égards, furent agrandies. Ainsi les habitants des villes reprirent le droit de porter les armes que les Romains leur avaient ôté. La société gallo-romaine présentait trois conditions principales : les hommes libres propriétaires, les colons attachés au sol qu'ils cultivaient, les esclaves domestiques ou agricoles. Dans le système de pénalité des Francs, la vie d'un Gallo-Romain n'était estimée que la moitié de celle d'un barbare. Les Gallo-Romains libres vivaient presque tous dans les cités, suivant les habitudes de la société grecque et romaine, les riches de leurs revenus, les pauvres du peu d'industrie et de commerce qui subsistaient encore. Les barbares, au contraire, dédaignaient le séjour des villes, pour rester, comme de l'autre côté du Rhin, à

---

[1]. Aug. Thierry, *Essai sur l'histoire du tiers état*, p. 8. Voyez le Mémoire de M. Mignet sur cette question *Comment l'ancienne Germanie est entrée dans la société civilisée de l'Europe occidentale*. Mémoires de l'Académie des sciences morales et politiques, t. III, p. 773.

l'air libre, sous les grands arbres, à portée des terrains de chasse. Les plus riches propriétaires gallo-romains suivirent l'exemple des maîtres du pays. Ils quittèrent le triclinium et les couronnes de fleurs, les bains parfumés et les moelleux tapis de l'Orient, le poëte et le parasite qui égayaient leur repas, les jeux du cirque et les discussions de la curie qui égayaient leurs loisirs, pour les longues chasses, les bruyantes orgies et la fière indépendance des barbares. Alors fut accomplie une importante révolution. La prépondérance qui, dans l'antiquité, appartenait aux villes, passa aux campagnes, où l'aristocratie s'établissait. Le moyen âge aura, en place de la vie municipale qui développe la civilisation et la liberté, le règne des châteaux et cette noblesse terrienne qui a partout montré de brillantes qualités militaires, mais partout aussi a courbé, pendant des siècles, le paysan sur son sillon, l'artisan sur son métier, et tenu l'un et l'autre dans la misère, l'ignorance et la servitude.

Les barbares ; condition des terres et des personnes ; Vergeld. — Après la conquête, les Francs n'avaient point dépossédé les propriétaires du sol par mesure générale, mais leurs rois avaient pris les terres du fisc impérial et en avaient fait à leurs fidèles des concessions en toute propriété[1]. Ce fut ce qu'on appela des *alleux* (*all od* ou terre pleinement possédée) ; le traité d'Andelot (587) en confirma la possession aux *leudes*. A partir du huitième siècle, les rois accordèrent des concessions temporaires limitées soit à un nombre fixe d'années, soit plus fréquemment à la vie du donataire ou du donateur. Ces concessions, faites à l'imitation des précaires ecclésiastiques (usufruits de cinq années au plus), auxquelles étaient parfois attachées certaines conditions et redevances pécuniaires, furent appelées *bénéfices*, et l'usage s'en étendit des rois aux particuliers ainsi qu'aux églises. Les *terres tributaires*, soumises à un tribut en argent ou en nature, avaient été d'ordinaire concédées à des hommes d'une condition inférieure avoisinant la servitude.

Pour les personnes, on distinguait :

---

1. Ces idées sont contraires à celles qui étaient exposées naguère dans nos histoires. Sans doute bien des violences furent commises au moment de la conquête, et beaucoup de propriétaires gallo-romains furent chassés de leurs domaines par quelque soldat farouche. Mais il ne se trouve dans les documents aucune preuve que les Francs aient fait un partage régulier des terres.

1° Les *hommés libres*, qui ne devaient rien à personne, mais étaient obligés, vis-à-vis du roi, à quelques dons ; vis-à-vis de la nation, au service militaire dans les guerres nationales ; *leudes*, qui avaient les bénéfices et qui étaient astreints à de certains devoirs envers ceux de qui ils les tenaient. Les leudes royaux, parmi lesquels le roi choisissait habituellement les ducs et les comtes qu'il envoyait commander les armées, les provinces ou les villes, étaient ceux qui avaient reçu directement du roi leur bénéfice. Ces leudes royaux, qui, vivant dans l'intimité du prince, obtenaient de lui des domaines considérables, et les chefs qui avaient eu assez de terre pour en distribuer à leurs fidèles, formaient une aristocratie dont la force et les prétentions iront chaque jour en croissant.

2° Le *lite*, qui, de même que le colon romain, ne pouvait être capricieusement arraché du domaine qu'il cultivait comme fermier, et pour lequel il payait au propriétaire une redevance fixe.

3° L'*esclave*, à qui l'on ne reconnaissait plus la liberté personnelle que le lite et le colon gardaient encore.

Dans le système de pénalité des lois barbares, où tout, le meurtre comme le vol, se compensait avec de l'or (*vergeld, argent de la défense*), la vie d'un Gallo-Romain est toujours estimée la moitié du prix de la vie d'un Franc.

Voici quelques exemples de cette curieuse hiérarchie sociale marquée par le prix du sang, sorte d'appréciation qui, à force d'être appliquée dans cette société livrée à toutes les passions brutales, était devenue la règle.

Pour le meurtre du barbare libre, compagnon ou leude du roi, tué dans sa maison par une bande armée, chez les Saliens.................... 1500 sols [1]
Le duc chez les Bavarois, l'évêque chez les Alamans..................... 960
L'évêque chez les Ripuaires, le Romain, leude du roi, chez les Saliens............. 900
Les parents du duc chez les Bavarois..... 640
Tout leude du roi, un comte, un prêtre né libre, un juge libre................ 600

---

1. M. Guerard a évalué le sou d'or à 9 fr. 23 c. valeur réelle, et à 99 fr. 53 c. valeur actuelle.

Un diacre chez les Ripuaires.	500 sols.
Chez les Alamans et les Saliens.	400
Le Salien ou le Ripuaire libre.	200
Le Barbare libre des autres tribus.	160
L'esclave bon ouvrier en or.	150
Le Romain propriétaire, le lite germanique, l'esclave ouvrier en argent.	100
L'affranchi	80
L'esclave barbare.	55
L'esclave forgeron.	50
Le serf de l'église du roi et le Romain tributaire.	45
Le gardien de porcs.	30
L'esclave chez les Bavarois.	25

Gouvernement. — La royauté était à la fois élective et héréditaire, c'est-à-dire que le roi était élu, mais toujours choisi dans la famille des Mérovingiens. Ces rois sont quelquefois appelés les princes chevelus. Les raser, c'était les déposer. « On dépouillait un roi franc de sa chevelure, dit Chateaubriand, comme un empereur de son diadème. Les Germains, dans leur simplicité, avaient attaché le signe de la puissance à la couronne naturelle de l'homme. » Au delà du Rhin, les rois n'avaient eu qu'une autorité fort restreinte. Après la conquête, les Gallo-Romains, surtout les évêques, cherchèrent à donner à ces princes quelques idées d'ordre et d'administration. Le territoire fut divisé en comtés et les comtés en centuries. Dans chacune des anciennes cités gallo-romaines, un officier du roi, un comte, vint rendre la justice, concurremment avec l'évêque, à qui certaines causes furent réservées. Francs, Gallo-Romains, Burgondes, Wisigoths, étaient jugés par lui, mais d'après leur loi particulière et leurs coutumes. Il percevait les revenus publics, convoquait le ban des hommes libres et les conduisait à l'armée. On réunit quelquefois plusieurs cités sous la surveillance supérieure d'un duc, lequel eut alors sous ses ordres plusieurs comtes. Ainsi les rois barbares respectaient moins l'indépendance des cités que ne l'avaient fait les empereurs. Ils essayèrent même de rétablir la fiscalité romaine qui était tombée avec l'empire; mais cette tentative, comme toutes celles que firent quelques-uns de ces rois ou de leurs ministres pour mettre un peu d'ordre dans cette société, irrita profondément les grands, surtout ceux d'Austrasie plus étrangers aux coutumes romaines.

Les Francs avaient en effet apporté de la Germanie une idée qu'on ne connaissait plus dans l'empire, celle de la souveraineté de la nation. Pour les questions importantes, le roi était obligé dans les premiers temps, de réunir l'assemblée générale (*champ de Mars*), à laquelle tous les hommes libres étaient tenus d'assister. C'est là aussi qu'en souvenir de l'ancienne fraternité d'armes qui avait existé en Germanie, les Francs venaient offrir au prince leurs dons annuels. Dans chaque comté, dans chaque centurie, les hommes libres formaient la cour du comte ou du centenier, pour rendre la justice. Ces habitudes de liberté et d'égalité s'alliaient mal avec les allures despotiques du régime impérial. Tous ceux qui en souhaitèrent le retour, Chilpéric, Brunehaut, Ébroïn, périrent à la peine.

Aristocratie militaire. — Mais cette victoire ne profita qu'aux grands, qui peu à peu formèrent, au milieu de la nation une noblesse puissante, d'autant plus redoutable qu'elle se donna un chef dans le maire du palais. Le roi vivant entouré d'une foule nombreuse de leudes, il y avait toujours autour de lui beaucoup de bruit et de tumulte. Pour mettre un peu d'ordre dans ce chaos, on institua de bonne heure un maire du palais, élu par les grands et juge de toutes les querelles qui s'élevaient dans la demeure royale. Il n'avait que la police du palais et le commandement des leudes ; il prit peu à peu les fonctions que le roi s'ennuyait de remplir, et on verra le maire du palais, surtout en Austrasie, contraindre les Mérovingiens à se résigner au rôle de rois fainéants.

Lois barbares. — Chaque tribu germanique avait sa loi. Celle des Wisigoths et des Burgondes se rapproche beaucoup de la loi romaine, sous laquelle vivaient le clergé et les Gallo-Romains. Nous avons encore les lois des Alamans, des Bavarois, des Ripuaires et des Saliens. Trois caractères principaux les distinguent de la loi romaine. D'abord elles ne forment qu'une législation pénale, c'est-à-dire qu'elles ne s'occupent que des délits, ce qui accuse une société singulièrement violente. En second lieu, elles permettent de racheter toute blessure à prix d'argent, par une amende ou composition (*Vergeld*), dont le prix diffère d'après la condition de l'offensé. Enfin elles admettent la preuve des faits par le témoignage d'un certain nombre de parents ou d'amis, soit de l'accusé soit de l'accusateur (*cojuratores*, institution d'où est sorti le jury). Le juge peut ordonner cependant le combat, ou *duel judiciaire*, et les épreuves par l'eau froide, par l'eau bouillante et par le fer rouge. Dans le premier cas, l'accusé, jeté pieds et poings liés dans une cuve pleine d'eau, était regardé comme coupable s'il surnageait, l'eau qui avait été religieusement consacrée ne pouvant, dit-on, rien conserver d'impur; dans le second, il plongeait sa main au fond d'un vase rempli d'eau en ébullition, pour y prendre un anneau que le juge y avait jeté. S'il la retirait sans qu'il y eût trace de brûlure, il était acquitté. C'était le jugement de Dieu. Pour l'épreuve par le fer rouge, il fallait porter quelques pas une barre de fer rougie au feu ; si, trois jours après, la main était sans blessure ou si la blessure offrait un certain aspect, l'accusé était innocent. Les tortures et les supplices étaient réservés pour l'esclave et le serf convaincus d'un crime. L'homme libre n'était habituellement soumis qu'au vergeld.

Voici cependant un exemple contraire, à la suite d'un duel judiciaire que raconte Grégoire de Tours (liv. X): « La vingt-neuvième année du roi Gontran, comme ce prince chassait dans la forêt des Vosges, il y trouva les restes d'un buffle qu'on avait tué. Le garde de la forêt, interrogé pour savoir qui avait osé tuer le buffle dans une forêt royale, nomma Chaudon, chambellan du roi. Gontran le fit charger de liens et conduire à Châlons où il fut confronté avec le chambellan. Celui-ci nia avoir commis cette action, le roi ordonna que le combat décidât entre eux. Chaudon était vieux; il présenta son neveu pour combattre à sa place. Les deux adversaires furent menés au champ clos. Là, le jeune homme, poussant fortement sa lance contre le garde, lui perça le pied et le fit tomber; mais comme il se précipitait sur lui pour lui couper la gorge avec son couteau, l'autre lui plongea le sien dans le ventre, et tous deux restèrent mort sur la place. A cette vue, Chaudon s'enfuit en grande hâte pour gagner l'asile de l'église de Saint-Marcel. Mais Gontran cria qu'on le prît avant qu'il l'eût atteint, le fit attacher à un poteau et lapider. » On voit là, sans parler de ces trois hommes envoyés à la mort pour un buffle par le plus débonnaire des Mérovingiens, le droit exercé par les vieillards et les femmes de se faire remplacer, et le sort qui attendait celui dont le champion avait été vaincu.

Loi salique. — Cette loi, rédigée en latin sur la rive gauche du Rhin, avant le baptême de Clovis, est précédée d'un prologue écrit postérieurement par quelque clerc d'origine franque, et où se montre à nu tout ce qu'il y avait de sauvage encore dans ce peuple, même dans ses lettrés, et aussi de sincère dévotion envers l'Église: « Vive le Christ qui aime les Francs ! qu'il garde leur royaume et remplisse leur chef de la lumière de sa grâce ; qu'il protége l'armée, qu'il leur accorde des signes qui attestent leur foi, les joies de la paix et de la félicité ; que le Seigneur Jésus dirige dans la voie de la piété les règnes de ceux qui gouvernent ; car cette nation est celle qui, petite en nombre, mais brave et forte, secoua le dur joug des Romains, et qui, après avoir reconnu la sainteté du baptême, orna somptueusement d'or et de pierres précieuses les corps des saints martyrs, que les Romains avaient brûlés par le feu, massacrés, mutilés par le fer ou fait déchirer par les bêtes. »

Un article fameux de la loi salique décrétait qu'une femme ne pouvait hériter de la terre salique ou patrimoniale, pour laquelle le Franc devait le service militaire. Cette exclusion était naturelle, plus tard on assimila le royaume à la terre salique, et les femmes, en France, ont été toujours exclues du trône.

Désorganisation de l'esclavage. — Par le progrès croissant des doctrines morales, la servitude antique avait déjà perdu de sa rigueur, quand l'Église, en prêchant le dogme de la fraternité humaine et de la commune rédemption, lui porta le plus rude coup. Les affranchissements se multiplièrent et l'esclave fut moins à la discrétion du maître. Puis vint l'invasion, qui, désorganisant tout, désorganisa aussi l'esclavage, d'autant mieux que cet état contre nature a besoin pour se maintenir de la législation la plus sévère. Le barbare, vainqueur impérieux, ne distinguait pas toujours la toge de la tunique. Dans le commun malheur, l'intervalle qui séparait le maître de l'esclave diminua. Le luxe disparaissant et les mœurs germaniques prenant le dessus, les esclaves domestiques furent moins nombreux. Relégués aux champs, ils se rapprochèrent de la condition du colon ; et la plupart devinrent serfs de la glèbe, c'est-à-dire attachés au sol et ne devant qu'un travail réglé, au lieu d'un service arbitraire. Cette classe nouvelle s'accrut par en bas et par en haut. Les esclaves s'y élevèrent, les colons et les hommes libres ruinés y tombèrent. Au neuvième et au dixième siècle cette transformation sera opérée ; alors il n'y aura plus guère d'esclaves, il y aura seulement des serfs ; mais il faudra huit siècles encore pour détruire cette seconde servitude.

Histoire du comte Leudaste[1]. — L'aventureuse histoire d'un personnage qui, sorti de la plus basse condition, s'éleva au plus haut rang, fera mieux connaître cette société barbare en nous la montrant en action.

Leudaste était né serf de la maison royale. Un intendant de Charibert l'enrôla dans les bas services du palais ; à la première occasion favorable il s'enfuit. Trois fois on le ramena, autant de fois il s'échappa. Le fouet et le cachot n'y faisant rien, on lui fendit l'oreille, ce qui le marquait d'un signe de flétrissure indélébile. Il se sauva encore. Charibert, en ce temps-là, venait d'épouser une personne du palais, Markowefe, fille d'un cardeur de laine. Leudaste sut intéresser la nouvelle reine au sort d'un ancien compagnon d'esclavage. Elle lui confia la garde de ses chevaux ; de là il parvint au titre de comte des écuries de la reine : ce qui le mettait non-seulement au rang des hommes libres, mais au niveau des nobles francs. L'habileté avec laquelle il exploita la faveur de Markowefe lui valut assez de richesse pour qu'à la mort de sa protectrice il fût en état d'acheter, par ses présents au roi Charibert, la charge de comte des écuries royales, puis enfin celle de comte de Tours.

Alors Leudaste se crut tout permis : exactions, violences, outrages. La mort de Charibert délivra les habitants de ce fléau : la ville entra dans le lot de Sigebert, et Leudaste alla vivre dans le palais de Chilpéric, où il chercha à prendre auprès de Frédégonde l'ascendant qu'il avait eu auprès de Markowefe (567). Cinq ans après, un homme d'une noble famille d'Auvergne fut élu évêque de Tours par le peuple et le clergé de cette ville, dont il avait gagné l'affection durant un pèlerinage au tombeau de saint Martin. C'est le grave et pieux personnage auquel nous devons tant de précieux détails sur ce temps, l'historien des Francs, saint Grégoire de Tours. Le roi Sigebert confirma ce choix heureux. Grégoire dut bientôt à sa naissance, à son caractère ferme et sérieux, à sa dignité, une influence considérable, même au delà des

---

1. Voyez pour plus de détails deux beaux récits de M. Aug. Thierry ; j'en extrais plusieurs passages.

murs de sa ville épiscopale. Les troupes de Chilpéric étant entrées dans la cité en 574, Leudaste fut rétabli dans son office; mais, en face de Grégoire, il se contint quelque temps. L'assassinat de Sigebert, en le délivrant de toute crainte, lui rendit son assurance, et il recommença les violences et les brutalités de sa première administration. Souvent il lui arrivait, quand il siégeait comme juge, d'injurier le plaideur et même l'assistance, de faire enchaîner un prêtre ou frapper du bâton un guerrier franc. Dans ces moments-là, l'ancien serf ne distinguait plus ni vainqueurs ni vaincus. Quant au bon droit, il n'y en avait, bien entendu, qu'avec de l'argent.

Grégoire supporta patiemment, pendant deux années, ces violences. A la fin, une députation, partie secrètement de Tours, alla tout dévoiler au roi Chilpéric, et Leudaste, après une enquête, fut destitué. Dès lors, il voua une haine mortelle à l'évêque qui l'avait fait chasser et à Frédégonde qui ne l'avait pas soutenu. Il combina un plan pour les perdre tous deux; il se concerta avec un prêtre, Rikulf, qui ambitionnait la place de Grégoire, et avec un sous-diacre du même nom qui ambitionnait autre chose, puis alla trouver Chilpéric et accusa l'évêque de vouloir livrer Tours au roi d'Austrasie et de répandre sur Frédégonde des bruits injurieux. La colère du roi fut extrême à cette double révélation. Il exigea que Leudaste produisît des témoins. L'ancien comte désigna deux amis de Grégoire qui parleraient, disait-il, si on les mettait à la torture, et le sous-diacre Rikulf qui parlerait sans cela.

Leudaste espérait que Chilpéric mettrait dans cette affaire tout l'emportement de sa passion barbare, et que, content de son seul témoignage, et de celui du sous-diacre Rikulf, sans plus ample informé, il chasserait Frédégonde et tiendrait l'évêque en disgrâce. Mais, entre Frédégonde et Chilpéric, il y avait des liens d'affection et de crimes qu'il n'était pas facile de briser. Instruite de l'accusation formée contre elle, elle eut assez d'empire sur Chilpéric pour obtenir que tout fût examiné avec calme et lenteur. Elle se sentait un ennemi et voulait le trouver. Un synode de tous les évêques de Neustrie fut convoqué au domaine royal de Braine pour juger Grégoire.

Quand le synode s'ouvrit, toute la population gallo-romaine des environs accourut, témoignant sa sympathie pour l'évê-

que ; les Francs eux-mêmes le saluaient avec respect. Berthram, évêque de Bordeaux, exposa les faits de la cause ; et, interpellant Grégoire, le requit de déclarer s'il était vrai qu'il eût proféré des imputations contraires à l'honneur de la reine. « En vérité, je n'ai rien dit de cela, » répondit l'évêque de Tours. — « Le léger murmure de satisfaction que ces paroles excitèrent dans l'assemblée se traduisit au dehors en trépignements et en clameurs. Malgré la présence du roi, les vassaux francs, étrangers à l'idée que se faisaient les Romains de la majesté royale et de la sainteté des audiences judiciaires, intervinrent tout à coup dans le débat par des acclamations empreintes d'une rude liberté de langage. « Pourquoi impute-t-on de pareilles choses à un prêtre de
« Dieu ? — D'où vient que le roi poursuit une semblable af-
« faire ? — Est-ce que l'évêque est capable de tenir des pro-
« pos de cette espèce, même sur le compte d'un esclave ? Ah !
« Seigneur Dieu, prête secours à ton serviteur. » A ces cris d'opposition, le roi se leva, mais sans colère, comme habitué de longue main à la brutale franchise de ses leudes. Élevant la voix pour que la foule du dehors entendît son apologie, il dit à l'assemblée : « L'imputation dirigée contre ma femme
« est un outrage pour moi ; j'ai dû le ressentir. Si vous
« trouvez bon qu'on produise des témoins à la charge de
« l'évêque, les voilà ici présents ; mais s'il vous semble que
« cela ne doive pas se faire, et qu'il faille s'en remettre à la
« bonne foi de l'évêque, dites-le ; j'écouterai volontiers ce
« que vous aurez ordonné. »

« Les évêques, ravis et un peu étonnés de cette modération et de cette docilité du roi Chilpéric, lui permirent aussitôt de faire comparaître les témoins à charge dont il annonçait la présence ; mais il n'en put présenter qu'un seul, le sous-diacre Rikulf. Les deux amis de Grégoire, désignés par Leudaste, persistaient à dire qu'ils n'avaient rien à déclarer. Quant à Leudaste, profitant de sa liberté et du désordre qui présidait à l'instruction de cette procédure, non-seulement il n'était point venu à l'audience, mais de plus il avait eu la précaution de s'éloigner du théâtre des débats. Rikulf, audacieux jusqu'au bout, se mit en devoir de parler ; mais les membres du synode l'arrêtèrent, en s'écriant de toutes parts : « Un clerc de rang inférieur ne peut être cru en justice contre un évêque. » (Augustin Thierry.)

La preuve testimoniale ainsi écartée, il ne restait plus qu'à s'en tenir à la parole et au serment de l'accusé; le roi, fidèle à sa promesse, n'objecta rien pour le fond, mais il chicana sur la forme; soit par un caprice d'imagination, soit que de vagues souvenirs de quelque vieille superstition germanique lui revinssent à l'esprit sous des formes chrétiennes, il voulut que la justification de l'évêque Grégoire fût accompagnée d'actes étranges et capables de la faire ressembler à une sorte d'épreuve magique. Il exigea que l'évêque dît la messe trois fois de suite à trois autels différents et qu'à l'issue de chaque messe, debout sur les degrés de l'autel, il jurât qu'il n'avait point tenu les propos qu'on lui attribuait.

Les trois messes furent dites, et les trois serments prêtés sur trois autels. « Aussitôt après, le concile rentra en séance ; Chilpéric avait déjà repris sa place, le président de l'assemblée resta debout et dit avec une gravité majestueuse : « O « roi, l'évêque a accompli toutes les choses qui lui avaient « été prescrites; son innocence est prouvée; et maintenant « qu'avons-nous à faire? Il nous reste à te priver de la com- « munion chrétienne, toi et Berthram, l'accusateur d'un de « ses frères. » Frappé de cette sentence inattendue, le roi changea de visage, et de l'air confus d'un écolier qui rejette sa faute sur des complices, il répondit : « Mais je n'ai ra- « conté autre chose que ce que j'avais entendu dire. — Qui « est-ce qui l'a dit le premier? répliqua le président du con- « cile d'un ton d'autorité plus absolu. — C'est de Leudaste « que j'ai tout appris, » dit le roi encore ému d'avoir entendu retentir à ses oreilles le terrible mot d'excommunication.

L'ordre fut donné sur-le-champ d'amener Leudaste à la barre de l'assemblée; mais on ne le trouva ni dans le palais ni aux environs; il s'était esquivé prudemment. Les évêques résolurent de procéder contre lui par contumace, et de le déclarer excommunié. Quand la délibération fut close, le président du synode se leva et prononça l'anathème selon les formules sacrées :

« Par le jugement du Père, du Fils et du Saint-Esprit, en vertu de la puissance accordée aux apôtres et aux successeurs des apôtres de délier et de lier dans le ciel et sur la terre, *tous ensemble nous décrétons que Leudaste*, semeur de scandale, accusateur de la reine, faux dénonciateur d'un évêque, attendu qu'il s'est soustrait à l'audience pour se soustraire à son jugement, sera désormais séparé du giron de la sainte mère Église et exclu de toute communion chrétienne. Dans la vie présente et dans la vie à venir, que nul chrétien ne lui dise salut et ne lui administre la sainte communion du corps et du sang de Jésus-Christ; que personne ne lui fasse compagnie, ne le reçoive dans sa maison, ne traite avec lui d'aucune affaire, ne boive, ne mange, ne converse avec lui, à moins que ce ne soit pour l'engager à se repentir; qu'il soit maudit de Dieu le Père qui a créé l'homme; qu'il soit maudit de Dieu le Fils qui a souffert pour l'homme; qu'il soit maudit de l'Esprit-Saint qui se répand sur nous au baptême; qu'il soit maudit de tous les saints qui, depuis le commencement du monde, ont trouvé grâce devant Dieu; qu'il soit maudit partout où il se trouvera : à la maison ou aux champs, sur la grande route ou dans le sentier; qu'il soit maudit vivant et mourant, dans la veille et dans le sommeil, dans le travail et dans le repos; qu'il soit maudit dans toutes les forces et les organes de son corps; qu'il soit maudit dans toute la charpente de ses membres, et que, du sommet de la tête à la plante des pieds, il n'y ait pas sur lui la moindre place qui reste saine; qu'il soit livré au supplice avec Dathan et Abiron, avec ceux qui ont dit au Seigneur : « Retire-toi de nous, » et de même que le feu s'éteint dans l'eau, qu'ainsi sa lumière s'éteigne pour jamais, à moins qu'il ne se repente et vienne donner satisfaction. » A ces derniers mots, tous les membres de l'assemblée qui avaient écouté jusque-là dans un silence de recueillement, élevèrent ensemble la voix, et crièrent à plusieurs reprises : « Amen, que cela soit, qu'il soit anathème! Amen, amen! »

Ensuite on passa au jugement de Rikulf, qui fut condamné à mort. Sur la prière de Grégoire, Chilpéric lui fit grâce de la vie; mais, avant de le laisser sortir de ses mains, Frédégonde le fit affreusement torturer. « Je ne crois pas, dit l'évêque de Tours, qu'aucune chose inanimée, qu'aucun métal eût pu résister à tous les coups dont ce pauvre malheureux fut meurtri. » Depuis la troisième heure du jour jusqu'à la neuvième, il resta suspendu à un arbre et les mains liées derrière le dos; à la neuvième, on le détacha et on l'étendit sur un chevalet, où il fut fouetté de bâtons, de verges et de courroies mises en double, et cela non par un ou deux hommes, mais tant qu'il en pouvait approcher de ses misérables membres, tous se mettaient à l'œuvre et frappaient.

Au milieu de ses tortures, Rikulf avoua toute l'intrigue :

lui et ses complices avaient espéré faire renvoyer la reine et ses deux fils pour que Clovis, fils aîné de Chilpéric, héritât du trône ; alors Leudaste eût été fait duc et le premier dans l'État après le roi. On a vu que Frédégonde s'était souvenue de l'ambition que Leudaste avait eue pour le fils de son époux.

Cependant Leudaste fuyait déguisé. Il put arriver à Tours avant qu'on y connût la sentence portée contre lui ; il enleva ses richesses et se retira dans le Berry, qui appartenait au roi Gontran. Mais, au premier village où il passa, la vue de ces lourds chariots tenta la cupidité des habitants. Le juge du canton se mit à leur tête, et tout fut pris. A quelque temps de là, il faillit lui-même tomber aux mains des soldats qui le cherchaient, et n'eut d'autre ressource que de gagner l'asile de Saint-Hilaire de Poitiers. Après la joie de se trouver enfin en sûreté, vint l'ennui de cette retraite dans le saint lieu. Mais beaucoup de proscrits s'y trouvaient avec lui. Il les organisa en bandes qui de temps à autre couraient la ville, pillaient une ou deux maisons, puis revenaient jouir dans le temple du fruit de leurs rapines. Alors c'étaient de scandaleuses orgies, des jeux, des blasphèmes et des querelles. On le chassa enfin comme indigne de la protection du saint.

Il disparut pendant deux ans, jusqu'à ce que les amis qu'il avait à la cour de Neustrie eussent obtenu du roi et des évêques la permission pour lui de rentrer dans sa maison de Tours. Mais Leudaste n'était pas homme à tirer leçon de l'expérience. Ce retour de fortune ne lui parut pas assez complet, et il alla à la cour de Neustrie pour obtenir de rentrer dans les bonnes grâces du roi. Chilpéric l'évita quelque temps ; puis, cédant aux instances, consentit à le recevoir, mais l'avertit d'agir avec prudence vis-à-vis de la reine. L'avis était bon ; Leudaste n'en tint compte. Un dimanche que le roi et la reine assistaient ensemble à la messe, dans la basilique de Paris, Leudaste se rendit à l'église, traversa de l'air le moins timide la foule qui entourait le siége royal, et, se prosternant aux pieds de Frédégonde, qui était loin de s'attendre à le voir, il la supplia de lui pardonner.

« A cette subite apparition d'un homme qu'elle haïssait mortellement, et qui semblait venir là moins pour l'implorer que pour braver sa colère, la reine fut saisie du plus violent accès de dépit. La rougeur lui monta au front, des larmes coulèrent sur ses joues, et, jetant vers son mari, immobile à côté d'elle, un regard amèrement dédaigneux, elle s'écria : « Puisqu'il ne me reste pas de fils sur qui je puisse me re-« poser du soin de poursuivre mes injures, c'est à toi, Sei-« gneur, Jésus, que j'en remets la poursuite ! » Puis, comme pour faire un dernier appel à la conscience de celui dont le devoir était de la protéger, elle se jeta aux pieds du roi, en disant avec une expression de vive douleur et de dignité blessée ; « Malheur à moi qui vois mon ennemi et qui ne « peux rien contre lui ! »

Le roi ordonna que Leudaste fût chassé de l'église. Au lieu de fuir en toute hâte, il se dit que cette colère de la reine passerait avec quelques présents, et il s'arrêta dans les boutiques qui touchaient à l'église pour lui choisir étoffes et bijoux. Il y était encore quand la reine sortit du temple; elle le vit, et, à peine rentrée au palais, elle dépêcha quelques-uns de ses gens pour s'assurer de sa personne. Il en blessa un, et, quoique gravement atteint lui-même d'un coup d'épée à la tête, il s'enfuit; en passant sur le pont de la Cité, il fit un faux pas, tomba, se cassa la jambe et fut saisi. Le roi et la reine délibérèrent longtemps pour trouver un supplice à leur gré. Affaibli par le sang qu'il avait perdu, il n'aurait pu supporter de longues tortures. Ils appelèrent d'habiles médecins, afin qu'on lui rendît un corps capable de souffrir; mais la gangrène se mit dans ses blessures. Quand Frédégonde l'apprit, elle le fit arracher de son lit, étendre sur le pavé, la nuque du cou appuyée contre une énorme barre de fer, puis un homme armé d'un autre barreau l'en frappa sur la gorge, jusqu'à ce qu'il eût rendu le dernier soupir.

Ce récit montre que, malgré la différence d'origine, un Romain, même un serf, grâce à l'universelle désorganisation, pouvait prendre rang parmi les nobles francs; que les évêques avaient une place considérable dans cette société, et que l'Église payait quelquefois bien cher l'asile qu'elle offrait dans ses temples à tous les proscrits, par les scandales qu'ils y causaient; surtout on voit Frédégonde avec ses haines implacables. J'aurais voulu montrer encore Chilpéric lisant à Grégoire de Tours ses vers qui trébuchent sur leurs pieds, ou discutant avec lui sur la Trinité, essayant d'introduire de nouvelles lettres dans l'alphabet romain pour rendre les sons gutturaux de l'allemand, et tremblant devant sa femme, tremblant devant ses soldats, qui pillent, partout où ils passent, amis ou ennemis; mais ce récit n'est déjà que trop long.

CHAPITRE X.

CLOTAIRE II ET DAGOBERT, SEULS ROIS DES FRANCS, ANARCHIE APRÈS EUX (613-687)[1].

Clotaire II, seul roi (613-628); constitution perpétuelle de 615. — Il y eut cependant, sous Clotaire II, devenu seul roi après la mort de Brunehaut et des enfants de Thierry II, un effort considérable fait en 615 pour organiser cette société dont nous venons de peindre le désordre. Soixante-dix-neuf évêques se réunirent à Paris avec les leudes des trois royaumes, et le roi sanctionna, par un édit ou constitution perpétuelle, les décisions de cette assemblée. L'élection des évêques était réservée au clergé et au peuple des diocèses, le roi n'ayant que le droit de confirmer l'élection, après quoi le métropolitain consacrait l'élu; le clerc n'était justiciable que de son évêque; les impôts directs établis par Chilpéric, Frédégonde et Brunehaut, étaient abolis; mais les péages sur les routes et les droits à l'entrée des villes subsistaient; les juges des comtés devaient toujours être pris parmi les propriétaires du pays : mesure extrêmement favorable à l'aristocratie, car les grands propriétaires se trouvaient investis du pouvoir judiciaire, qui alors semblait réunir tous les autres.

Bien des articles de cette constitution étaient dirigés contre la royauté au profit de la double aristocratie ecclésiastique et militaire qui se formait : « Le roi, y était-il dit, n'établira aucun nouvel impôt. Il n'envahira pas la succession de ceux qui meurent intestats, et la laissera revenir à leurs légitimes

---

1. Ouvrages à consulter : *Chronique* de Frédégaire; les *Vies de Dagobert*, de *saint Léger* et de *Pépin le Vieux*, dans la collection des *Mémoires relatifs à l'Histoire de France*, par M. Guizot.

héritiers. Il n'accordera plus d'autorisation pour enlever des monastères les riches veuves et les religieuses dont on voudrait s'approprier les biens par le mariage. Il restituera aux leudes tout ce qu'ils pourraient avoir perdu pendant les derniers troubles. Il ne recevra pas les appels des clercs et maintiendra l'entière indépendance des tribunaux ecclésiastiques. »

Les chroniqueurs ne savent rien autre chose du règne de Clotaire II, qu'ils représentent comme doux et bon envers tout le monde, savant dans les lettres, craignant Dieu, magnifique protecteur des églises, des prêtres et des pauvres ; se livrant seulement avec trop d'ardeur à la chasse et au plaisir, à cause de quoi il fut blâmé par ses leudes. Est-ce à dire que le barbare ait disparu? « Les Saxons s'étant révoltés, dit un autre chroniqueur, il les dompta si pleinement par les armes, qu'il fit périr tous les mâles de cette race dont la taille dépassait la longueur de son épée; il voulait que le souvenir toujours vivant de cette mortelle épée étouffât l'audace de leurs enfants. » Voilà une bien fière conduite. Mais il y a quelque raison de croire que cette épée de Clotaire II n'était pas si terrible. Les maires du palais de Burgondie et d'Austrasie lui firent jurer qu'il ne les dépouillerait pas de leurs fonctions et qu'il n'interviendrait pas dans l'élection à cette charge exclusivement réservée aux leudes.

En 622, Clotaire II donna son fils Dagobert pour roi aux Austrasiens, sous la direction du maire Pépin de Landen ou Pépin le Vieux, et de saint Arnulf, évêque de Metz. Ces deux personnages, ancêtres de la maison carlovingienne, étaient rapprochés par le mariage de leurs enfants : Anségise, fils d'Arnulf, avait épousé une fille de Pépin de Landen, et de cette union naquit Pépin d'Héristal.

Dagobert, seul roi (628-638); apogée de la grandeur des Francs mérovingiens. — Dagobert, qui succéda à son père en 628, fut le plus puissant et est resté le plus populaire des rois mérovingiens. « Prince terrible, dit son biographe, envers les rebelles et les perfides, tenant fermement le sceptre royal, et s'élevant comme un lion contre les factieux. » Sous lui, les Vascons ou Basques, qui habitaient au sud de la Garonne, furent vaincus et promirent une obéissance qui ne sera, il est vrai, qu'illusoire. Judicaël, duc des Bretons, vint à la villa royale de Clichy faire acte de soumission. Au delà du Rhin, la plus grande partie des Frisons et des Saxons payait le tribut, et les Thuringiens, les Alamans, les Bavarois recevaient docilement les ordres du roi. L'empire des Francs s'étendait donc du Weser aux Pyrénées, et de l'Océan occidental aux frontières de la Bohême. Aussi Dagobert apparaît-il comme chef de tous les barbares établis dans les provinces de l'ancien empire d'Occident. Il était l'allié des empereurs de Constantinople, et on le voit intervenir dans les affaires des Wisigoths d'Espagne, auxquels il donna un roi; dans celles des Lombards d'Italie, qu'il força de respecter leur reine Gondeberge, sa parente, et d'attaquer les Vénèdes, ses ennemis. Enfin, ce fut sur la terre des Francs que les Bulgares fugitifs vinrent chercher un asile.

A l'intérieur, Dagobert s'appliqua à rendre bonne justice. Il visitait lui-même ses royaumes, pour réprimander les désordres. « Sa venue, dit Frédégaire, frappait de terreur les évêques et les grands, mais elle comblait les pauvres de joie. » Il fit écrire les lois des peuples barbares, ses sujets, et reprit même aux églises et aux couvents grand nombre de domaines usurpés sur le fisc royal. Néanmoins, il était libéral envers le clergé. Il fit abandon à saint Martin de l'impôt dû par la cité de Tours, et au monastère de Wissembourg d'une partie de la basse Alsace, dont les habitants ne payèrent plus de tribut qu'à l'abbé. L'impôt ira ainsi se transformant de plus en plus en cens privé, et, pendant toute la période féodale, il n'y aura pas d'impositions publiques.

Dagobert fonda l'abbaye de Saint-Denis, où la plupart des rois de France après lui furent enterrés; il encouragea le peu d'arts qui restaient encore, et montra un luxe que n'avaient point connu ses farouches prédécesseurs. Sa mollesse l'a fait surnommer le Salomon des Francs. Le nom de l'orfèvre saint Éloi, son ministre, est resté attaché au sien.

Symptômes d'une décadence prochaine. — Le règne de Dagobert, qui fut comme un temps de repos entre la période des conquêtes et celle de la décadence, vit aussi commencer les revers. Ce prince fut contraint de céder la plus grande partie de l'Aquitaine à son frère Charibert. Dix mille familles bulgares s'étant réfugiées en Bavière, il ne sut s'en débarrasser qu'en les faisant égorger. Les Vénèdes, établis dans la Bohême et la Moravie, avaient pillé les marchands francs et refusaient réparation. Dagobert fit marcher une armée austrasienne contre eux; elle fut battue et ils ravagèrent impunément la Thuringe. De son vivant, mais surtout après

140 CLOTAIRE II, DAGOBERT, ETC.

sa mort, les défections se multiplièrent. Alors les Saxons refusèrent le tribut, les Thuringiens se révoltèrent, les Frisons se donnèrent un duc, les Bavarois et les Alamans ne prêtèrent plus qu'une obéissance purement nominale. Dans l'intérieur même de la Gaule, la domination franque recula jusqu'à la Loire. Les chefs nationaux des Gascons et des Aquitains régnèrent dans le bassin de la Garonne. La Burgondie méridionale se donnera également des chefs indigènes ; et dans les provinces qui leur resteront fidèles, les rois trouveront à

Crypte de Saint-Denis [1].

côté d'eux des officiers tout-puissants qui les dépouilleront de leur autorité.

Les maires du palais. — Il a déjà été question de ces officiers, qui, d'abord simples juges de toutes les querelles

---

[1]. Cette crypte est placée sous le chœur. Les chapelles du rond-point sont du temps de Suger ; certaines parties sont même d'une époque antérieure. Le plus ancien monument, celui de Clovis, n'est que de la fin du douzième siècle ou du commencement du treizième. Les premiers qui soient contemporains des personnages dont ils portent le nom, datent du règne de saint Louis. En 1793, ces sépultures royales furent violées, et ce qu'elles renfermaient, indignement dispersé.

qui éclataient dans le palais du roi, devinrent peu à peu les chefs des leudes, c'est-à-dire de l'aristocratie, et, en même temps, les principaux ministres des rois. En 613, quand les grands livrèrent Brunehaut au fils de Frédégonde, les maires du palais eurent soin de stipuler pour eux-mêmes. « Varnachaire, dit le chroniqueur de ce temps (Frédégaire), fut institué maire du palais de Bourgogne et reçut du roi le serment de n'être jamais dégradé. Radon dans l'Austrasie et Gondelaud en Neustrie eurent la même charge. » Non-seulement la mairie devient un office viager, mais elle va devenir, en Austrasie au moins, héréditaire, de sorte que les fonctions de la royauté seront, d'un côté, entre les mains du maire, et le titre, de l'autre, entre celles du roi.

Les fils de Dagobert (638-656). — Quand Dagobert mourut (638), ses deux fils étaient encore enfants; l'un, Sigebert II, régna en Austrasie sous la tutelle du maire Pépin de Landen; l'autre, Clovis II, sous celle d'Erkinoald en Neustrie et de Flaochat en Bourgogne. Sigebert mourut en 656, et Grimoald, fils et successeur de Pépin dans la mairie d'Austrasie, se crut assez assuré de l'appui des grands pour faire roi son propre fils. Il fit transporter en Irlande, où on l'enferma dans un monastère, l'enfant de trois ans, Dagobert, qui eût dû recueillir l'héritage de Sigebert II, et produisit un prétendu testament par lequel le roi mort adoptait pour fils et instituait comme héritier du royaume le fils de Grimoald. Le sang des Mérovingiens était encore respecté. Clovis II renversa l'usurpateur et réunit toute la monarchie (656); mais il mourut la même année.

Une légende s'attache à son nom, celle des *énervés de Jumiéges*. Clovis II, dit-elle, vainqueur de ses deux fils révoltés contre lui, les énerva « en leur faisant brûler les jarrets ». Ce supplice ne les tua pas. Mais dès lors, étiolés, sans force, ils languirent sous les yeux de leur père, que les remords et la honte saisirent. Un jour il les fit placer en un bateau sur la Seine et les abandonna au courant, remettant à Dieu de les conduire. Le courant les porta jusqu'à la presqu'île où saint Philibert venait de fonder le monastère de Jumiéges. Les moines recueillirent les énervés et montrèrent longtemps leur tombeau. C'est le symbole de cette race mérovingienne, étiolée et caduque avant l'âge, que l'Église va recevoir et garder.

Le maire Ébroïn (659-681); sa lutte contre les grands et contre l'Austrasie; saint Léger. — Le plus âgé des trois fils de Clovis II avait quatre ans. Le maire Erkinoald laissa la royauté indivise entre eux. Clotaire III, l'aîné, parut régner sous la tutelle de sa mère, la reine Bathilde, esclave anglo-saxonne que des pirates étaient venus vendre sur les côtes du pays des Francs. Bathilde n'oublia pas son origine, et, durant les dix années de son pouvoir, elle s'efforça

Abbaye de Jumiéges [1].

d'adoucir la condition des esclaves et des pauvres. Mais les grands se lassèrent de cette autorité d'une femme qu'ils trouvaient toujours entourée d'évêques. En 664, ils égorgèrent

1. L'abbaye de Saint-Philibert fut renversée par les Normands, puis rebâtie par Guillaume Longue-Épée et Richard II, duc de Normandie. Elle devint alors une des plus riches, et, à cause de son école, une des plus célèbres de France. Il n'en reste aujourd'hui que de fort belles ruines. Ronsard a raconté dans sa *Franciade* l'histoire des *énervés*, dont les principaux traits étaient sculptés sur les murs de l'abbaye. Mais cette légende ne date peut-être que du dixième siècle. Guillaume de Jumiéges n'en parle même pas.

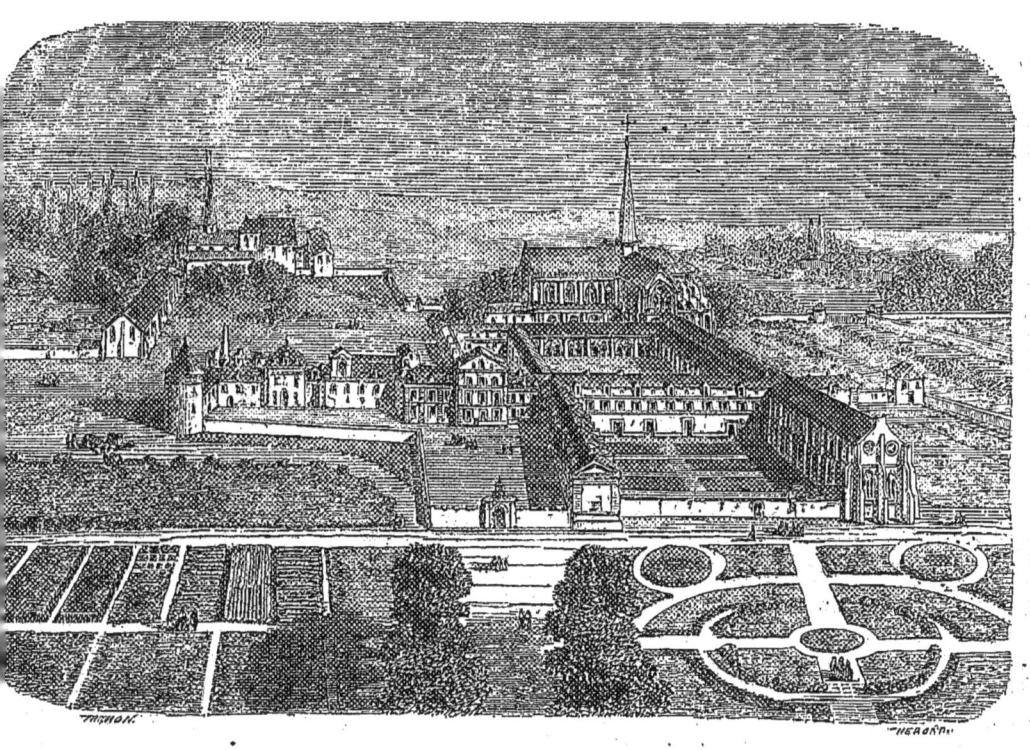

L'abbaye de Chelles.

son principal conseiller l'évêque de Paris, et Bathilde se retira dans le monastère de Chelles[1] qu'elle avait fait construire.

Erkinoald était mort en 659; Ébroïn avait eu sa place. C'était un ambitieux plein de talent qui se proposa de relever la royauté dont il disposait, puisqu'il n'y avait alors que des enfants sur le trône : Clotaire III, en Neustrie et en Bourgogne, et, depuis 660, Childéric II, en Austrasie. Les leudes avaient ce qu'ils désiraient : des rois sans pouvoir. L'aristocratie alors, c'est-à-dire l'anarchie, triomphait. Ébroïn entreprit de mettre un terme à cette turbulence des grands : il exila les uns, dépouilla les autres, en fit périr beaucoup, et, avec un remarquable esprit de gouvernement, refusa de donner les charges de ducs et de comtes à ceux qui possédaient de grands biens dans les provinces dont ils demandaient le commandement.

A la mort de Clotaire III, en 670, au lieu de convoquer au moins les principaux de la nation pour proclamer un nouveau roi, il plaça sur le trône, de sa seule autorité, un troisième fils de Clovis II, Thierry III. Ainsi la charge de maire du palais, que les grands avaient portée si haut, pour s'en faire au besoin une arme contre la royauté, se tournait contre eux, et Ébroïn reprenait les desseins de Brunehaut contre l'aristocratie franque. Celle-ci n'était pas disposée à descendre du rang où elle s'était placée. Dans les trois royaumes, leudes et évêques s'armèrent contre Ébroïn, sous la direction de Léger, évêque d'Autun. Surpris par une agression soudaine, il n'eut le temps ni de se défendre ni de fuir. Le maire et son roi furent arrêtés, tonsurés, enfermés comme moines, Thierry à Saint-Denis, Ébroïn au monastère de Luxeuil; Childéric II d'Austrasie fut seul roi (670).

Mais la querelle recommença bientôt entre les leudes et leur nouveau roi; saint Léger, accusé de trop de complaisance pour les grands, fut enfermé au même lieu qui servait de prison à Ébroïn. Les deux ennemis se réconcilièrent pour un moment. La mort de Childéric II, tué avec sa femme et son fils par un noble neustrien qu'il avait fait battre de verges, leur ouvrit les portes du cloître de Luxeuil (673). Il y

---

1. Cette abbaye, qui, rebâtie au treizième siècle et plus tard, était très-considérable et très-riche, n'existe plus. On montre à Chelles, dans l'église de Saint-André, les reliques de sainte Bathilde et le chef de saint Éloi.

eut alors une telle confusion « qu'on crut que la venue de l'Antechrist était proche. » Ébroïn, comme le plus habile, réussit le premier à dégager de ce chaos son pouvoir. Il recommença la lutte au nom d'un fils supposé de Clotaire III, battit les leudes, fit crever les yeux à Léger, plus tard le fit décapiter, ce qui valut à l'évêque le titre de saint (678), puis, abandonnant son faux roi, reprit Thierry III.

Ébroïn avait dompté l'aristocratie en Neustrie et en Bourgogne, mais celle d'Austrasie n'était pas si facile à abattre. Après la mort violente de Dagobert II, assassiné en 678, les grands d'Austrasie, renonçant à des rois qui ne savaient pas les défendre, ou qui les opprimaient, avaient donné à leur maire Martin et à son cousin Pépin d'Héristal, tous deux petits-fils de Pépin de Landen et de l'évêque Arnulf, le titre de ducs des Francs. Nombre de leudes neustriens avaient fui en Austrasie. Une armée sortit, en 680, de ce pays pour attaquer Ébroïn, mais elle fut défaite à Latofao en Laonnais, et Martin, attiré à une conférence, fut tué en trahison par Ébroïn. Le maire du palais de Neustrie fut lui-même assassiné l'année suivante, et avec lui tomba le dernier défenseur de la royauté mérovingienne.

Bataille de Testry (687); chute irrémédiable des rois de la première race et des Francs neustriens; prépondérance des Francs austrasiens ou ripuaires. — Berthaire, qui voulut continuer l'œuvre d'Ébroïn, n'avait ni son énergie ni ses talents. Quand Pépin lui demanda le rappel des leudes neustriens réfugiés en Austrasie, il répondit qu'il irait les chercher lui-même, et il entraîna à sa suite une armée nombreuse; mais la *France romaine*, comme on commençait à appeler la Neustrie, fut vaincue à Testry (près de Péronne) par la *France teutonique* (687). Cette bataille mit réellement fin à la première dynastie des rois francs. Car si les rois mérovingiens portèrent encore ce titre jusqu'en 752, ce fut sans y joindre même une ombre de pouvoir. Dans cet espace de soixante-cinq ans, aucune réclamation ne s'éleva en faveur de cette race abâtardie qui semble même avoir peine à vivre. Presque tous ces princes meurent adolescents. Ceux qui atteignent trente ans sont des vieillards, et on s'étonne de les voir arriver à ce grand âge.

QUATRIÈME PÉRIODE.

LA FRANCE CARLOVINGIENNE.

(687-887.)

CHAPITRE XI.

RECONSTRUCTION DE L'EMPIRE ET DU POUVOIR PAR LES MAIRES D'AUSTRASIE (687-752) [1].

Origine des Carlovingiens. — L'empire des Mérovingiens, arrivé à son apogée sous Dagobert, s'était après lui lentement dissous entre les mains incapables des rois fainéants. Mais au milieu des Francs ripuaires qui avaient conservé sur les bords du Rhin l'énergie guerrière des premiers conquérants, s'était élevée une famille qui réunissait toutes les conditions requises alors pour exercer une grande influence. Elle avait des biens très-considérables, car on a compté jusqu'à cent vingt-trois domaines qui lui appartenaient, et elle avait par conséquent une nombreuse clientèle, c'est-à-dire beaucoup de guerriers attachés à sa fortune. Si tous ses membres attiraient sur eux l'attention par leurs richesses et par leur courage, quelques-uns s'étaient signalés par leur sainteté. Trois d'entre eux, Arnulf, Chrodulf et Drogon occupèrent successivement le siége épiscopal de Metz. Pépin de Landen fut maire d'Austrasie sous Clotaire II. « Dans tous ses jugements, dit son biographe, Pépin s'étudiait à conformer ses arrêts aux règles de la divine justice et associait à tous ses conseils le bienheureux Arnulf, évêque de Metz, qu'il savait être dans la crainte et dans l'amour de Dieu. S'il arrivait que, par ignorance des

---

[1]. Ouvrages à consulter : la *Chronique* de Frédégaire, les *Annales* d'Éginhard; M. Mignet, *Mémoires historiques*.

lettres, il fût moins en état de juger des choses, celui-ci, fidèle interprète de la divine volonté, la lui faisait connaître avec exactitude, car il savait expliquer le sens des saintes Écritures et, avant d'être évêque, il avait exercé sans reproche les fonctions de maire du palais. Fort d'un pareil appui, Pépin imposait au roi lui-même le frein de l'équité, et l'empêchait d'abuser de la puissance royale. Après la mort d'Arnulf, il s'adjoignit le bienheureux Chunibert, évêque de Cologne. On peut juger de quelle ardeur d'équité était enflammé celui qui donnait à sa conduite des surveillants si diligents et de si incorruptibles arbitres. Il vécut ainsi soigneusement appliqué à la pratique du juste et de l'honnête, et, par les conseils des hommes pieux, demeura constant dans l'exercice des saintes œuvres. »

La femme de Pépin de Landen, Itta, sa fille Gertrude, « l'épouse choisie du roi des anges, » comme dit le vieux chroniqueur, moururent en odeur de sainteté, et Pépin lui-même fut canonisé. Arnulf l'avait été déjà; son petit-fils fut saint Wandrille.

Il n'y a point à s'étonner qu'une si sainte et si puissante maison se fût placée au-dessus de tous les grands d'Austrasie. Ses chefs avaient possédé héréditairement la mairie de ce royaume pendant le septième siècle : d'abord Pépin de Landen et Arnulf, ensuite Grimoald, qui s'était cru assez fort pour mettre son propre fils sur le trône; enfin Pépin d'Héristal, petit-fils d'Arnulf, par son père Anségise, et de Pépin le Vieux, par sa mère Begga. (Landen et Héristal sont deux petites villes aux environs de Liége.)

Sous la conduite de cette famille, qui doit son nom au plus illustre de ses membres, Charlemagne, la nation allait rentrer, après un siècle et demi de guerres civiles, dans la voie des conquêtes. La domination franque croulait de toutes parts, ils la rétabliront; l'autorité royale n'était plus qu'un titre, ils lui rendront sa force. En quelques années ils auront élevé un nouvel empire presque aussi vaste que l'avait été l'empire d'Occident.

La période de deux siècles que cette maison remplit se présente avec trois caractères :

D'abord ce sont les efforts des premiers Carlovingiens pour replacer sous le joug des Francs les peuples qui s'étaient affranchis et sous l'autorité du prince les grands qui comptaient déjà ne plus obéir (687-768).

Viennent ensuite les conquêtes et les essais d'organisation de Charlemagne (768-814).

Sous ses successeurs, se voient le déchirement de l'empire par la révolte des peuples, la ruine nouvelle de l'autorité royale par les usurpations des leudes, enfin le complet avortement de l'œuvre tentée par les Carlovingiens (814-887).

Pépin d'Héristal (687-714). — Après sa victoire sur les Neustriens, à Testry, Pépin, dit un chroniqueur, prit le roi Thierry III avec ses trésors et s'en retourna en Austrasie : toute la révolution est dans ces paroles. La royauté ne fut pas supprimée, mais le duc des Francs ne conserva un roi qu'afin de pouvoir montrer de loin en loin, au peuple assemblé, un prince du sang de Clovis. On a appelé ces princes les rois fainéants. Ils ne méritent pas que leurs noms soient tirés de l'obscurité où, de leur vivant même, ils étaient tombés.

Pépin avait deux choses à faire : reconstruire l'empire des Francs qui s'en allait en pièces, reconstruire l'autorité royale qui était en ruines. De ces deux choses, la seconde était plus difficile à accomplir que la première. L'aristocratie austrasienne consentit bien en effet à remettre sous le joug les populations du sud de la Gaule et les tribus germaniques qui s'étaient affranchies de la domination des Francs ; mais elle entendait que ce fût à son profit, non à son détriment. Or il arriva ce qui s'est vu souvent, qu'en aidant son chef à prendre la liberté des autres, elle lui donna la tentation et la force de prendre aussi la sienne. Cela ne se fit pas sous Pépin, mais cela était fait sous Charlemagne.

Tout en flattant les grands, Pépin rétablit l'antique usage des champs de Mars ; il se donnait par là un appui contre l'aristocratie, dans la masse des hommes libres ; et ce fut cette assemblée qu'il consulta chaque année sur la paix et la guerre.

Les Neustriens cherchaient à se relever de leur défaite ; il essaya de les rattacher à sa cause en faisant épouser à son fils Drogon la veuve de leur dernier maire, Berthaire.

L'Aquitaine s'organisait sous des chefs nationaux, mais n'était point menaçante : les tribus germaniques le devenaient. Ce fut contre celles-ci qu'il se tourna. « Il fit beaucoup de guerres, disent les chroniques, contre Radbod, duc païen des Frisons et d'autres princes, contre les Suèves et plusieurs autres nations. Dans ces guerres il fut toujours vainqueur. »

De précieux auxiliaires l'aidèrent dans cette lutte : les missionnaires, qui cherchaient à gagner à l'Évangile ceux que Pépin tâchait de gagner à la paix en les enfermant dans un grand empire. Saint Willibrod, nommé par le pape archevêque des Frisons, en 696, convertit Radbod.

Mort de Pépin d'Héristal (714); insurrection. — Pépin mourut en 714. Drogon, son fils aîné, était mort avant lui, et son second fils, Grimoald, avait été assassiné à Liége, pendant qu'il priait à l'église. Grimoald avait un enfant en bas âge, Théobald : Pépin l'institua maire de Neustrie et d'Austrasie, sous la tutelle de son aïeule Plectrude. Mais ceux qu'avait contenus à peine la forte main de Pépin refusèrent d'obéir à une femme et à un enfant. Les Neustriens prirent un maire de leur choix, Raginfred, et se jetèrent sur l'Austrasie par l'ouest tandis que les Frisons et les Saxons l'attaquaient par l'est. Les Austrasiens, ainsi pressés, laissèrent là Plectrude avec l'enfant qu'on leur donnait pour chef, et tirèrent de la prison où Plectrude l'avait jeté, le vrai fils de Pépin, Charles, à qui l'histoire a conservé son surnom populaire de Marteau ou Martel, qu'il gagna par son courage et sa force dans les batailles.

Charles Martel (715-741). — Il avait trente ans. C'était un vrai barbare, un rude soldat. « Guerrier herculéen, dit une vieille chronique, chef très-victorieux qui, dépassant les limites où s'étaient arrêtés ses pères et ajoutant aux victoires paternelles de plus nobles victoires, triompha avec honneur des chefs et des rois, des peuples et des nations barbares, tellement que depuis les Esclavons et les Frisons, jusqu'aux Espagnols et aux Sarrasins, nul de ceux qui s'étaient levés contre lui ne sortit de ses mains que prosterné sous son empire et accablé sous son pouvoir. » Charles eut d'abord le dessous. Les Neustriens et les Frisons entrèrent à la fois dans l'Austrasie et pénétrèrent jusqu'à Cologne. Il se retira dans l'impénétrable pays d'Ardennes, observant tout du haut de ses collines boisées, et attendant une occasion favorable. Un jour, avec 500 cavaliers seulement, il surprit près d'Amblef l'armée neustrienne qui se laissa saisir d'une telle épouvante, qu'elle se mit à fuir de tous côtés. Une partie des fuyards se jeta dans l'église d'Amblef. Un d'eux franchissait le seuil en courant, quand un

Austrasien, lançant un dernier coup de sabre, lui abattit le pied qui dépassait encore la porte. Le droit d'asile du saint lieu avait-il été violé ? Les Neustriens disaient oui ; l'Austrasien répondit qu'il avait respecté tout ce qui était en dedans du seuil sacré et frappé seulement ce qui était en dehors. On trouva qu'il avait raison.

Une action plus sérieuse s'engagea l'année suivante à Vincy près de Cambrai ; les Neustriens y éprouvèrent une sanglante défaite (717). Les Aquitains étaient venus à leur aide. Charles les battit tous ensemble, une seconde fois, près de Soissons (719). Il laissa aux Neustriens le fantôme de roi que Raginfred leur avait donné, Chilpéric II, mais gouverna sous son nom. Des expéditions répétées contraignirent les Alamans, les Bavarois, les Thuringiens, à reconnaître la vieille suprématie des Francs. Les Frisons furent menacés, et six fois Charles pénétra sur les terres des Saxons.

Victoire de Poitiers; les Francs sauvent la chrétienté de l'invasion musulmane (732). — Mais sa plus grande gloire fut d'avoir sauvé la France de l'invasion musulmane que l'Espagne et l'Afrique venaient de subir. Maîtres de la Péninsule (511), après une bataille de trois jours, les Arabes ne s'étaient pas laissé arrêter par la haute barrière des Pyrénées ; ils avaient pénétré en Gaule par la Septimanie, pris Narbonne, Carcassonne et Nîmes, assiégé Toulouse, presque détruit Bordeaux. Ils allèrent plus loin encore, jusqu'en Poitou, jusqu'en Bourgogne ; Autun fut saccagé, et ils brûlèrent, en 731, l'église de Saint-Hilaire de Poitiers.

Le Mérovingien qui régnait à Toulouse, sous le titre de duc d'Aquitaine, Eudes, vaincu sur les bords de la Garonne, se décida à recourir au puissant duc des Francs ; et les représentants des deux grandes invasions germanique et musulmane, qui s'étaient partagé l'empire romain, se rencontrèrent aux environs de Poitiers. Le choc fut terrible. Les peuples en gardèrent le souvenir comme celui de la plus terrible bataille du moyen âge ; il y allait en effet du salut de la chrétienté. Trois cent mille Sarrasins, disent les vieux chroniqueurs, avec leur exagération ordinaire, tombèrent sous l'épée. Le reste s'enfuit jusque sous les murs de Narbonne, et de toutes leurs conquêtes sur la terre des Francs, les Arabes ne conservèrent que la Septimanie ou la côte qui s'étend du Rhône aux Pyrénées. Après cette victoire, le duc d'Aquitaine prêta serment d'obéissance au glorieux maire du palais d'Austrasie.

Conquête de la Bourgogne et de la Provence (733-739). — Les Bourguignons avaient refusé de se soumettre aux indignes successeurs de Dagobert; Charles tourna ses armes contre eux. Lyon, Vienne, Valence, Avignon, reçurent garnison franque. Maître aussi de la vallée du Rhône, il alla, quatre ans plus tard, chercher au delà du grand fleuve les vaincus de Poitiers; il pénétra dans la Septimanie, démantela Nîmes, brûla ses *arènes*, sur lesquelles on voit encore les traces de l'incendie qu'il alluma, et détruisit les villes maritimes de Maguelone et d'Agde. En 739, il acheva, par la prise des deux puissantes cités d'Arles et de Marseille, la soumission de la Provence : la réduction de la Septimanie était réservée à son fils Pépin.

Pour récompenser ses glorieux soldats, Charles leur distribua des terres ou bénéfices qu'il prit sur les immenses domaines de l'Église. Le clergé lui en garda rancune et maudit sa mémoire. Cependant il allait, quand la mort le surprit, passer les Alpes pour défendre le pape, qui l'appelait contre les Lombards.

Mairie de Pépin le Bref (741-752). — Des deux fils aînés de Charles Martel, l'un Carloman, reçut l'Austrasie et les pays d'outre-Rhin ; l'autre, Pépin, eut la Neustrie et la Bourgogne. Depuis la mort de Thierry IV, en 737, Charles Martel avait laissé le trône vacant, Carloman fit comme lui. Il n'avait pas besoin, au milieu de ses leudes germains, de cacher son pouvoir sous le nom d'un roi. Pépin le Bref, maître des régions occidentales, voulut gagner les Neustriens en flattant leur vieil attachement pour la race royale de Mérovée : il proclama Childéric III.

Victoires sur les Bavarois, les Alamans et les Aquitains. — Les ducs des Bavarois, des Aquitains et des Alamans refusèrent l'obéissance aux nouveaux chefs des Francs. Mais les deux frères étaient unis, ils triomphèrent. Odion, duc des Bavarois, se soumit; celui des Alamans fut dépouillé; Hunald, duc des Aquitains, se retira dans un couvent. Carloman fit comme lui et s'enferma, en 747, au monastère du Mont-Cassin. Il avait deux fils. Pépin s'empara de l'héritage de son frère, sans s'inquiéter des droits de son neveu, et, maître de tout l'empire, songea à mettre un terme à la situation étrange qui durait depuis la bataille de Testry. Il y avait maintenant assez de gloire dans sa maison pour qu'il ne craignît pas de recommencer la tentative qui avait si mal réussi à Grimoald un siècle auparavant.

Les derniers Mérovingiens. — « La famille des Mérovingiens, dit Éginhard, ne faisait depuis longtemps preuve d'aucune vertu, et ne montrait rien d'illustre que son titre de roi. Le prince se contentait d'avoir ses cheveux flottants et la barbe longue, de s'asseoir sur le trône et de représenter le monarque. Il donnait audience aux ambassadeurs et leur faisait les réponses qui lui étaient enseignées ou plutôt commandées. A l'exception d'une pension alimentaire, mal assurée et que lui réglait le préfet du palais, selon son bon plaisir, il ne possédait qu'une seule villa d'un fort modeste revenu, et c'est là qu'il tenait sa cour, composée d'un très-petit nombre de domestiques. S'il était nécessaire qu'il allât quelque part, il voyageait monté sur un chariot traîné par des bœufs qu'un bouvier conduisait à la manière des paysans. C'est ainsi qu'il se rendait à l'assemblée générale de la nation qui se réunissait une fois chaque année pour les affaires du royaume. »

Rapports des Carlovingiens avec Rome pour la conversion des Frisons et des Saxons. — Il ne fallait pas de bien grands efforts pour enfermer au fond d'un monastère cette royauté inutile et oubliée. Pépin avait pour lui l'assentiment national, il voulut encore mettre de son côté les apparences du droit. Le pape avait rompu avec l'empire d'Orient sur la question des images ; menacé jusque dans Rome par les Lombards, il avait besoin d'un secours étranger pour sauver son indépendance, et ce secours il ne pouvait le trouver que dans les Francs. Depuis longtemps le pontife était en relation avec les chefs de ce peuple ; car, depuis Grégoire le Grand, l'Église de Rome avait repris avec énergie la conversion des infidèles. L'Angleterre avait été conquise par ses missionnaires, puis la Germanie attaquée. Saint Colomban et saint Gall soumirent l'Helvétie à la foi ; d'autres répandirent l'Évangile dans la vallée du Danube ; Villibrod le porta dans la Frise, Winfried dans la Saxe. Or tous ces missionnaires partaient pour la périlleuse mission de la terre des Francs. C'est de là qu'ils se disposaient à assaillir l'idolâtrie, c'est là qu'ils trouvaient de pieuses recrues pour les aider au combat sacré, ou un refuge en cas de revers. De leur côté, les rois ou ducs comprenaient bien que la conquête spirituelle des pays germaniques frayait les voies à la conquête temporelle. Aussi encourageaient-ils, soutenaient-ils les missionnaires ; leur chef, l'Anglo-Saxon Winfried, devenu célèbre sous le nom de saint Boniface, archevêque de Mayence, était un des conseillers de Carloman, et les deux princes venaient, aux conciles de Leptines (743) et de Soissons (744), de montrer, pour les vrais intérêts de l'Église, pour la réforme des mœurs et de la discipline, un zèle pieux et éclairé.

Pépin fut donc naturellement conduit à demander au pape, qui implorait son secours, de donner le titre à celui qui avait le pouvoir. « L'an 751, dit Éginhard, Burkhard, évêque de Würzburg, et Fulrad, prêtre chapelain, furent envoyés à Rome, au pape Zacharie, afin de consulter le pontife, touchant les rois qui alors étaient en France, et qui de la royauté ne possédaient que le nom sans en avoir la puissance. Le pape répondit qu'il valait mieux que celui qui avait l'autorité eût aussi le titre, et enjoignit que Pépin fût fait roi. »

Childéric III est enfermé dans un monastère (752). — « Dans cette année (752), d'après la sanction du pontife romain, Pépin fut appelé roi des Francs, oint, pour cette haute dignité, de l'huile sainte, par la main de Boniface, archevêque et martyr, et élevé sur le trône, selon la coutume des Francs dans la ville de Soissons. Quant à Childéric qui se parait du faux nom de roi, Pépin le fit mettre dans un monastère. » C'était celui de Sithieu ou de Saint-Bertin, près de Saint-Omer. Il y mourut trois ans après.

La fin de cette première dynastie de nos rois n'excita pas un regret et ne laissa pas un souvenir. Les contemporains ne s'en aperçurent que pour voir dans cet événement le juste châtiment du mépris trop souvent marqué par les Mérovingiens pour l'Église « L'homme de Dieu, dit le biographe de saint Colomban, étant allé trouver le roi de Bourgogne, Théodebert, lui reprocha son arrogance, et lui conseilla d'entrer dans le sein de l'Église pour y faire pénitence, de peur qu'après avoir perdu son royaume temporel, il ne perdît encore la vie éternelle. » Les rois de la première race avaient conservé, au milieu même de leur dégradation, un dernier reste de la fierté barbare qu'on ne retrouvera plus dans les princes de la seconde. « En entendant les paroles du moine, continue le chroniqueur, Théodebert et tous les assistants se prirent à rire, disant qu'ils n'avaient jamais ouï raconter qu'un

Mérovingien fût devenu clerc volontairement.—Il dédaigne l'honneur d'être clerc, s'écria le saint; eh bien, il le sera malgré lui. » Pépin s'était chargé d'accomplir la prophétie.

TABLEAU GÉNÉALOGIQUE DES MÉROVINGIENS.
(La date qui suit chaque nom est celle de la mort.)

Clodion, 448.

Mérovée, 456.

Childéric I, 481.

Clovis I, 511.

- THIERRY, roi d'Austrasie, 534.
  - THÉODEBERT I, 547.
    - THÉODEBALD, 553.
- CLODOMIR, roi d'Orléans, 524.
- CHILDEBERT I, roi de Paris, 558.
- CLOTAIRE I, roi de Soissons, seul roi en 558, mort en 561.
  - CHARIBERT, roi de Paris, 567.
  - Gontran I, roi de Bourgogne et d'Orléans, 593.
  - SIGEBERT I, roi d'Austrasie, ép. Brunehaut, 575.
    - CHILDEBERT II, roi d'Austrasie, puis de Bourgogne et d'Orléans, 596,
      - THÉODEBERT II, roi d'Austrasie, 612.
      - THIERRY II, roi de Bourgogne, 613.
  - CHILPÉRIC I, roi de Soissons, ép. Frédégonde, 584.
    - CLOTAIRE II, roi de Soissons puis seul roi, 628.
      - DAGOBERT I, 638.
        - SIGEBERT II, roi d'Austrasie, 656.
          - DAGOBERT II, roi d'Austrasie, 678.
        - CLOVIS II, roi de Neustrie et de Bourgogne, puis seul roi, 656.
          - CLOTAIRE III, roi de Neustrie et de Bourgogne, 670.
            - CLOVIS, supposé par Ebroïn.
          - CHILDÉRIC II, roi d'Austrasie, puis seul roi, 673.
            - CHILPÉRIC II, 720.
              - CHILDÉRIC III, déposé en 752.
          - THIERRY III, seul roi, 691.
            - CLOVIS III, 695.
            - CHILDEBERT III, 711.
              - DAGOBERT III, 715.
                - THIERRY IV, roi de Neustrie et de Bourgogne, 737.
      - CHARIBERT, roi d'Aquitaine, 631.

21 princes à partir de Clovis, ayant régné 271 ans.

CHAPITRE XII.

GUERRES DE PÉPIN LE BREF ET DE CHARLEMAGNE (752-814).

Expédition de Pépin le Bref en Allemagne (757).
— Lorsque l'archevêque Boniface avait renouvelé pour le fils de Charles Martel la cérémonie hébraïque du sacre par

Pépin force les Alpes.

l'huile sainte, Pépin avait voulu, en demandant à l'Église cette consécration inusitée, donner à sa royauté nouvelle une sorte d'inviolabilité religieuse. Cependant, il n'était pas certain que cette révolution ne parût pas à quelques scrupuleux partisans de la légitimité des Mérovingiens une usurpation. Aussi se hâta-t-il de la justifier par des services. Il s'occupa peu du pays auquel nous donnerons désormais son nom moderne d'Allemagne. Il ne fit que deux expéditions contre les Saxons qui promirent un tribut de 300 chevaux et la libre

---

1. Principaux ouvrages à consulter pour ce chapitre et le suivant : Éginhard, *Vie de Charlemagne;* Gaillard, *Histoire de Charlemagne;* les Leçons de M. Guizot sur Charlemagne, dans son *Histoire de la Civilisation en France.*

entrée dans leur pays aux prêtres chrétiens. De ce côté il semble n'avoir pas voulu troubler par les armes l'œuvre de civilisation que les missionnaires y accomplissaient. Toute son attention et toutes ses forces furent tournées vers les contrées du Midi, vers l'Italie, l'Aquitaine et la Gaule méridionale.

Expédition de Pépin en Italie (755-756); donation au saint-siége. — En 754, le pape Étienne II vint lui-même en France implorer contre les Lombards sa protection ; il lui apportait pour lui et ses successeurs le titre de patrice de Rome, ce qui le constituait souverain politique de la ville éternelle. Pépin se fit sacrer une seconde fois par le pontife, força le passage des Alpes, que les maîtres si profondément dégénérés de l'Italie, ne surent pas défendre, et assiégea leur roi dans Pavie. Astolphe promit de restituer les terres enlevées à l'Église de Rome, mais n'en fit rien. Pépin reparut l'année suivante en Italie, se fit livrer Ravenne avec tout l'exarchat qui appartenait à l'empire grec, et, ne voulant ni les garder comme possessions trop lointaines, ni les rendre aux schismatiques de Constantinople, il les donna à saint Pierre. Cette donation fut l'origine de la puissance temporelle des papes (756).

Conquête de la Septimanie (752-759). — Cette guerre d'Italie, très-importante par ses conséquences, n'offrait ni dangers ni difficulté; celle d'Aquitaine présenta l'un et l'autre. Elle commença du côté de la Septimanie (bas Languedoc). Les Goths de ce pays s'étant soulevés contre les Arabes, appelèrent les Francs à leur aide. Nîmes, Agde, Béziers, Carcassonne ouvrirent leurs portes, mais Narbonne résista sept ans; quand elle se rendit, en 759, l'empire des Francs toucha pour la première fois aux Pyrénées orientales.

Conquête de l'Aquitaine (759-768). — Enveloppant alors l'Aquitaine par le nord et l'est, Pépin somma son duc, Vaïfre, de lui livrer les leudes austrasiens fugitifs et de restituer le bien ravi aux églises. C'était donc au nom de l'Église que de ce côté encore il alla combattre. Vaïfre refusa. Pépin passa aussitôt la Loire, et depuis ce jour l'Aquitaine devint chaque année comme le pays de grande chasse des Francs; elle fut soumise à une dévastation méthodique. De la Loire à la Garonne les maisons étaient brûlées, les arbres coupés. Chaque année la dévastation s'étendait : ce fut d'abord Bour-

La ville haute (la cité) de Carcassonne.

ges et les environs ; puis l'Auvergne, le Limousin, enfin le Quercy. Vaïfre, avec une poignée d'hommes intrépides, reculait toujours ; ses villes tombaient l'une après l'autre ; tous les siens étaient captifs ou tués : il combattait encore. On n'en eut raison qu'en l'assassinant (768). L'indépendance de l'Aquitaine succomba avec lui ; mais, dans cette race gallo-romaine, le sentiment de la liberté était si vif, la haine contre les Francs si profonde, que nous verrons encore bien des fois ce pays s'isoler pour vivre à l'écart.

Mort de Pépin (768). — Pépin mourut à Paris, au retour de l'expédition de l'an 768, « et, dit Éginhard, ses fils, Charles et Carloman, furent faits rois par le consentement des Francs. » On l'appelait Pépin le Bref, à cause de sa courte taille, qui n'ôtait rien à sa force, s'il fallait en croire la très-douteuse anecdote qui le montre abattant d'un seul coup la tête d'un lion que personne n'osait affronter. Sous lui, les Assemblées générales avaient été transportées du mois de mars au mois de mai, et il les tint très-régulièrement chaque année, y convoquant les évêques en même temps que les grands. En 757, Constantin Copronyme, empereur de Constantinople, lui avait envoyé les premières orgues à plusieurs jeux qu'on ait vues en France. Elles furent placées dans l'église de Saint-Corneille à Compiègne.

Charlemagne et Carloman (768-771). — L'empire ne resta partagé que trois ans ; et ces trois années furent employées à achever l'œuvre de Pépin en Aquitaine. A la nouvelle de la mort de son fils, Hunald était sorti de son couvent et avait repris l'épée. Battu, il fut livré par les Vascons, s'échappa et alla porter chez les Lombards sa haine contre les Francs et son courage. Pour tenir en bride cette turbulente population de l'Aquitaine, Pépin avait déjà bâti le château de Turenne ; Charlemagne fonda celui de Fronsac sur la Dordogne ; et dans la capitale même de la province, à Bordeaux, il plaça sur le portail de l'église de Sainte-Croix la statue de son père, signe de triomphe et menace permanente contre la grande cité.

Carloman avait mal soutenu son frère dans cette guerre, et la mésintelligence entre ces deux princes annonçait des discordes civiles, lorsque Carloman mourut. Il laissait des fils. Les Austrasiens, pouvant choisir entre ces enfants et un vaillant prince qui s'était déjà montré le digne successeur de Pépin, n'hésitèrent pas à le proclamer leur roi. L'oncle n'eut

GUERRES DE CHARLEMAGNE (768-814).

pas plus de scrupule à dépouiller ses neveux. N'oublions pas que les idées de succession n'étaient pas alors arrêtées comme elles le sont aujourd'hui, et qu'au-dessus du droit des fils à hériter de leur père, il y avait le vieux droit des peuples germaniques à élire eux-mêmes leur chef.

Charlemagne seul roi (771). — Charlemagne, pour le nommer comme la postérité, en réunissant à son nom de Charles celui de grand (*magnus*), que ses victoires lui valu-

Église de Sainte-Croix restaurée[1].

rent, régna 44 ans. Il faut faire deux parts de ce long règne : les conquêtes et l'administration. Les premières eurent pour résultat de porter les limites du nouvel empire des Francs, à l'est, jusqu'à l'Elbe, à la Theiss et à la Bosna ; au sud, jus-

[1]. Cette église, fort ancienne, fut réparée une première fois par Charlemagne, et une seconde fois, au dixième siècle, par Guillaume Ier, duc d'Aquitaine. La façade est le plus riche fragment que l'époque du plein cintre ait laissé à Bordeaux : elle vient d'être complètement restaurée.

qu'au Garigliano, en Italie, et jusques vers l'Èbre, en Espagne. L'État de Pépin se trouva doublé. On n'en a pas moins voulu faire de Charlemagne un sage couronné, un prince pacifique qui ne s'était armé que pour se défendre. Rendons-lui sa vraie et rude figure. Il n'avait nulle invasion à craindre. Les Arabes étaient divisés, les Avars affaiblis et les Saxons impuissants à faire une guerre sérieuse hors de leurs forêts et de leurs marécages. S'il a conduit les Francs au delà de leurs frontières, c'est qu'il a eu, comme tant d'autres, l'ambition de commander à plus de peuples et de laisser un nom retentissant dans la mémoire des hommes.

Conquête de la moitié de l'Italie (773-774). — Les fils de Carloman s'étaient réfugiés auprès de Didier, roi des Lombards, qui avait déjà donné asile à Hunald, l'implacable ennemi des Francs. Charlemagne avait récemment outragé ce prince en lui renvoyant sa fille après une année de mariage. Didier, poussé par son ressentiment et par les conseils d'Hunald, voulut que le pape sacrât rois les fils de Carloman. Adrien en avertit Charlemagne, qui fit décréter une expédition au delà des Alpes. Les passages ne furent pas mieux défendus qu'au temps de Pépin; les seules villes de Pavie et de Vérone résistèrent. Charles, laissant une armée devant ces deux places, alla à Rome recevoir le titre de patrice, avec le serment de fidélité des Romains, et confirmer au pape la donation de Pépin. A Pavie, Hunald fut lapidé par le peuple qu'il voulait contraindre à se défendre encore. Didier et ses enfants furent enfermés dans un monastère, et Charles prit le titre de roi d'Italie (774). Ce fut le commencement des malheurs de ce pays. Depuis ce temps, il a presque toujours cessé de s'appartenir; et c'est à titre d'héritiers de Charlemagne que les empereurs d'Allemagne ont régné sur la vallée du Pô. Les Lombards conservèrent toutefois ce qu'ils possédaient dans le sud de la Péninsule. La domination franque s'arrêta au Garigliano; et, si les ducs de Bénévent se reconnurent tributaires, le plus souvent ils ne payèrent le tribut que quand une armée vint le leur demander.

Guerre de Saxe (772-803). — Cette guerre fut bien autrement difficile et périlleuse que celle d'Italie, car les Saxons, race énergique et brave, défendirent héroïquement leur liberté. Il est fâcheux que nous n'ayons de cette grande lutte que le récit sec et partial d'Éginhard. Les nations qui succombent racontent bien rarement leurs misères; voilà pourquoi l'histoire, trompée par les dépositions des vainqueurs, dit si souvent comme le brenn gaulois : *Væ victis*, malheur aux vaincus !

La religion fut le prétexte de la guerre. Les Saxons brûlèrent l'église de Deventer et menacèrent de mort les missionnaires qui étaient venus au milieu d'eux. Aussitôt Charles entra dans leur pays, dévasta tout par le fer et le feu, prit le château d'Ehresbourg et renversa l'idole Irminsul, patriotique souvenir d'Hermann, le libérateur de la Germanie contre les Romains. En 774, pendant que Charles était en Italie, les Saxons essayèrent de brûler l'église de Fritzlar; il revint et commença une guerre d'extermination dont les principaux incidents furent les victoires de Buckholz, de Detmold, d'Osnabruck, le massacre de 4 500 Saxons décapités à Verden, la translation d'une partie de ce peuple dans d'autres provinces et la conversion forcée des habitants. Le héros de la résistance fut Witikind. Il combattit jusqu'en 785 : il se soumit alors et reçut le baptême à Attigny. La dernière prise d'armes fut de l'an 803.

Dès l'année 787, Charles avait promulgué, pour l'organisation de la Saxe, un capitulaire où la peine de mort se retrouve presque à chaque article, non-seulement pour les crimes que toutes les lois punissent ainsi, mais pour de simples infractions aux ordonnances de l'Église, pour avoir rompu le jeûne quadragésimal, refusé le baptême, noué des intrigues avec les païens, ou brûlé, comme eux, le corps d'un homme mort.

Charlemagne ayant pu poursuivre cette œuvre pendant quarante ans, ces moyens, bien qu'atroces, réussirent. La Saxe sortit de ses mains domptée et chrétienne, partagée en huit évêchés, couverte de cités nouvelles et d'abbayes qui furent des foyers de civilisation; et ce pays, jusqu'alors barbare et païen, entra en communion avec le reste de l'empire.

Guerre entre l'Elbe et l'Oder (789). — Les conquérants sont condamnés à étendre sans cesse leurs conquêtes. Derrière les Saxons, par delà l'Elbe, Charlemagne trouva les Wiltzes; pour arrêter leurs incursions en Saxe, il les rendit tributaires (789). Quand il les eut soumis au tribut, il fallut qu'il se chargeât de leurs guerres contre leurs voisins du nord; et les Francs, après avoir passé le Weser, franchi l'Elbe, limite de la Saxe, et pénétré jusqu'à l'Oder, durent aller sur les bords de l'Eyder fermer aux Danois l'entrée de l'Allemagne. Cependant les pays entre l'Elbe et l'Oder ne reçurent pas l'organisation donnée au reste de l'empire.

Ces pays touchent à la Bohême, d'où l'Elbe sort et qu'enveloppe un losange de montagnes ; les armées de Charles y pénétrèrent, mais sans en rapporter la soumission des habitants.

Guerre contre les Avars (787-796). — Il y avait en Bavière une vieille race ducale qui se croyait aussi noble que les Carlovingiens et dont le chef Tassillon, gendre de Didier, l'ancien roi des Lombards, subissait avec douleur la domination franque. En 786, un vaste complot se forma : Tassillon, aidé des Avars qui occupaient, à l'est de la Bavière, la Pannonie, devait attaquer l'Austrasie, tandis que les Grecs, unis au duc de Bénévent, se jetteraient sur l'Italie. Averti du péril par le pape Adrien, Charles le prévint par d'habiles et énergiques mesures. Tassillon fut enveloppé par trois armées, et bientôt parut en suppliant devant Charles. L'assemblée des Francs le condamna à mort ; on l'enferma avec son fils dans un monastère ; et son duché de Bavière, divisé en comtés, fut administré par des comtes francs. Les conjurés d'Italie n'avaient pas eu le temps d'agir. Les Avars arrivèrent trop tard. Ils attaquèrent à la fois le Frioul et la Bavière (788). Refoulés dans la Pannonie, ils y furent suivis par les Francs. Cette guerre ne finit qu'en 796, par la prise du *ring* ou camp des Avars. Les Francs y trouvèrent tant de trésors, fruit du pillage de l'empire grec, qu'ils devinrent riches, dit Éginhard, de pauvres qu'ils étaient auparavant, en comparaison. La lutte avait été très-meurtrière pour les Avars, car ce peuple, jadis redouté dans toute la vallée du Danube, s'en trouva si affaibli qu'il fut réduit, pour se soustraire aux attaques des Slaves, à demander un asile à Charlemagne en Bavière. Une partie de leur pays forma la Marche orientale et fut organisée comme la Saxe : on y fonda des villes, des évêchés. L'Autriche est sortie de là.

Guerre d'Espagne (778-812). — Charlemagne était à Paderborn, occupé à faire baptiser les Saxons, lorsqu'un émir sarrasin qui ne voulait pas reconnaître le kalife de Cordoue, vint lui offrir de mettre les Francs en possession des villes qu'il tenait au sud des Pyrénées. Charles accepta, et, avec une nombreuse armée, traversa la Gascogne, dont le duc, Loup, fut contraint de lui prêter serment de fidélité. Il prit Pampelune et Saragosse. Mais, ses alliés lui offrant peu de secours, il rentra en France par les gorges des Pyrénées. L'armée défilait sur une ligne étroite et longue, dans la vallée de Roncevaux, quand les Vascons, embusqués dans les bois se précipitant sur l'arrière-garde, y portèrent le désordre et tuèrent plusieurs comtes. Là périt Roland, commandant des Marches de Bretagne. L'histoire ne sait de lui rien de plus que ce que nous venons d'en dire. Mais les poëtes du moyen âge en savaient bien davantage; ils célébrèrent longuement ses exploits héroïques, son cor enchanté dont,

> Bruient li mont et li vauls resona;
> Bien quinze lieues li oies en ala,

et sa Durandal, qui fendait roc et granit. Guillaume le Conquérant, en allant à la conquête de l'Angleterre, fit chanter la chanson de Roland à la tête de son armée, et le paysan basque montre encore dans les Pyrénées le cirque qui s'appelle la Brèche de Roland.

Les Francs firent six autres expéditions au delà des Pyrénées. Elles furent conduites par les fils de Charles et eurent pour résultat la formation de la Marche d'Espagne ou comté de Barcelone, et de la Marche de Gascogne, qui fut plus tard le royaume de Navarre. L'empire, de ce côté, n'arriva pourtant pas jusqu'à l'Èbre. Huesca et Saragosse restèrent aux Arabes. En avant des Pyrénées; et pour en garder la route, Charles bâtit sur une colline, autrefois consacrée à Mars, la ville de Mont-de-Marsan, au confluent du Midou et de la Douze. Enfin, pour mettre les côtes à l'abri des pirateries des Sarrasins, une flotte dirigée sur la Corse, la Sardaigne et les Baléares, chassa de ces îles les infidèles (799).

Charlemagne, empereur d'Occident (800). — Toutes ces guerres étaient à peu près achevées en l'an 800. Charles se trouvait alors maître de la France, de l'Allemagne, des trois quarts de l'Italie, et d'une partie de l'Espagne; il avait augmenté de plus d'un tiers l'étendue des pays que son père lui avait laissés. Ces vastes possessions n'étaient plus un royaume, mais un empire. Il crut avoir assez fait pour être autorisé à s'asseoir sur le trône de l'Occident, et, comme son père avait demandé au pape sa couronne de roi, ce fut au pape qu'il demanda sa couronne d'empereur.

Au milieu de l'année 800, Charles se rendit en Italie pour

diriger une expédition sous les ordres de son fils Pépin, contre les Lombards de Bénévent. « Il arriva à Rome le 24 novembre, dit Éginhard ; on accusait le pape de beaucoup de choses ; le roi commença l'examen de ces accusations ; mais personne ne voulant entreprendre de les prouver, le pape monta en chaire en présence de tout le peuple, dans la basilique de l'apôtre saint Pierre, prit l'Évangile dans la main, invoqua le nom de la Trinité, et se purgea par serment des crimes qui lui étaient imputés. Le même jour, le prêtre Zacharie, que Charles avait envoyé à Jérusalem, arriva à Rome avec deux prêtres qui venaient trouver le roi par ordre du patriarche ; ils lui apportaient sa bénédiction, les clefs du saint sépulcre et du Calvaire, ainsi qu'un étendard. Le roi les reçut gracieusement, les retint quelques jours près de lui, les récompensa et leur donna audience lorsqu'ils voulurent s'en retourner. Le saint jour de la naissance du Seigneur, tandis que le roi priait devant l'autel du bienheureux apôtre Pierre, le pape lui posa une couronne sur la tête, et tout le monde romain s'écria : « A Charles Auguste, couronné « par Dieu, grand et pacifique empereur des Romains, vie « et victoire ! » Après *Laudes*, il fut adoré par le pontife, suivant la coutume des anciens princes ; et quittant le nom de patrice, il fut appelé Empereur et Auguste. »

C'était un grand événement que cette cérémonie qui avait lieu dans l'église de Saint-Pierre, au jour de Noël de l'an 800. Le titre d'empereur de l'Occident, resté enseveli sous les ruines faites par les barbares, en était tiré par le pontife de Rome et était montré aux nations dispersées et ennemies comme un signe de ralliement. Un droit nouveau était créé pour ceux qui hériteront de cette couronne, le droit de commander aux peuples italiens, allemands, français, qui se trouvaient alors réunis sous la main de l'empereur franc. Quand des circonstances de famille et le temps auront fait passer ce titre aux rois allemands, la France se trouvera assez forte pour repousser la domination d'un César étranger, mais non l'Italie. De là la moitié des maux que la péninsule aura à souffrir.

Un autre personnage acquit ce jour-là une prérogative importante. En couronnant Charlemagne, le pape Léon III avait rempli une fonction religieuse, comme saint Remi en sacrant Clovis. Ses successeurs en feront un droit politique, et les pontifes se diront les dispensateurs des couronnes. Pendant tout le moyen âge, la consécration impériale ne pourra être donnée qu'à Rome même et des mains du saint-père. Plus d'une guerre sortira de ce droit nouveau.

Résultats des guerres de Charlemagne. — Dans les conquêtes de Charlemagne, il y en a de durables, il y en a d'éphémères ; les unes sont utiles, les autres ne le sont pas. Tout ce qu'il tenta au delà des Pyrénées avorta. Le comté de Barcelone, qu'il rattacha à la France, ne nous est pas resté, et, de la Marche de Gascogne, il ne nous est revenu que ce que la nature elle-même nous donnait sur le versant septentrional des Pyrénées. Mieux eût valu qu'il eût dompté les Bretons, de manière à les faire entrer plus tôt dans la vie et dans la nationalité française, au lieu de se contenter d'une soumission précaire. La conquête du royaume des Lombards ne profita ni à la France ni à l'Italie, mais au pape, dont elle releva la position politique et dont elle assura, pour l'avenir, l'indépendance. Le pays pour qui ces longues guerres eurent le plus heureux résultat, fut celui qui en souffrit le plus, l'Allemagne. Avant Charlemagne, l'Allemagne était encore la Germanie, c'est-à-dire un chaos informe de tribus païennes ou chrétiennes, mais toutes barbares, ennemies les unes des autres, sans lien qui les unît. Il y avait des Francs, des Saxons, des Thuringiens, des Bavarois. Après lui, il y eut un peuple allemand, et il y aura un royaume d'Allemagne. C'est une grande gloire que d'avoir créé un peuple ; cette gloire, peu de conquérants l'ont su trouver, car ils détruisent bien plus qu'ils ne fondent.

Apparition des Northmans. — Charlemagne, en portant jusqu'à l'Eyder les avant-postes de son empire, pensait avoir fermé l'Allemagne aux hommes du Nord ; mais, poussés peut-être par les fugitifs de la Saxe, ils montèrent sur leurs barques et vinrent pirater le long de l'immense étendue des côtes. S'il en fallait croire le moine de Saint-Gall, ils auraient, du vivant même de l'empereur, pénétré dans la Méditerranée. Ils entrèrent, dit le chroniqueur, dans le port d'une ville où Charlemagne lui-même se trouvait ; on les chassa, mais l'empereur, s'étant levé de table, se mit à la fenêtre qui regardait l'orient et demeura longtemps le visage inondé de larmes. Comme personne n'osait l'interroger, il dit aux grands qui l'entouraient : « Savez-vous, mes « fidèles, pourquoi je pleure amèrement ? Certes, je ne crains « pas qu'ils me nuisent par ces misérables pirateries ; mais

« je m'afflige de ce que, moi vivant, ils ont manqué de tou-
« cher ce rivage, et je suis tourmenté d'une vive douleur
« quand je prévois tout ce qu'ils feront de maux à mes ne-
« veux et à leurs peuples. » La scène est belle, mais le fait
est faux ; on doit y renoncer. L'apparition des Northmans,
sous Charlemagne, reste pourtant certaine, car on le voit
prendre contre eux des mesures de défense : deux flottes
furent rassemblées à Boulogne et près de Gand, deux autres
sur la Garonne et sur le Rhône.

CHAPITRE XIII.

GOUVERNEMENT DE CHARLEMAGNE.

Étendue de l'empire. — Les frontières de l'empire étaient : au nord et à l'est, l'Océan, depuis l'embouchure de l'Elbe jusqu'à la rive espagnole du golfe de Gascogne, moins la péninsule armoricaine qui n'était que tributaire ; au sud, les Pyrénées, et en Espagne, le cours inférieur de l'Èbre ; en Italie, le Garigliano et la Pescara, moins Gaëte et Venise qui reconnaissaient la souveraineté plus nominale que réelle de Constantinople ; enfin, en Illyrie, la Cettina ou la Narenta, moins les villes maritimes de Trau, Zara et Spalatro, restées aux Grecs. A l'est, la frontière était marquée : en Illyrie, par la Bosna et la Save ; en Germanie, par la Theiss, d'où la frontière tournait à l'ouest à travers la Moravie, jusqu'aux montagnes de la Bohême qu'elle laissait à l'est, pour regagner au nord la Saale, puis l'Elbe. Le pays situé au nord de l'Elbe jusqu'à l'Eyder, reconnaissait encore la domination directe de Charlemagne.

Mais au delà de ces frontières se trouvaient des peuples à demi soumis, à demi indépendants. Les Navarrais dans les Pyrénées, le duc de Bénévent en Italie, payaient le tribut, quand une armée venait le demander. La Bretagne et la Bohême avaient été ravagées, non conquises. Entre l'Elbe et l'Oder, les Obotrites étaient alliés plutôt que sujets, et il fallait entretenir leur amitié par une protection onéreuse. Quant aux Wiltzes, vaincus souvent, ils ne déposèrent jamais les armes. Ajoutons à ces provinces continentales les îles Baléares, la Corse, peut-être aussi la Sardaigne, possessions précaires que se disputaient les Francs, les Grecs et les Sarrasins.

Administration : le comte et le centenier. — L'empire se divisait en comtés, et leur circonscription reproduisait assez bien les anciennes limites des cités romaines. Les comtes, agents habituels et résidants de l'administration générale, réunissaient toutes les attributions civiles, judiciaires et militaires. En les instituant dans leur office, le roi disait : « Ayant éprouvé votre foi et vos services, nous vous donnons les pouvoirs de comte dans ce territoire. Gardez-nous la foi jurée, et que tous les peuples habitant ce pays soient traités avec modération. Régissez-les avec droiture, selon leur loi et leur coutume. Soyez le défenseur des veuves et des orphelins. Réprimez sévèrement les voleurs et les malfaiteurs, afin que les peuples, vivant en prospérité sous votre gouvernement, restent en joie et en paix. Veillez à ce que tout ce qui appartient légitimement à notre fisc soit chaque année versé à notre trésor. »

Au-dessous du comte sera plus tard le vicomte ; sous les premiers Carlovingiens il y avait le centenier, nommé aussi viguier ou vicaire, qui commandait dans un district, originairement occupé par cent familles. Le vicaire tenait dans son district trois plaids par an ; et assisté des *scabins* ou juges royaux que le comte désignait, et d'hommes libres du pays, il jugeait toutes les causes, excepté celles qui entraînaient la mort, la confiscation et la perte de la liberté, lesquelles ne pouvaient être portées que devant la cour du comte.

Les envoyés royaux. — Les envoyés royaux, ou *missi dominici*, ordinairement un comte et un évêque, parcouraient quatre fois l'an les comtés soumis à leur surveillance, afin de pouvoir tenir l'empereur au courant des vœux publics. Ils écoutaient les plaintes des sujets, réformaient les abus, recevaient les appels des sentences rendues par les comtes. « Si un comte ne fait pas justice à ses administrés, dit une loi de Charlemagne (779), que nos envoyés s'établissent dans sa maison et vivent à ses dépens jusqu'à ce que justice soit rendue. »

Assemblées générales. — « C'était l'usage de ce temps, dit l'archevêque de Reims, Hincmar, de tenir chaque année deux assemblées, au printemps et à l'automne. Dans l'une et dans l'autre, on soumettait aux grands les articles de loi, nommés *capitula*, que le roi lui-même avait rédigés par l'inspiration de Dieu, ou dont la nécessité lui avait été manifestée dans l'intervalle des réunions. Après avoir reçu ces communications, ils en délibéraient un, deux ou trois jours, au plus, selon l'importance des affaires. Des messagers recevaient leurs questions et rapportaient les réponses. Aucun étranger n'approchait du lieu de l'assemblée jusqu'à ce que le résultat des délibérations eût été mis sous les yeux du grand prince, qui alors, avec la sagesse qu'il avait reçue de Dieu, adoptait une résolution à laquelle tous obéissaient. Les choses se passaient ainsi pour un, deux capitulaires, ou pour un plus grand nombre, jusqu'à ce que, avec l'aide de Dieu, on eût pourvu à toutes les nécessités du temps.

« Pendant que ces affaires se traitaient de la sorte hors de la présence du roi, le prince lui-même, au milieu de la multitude venue à l'assemblée générale, était occupé à recevoir des présents, saluant les hommes les plus considérables, soit ecclésiastiques, soit laïques, s'entretenant avec ceux qu'il voyait rarement, témoignant aux plus âgés un intérêt affectueux, ou s'égayant avec les plus jeunes. Si ceux qui délibéraient sur les affaires publiques en manifestaient le désir, le roi se rendait auprès d'eux; alors ils lui rapportaient, avec une entière familiarité, ce qu'ils pensaient de toutes choses, et quelles étaient les discussions amicales qui s'étaient élevées entre eux.

« Je ne dois pas oublier de dire que si le temps était beau, tout cela se passait en plein air, sinon, dans plusieurs bâtiments distincts. Ceux qui avaient à délibérer sur les propositions du roi étaient séparés de la multitude des personnes venues à l'assemblée, où les hommes les plus considérables pouvaient seuls entrer.

« Les lieux destinés à ces assemblées de grands étaient divisés en deux parties, de telle sorte que les évêques, les abbés et les clercs élevés en dignité pussent se réunir sans aucun mélange de laïques. De même les comtes et les autres principaux de l'État se séparaient, dès le matin, du reste de la multitude. Alors les seigneurs ci-dessus désignés, les clercs d'un côté, les laïques de l'autre, se rendaient dans la salle qui leur était assignée, et où on avait fait honorablement préparer des siéges. Ils pouvaient siéger ensemble ou séparément selon la nature des affaires qu'ils avaient à traiter, ecclésiastiques, séculières ou mixtes ; de même, s'ils voulaient faire venir quelqu'un, soit pour demander des aliments, soit pour faire quelque question, et le renvoyer après en avoir reçu ce dont ils avaient besoin, ils en étaient les maîtres.

« La seconde occupation du roi était de demander à chacun ce qu'il avait à lui apprendre sur la partie du royaume d'où il venait, car il leur était étroitement recommandé à tous de s'enquérir, dans l'intervalle des assemblées, de ce qui se passait au dedans et au dehors du royaume ; et ils devaient chercher à le savoir des étrangers comme des nationaux, des ennemis comme des amis. Le roi voulait savoir si, dans quelque coin du pays, le peuple murmurait ou était agité, et quelle était la cause de son agitation, s'il était survenu quelque désordre dont il fût nécessaire d'occuper l'assemblée et autres détails semblables. Il cherchait aussi à connaître si quelqu'une des nations soumises voulait se révolter, si quelqu'une de celles qui s'étaient révoltées semblait disposée à se soumettre, si celles qui étaient encore indépendantes menaçaient le royaume de quelque attaque. »

Ces assemblées ne ressemblaient donc plus aux anciens champs de Mars des Francs, où tout homme libre prenait part à la délibération. Comme le temps de l'assemblée est aussi celui de la revue de l'armée et qu'elle précède l'entrée en campagne, ou a lieu au retour, les hommes libres s'y trouvent encore ; mais ils laissent les grands délibérer à l'écart. Les ducs, les évêques, les comtes, les abbés sont seuls appelés par Charlemagne à l'aider de leurs conseils. Cependant, en souvenir de l'ancien droit, les lois portent en signe de sanction nationale : « Et tout cela a été approuvé du peuple : *De his omnes consenserunt.* »

Capitulaires. — Nous avons 65 de ces capitulaires qui comprennent 1151 articles. La diversité des affaires dont ils traitent prouve la sérieuse activité du prince, son ardent désir de mettre de l'ordre dans l'État. On l'y voit porter son attention sur toutes choses. En même temps qu'il présidait des conciles et discutait avec les évêques sur le culte des images ou l'hérésie de Félix d'Urgel, il réglait dans les plus petits détails l'administration de ses fermes[1], et ordonnait qu'on prît garde qu'aucun de ses esclaves ne mourût de faim, « autant que cela se peut faire avec l'aide de Dieu. » Il combattait l'une des tendances les plus générales de son temps, l'usurpation des terres du domaine royal, et il prémunissait le peuple par ses avis et ses conseils contre les imposteurs et les faussaires. Il voulut éteindre la mendicité, en obligeant chacun de ses fidèles à nourrir sur son bénéfice les mendiants qui s'y trouvaient; et s'il imposait à chaque paroissien l'obligation de donner à son église la dîme ou dixième partie des produits de sa terre, c'était en la partageant en trois parties : la première pour l'entretien et l'ornement de l'église, la deuxième à l'usage des pauvres et des voyageurs, la troisième seulement pour les prêtres. L'introduction du chant grégorien dans les églises fut une de ses grandes affaires; une autre fut la réformation des monastères, qu'opéra saint Benoît d'Aniane; car, depuis la concession des biens de l'Église faite par Charles Martel à ses leudes, on trouvait beaucoup de *clercs séculiers* portant la lance et l'épée, ne songeant qu'à la chasse et à la guerre.

Il accrut la juridiction de l'Église, de manière à l'affranchir de la juridiction royale, et il essaya d'astreindre les marchands à l'égalité des poids et mesures; il leur fixa même un maximum, c'est-à-dire le prix le plus fort auquel ils pouvaient vendre leurs denrées.

Il régla le service militaire : Tout homme libre possédant quatre métairies, doit aller à la guerre. Ceux qui ne possèdent pas quatre métairies, se réunissent; un d'eux part, les autres lui fournissent les armes, les chevaux et les provisions nécessaires.

Il chercha à réprimer le vol par la sévérité des peines qu'il décréta : la première, la perte d'un œil; la seconde, celle du nez; la troisième, la mort.

Impôts. — Il n'y avait plus depuis le commencement du

---

1. « Il ordonnait, dit Montesquieu, qu'on vendît les œufs des basses-cours de ses domaines et les herbes inutiles de ses jardins; et il avait distribué à ses peuples toutes les richesses des Lombards et les immenses trésors de ces Huns qui avaient dépouillé l'univers. » Ces diverses instructions ont été réunies à tort dans un seul capitulaire, au reste fort curieux et intitulé : *De Villis*. Il y a 70 articles. On y lit, à l'article 19 : « Il y aura dans les basses-cours de nos villas non moins de 100 poules et au moins 30 oies; dans les simples manoirs, au moins 50 poules et 12 oies. » Ces préoccupations économiques étaient nécessaires, puisque le roi n'avait pas d'autres revenus que ceux de ses domaines.

septième siècle, d'impôts publics. Le roi ne recevait que ce qui lui était dû comme propriétaire, par ses nombreux colons, les fruits et les revenus de ses domaines particuliers, les services personnels et réels des comtes et des bénéficiers royaux, les dons gratuits des grands et les tributs des pays conquis. Les propriétaires étaient obligés de fournir aux moyens de transport et à la subsistance du prince ou de ses agents, lorsqu'ils passaient sur leurs terres; ils étaient chargés en outre de l'entretien des routes et des ponts. L'armée s'équi-

Porte d'Aix-la-Chapelle.

pait elle-même et vivait à ses frais et sans solde; la terre ou bénéfice que le soldat avait reçu en tenait lieu.

Travaux publics et écoles. — On a vu que Charlemagne, afin de civiliser la Saxe et la Pannonie, y avait fondé des évêchés qui donnèrent chacun naissance à une ville importante. Il commença un ouvrage qui n'a été accompli que de nos jours, un canal entre le Rhin et le Danube; il construisit un pont à Mayence, une basilique à Aix-la-Chapelle, deux palais à Nimègue et à Ingelheim; mais il fut réduit, pour les décorer, à piller l'Italie et à dépouiller Ravenne de ses marbres les plus précieux.

Il releva nombre d'églises, exigea des prêtres qu'ils fussent non-seulement pieux, mais lettrés et aumôniers, avec les mœurs de leur état. Il créa des écoles dans les évêchés, dans les monastères, jusque dans son palais. Il assistait aux

Cathédrale d'Aix-la-Chapelle [1].

leçons, récompensait les plus habiles, et faisait honte aux fils des grands quand ils se laissaient devancer par les fils des

---

1. Le *Munster* ou cathédrale d'Aix-la-Chapelle est encore en grande partie tel que Charlemagne l'avait bâti. Les restes de l'empereur sont dans une châsse déposée dans la sacristie, où on les montre.

pauvres. « Vous comptez, leur disait-il avec colère, sur les services de vos pères; mais sachez qu'ils en ont été récompensés, et que l'État ne doit rien qu'à celui qui mérite par lui-même. » Et aux évêques, aux moines : « C'est plaire à Dieu que de bien vivre, mais c'est lui plaire encore que de bien parler. » Alcuin l'entendit s'écrier un jour: « Ah! si j'avais seulement autour de moi douze clercs instruits dans toutes les sciences comme l'étaient Jérôme et Augustin! »

Première renaissance littéraire. — Il se donna lui-même beaucoup de peine pour apprendre des choses dont son père et son aïeul ne pensaient guère qu'un roi et un guerrier eussent besoin. « Ne se bornant pas à l'étude de sa langue maternelle, il voulut connaître les langues étrangères, et apprit si bien le latin qu'il s'en servait comme de sa propre langue. Quant au grec, il le comprenait mieux qu'il ne le parlait [1]. La fécondité de sa conversation était telle, au surplus, qu'il paraissait trop aimer à causer. Passionné pour les arts libéraux, il respectait les hommes qui s'y distinguaient, et les comblait d'honneurs. Le diacre Pierre, vieillard natif de Pise, lui apprit la grammaire ; dans les autres sciences il eut pour maître Alcuin, diacre breton, Saxon d'origine, l'homme le plus savant de son temps. Sous sa direction, Charles consacra beaucoup de temps et de travail à l'étude de la rhétorique, de la dialectique et de l'astronomie, apprenant l'art de calculer la marche des astres, et suivant leur cours avec une attention scrupuleuse et une étonnante sagacité. Il essaya même d'écrire ; il avait habituellement sous le chevet de son lit des tablettes et des exemples pour s'exercer à former des lettres quand il trouvait quelques instants de liberté; mais il réussit peu dans cette étude, commencée trop tard et à un âge peu convenable. Toutes les nations soumises à son pouvoir n'avaient point eu jusqu'alors de loi écrite ; il ordonna de rédiger leurs coutumes. Il fit de même pour les poëmes barbares qui célébraient les exploits des anciens chefs, et les conserva de cette manière à la postérité. Il fit aussi commencer une grammaire de la langue nationale. Dans un de ses capitulaires, il se glorifie « d'avoir corrigé les livres

---

1. Ainsi, le grec n'était pas tout à fait oublié en Occident. Sous Charles le Chauve, Jean Scot Érigène traduira encore les livres du pseudo-Denys; mais après lui, et pendant cinq siècles, les plus savants hommes ignorèrent cette langue.

« de l'ancienne et de la nouvelle Alliance, corrompus par
« l'ignorance des copistes. »

Un chant francique. — La postérité n'a malheureusement rien gardé de ces chants qu'Éginhard lui promettait, si ce n'est peut-être qu'un fragment qui a été retrouvé à l'intérieur de la couverture d'un manuscrit de l'abbaye de Fulde. Ce morceau d'un grand style épique est écrit dans l'idiome francique et en caractères du huitième ou du commencement du neuvième siècle. Il faisait évidemment partie d'un de ces longs poëmes dont les *Nibelungen*, l'Iliade allemande, sont la dernière expression. Voici ce débris mutilé de l'ancienne poésie des Francs, dans la traduction qu'Ampère en a donnée :

« J'ai ouï dire que se provoquèrent dans une rencontre Hildebrand et Hadebrand, le père et le fils. Alors les héros arrangèrent leur sarreau de guerre, se couvrirent de leur vêtement de bataille, et par-dessus ceignirent leurs glaives. Comme ils lançaient leurs chevaux pour le combat, Hildebrand, fils d'Hérébrand, parla ; c'était un homme noble, d'un esprit prudent. Il demanda brièvement : « Qui était ton
« père parmi la race des hommes, et de quelle famille es-tu?
« Si tu me l'apprends, je te donnerai un vêtement de guerre
« à triple fil ; car je connais, ô guerrier ! toute la race des
« hommes. »

« Hadebrand, fils d'Hildebrand, répondit : « Des hommes
« vieux et sages dans mon pays, qui maintenant sont morts,
« m'ont dit que mon père s'appelait Hildebrand ; je m'appelle
« Hadebrand. Un jour il s'en alla vers l'est ; il fuyait la haine
« d'Odoacre ; il était avec Théodoric et un grand nombre de
« ses héros. Il laissa seuls, dans son pays, sa jeune épouse,
« son fils encore petit, ses armes qui n'avaient plus de maître ;
« il s'en alla du côté de l'est. Depuis, quand commencèrent
« les malheurs de mon cousin Théodoric, quand il fut un
« homme sans ami, mon père ne voulut plus rester avec
« Odoacre. Mon père était connu des guerriers vaillants ; ce
« héros intrépide combattait toujours à la tête de l'armée ; il
« aimait trop à combattre, je ne pense pas qu'il soit encore
« en vie.—Seigneur des hommes, dit Hildebrand, jamais du
« haut du ciel tu ne permettra un combat entre hommes du
« même sang. « Alors il ôta son précieux bracelet d'or qui entourait son bras, et que le roi des Huns lui avait donné.
« Prends-le, dit-il à son fils, je te le donne en présent. » Ha-

debrand, fils d'Hildebrand, répondit ; « C'est la lance à la
« main, pointe contre pointe, qu'on doit recevoir de sembla-
« bles présents. Vieux Hun ! tu es un mauvais compagnon ;
« espion rusé, tu veux me tromper par tes paroles, et moi je
« veux te jeter bas avec ta lance. Si vieux, peux-tu me forger
« de tels mensonges? Des hommes de mer, qui avaient navi-
« gué sur la mer des Vendes, m'ont parlé d'un combat dans
« lequel a été tué Hildebrand, fils d'Hérébrand. » Hildebrand,
fils d'Hérébrand, dit : « Je vois bien à ton armure que tu ne
« sers aucun chef illustre, et que, dans ce royaume, tu n'as
« rien fait de vaillant. Hélas! hélas ! Dieu puissant! quelle
« destinée est la mienne ! j'ai erré hors de mon pays soixante
« hivers et soixante étés. On me plaçait toujours à la tête des
« combattants; dans aucun fort on ne m'a mis les chaînes
« aux pieds, et maintenant il faut que mon propre enfant me
« pourfende avec son glaive, m'étende mort avec sa hache,
« ou que je sois son meurtrier. Il peut t'arriver facilement,
« si ton bras te sert bien, que tu ravisses à un homme de
« cœur son armure, que tu pilles son cadavre ; fais-le, si tu
« crois en avoir le droit, et que celui-là soit le plus infâme
« des hommes de l'est qui te détournerait de ce combat, dont
« tu as un si grand désir. Bons compagnons qui nous regar-
« dez, jugez dans votre courage qui de nous deux aujourd'hui
« peut se vanter de mieux lancer un trait, qui saura se ren-
« dre maître de deux armures. » Alors ils firent voler leurs
javelots à pointes tranchantes, qui s'arrêtèrent dans leurs
boucliers; puis ils s'élancèrent l'un sur l'autre. Les haches
de pierre résonnaient.... Ils frappaient pesamment sur leurs
blancs boucliers; leurs armures étaient ébranlées, mais leurs
corps demeuraient immobiles.... »

Alcuin et Éginhart. — Au septième et au commencement du huitième siècle la France était en arrière des autres
pays de l'Europe. Charlemagne fut obligé de chercher hors
de ses provinces les hommes qui pouvaient répondre à sa
pensée. Tous les maîtres de l'école du palais furent des étrangers ; à leur tête brillait l'Anglo-Saxon Alcuin, que Charlemagne eut grand peine à retenir auprès de lui ; ensuite venaient
l'Irlandais Clément, Pierre de Pise, le Lombard Paul Diacre,
qui a laissé une histoire de sa nation, Théodulfe, originaire
d'Espagne ou de la Septimanie, et le meilleur poëte du temps;
aussi l'appelait-on Pindare dans l'école du palais. Il est vrai
qu'Alcuin, pour de mauvais vers, avait le nom d'Horace et

Angilbert celui d'Homère. Cependant un Franc les éclipsa tous, Éginhard, qu'une gracieuse légende voudrait faire gendre de Charlemagne. Il fut son secrétaire, et, après la mort de ce prince, fut mêlé aux plus grandes affaires de l'empire. Sa *Vie de Charlemagne* n'est pas seulement un recueil précieux de faits authentiques, mais un livre d'histoire, une véritable composition littéraire. On sait que Charlemagne siégeait lui-même dans cette sorte d'académie où il portait le nom de David. Les discussions qu'on y soutenait montrent que la science y était bien puérile. Il n'en faut pas moins tenir un grand compte des efforts de ces hommes pour sortir de la barbarie ; Charlemagne apprenant à écrire et y réussissant mal, ou s'oubliant à écouter la pédantesque *disputatio* d'Alcuin et de Pépin que nous avons encore, restera toujours ce qu'il a véritablement été, le promoteur d'une renaissance littéraire, qui s'est bien lentement développée sans doute, mais qui, du moins, ne s'arrêtera pas. Depuis Charlemagne, il n'y eut plus sur le monde de ces ténèbres palpables, comme le septième et le huitième siècle en avaient vu.

Relations de Charlemagne avec Haroun et avec l'empire grec. — Ainsi les héritiers des rois fainéants pouvaient maintenant rendre bon compte de leur usurpation. L'empire des Francs qui tombait, était relevé, agrandi ; et l'autorité qui se perdait, était retrouvée et fortifiée. Ce n'est pas un vain titre que Charles avait pris à Rome ; il était bien l'empereur de l'Occident. Éginhard nous le montre dans son palais d'Aix-la-Chapelle, sans cesse entouré de rois ou d'ambassadeurs, venus des plus lointains pays. Egbert, roi des Anglo-Saxons de Sussex, Eardulf, roi du Northumberland, venaient à sa cour. Le roi des Asturies, celui d'Écosse, ne s'appelaient jamais en lui écrivant que ses fidèles, et le premier lui rendait compte de toutes ses guerres en lui offrant une part du butin.

Le maître brillant et redouté de l'Asie occidentale, le khalife Haroun-al-Raschid, rechercha son amitié et lui envoya des présents parmi lesquels un éléphant, animal que les Francs n'avaient jamais vu, et une horloge sonnante. Les empereurs de Constantinople firent un traité avec lui, suivant ce proverbe grec qui subsiste encore, dit Éginhard : « Ayez le Franc pour ami, non pour voisin. » Il fut même, à en croire un écrivain de Byzance, sur le point d'épouser l'impératrice Irène et d'unir ainsi les deux empires.

Le moine de Saint-Gall, qui écrivait en 884, montre dans un de ses récits l'idée qu'avaient de sa puissance, sinon ses contemporains, du moins la génération qui leur succéda. Charlemagne arrive par delà les Alpes pour combattre le roi des Lombards. Didier est sur les murs de Pavie avec le comte Ogger, qui a fui pour éviter le châtiment de quelque faute, et il contemple avec effroi l'armée des Francs qui s'approche. « D'abord il ne voit qu'un épais nuage de poussière ; ce sont les machines de guerre qui vont battre les murs de sa cité royale. « Voilà Charles, s'écrie Didier, avec cette « grande armée. — Non, » dit Ogger. Alors apparaît la troupe immense des simples soldats. « Assurément, Charles s'avance « triomphant au milieu de cette foule. — Pas encore, » répond Ogger. Cependant on découvre le corps des gardes, vieux guerriers qui ne connaissaient jamais de repos. « Pour « le coup, c'est Charles, s'écrie Didier plein d'effroi. — Non, « reprend Ogger, pas encore. » A la suite viennent les évêques, les abbés, les clercs de la chapelle et les comtes. Alors Didier crie en sanglotant : « Descendons et cachons-nous « dans les entrailles de la terre loin de la face d'un si ter-« rible ennemi. — Quand vous verrez la moisson s'agiter « d'horreur dans les champs, dit Ogger, alors vous pourrez « croire à l'arrivée de Charles. » Il n'avait pas fini ces paroles, qu'on commença de voir au couchant comme un nuage ténébreux soulevé par le vent du nord-ouest qui convertit le jour en ténèbres. Mais l'empereur approchant un peu plus, l'éclat de ses armes fit luire sur Pavie un jour plus sombre que toute nuit. Alors parut Charles lui-même, tout couvert d'une armure de fer, la main gauche armée d'une lance, la droite étendue sur son invincible épée ; Ogger le reconnaît et, frappé d'épouvante, il chancelle et tombe en disant : « Le voici ! »

Mort de Charlemagne. — Ce fut le 28 janvier de l'année 814 que ce grand homme mourut. Son règne se résume en un immense et glorieux effort pour fondre ensemble le monde barbare et ce qui survivait de la civilisation romaine, pour mettre un terme au chaos né de l'invasion, et fonder une société régulière où l'autorité de l'empereur étroitement unie à celle du pape maintiendrait l'ordre dans l'Église comme dans l'État. Problème bien difficile, qu'il fut donné à Charlemagne de résoudre, mais dont, après lui, toutes les difficultés parurent. L'œuvre de Charlemagne, en effet, ne dura pas : on verra tout à l'heure les causes de sa chute. Le nom de ce génie puissant, quoique rude encore, n'en est pas moins entouré d'une gloire immortelle ; et il est resté dans la mémoire des nations avec celui des trois ou quatre grands hommes qui ont fait, sinon toujours le plus de bien, au moins le plus de bruit dans le monde. Pour lui, la somme du bien accompli dépasse de beaucoup ce qui n'est que vaine renommée et ambition stérile. Il créa l'Allemagne moderne, et si ce lien des nations qu'il avait voulu nouer se brisa, sa grande image plana au-dessus des temps féodaux comme le génie de l'ordre, invitant sans cesse les peuples à sortir du chaos, pour chercher l'union et la paix sous un chef glorieux et fort. Combien le souvenir du grand empereur n'a-t-il pas aidé les rois à reconstituer leur pouvoir et l'État[1] !

CHAPITRE XIV.

DÉMEMBREMENT DE L'EMPIRE DE CHARLEMAGNE PAR LE SOULÈVEMENT DES PEUPLES (814-843)[2].

Louis le Débonnaire (814-840). — Charlemagne avait bien pu fonder un vaste empire ; il était au-dessus de ses forces de donner à ces peuples différents d'origine, de langue et de coutumes, des intérêts et des sentiments communs,

---

1. FAITS DIVERS. — L'usage de compter les années à partir de la naissance de Jésus-Christ s'introduisit en France sous ce prince et sous son prédécesseur. Mais longtemps on fit commencer l'année au 1er mars, au 1er janvier, à Noël (25 décembre), ou à l'Annonciation (25 mars), enfin à Pâques. Ce dernier usage prévalut de Hugues Capet à Charles IX. Un capitulaire de 802 défend de se servir d'avocat : « Que chacun rende raison de sa propre cause et que personne ne pratique l'usage de discuter pour autrui. » Un autre consacra le *jugement de Dieu* par toutes les espèces d'épreuves.

2. Ouvrages à consulter : *De la vie et des actions de Louis le Débonnaire*, par Thegan ; *Vie de Louis le Débonnaire*, par l'anonyme dit l'Astronome ; *Des faits et gestes de Louis le Pieux*, poème par Ermold le Noir ; *Histoire des dissensions des fils de Louis le Débonnaire*, par Nithard.

c'est-à-dire un même désir de rester unis dans une seule et grande famille politique. Il y avait unité matérielle, il n'y avait pas unité morale, et celle-là seule est bonne et forte. « La supériorité de gloire dont brillait Charles, dit le moine de Saint-Gall, avait engagé les Gaulois, les Aquitains, les Burgondes, les Alamans et les Bavarois à se glorifier d'être confondus sous le nom de Francs. » Quand Charlemagne eut disparu, tout ce qui colorait d'une apparence d'honneur leur asservissement fut effacé; chacun ne songea plus qu'à soi et tira de son côté. Les ambitions privées des princes de la famille impériale aidèrent le démembrement des nations, celles des grands propriétaires et des officiers impériaux favorisèrent le morcellement des fiefs.

Charlemagne avait reconnu lui-même la nécessité de donner satisfaction aux nationalités les plus fortement accusées et il avait fait ses trois fils rois : Louis, des Aquitains; Pépin, des Italiens; Charles, des Allemands. Les deux derniers moururent avant leur père et ce partage fut annulé; plus tard Charlemagne assura l'Italie à Bernard, fils de Pépin. Ces rois ne devaient être, dans sa pensée, que de dociles lieutenants et le furent tant qu'il vécut. Mais quand la forte main qui tenait réuni ce faisceau de peuples fut glacée par la mort, il se rompit : les nations voulurent des rois, les rois de l'indépendance. Pour comprimer ces ambitieux désirs, il eût fallu une volonté énergique, et c'était le plus faible des hommes qui recueillait le lourd héritage du puissant maître de l'Occident.

Louis avait alors 36 ans. Il était pieux et intègre, mais sa piété était d'un moine, non d'un roi, et sa justice dégénérait aisément en faiblesse ou en cruauté. Il commença par des actes de réparation qui pouvaient paraître aux vieux conseillers de Charlemagne un abandon imprudent des droits de l'empire. Il rendit la liberté et leurs biens à une foule d'hommes qui en avaient été dépouillés; il restitua aux Frisons et aux Saxons le droit d'hériter qui leur avait été enlevé, et laissa les Romains instituer un nouveau pape, en 816, sans attendre la confirmation impériale. Lorsque Étienne IV vint ensuite le sacrer en France, il lui permit de prononcer ces paroles qui décelaient le désir du saint-siége de s'approprier le droit de disposer de la couronne impériale : « Pierre se glorifie de te faire ce présent, parce que tu lui assures la jouissance de ses libres droits. »

En même temps Louis réformait sévèrement la cour où, sous Charlemagne vieillissant, des désordres s'étaient manifestés; il punit sévèrement les coupables. Dans la pensée de diminuer le pouvoir de l'aristocratie et de rappeler à la vie politique les *Ahrimans* de plus en plus dominés par les grands propriétaires, il exigea que tous les hommes libres lui prêtassent directement serment de fidélité. Il irrita ainsi beaucoup de monde, sans faire beaucoup de bien, puis, pour calmer le mécontentement, il prodigua les bénéfices, les donnant en possession perpétuelle, système qui ne fut que trop suivi par ses successeurs, et qui les réduisit à la mendicité. Comme depuis deux siècles il n'y avait plus d'impôts publics, le prince n'avait pas d'autres revenus que ceux qu'il tirait de ses domaines, et en aliénant ses domaines, il aliénait ses revenus.

Partage fait entre les fils de l'empereur (817). — A l'assemblée ou concile d'Aix-la-Chapelle, en 817, on fit un règlement pour obtenir l'uniformité dans l'ordre monastique, qui fut soumis universellement à la règle de saint Benoît, et l'empereur fit un partage de ses États : Pépin eut l'Aquitaine, Louis, la Bavière ; l'aîné, Lothaire, fut asssocié à l'empire. Ses frères ne pouvaient sans son autorisation faire la guerre, conclure un traité, ou céder une ville.

Révolte et mort de Bernard (817-818). — Bernard, que son aïeul avait fait roi d'Italie et qui aspirait à mieux, comme héritier du fils aîné de Charlemagne, se prétendit lésé par ce partage. Les peuples, les cités de par delà les monts qui songeaient déjà à se délivrer des *barbares*, pour commencer une vie libre et nationale, s'associèrent à son ressentiment. « L'empereur revenait de la grande chasse dans la forêt des Vosges, pour passer l'hiver à Aix-la-Chapelle, lorsqu'il apprit que son neveu Bernard, cédant follement aux conseils d'hommes pervers, s'était révolté ; que déjà tous les princes et toutes les cités de l'Italie lui avaient prêté serment ; qu'enfin tous les passages par où l'on doit pénétrer dans ce royaume étaient fermés et défendus. Cette triste nouvelle étant confirmée par des fidèles témoins, l'empereur tira des troupes de la Gaule, de la Germanie, de tous côtés, et vint jusqu'à Châlons avec une armée très-nombreuse. Bernard, se reconnaissant trop faible contre de telles forces, se remit entre les mains de l'empereur, déposa ses armes et se prosterna à ses pieds, confessant sa faute. Son exemple fut suivi par les seigneurs de son royaume; une foule de clercs et de laïques avaient trempé dans ce crime. Ceux que la tempête enveloppa furent les évêques de Milan, de Crémone et d'Orléans. Quand les chefs de la conspiration eurent été arrêtés, l'empereur fit grâce à Bernard et à ses complices de la peine capitale qui devait les frapper selon la loi des Francs, mais leur fit arracher les yeux. Bernard mourut quelques jours après ce supplice. Les évêques furent déposés et renfermés dans des monastères ; pour le reste des coupables, ils furent ou bannis ou rasés. Au nombre des derniers étaient trois jeunes frères de l'empereur. » (L'Astronome.)

Répression des mouvements insurrectionnels. — La tentative faite par l'Italie était prématurée. Le peuple des Francs tenait trop encore à cet empire qu'il avait fondé pour permettre qu'il tombât déjà en dissolution, et il se portait avec ardeur à toutes les guerres qui pouvaient en assurer la conservation. La mort de Charlemagne avait été comme le signal d'une prise d'armes des nations tributaires ou ennemies. Les Slaves de l'Elbe avaient envahi la Saxe : les Avars de Pannonie s'étaient soulevés ; les Bretons sortaient de leur presqu'île ; les Vascons détruisirent une armée franque, et les Arabes d'Espagne envahirent la Septimanie, tandis que les Sarrasins ravageaient les côtes du sud, et les Northmans celles du nord et de l'ouest. Tous les coureurs d'aventures furent repoussés, les rebelles remis sous le joug, et Louis sembla, pendant quelque temps, porter aussi dignement que son père le sceptre impérial.

Pénitence publique de Louis (822). — Bientôt la désolante faiblesse du prince apparut à tous les yeux. « L'an 822, il convoqua une assemblée générale en un lieu nommé Attigny. Ayant appelé dans cette assemblée les évêques, les abbés, les ecclésiastiques, les grands de son royaume, son premier soin fut de se réconcilier d'abord avec ses frères, qu'il avait fait raser malgré eux, ensuite avec tous ceux auxquels il crut avoir fait quelque offense. Après quoi, il fit une confession publique de ses fautes, et il subit, de son gré, une pénitence pour tout ce qu'il avait fait, tant envers son neveu Bernard qu'envers les autres. »

C'est un grand spectacle que celui d'un homme puissant avouant publiquement ses fautes, et les rachetant par la pénitence. Ce spectacle, Théodose l'avait offert au peuple romain, mais, après s'être humilié dans la cathédrale de Milan, Théodose s'était relevé plus fort à ses propres yeux et aux yeux des peuples, parce que c'était devant Dieu et sous le poids des remords de sa conscience qu'il avait courbé la tête; Louis sortit du palais d'Attigny amoindri, dégradé, parce que c'était d'un corps politique, d'une autorité rivale de la sienne qu'il avait reçu son absolution. Chacun sut dès lors tout ce qu'on pouvait oser avec un tel homme.

Déposition et rétablissement de Louis (830). — En 823, il était né à l'empereur, de Judith, sa seconde femme, un fils nommé Charles. La mère voulut que cet enfant eût aussi son royaume, et le père, défaisant en 829 le partage de 817, lui donna l'Alamannie. Aussitôt les aînés ameutent les peuples; une vaste conspiration se forme, et l'empereur, abandonné de tous, tombe aux mains des rebelles. Ils forcent l'impératrice à prendre le voile, font raser ses frères et enferment leur père avec des moines, pour que ceux-ci lui persuadent d'embrasser de lui-même la vie religieuse. Lothaire, le chef de la révolte, espérait ainsi se débarrasser de son père sans violence. Mais les moines comprirent qu'ils avaient plus à gagner à remettre leur pénitent sur le trône qu'à le cloîtrer avec eux. Ils se firent les agents d'un autre complot, portèrent à Louis et à Pépin de secrets messages dans lesquels l'empereur promettait d'augmenter leurs royaumes s'ils le rétablissaient. La supériorité de Lothaire leur était déjà odieuse; ils consentirent, et l'assemblée de Nimègue, convoquée au milieu des Francs orientaux qui souhaitaient le maintien de l'empire, rendit à Louis son autorité (830).

Seconde déposition de Louis (833). — La leçon fut perdue pour lui. Remonté sur le trône, il ne sut pas mieux gouverner. Les intrigues recommencèrent. Il déposa Pépin et donna son royaume d'Aquitaine à l'enfant de Judith; ses autres fils virent là une menace pour eux-mêmes: ils se réunirent encore et vinrent attaquer leur père avec trois armées près de Colmar en Alsace. Le pape Grégoire IV était avec eux. Louis avait des forces considérables, et une bataille semblait imminente. Mais on lui débaucha son armée; le pontife menaça d'excommunication tous ceux qui combattraient contre Lothaire, et l'empereur renvoya lui-même les troupes qui lui restaient fidèles, en disant : « Je ne veux pas que personne meure pour moi, allez auprès de mes fils. » Il vint lui-même se remettre entre leurs mains avec Judith et Charles. L'esprit des hommes de ce temps resta pourtant frappé de cette grande trahison, et ce lieu fut appelé Lügenfeld, le *champ du Mensonge.*

Les vainqueurs insultèrent à la vieillesse et à la dignité de leur père en le soumettant à une dégradation publique. On lui fit lire, en présence de tout le peuple, dans l'église de Saint-Médard de Soissons, un long récit de ses fautes où il s'accusait d'avoir exposé le peuple à des parjures et l'État aux meurtres et au pillage, en faisant dans l'empire des divisions nouvelles et en provoquant la guerre civile; après quoi les évêques vinrent solennellement lui enlever son baudrier militaire et lui donner l'habit de pénitent.

Second rétablissement de Louis (834). — Cette humiliation de l'empire, dans la personne de l'empereur, rendit à Louis des partisans. Sa pieuse résignation, la révoltante dureté de ses fils excitèrent la compassion des peuples. Les frères d'ailleurs ne s'entendirent pas mieux que la première fois. Si Louis et Pépin ne voulaient pas être dépouillés au profit de Charles, ils ne consentaient pas à obéir à Lothaire, qui se proposait de maintenir l'unité du commandement impérial: et ils trouvaient dans la répugnance de leurs peuples à rester enfermés dans l'empire un appui sûr et des forces dévouées. Ils vinrent donc tirer Louis du monastère où Lothaire le retenait, et lui rendirent le pouvoir (834); mais il ne voulut en prendre les insignes qu'après en avoir reçu la permission des évêques.

Nouvelles fautes, nouvelles guerres, mort de Louis (840). — L'empereur sorti du cloître, pour lequel il était si bien fait, retomba dans les mêmes fautes. Dans sa prédilection aveugle pour son dernier-né, il oublia que la cause de tous ses malheurs était le partage qu'il avait fait de son vivant entre ses fils. En 835, il donna à Charles la Bourgogne, la Provence et la Septimanie. Le roi d'Aquitaine, Pépin, étant mort l'année suivante, les enfants qu'il laissait, furent dépouillés et Charles eut encore ce royaume. Alors Louis le Germanique et Lothaire, réduits l'un à la Bavière, l'autre à l'Italie, reprirent les armes. L'empereur, pour n'avoir pas à les combattre tous deux, traita avec Lothaire (839). Il lui abandonna toutes les provinces à l'orient de la Meuse, du Jura et du Rhône, avec le titre d'empereur; les provinces occidentales seraient le lot du fils de Judith, Louis le Germanique ne conservant que la Bavière. Celui-ci, soutenu de toute l'Allemagne, réclama contre ce partage injuste; et le vieil empereur consuma ses derniers jours dans cette guerre impie. Il mourut sur le Rhin, près de Mayence : « Je lui pardonne, disait-il aux évêques qui l'imploraient pour le rebelle, mais qu'il sache qu'il me fait mourir. » Le moyen âge, plus touché des vertus de l'homme que des défauts du prince, a été plein d'indulgence pour la mémoire du Débonnaire.

Bataille de Fontanet (841) et traité de Verdun (843). — Depuis la mort de Charlemagne, l'empire qu'il avait fondé, s'agitait incessamment, comme un grand corps prêt à se dissoudre. Chaque prince voulait un royaume, et chaque grande division de l'empire voulait un roi pour former un État à part. En 817, il y avait eu une première division ; d'autres encore en 829, en 835 et en 839. Les peuples, à la fin, lassés de ces déchirements perpétuels, vinrent décider la question à la solennelle bataille de Fontanet, près d'Auxerre. Toutes les tribus de l'Allemagne, sous Louis le Germanique, et les Neustriens, les Burgondes et les Provençaux, sous Charles le Chauve, combattirent dans les mêmes rangs pour renverser l'ordre politique établi par Charles Martel, Pépin et Charlemagne, au profit des Francs austrasiens. Ceux-ci, c'est-à-dire presque toute la population franque établie entre la Seine et le Rhin, qui ne défendaient que leur propre cause en soutenant celle de l'empire, furent secondés par les Italiens qui avaient adopté les nouveaux empereurs comme les légitimes héritiers de Marc-Aurèle et de Trajan. Lothaire, le fils aîné de Louis le Débonnaire, était leur chef (841). Il portait le titre d'empereur et ne voulait voir dans ses frères que des lieutenants.

Des deux côtés on se prépara à la bataille avec une sorte de recueillement religieux qui prouve que les peuples étaient venus à cette lutte suprême comme à un jugement de Dieu. « Tout espoir de paix étant enlevé, dit un historien de ce temps, Nithard, petit-fils lui-même de Charlemagne, Louis et Charles firent dire à Lothaire qu'il sût que le lendemain même, à la deuxième heure du jour, ils en viendraient au jugement du Dieu tout-puissant. Lothaire, selon sa coutume, traita insolemment les envoyés et répondit qu'on verrait bien ce qu'il savait faire. Au point du jour, Louis et Charles levèrent leur camp, et occupèrent avec le tiers de leur armée, le sommet d'une hauteur voisine du camp de Lothaire et attendirent son arrivée. Alors un grand et rude combat s'engagea sur les bords d'une petite rivière. Lothaire, vaincu, tourna le dos avec tous les siens. Après l'action, Louis et Charles délibérèrent sur ce qu'on devait faire aux fuyards. Les deux rois, prenant pitié de leur frère et de son peuple, étaient d'avis de leur témoigner en cette occasion la miséricorde de Dieu. Le reste de l'armée y ayant consenti, tous cessèrent de combattre et rentrèrent dans leur camp vers le milieu du jour. Le lendemain, qui était un dimanche, après la célébration de la messe, ils enterrèrent également amis et ennemis, soignèrent également tous les blessés selon leur pouvoir. Ensuite les rois et l'armée, affligés d'en être venus aux mains avec un frère et avec des chrétiens, interrogèrent les évêques sur ce qu'ils devaient faire.

« Tous les évêques se réunirent en concile, et il fut déclaré dans cette assemblée, qu'on avait combattu pour la seule justice, que le jugement de Dieu l'avait prouvé manifestement, et qu'ainsi quiconque avait pris part à l'affaire, soit par conseil, soit par action, comme instrument de la volonté de Dieu, était exempt de tout reproche. »

J'entre dans ces détails pour montrer l'influence que les évêques avaient prise et le caractère nouveau de ces guerres, où ne se trouve plus la férocité des Francs. Mais cet adoucissement des mœurs amène un affaiblissement du courage. Ces guerriers, au milieu desquels se tiennent des conciles, vont laisser quelques bandes de Northmans ravager impunément leur pays comme des troupes de loups affamés devant qui tout fuirait.

Grâce aux sentiments chrétiens des vainqueurs, ou à la résistance des vaincus, plus grande que ne le dit l'historien, la bataille de Fontanet fut peu décisive, et la guerre continua. Louis et Charles se rencontrèrent à Strasbourg pour resserrer leur union contre Lothaire, et se jurèrent alliance devant leurs soldats, l'un en langue tudesque ou allemande, l'autre en langue romane ou française. Le serment de Strasbourg est le premier monument de notre langue formée de la combinaison, en quantités très-inégales, des trois idiomes, celte, latin et allemand qui ont été parlés en Gaule, le latin primant de beaucoup l'allemand et le celte qui n'ont fourni qu'un petit nombre de mots. Cette alliance fut célébrée par des fêtes militaires où l'on a voulu voir l'origine des tournois, mais qui font plutôt songer aux brillantes fantasias de nos Arabes d'Algérie.

Il était donc bien évident que Louis et Charles avaient la

ferme résolution de briser l'empire. Lothaire se décida à traiter. Cent dix commissaires parcoururent toutes les provinces et en dressèrent le tableau, afin qu'on pût en faire un partage équitable. Il fut accompli à Verdun (843). Les trois principaux peuples de l'empire, Germains, Gallo-Francs et Italiens, se séparèrent pour toujours, les premiers sous Louis, les seconds sous Charles, les troisièmes sous Lothaire. Le nom d'empereur, titre sans puissance, resta attaché à la possession de Rome et de l'Italie : seulement, pour rendre moins inégale la part de Lothaire, on lui abandonna une bande de territoire longue et étroite, qui alla de la Meuse au Rhin, de la Saône et du Rhône aux Alpes (Belgique, Lotharingie ou Lorraine, comté de Bourgogne, Dauphiné et Provence). Ce traité réduisait la Gaule d'un tiers et lui enlevait pour la première fois sa limite du Rhin et des Alpes ; il pèse encore sur nous depuis mille ans. Les efforts de François Ier, de Henri II, de Richelieu, de Louis XIV, de la Révolution et de Napoléon, n'ont pu la déchirer tout à fait. Nous avons repris la vallée du Rhône, celle de la Saône et une partie de la Lorraine, mais la Flandre qu'il nous donnait ne nous est pas restée tout entière. Charles le Chauve, qui signa cette convention fatale, fut donc, à vrai dire, le premier roi de la France moderne, comme Louis le Germanique fut le premier roi d'Allemagne ; pour Lothaire, il continua le royaume d'Italie, qui devait tant de fois encore s'éteindre et renaître.

Ainsi le déchirement était accompli. Quelques hommes d'un esprit élevé portèrent le deuil de cette unité de l'Europe chrétienne que le traité de Verdun venait de dissoudre ; il nous en reste un poétique témoignage dans les vers suivants de Florus, diacre de l'Église de Lyon :

« Un bel empire florissait sous un brillant diadème ; il n'y avait qu'un prince et un peuple ; toutes les villes avaient des juges et des lois. Le zèle des prêtres était entretenu par des conciles fréquents ; les jeunes gens relisaient sans cesse les livres saints, et l'esprit des enfants se formait à l'étude des lettres. L'amour d'un côté, de l'autre la crainte, maintenaient partout le bon accord ; aussi la nation franque brillait-elle aux yeux du monde entier. Les royaumes étrangers, les Grecs, les barbares et le sénat du Latium lui adressaient des ambassades. La race de Romulus, Rome elle-même, la mère des royaumes s'était soumise à cette nation. C'était là que son chef, soutenu de l'appui du Christ, avait reçu le diadème par le don apostolique. Heureux s'il eût connu son bonheur, l'empire qui avait Rome pour citadelle et le porte-clef du ciel pour fondateur ! Déchue maintenant, cette grande puissance a perdu à la fois son éclat et le nom d'empire ; le royaume, naguère si bien uni, est divisé en trois lots, il n'y a plus personne qu'on puisse regarder comme empereur ; au lieu de roi, on voit un roitelet, et au lieu de royaume, un morceau de royaume. Le bien général est annulé, chacun s'occupe de ses intérêts ; on songe à tout ; Dieu seul est oublié. Les pasteurs du Seigneur, habiles à se réunir, ne peuvent plus tenir leurs synodes au milieu d'une telle division. Il n'y a plus d'assemblée du peuple, plus de loi ; c'est en vain qu'une ambassade arriverait là où il n'y a point de cour. Que vont devenir les peuples voisins du Danube, du Rhin, du Rhône, de la Loire et du Pô, tous anciennement unis par les liens de la concorde, maintenant que l'alliance est rompue ? Ils seront tourmentés par de tristes dissensions. De quelle fin la colère de Dieu fera-t-elle suivre tous ces maux ? A peine est-il quelqu'un qui y songe avec effroi, qui médite sur ce qui se passe et s'en afflige. On se réjouit au milieu du déchirement de l'empire et l'on appelle paix un ordre de choses qui n'offre aucun des biens de la paix. »

CHAPITRE XV.

DÉMEMBREMENT DU ROYAUME DE FRANCE PAR LES USURPATIONS DES LEUDES (843-887)[1].

Charles le Chauve (843-877).—Jusqu'à présent, nous avons fait l'histoire des Gaulois, des Gallo-Romains et des Francs ; à partir du traité de Verdun, nous commençons l'histoire des Français. La France, en effet, a reçu maintenant,

---

[1]. Ouvrages à consulter : les *Annales de saint Bertin ;* Depping, *Histoire des expéditions maritimes des Normands.*

sauf les Northmans, qui au reste, se montrent déjà sur les côtes et ne s'y établiront qu'en petit nombre, toutes les races dont sa population s'est formée, et tous les éléments celtique, romain, chrétien, germanique, de la combinaison desquels sortira sa civilisation. Le mélange est même déjà assez avancé pour qu'on ne distingue plus le Gallo-Romain du Franc, le civilisé du barbare. Tous ont mêmes mœurs et à peu près même langue. L'idiome français s'est montré officiellement au traité de Verdun ; le droit cesse d'être personnel et devient local ; les coutumes remplacent le code romain ou les codes barbares ; il n'y a guère d'esclaves, il y a peu d'hommes libres ; on ne verra bientôt plus que des serfs et des seigneurs.

Mais cette France n'a plus l'étendue de la Gaule, le traité de Verdun l'a rejetée derrière l'Escaut et la Meuse, derrière la Saône et le Rhône ; et les populations établies à l'intérieur de ces étroites limites, les trouvent trop vastes encore : elles voudraient vivre à l'écart, pour elles-mêmes et non plus pour soutenir une vaste domination qui les écrase et qu'elles ne comprennent pas. L'empire de Charlemagne s'est brisé en trois royaumes, la France va se briser en principautés féodales, dont quelques-unes aspireront même à jouer le rôle d'États complétement indépendants. Les chefs des Basques et ceux des Bretons prendront le titre de roi.

Le fils de Judith et de Louis le Débonnaire, Charles le Chauve, roi de France depuis 840, n'était qu'un ambitieux vulgaire. Le temps lui fut largement départi, comme il l'avait été à Charlemagne, car il régna 37 ans ; il n'en sut rien faire. Les embarras, il est vrai, étaient grands. L'année même où l'on se battait pour et contre l'Empire, à Fontanet, Asnar, comte de Jacca, s'attribuait la souveraineté de la Navarre, et les Northmans brûlaient Rouen ; en 843, ils pillaient Nantes, Saintes et Bordeaux. En même temps, les Aquitains se soulevaient pour avoir un roi national : les Bretons avaient trouvé le leur dans Noménoë, que Charles faisait excommunier par ses évêques, mais qui battait ses lieutenants ; la Septimanie avait son chef dans Bernard. Les Sarrasins et les pirates grecs ravageaient le midi, tandis que les Northmans dévastaient le nord et l'ouest ; enfin pour combler la mesure des maux que ce siècle avait à porter, les Hongrois, successeurs des Huns et des Avars, vont arriver par l'est.

Les Northmans. — Pirates redoutés, les Northmans étaient des hommes que la faim, la soif du pillage, l'amour des aventures, chassaient chaque année des stériles régions de la Norvége, de la Suède et du Danemark. En trois jours, un vent d'est amenait leurs barques à deux voiles aux bouches de la Seine. Chaque flotte obéissait à un *kuning* ou roi. « Mais il n'était roi que sur mer et dans le combat : car, à l'heure du festin, toute la troupe s'asseyait à la même table, et les cornes remplies de bière passaient de main en main sans qu'il y eût ni premier ni dernier. Le *roi de mer* était partout suivi avec fidélité et toujours obéi avec zèle, parce que toujours il était réputé le plus brave entre les braves, comme celui qui n'avait jamais vidé la coupe d'un foyer abrité.

« Il savait gouverner le vaisseau comme un bon cavalier manie son cheval. A l'ascendant du courage et de l'habileté, se joignait pour lui l'empire que donnait la superstition ; il était initié à la science des *runes*. Il connaissait les caractères mystérieux qui, gravés sur les épées, devaient procurer la victoire, et ceux qui, inscrits à la poupe et sur les rames, devaient empêcher le naufrage. Égaux, sous un pareil chef, supportant légèrement leur soumission volontaire et le poids de leur armure de mailles qu'ils se promettaient d'échanger pour un égal poids d'or, les pirates danois cheminaient gaiement sur la *route des cygnes*, comme disent les vieilles poésies nationales. Tantôt ils côtoyaient la terre, et guettaient leur ennemi dans les détroits, les baies et les petits mouillages, ce qui leur fit donner le nom de wikings ou enfants des anses ; tantôt ils se lançaient à sa poursuite à travers l'Océan. Les violents orages des mers du nord dispersaient et brisaient leurs frêles navires ; tous ne rejoignaient pas le vaisseau du chef au signal du ralliement ; mais ceux qui survivaient à leurs compagnons naufragés n'en avaient ni moins de confiance ni plus de souci ; ils se riaient des vents et des flots qui n'avaient pu leur nuire. « La force de la tempête, « chantaient-ils, aide le bras de nos rameurs ; l'ouragan est à « notre service ; ils nous jettent où nous voulons aller. » (Aug. Thierry.)

Souvent quelques-uns, au milieu du cliquetis des armes et à la vue du sang entraient dans une sorte de folie furieuse qui doublait leurs forces et les rendait insensibles aux blessures, comme s'ils eussent vu s'ouvrir à leurs yeux le palais de leur dieu Odin et les salles resplendissantes du Walhalla. D'autres affectaient dans les tortures une indomptable énergie, et chantaient, au milieu des bourreaux, leur chant de mort. Ainsi, le fameux Lodbrog, plongé dans une fosse remplie de vipères, jetait fièrement à ses ennemis ces paroles :

« Nous avons combattu avec l'épée ! J'étais jeune encore quand, à l'orient, dans les étoiles d'Eirar, nous avons creusé un fleuve de sang pour les loups et convié l'oiseau aux pieds jaunes à un large banquet de cadavres ; la mer était rouge comme une blessure qui vient de s'ouvrir, et les corbeaux nageaient dans le sang.

« Nous avons combattu avec l'épée ! J'ai vu, près d'Aienlane (Angleterre), d'innombrables cadavres charger le pont des vaisseaux ; nous avons continué la bataille six jours entiers sans que l'ennemi succombât ; le septième au lever du soleil, nous célébrâmes la messe des épées, Valthiof fut forcé de plier sous nos armes.

« Nous avons combattu avec l'épée ! Des torrents de sang pleuvaient de nos armes à Partohyrth (Pesth) ; le vautour n'en trouva plus dans les cadavres ; l'arc résonnait, et les flèches se plantaient dans les cottes de mailles ; la sueur coulait sur la lame des épées ; elles versaient du poison dans les blessures et moissonnaient les guerriers comme le marteau d'Odin.

« Nous avons combattu avec l'épée ! La mort me saisit, la morsure des vipères a été profonde ; je sens leurs dents au fond de ma poitrine. Bientôt, j'espère, le glaive me vengera dans le sang d'Ælla. Mes fils frémiront à la nouvelle de ma mort ; la colère leur rougira le visage ; d'aussi hardis guerriers ne prendront pas de repos avant de m'avoir vengé.

« Il faut finir, voici le Dysir qu'Odin m'envoie pour me conduire à son joyeux palais. Je m'en vais, avec les Ases, boire l'hydromel à la place d'honneur. Les heures de ma vie sont écoulées, et mon sourire brave la mort. »

Le fanatisme religieux se joignait au fanatisme guerrier ; ces pirates aimaient à verser le sang des prêtres et faisaient coucher leurs chevaux dans les églises. Quand ils avaient ravagé une terre chrétienne : « Nous leur avons chanté, disaient-ils, la messe des lances ; elle a commencé de grand matin, et elle a duré jusqu'à la nuit. » Charlemagne avait vu de loin ces terribles envahisseurs ; sous Louis le Débonnaire ils s'enhardirent. Quelques-uns s'établirent à demeure, en 837, dans l'île de Walcheren, et de là allèrent mettre à contribution les pays riverains de la Meuse et du Wahal. A partir de 843, on les voit arriver chaque année. Ils remontaient par l'embouchure des fleuves, par l'Escaut, la Somme, la Seine, la Loire et la Gironde, jusque dans l'intérieur du pays. Nombre de villes, même des plus importantes, comme Orléans et Paris, furent prises et pillées par eux, sans que Charles pût les défendre. Du Rhin à l'Adour, et de l'Océan aux Cévennes et aux Vosges, tout fut pillé. Ils prirent même l'habitude de ne plus retourner pendant l'hiver dans leur pays. Ils s'établirent à demeure dans l'île d'Oyssel, au-dessus de Rouen, à Noirmoutiers, à l'embouchure de la Loire et dans le fleuve même, à l'île Bière, près de Saint-Florent. C'était là qu'ils apportaient leur butin, de là qu'ils partaient pour des expéditions nouvelles.

Édit de Mersen (847). — Les chroniqueurs, ne comprenant pas cette apathie de la nation des Francs, naguère si brave, et qui maintenant se laissait piller par quelques aventuriers, ne purent l'expliquer qu'en supposant un immense massacre à Fontanet.

> La peri de France la flor
> E des baronz tuit li meillor
> Ainsi trovèrent Paenz terre
> Vuide de gent, bonne à conquerre.

Il y a quelque chose de vrai dans ces paroles. Les cinquante-trois expéditions de Charlemagne avaient usé la race franque; et ses conquêtes, où toujours quelques-uns de ses guerriers s'établissaient, l'avaient dispersée sur la surface des trois royaumes. Les dissensions des fils de Louis le Débonnaire l'avaient achevée. Maintenant on ne trouvait plus d'hommes libres, et par la grande consommation que tant de guerres en avaient faite, et parce que, au milieu de l'anarchie croissante, les hommes libres avaient presque tous renoncé à une indépendance qui les laissait dans l'isolement et par conséquent dans le péril, pour se faire les vassaux d'hommes capables de les défendre. L'édit de Mersen, en 847, portait: « Tout homme libre pourra se choisir un seigneur, soit le roi, soit un de ses vassaux, et aucun vassal du roi ne sera obligé de le suivre à la guerre, si ce n'est contre l'ennemi étranger. » Ainsi les sujets pouvant marchander l'obéissance, le roi, dans les guerres civiles restait désarmé, impuissant; et comme il était aussi incapable de se faire obéir des grands que de protéger les petits, ceux-ci se groupaient autour de ceux-là. Les vassaux du roi diminuaient, ceux des grands augmentaient. De tous côtés on oubliait l'intérêt national pour ne songer qu'au sien propre. Rouen s'inquiétait peu des malheurs de Bordeaux, Saintes de ceux de Paris : et voilà comment, à cette époque, ainsi qu'aux derniers jours de l'empire romain et par la même cause, l'absence d'un sentiment énergique et commun à tous, le patriotisme, des bandes peu nombreuses pouvaient ravager impunément un grand pays. Charles essaya de les renvoyer en leur donnant de l'or : c'était le moyen le plus sûr de les attirer. L'empire romain en avait agi de même avec les barbares et on sait quel succès avait eu ce moyen.

Associés des Northmans. — Les vrais Northmans ne pouvaient être bien nombreux, car ils venaient de loin et par mer. «Mais, comme dit un chroniqueur du temps, beaucoup d'habitants du pays, oubliant qu'ils avaient été régénérés dans les eaux saintes du baptême, se précipitaient dans les erreurs ténébreuses des païens; ils mangeaient avec eux la chair de chevaux immolés à Odin et à Thor, puis s'associaient à leurs forfaits. » Et ces renégats étaient les plus à craindre. Ils servaient de guides aux envahisseurs, savaient déjouer les ruses de leurs concitoyens pour tromper l'avidité des barbares, et montraient encore moins de respect et de pitié que ceux-ci pour le culte et le peuple qu'ils avaient désertés. Parfois même quelques-uns des grands se faisaient payer par ces Northmans pour ne les point inquiéter dans leurs courses, et prélevaient la dîme du pillage de la France.

Le Northman Hastings. — Le plus redoutable de ces pirates fut Hastings, qui ravagea les bords de la Loire, de 843 à 850, saccagea Bordeaux, Saintes, menaça Tarbes, qui célèbre encore aujourd'hui, le 21 mai, une victoire gagnée sur eux, tourna l'Espagne, et toujours pillant, arriva jusqu'aux côtes d'Italie. Il était attiré par le grand nom et les richesses de la capitale du monde chrétien; mais il prit Luna pour Rome. Hastings envoya dire au comte et à l'évêque que ses compagnons, vainqueurs des Francs, ne voulaient pas de mal au peuple d'Italie, qu'ils ne demandaient qu'à réparer leurs barques avariées, et que lui-même, fatigué de cette vie errante, il désirait trouver le repos dans le sein de l'Église. L'évêque et le comte ne refusèrent rien; Hastings reçut même le baptême; mais les portes de la ville restaient fermées. A quelque temps de là, le camp retentit de gémissements : Hastings était dangereusement malade; des envoyés vinrent le dire et déclarer en même temps que le moribond avait l'intention d'abandonner à l'Église tout son butin à condition que son corps fût enseveli en terre sainte. Les cris de douleur des Northmans annoncèrent bientôt la mort de leur chef. On leur permit d'entrer dans la ville pour apporter son cadavre, et les funérailles furent préparées dans l'église même. Mais, au moment où l'on déposait le corps au milieu du chœur, Hastings se dressa tout à coup, abattit l'évêque à ses pieds, pendant que ses compagnons, tirant leurs armes cachées, massacraient prêtres et soldats. Maître de Luna, Hastings reconnut son erreur. On lui fit entendre que Rome était à une grande distance, et qu'il ne la prendrait pas aussi facilement, il remit à la voile avec son butin, et reparut au bout de quelques mois à l'embouchure de la Loire.

Robert le Fort. — Charles le Chauve avait réuni une partie du pays, entre la Seine et la Loire, sous le commandement de Robert le Fort, ancêtre des Capétiens, afin d'opposer une résistance plus efficace aux Northmans et aux Bretons, un grand nombre de ceux-ci ayant pris l'habitude de se joindre aux pirates. Robert vainquit deux fois les Bretons et battit un corps de Northmans tout chargés encore du butin de la Brie et de la ville de Meaux. Ce fut ce valeureux chef que Hastings rencontra au retour d'Italie. Il venait de saccager le Mans, quand Robert et le duc d'Aquitaine l'atteignirent à Brissarthe (Pont-sur-Sarthe), près d'Angers. Les païens n'étaient que 400, moitié Northmans, moitié Bretons; à l'approche de Robert, ils se jetèrent dans une église et s'y barricadèrent. C'était le soir. Les Français remirent l'attaque au lendemain. Robert avait déjà ôté son casque et sa cotte de maille, quand les Northmans, ouvrant soudainement les portes, se précipitent sur sa troupe dispersée. Robert rallie les siens, repousse l'ennemi dans l'église et veut l'y suivre. Mais il combattait la tête nue et la poitrine découverte; il fut blessé mortellement sur le seuil même. Le duc Rainulf tomba à côté de celui que les chroniques du temps appellent le *Machabée* de la France (865). Hastings, délivré de ce redoutable adversaire, remonta toute la Loire et pénétra jusqu'à Clermont-Ferrand. On ne trouva d'autre moyen d'en débarrasser la France que de lui donner le comté de Chartres. Encore l'abandonna-t-il, à près de soixante-dix ans, pour se remettre à courir les aventures.

194 DÉMEMBREMENT DU ROYAUME DE FRANCE

Commencement des grands fiefs.—Les Northmans furent le plus grand mais non le seul embarras de Charles le Chauve : le Breton Noménoë repoussa toutes ses attaques, se fit couronner roi et laissa son titre à son fils Hérispoë. Les

Charles le Chauve[1].

Aquitains avaient élu pour chef le fils de leur dernier roi, Pépin II, que Charles le Chauve avait dépossédé. Chassé à cause

---

1. Cette gravure reproduit une miniature servant de frontispice au livre d'Heures de Charles le Chauve, qui est conservé au musée des Souverains, au Louvre.

de ses vices, Pépin s'allia aux Northmans et aux Sarrasins pour piller ses anciens sujets, fut pris et enfermé dans un cloître. Charles recouvra pour quelque temps l'Aquitaine, la perdit, la recouvra encore et la donna à un de ses fils. Mais les vrais maîtres du pays étaient déjà Raymond, comte de Toulouse, qui dominait aussi sur le Rouergue et le Quercy : Walgrin, comte d'Angoulême; Sanche Mitara, duc de Gascogne, avec Bordeaux pour capitale; Bernard, marquis de Septimanie; Rainulf, duc d'Aquitaine et comte de Poitiers; Bernard Plantevelue, comte d'Auvergne, qui tous fondèrent des maisons héréditaires. Au nord de la Loire, Charles avait de même été contraint de constituer pour Robert le Fort le grand-duché de France, d'où sortira la troisième race; au nord de la Somme, le comté de Flandre, en faveur de son gendre Baudouin Bras de Fer; et, entre la Loire et la Saône, le puissant duché de Bourgogne, pour Richard le Justicier. Ainsi, sous le petit-fils de Charlemagne, non-seulement l'empire était divisé en royaumes, mais les royaumes se démembraient déjà en fiefs.

Édit de Pistes (863). — Charles faisait cependant de loin en loin un effort pour retenir à son service et à celui de l'État la classe des hommes libres. En 863, l'édit de Pistes ordonna un recensement des hommes obligés au service militaire. Les peines les plus sévères furent prononcées contre ceux qui les priveraient de leurs chevaux et de leurs armes, et contre les ingénus eux-mêmes, qui, pour se délivrer de cette charge, se donneraient à l'Église.

Guerres étrangères. — Ce prince, si faible chez lui, voulut pourtant s'agrandir au dehors; ce roi, qui ne pouvait porter sa couronne, entreprit d'en gagner d'autres.

A la mort de l'empereur Lothaire, en 855, son héritage avait été partagé entre ses trois fils. L'aîné eut l'Italie, le second la Lotharingie, le troisième la Provence. Celui-ci ne vécut que jusqu'en 863, le roi de Lotharingie jusqu'en 869, et aucun d'eux ne laissa d'enfant. Charles le Chauve essaya, à leur mort, de mettre la main sur leurs domaines. Il échoua d'abord en 863, mais réussit en 870, et partagea la Lorraine avec son frère Louis le Germanique. Malgré la faiblesse et la honte de son règne, Charles le Chauve reformait donc, au moins d'un côté, la France que le traité de Verdun avait mutilée.

Édit de Kiersy (877). — Au lieu de continuer dans

cette voie, Charles ambitionna encore la couronne impériale devenue vacante en 875. Il alla se la faire donner à Rome par le pape, prit au retour celle du royaume des Lombards, à Milan, et, son frère Louis le Germanique étant mort, il prétendit ajouter ses États aux siens, l'Allemagne à la France. A ce même moment les Northmans lui prenaient Rouen. Il fut battu sur le Rhin; l'Italie aussi lui échappait. Pour décider ses vassaux à le soutenir dans cette querelle, il les réunit à la diète de Kiersy-sur-Oise, et y signa un capitulaire qui reconnut en droit l'hérédité des fiefs et des offices. Cet acte dépouillait à la fois la royauté des pouvoirs qu'elle avait conférés et des terres qu'elle avait temporairement concédées. Il constituait l'hérédité des fonctions publiques (voy. le chap. xviii). Charles mourut dans cette expédition d'Italie, au pied du mont Cenis.

Louis le Bègue (877-879). Louis III et Carloman (879-884). — Le fils de Charles le Chauve, Louis le Bègue, roi d'Aquitaine depuis 867, lui succéda comme roi de France. Il fut sacré à Compiègne par l'archevêque de Reims, Hincmar, le membre le plus éminent du clergé de France en ce temps-là. Pour se concilier les grands, il leur abandonna une partie des domaines qui restaient encore à la couronne, concessions que ses deux fils, Louis III et Carloman, multiplièrent encore. Ces deux princes régnèrent de bon accord, l'un en Neustrie, l'autre en Aquitaine et en Bourgogne. Le mal ne continua pas moins d'empirer. Le duc Boson se fit proclamer, en 879, roi de Provence, et ils ne purent le renverser. Charles le Chauve avait, en 870, acquis la moitié de la Lorraine; ils l'abandonnèrent et ce pays retourna à l'Allemagne, qui ne nous en a laissé qu'une faible partie. Deux victoires sur les Northmans, notamment celle de Saucourt en Vimeu, jetèrent pourtant un peu de gloire sur le nom de ces princes. Mais ces avantages momentanés n'empêchaient pas les brigandages de recommencer aussitôt. En 882, le célèbre Hastings se fit abandonner le comté de Chartres, et Carloman donna de l'argent aux autres pour les renvoyer. « Ils promirent la paix, dit tristement le chroniqueur, pour autant d'années qu'on leur compta de 1000 livres pesant d'argent. » Les deux rois moururent à peu de temps l'un de l'autre, par suite d'accidents : Louis en 882, Carloman deux ans plus tard.

Charles le Gros roi et empereur (884-887). — Ils

avaient un frère, Charles le Simple; les grands lui préférèrent un petit-fils de Louis le Débonnaire, Charles le Gros, alors empereur et roi de Germanie. Tout l'héritage de Charlemagne se trouva réuni dans ses mains. Mais les temps étaient changés. Cet homme chargé de tant de couronnes ne put même intimider les Northmans.

Siége de Paris (885-886). — Il avait déjà cédé la Frise à un de leurs chefs. Un autre, le fameux Rollon, espèce de géant qui n'allait jamais qu'à pied, n'ayant pu trouver de cheval capable de lui servir de monture, vint prendre Rouen, Pontoise, et tuer le duc du Mans. A l'approche de ses compatriotes, le nouveau comte de Chartres, l'ancien pirate Hastings, courut les rejoindre et tous marchèrent sur Paris, qu'ils avaient déjà trois fois pillé. Mais Paris venait d'être fortifié; de grosses tours couvraient les ponts (Petit-Pont et Pont-au-Change), qui réunissaient l'île de la Cité aux faubourgs des deux rives; la Seine était donc barrée aux 700 grandes barques que les Northmans voulaient conduire jusqu'en Bourgogne, où ils n'étaient pas encore allés. Les habitants, encouragés par leur évêque Gozlin et par leur comte Eudes, fils de Robert le Fort, résistèrent un an. L'attaque commença le 26 novembre 885. La tour du Grand-Pont, sur la rive droite, n'étant pas encore achevée, les Northmans l'assaillirent. Deux jours durant on s'y battit avec acharnement, l'évêque Gozlin y fut blessé d'un javelot. Les Northmans, repoussés, s'établirent autour de l'église Saint-Germain-l'Auxerrois, en un camp retranché. Des transfuges leur avaient appris tout ce que l'on connaissait encore de la science militaire des Romains. Ils construisirent d'abord une tour roulante à trois étages; mais quand ils voulurent l'approcher des murs, les Parisiens tuèrent à coups de flèches ceux qui la faisaient mouvoir. Alors ils s'avancèrent avec des béliers, les uns sous des mantelets mobiles qu'on avait couverts de cuirs frais, pour les mettre à l'abri du feu, les autres firent la tortue avec leurs boucliers. Arrivés au bord du fossé, ils y jetèrent, pour le combler, de la terre, des fascines, des arbres entiers, même les cadavres de leurs captifs qu'ils égorgeaient sous les yeux des assiégés. Pendant que les plus éloignés écartaient les défenseurs des créneaux par une grêle de traits et de balles de plomb, les plus rapprochés du mur ébranlaient la tour avec les béliers: rien ne réussit. Les Parisiens versaient à longs flots l'huile bouillante, la cire et la poix liquide ; leurs catapultes lançaient des pierres énormes qui brisaient les mantelets et les boucliers peints, ou des crampons de fer qui les enlevaient et découvraient l'assaillant, aussitôt criblé de traits. Trois bateaux enflammés, lancés contre le pont, furent arrêtés par les piles en pierres qui le portaient, et ne purent y mettre le feu.

Cette résistance inespérée durait depuis plus de deux mois, quand une crue subite du fleuve emporta, dans la nuit du 6 février 886, une partie du Petit-Pont. Les Northmans se ruèrent aussitôt sur la tour de la rive gauche, qui était maintenant isolée de la ville. Douze hommes seulement y restaient. Ils se défendirent toute une journée, puis se retirèrent sur les débris du pont et y combattirent encore. Ils se rendirent enfin sur la promesse qu'ils auraient la vie sauve. Dès que les barbares tinrent ces braves gens, ils les égorgèrent. Un d'eux, de grande mine, leur parut un chef ; ils décidèrent de l'épargner, mais lui voulut partager jusqu'au bout le sort de ses compagnons. « Vous n'aurez jamais, leur dit-il, de rançon pour ma tête, » et il les força de le tuer.

Cependant on ne s'entretenait par tout le pays que du grand courage des Parisiens, quelques-uns s'enhardissaient à faire comme eux. Plusieurs bandes de pirates qui avaient quitté le siège furent battues, et le conseiller de l'empereur Charles, le duc Heinrich, vint jeter un secours dans la place ; mais les païens maintenaient le blocus. La misère devint extrême dans la ville ; beaucoup de gens mouraient. L'évêque Gozlin, le comte d'Anjou « passèrent au Seigneur. » Le brave comte Eudes s'échappa pour aller presser l'arrivée de l'empereur, et, quand il le vit en marche, revint s'enfermer avec les siens. Le secours promis parut enfin : le duc Henrich le conduisait. Voulant reconnaître lui-même les lieux, il s'avança trop loin ; son cheval tomba dans un des fossés que les Northmans creusaient, il y fut tué ; ceux qui le suivaient se débandèrent. Paris était donc encore une fois abandonné à lui-même. Les Northmans crurent que le découragement y régnait, et qu'ils auraient bon marché d'un peuple épuisé. Ils tentent un assaut général ; partout ils sont repoussés. Ils veulent incendier la porte de la grosse tour, et y entassent un immense bûcher ; mais les Parisiens font une sortie soudaine et repoussent à la fois les assaillants et l'incendie.

Au bout de longs mois, Charles arriva enfin, avec une armée sur les hauteurs de Montmartre. Les Parisiens pleins d'ardeur attendaient le signal du combat, quand on leur dit que l'empereur achetait encore à prix d'argent la retraite de cet ennemi qu'ils avaient à demi vaincu, et lui permettait d'aller hiverner en Bourgogne, c'est-à-dire ravager cette province. Du moins refusèrent-ils de tremper en rien dans ce honteux traité, et lorsque les barques des Northmans se présentèrent pour franchir les ponts, ils refusèrent de les laisser passer. Il fallut que les pirates traînassent leurs embarcations sur la grève en faisant un grand détour pour éviter l'héroïque cité (nov. 886) dont Sens à son tour imita le courage, car il brava les Northmans pendant six mois.

Cette année-là, Paris avait glorieusement conquis son titre de capitale de la France; son chef, le brave comte Eudes, allait y fonder la première dynastie nationale.

Déposition de Charles le Gros (887). — Le contraste entre le courage de cette petite cité et la lâcheté de l'empereur tourna tout le monde contre l'indigne prince. Il fut déposé à la diète de Tribur (887), et depuis ce jour, l'Allemagne, l'Italie et la France n'ont plus jamais eu un maître commun. L'empire carlovingien était irrévocablement démembré; ses débris avaient servi à former sept royaumes : France, Navarre, Bourgogne cisjurane, Bourgogne transjurane, Lorraine, Italie et Germanie.

Établissement du régime féodal. — Mais ce n'était pas seulement l'empire qui était démembré, c'était aussi le royaume et la royauté. L'hérédité des fiefs et des bénéfices avait couvert la France d'une multitude de petits rois. Ainsi, en 883, le duc de *Gascogne* possédait presque tout le pays au sud de la Garonne; les comte de *Toulouse*, d'*Auvergne*, de *Périgord*, du *Poitou* et du *Berry*, les provinces entre la Garonne et la Loire. A l'est et au nord de ce fleuve tout appartenait au comte de *Forez*, au duc de *Bourgogne*, au duc de *France* et aux comtes de *Flandre* et de *Bretagne*, qui exerçaient sur leurs terres les droits régaliens. Au roi, il restait seulement quelques villes qu'il n'avait pas encore été contraint de donner en fief.

Ce déchirement de l'État continuait dans l'intérieur même des grands fiefs. Les ducs, les comtes étaient tout aussi impuissants que le roi contre les Northmans ou les Sarrasins, et les populations que leurs chefs ne savaient plus amener à de communs efforts, prenaient peu à peu l'habitude de ne compter que sur elles-mêmes. Après avoir fui longtemps à l'approche des païens, dans le bois, au milieu des bêtes fauves, quelques gens de cœur avaient tourné la tête et refusé d'abandonner tout leur avoir sans essayer de le défendre. Çà et là, dans les gorges des montagnes, au gué des fleuves, sur la colline qui dominait la plaine, s'étaient élevés des retran-

Château de Tancarville [1].

chements, des murailles, où les braves et les forts se tenaient. Un édit de 862 ordonna aux comtes et aux vassaux du roi de réparer les anciens châteaux et d'en bâtir de nouveaux. Le

---

1. Ce château, dont il ne reste plus qu'une tour en ruine, s'élevait sur un promontoire escarpé de la rive gauche de la Seine contre lequel la *barre* vient se briser avec violence, et que l'on appelait le *nez* de Tancarville. De là on dominait toute la navigation du fleuve. Les sires de Tancarville étaient héréditairement chambellans et connétables des ducs de Normandie. Le dernier de Tancarville périt à Azincourt. Les ruines de l'antique manoir appartiennent aujourd'hui à la maison de Montmorency.

pays en fut bientôt couvert, et souvent les envahisseurs se heurtèrent en vain contre eux. Quelques défaites donnèrent de la prudence à ces audacieux; ils n'osèrent plus s'aventurer si loin, au milieu de ces forteresses qui sortaient de terre de tous côtés; la nouvelle invasion, gênée alors et rendue difficile, s'arrêtera au siècle suivant. Les maîtres de ces châteaux furent plus tard la terreur des campagnes, mais ils les avaient d'abord sauvés. La féodalité, si oppressive dans son âge de décadence, avait donc eu son temps de légitimité. Toute puissance s'établit par ses services et tombe par ses abus.

Puissance de l'Église. — Au neuvième siècle, la royauté tombait, la féodalité montait; l'une avait perdu sa force, l'autre n'avait pas encore acquis celle qu'elle aura bientôt; l'Église seule avait toute la sienne. Rien ne lui manquait : supériorité de lumières et de moralité, foi ardente des populations, riches domaines; enfin, alors que tout se divisait et que la société civile et la société politique s'en allaient en miettes, le corps ecclésiastique montrait son unité et la vie qui l'animait dans les 56 conciles réunis en France durant les 34 années du règne de Charles le Chauve. Les évêques partant du droit de l'Église d'intervenir dans la conduite de tout homme coupable de péché, pour le redresser ou pour le punir, arrivaient logiquement à la prétention de déposer les rois et de disposer des couronnes. Ils n'étaient donc pas seulement les ministres de la religion; ils participaient, dans ce siècle, à l'administration publique. Depuis Charlemagne, qui les avait mêlés au gouvernement de son empire, on les trouve dans toutes les affaires et parlant partout avec autorité. Ce sont eux qui dégradent ou rétablissent le Débonnaire, qui disent à Fontanet de quel côté est la justice. En 859, Charles le Chauve, menacé par quelques évêques d'être déposé, parce qu'il violait les capitulaires, ne trouvait rien à répondre à cette prétention, si ce n'est que, « consacré et oint du saint chrême, il ne pouvait être renversé du trône, ni supplanté par personne, qu'après avoir été entendu et jugé par les évêques, qui l'avaient sacré roi. » Ce droit, l'archevêque de Reims, Hincmar, le plus illustre personnage de ce temps, l'avait hautement revendiqué.

C'était une chose heureuse que cette puissance de l'Eglise en de tels siècles; car, lorsque tout était livré au plus fort, seule elle se trouvait en état de rappeler qu'au-dessus de la force il y avait la justice ; en face du principe aristocratique de l'organisation féodale, elle posait celui de la fraternité humaine ; au lieu de l'hérédité et du droit d'aînesse qui prévalaient dans la société civile, elle pratiquait pour elle-même l'élection et proclamait les droits de l'intelligence. Si la prérogative qu'elle revendiquait de déposer les rois était une usurpation sur l'autorité temporelle, il faut reconnaître que celle-ci n'avait d'autre contre-poids que le pouvoir sacerdotal, et le faible, l'opprimé, d'autre garantie que la protection des églises. Lorsque Lothaire II, roi de Lorraine, renvoya sans cause la reine Teutberge pour épouser Waldrade, le pape Nicolas Ier prit en main la cause d'une pauvre femme trahie, outragée ; et au risque d'une persécution, fit triompher le droit. Quand la loi était impuissante et l'opinion sans force, il était bon qu'il se trouvât quelque part un vengeur de la morale offensée [1].

1. FAITS DIVERS. — Rédaction en 836 et 857 du recueil des *Fausses décrétales*, longtemps regardé comme authentique. Ces décrétales, extrêmement favorables à l'autorité du saint-siége, donnaient la plus grande extension au droit d'appel en cour de Rome, ce qui affaiblissait l'autorité épiscopale, réservaient au pape seul le jugement des évêques, et établissaient la juridiction directe du saint-siége pour les causes majeures « en faveur de tous les opprimés auxquels le saint-siège doit secours, en faveur de tous les gens condamnés injustement auxquels il doit restitution. » Nombreux conciles dans ce siècle pour remédier à l'usurpation des biens ecclésiastiques. — Le concile de Troyes décide que les cadavres des excommuniés seront laissés sans sépulture. En 863, édit de Pistes contre le commerce des esclaves, ce qui prouve que l'esclavage n'avait pas complétement disparu, quoique le plus grand nombre des esclaves fussent déjà devenus serfs ; on en trouve des traces jusqu'au milieu du treizième siècle. Un article de cet édit ordonnait déjà la démolition des châteaux, « attendu que ces lieux sont devenus des retraites de voleurs et que les voisins en souffrent grandes vexations et pilleries. » Leur nombre au contraire ne fit que s'accroître.

CINQUIÈME PÉRIODE.

FRANCE FÉODALE.

(887-1180.)

CHAPITRE XVI[1].

LES DERNIERS CARLOVINGIENS ET LES DUCS DE FRANCE (887-987)

Faiblesse de la royauté. — Il n'y avait pas trois quarts de siècle que le glorieux fondateur du second empire d'Occident était couché dans les caveaux de sa basilique d'Aix-la-Chapelle, et déjà il n'y avait plus d'empire ni d'empereur; la royauté même avait signé à Kiersy son acte d'abdication. Le roi de France n'avait guère qu'un titre. Ce titre sans pouvoir fut cependant l'objet d'une longue convoitise. Le dixième siècle fut rempli par la querelle des deux maisons qui se disputèrent la chétive couronne des derniers descendants de Charlemagne; discordes doublement fatales, car elles favorisèrent les invasions de nouveaux barbares et les progrès de la féodalité.

Eudes, duc de France (887-898). — Après la déposition de Charles le Gros, on élut pour roi le comte Eudes, qui, naguère, avait si bien défendu Paris contre les Northmans, et qui, en récompense, avait reçu de l'empereur le duché de France, ou avait été confirmé par lui dans la possession de ce grand fief. Il était fils, en effet, de ce Robert le Fort, célèbre sous Charles le Chauve par ses services contre les mêmes ennemis, et ancêtre de tous les Capétiens. Mais

---

[1]. Ouvrages à consulter : l'*Histoire de l'Église de Reims* et la *Chronique* de Frodoard; l'*Histoire* du moine Richer, dont le manuscrit a été récemment retrouvé; le Ier livre de la *Chronique* de Raoul Glaber; les *Lettres sur l'Histoire de France*, de M. Aug. Thierry.

Eudes ne fut reconnu que par les seigneurs d'entre Loire et Meuse. Au delà de la Meuse régnait Arnulf, roi de Germanie, qui, en 895, fit de la Lorraine un royaume pour son fils Zwentibold ; et, au sud de la Loire, le duc d'Aquitaine, Rainulf, prit le titre de roi. En même temps, le royaume de Provence se partageait en deux : la Bourgogne cisjurane (Franche-Comté, Dauphiné, Provence), sous Louis, fils du roi Boson, et la Bourgogne transjurane (la Suisse jusqu'à la Reuss, le Valais, et partie de la Savoie), sous Rodolphe, fils d'un comte d'Auxerre. Ainsi la France avait cinq rois. Elle en aura bientôt un sixième, Charles le Simple ; et je ne parle ni des rois de Navarre, qui lui étaient devenus complétement étrangers, ni des rois des Bretons, qui n'entendaient pas se montrer plus dociles aujourd'hui qu'elle prenait pour chef un parvenu, que quand un petit-fils de Charlemagne leur demandait l'obéissance. Elle avait de plus des hôtes habituels et terribles, les Northmans, qui ne la quittaient plus, et les Sarrasins qui, en 889, s'établirent à Fraxinet, sur la côte de Provence.

Succès d'Eudes contre les Northmans. — Eudes se tira bravement de tant d'ennemis. Il ne reprit ni la Lorraine ni les deux royaumes de Bourgogne, laissa les Bretons, alors en guerre civile, s'entre-déchirer, oublia la Navarre, qui était bien loin, et consentit à reconnaître une sorte de droit suzerain au Carlovingien Arnulf, roi de Germanie, en qui survivait l'ambition impériale, malgré la grande protestation de 887 ; mais il força le duc d'Aquitaine à renoncer au titre de roi et à lui jurer fidélité, et gagna sur les Northmans deux victoires, l'une dans la forêt de Montfaucon en Argonne, l'autre, en 892, près de Montpensier dans la Limagne. Bien qu'il ne faille pas accepter sur ces batailles les exagérations du poëte Abbon, c'étaient de brillants succès, mais qui restèrent stériles. Les païens étaient répandus en trop grand nombre par tout le pays pour que la défaite d'une de leurs bandes intimidât les autres. En ce même temps, ils prirent et saccagèrent Meaux, Troyes, Toul, Verdun, Dreux, Saint-Lô. « La prédiction du Seigneur, disait le synode de Metz, va s'accomplir : Les étrangers dévoreront votre terre sous vos yeux et en feront un désert. » Le désert, en effet, s'étendait tous les jours, les vivres étaient à un prix exorbitant ; on manquait de bestiaux, et, en beaucoup d'endroits, on manquait de grains pour ensemencer les terres.

Rivalité d'Eudes et de Charles le Simple (893). —

Aux maux causés par les nouveaux barbares vinrent se joindre ceux de la guerre civile. Le comte de Flandre refusa obéissance à Eudes; un autre seigneur, parent du roi, s'empara de Laon. Eudes reprit la ville, et, pour intimider les factieux, fit couper la tête au rebelle. Il se trouva alors en face d'une autre guerre plus sérieuse. Les partisans de la dynastie carlovingienne mirent en avant un fils posthume de Louis le Simple, et l'archevêque de Reims le sacra (893). Ses partisans, le duc de Bourgogne et les comtes de Vermandois, de Poitiers et d'Auvergne, ne cherchaient qu'à consommer la ruine de la royauté et à s'affermir dans leurs usurpations. Autour d'Eudes se rangeaient ses nombreux vassaux du duché de France, et ceux qui avaient voulu un roi national, au lieu de cette dynastie aventureuse qui s'inquiétait bien moins de sauver la France des païens que de ressaisir quelqu'une des couronnes carlovingiennes. Eudes arriva devant Reims avec de telles forces, que son compétiteur s'enfuit auprès d'Arnulf de Germanie. Celui-ci, oubliant ses conventions avec Eudes, commanda aux comtes et aux évêques de la Lotharingie de rétablir dans le royaume paternel l'homme qui était de sa race. Mais les comtes refusèrent. Zwentibold, devenu leur roi, en 895, les entraîna à une guerre qui tourna mal pour lui. Il fut contraint de rentrer en Lorraine, et Eudes termina cette querelle en accordant plusieurs domaines à son compétiteur. Ce prince actif et brave fut malheureusement enlevé par une mort prématurée. Il n'avait que 40 ans. Son frère, Robert, hérita de son duché de France, et Charles le Simple lui succéda comme roi sans opposition.

Charles le Simple (898-922); établissement des Northmans en France (911). — Ce prince est célèbre par ses malheurs. En 911, il céda au chef northman, Rollon, la province qui prit le nom de Normandie et que le nouveau duc rendit florissante par une sage administration. Ce traité, signé à Saint-Clair-sur-Epte, était une convention heureuse, car il mettait fin à des courses dévastatrices qui duraient depuis un siècle. Les nouveaux maîtres du pays se mêlèrent aux anciens habitants, oublièrent leur langue, leur férocité, mais gardèrent un peu de cet esprit d'aventure, de cet amour du gain, qui les avaient poussés à travers tant de pays, et qui leur feront un jour prendre l'Italie méridionale, un autre jour l'Angleterre. Les hommes du Nord, northmans, sont désormais les Normands de France.

Charles le Simple avait promis à Rollon sa fille Gizèle, à condition qu'il renierait Odin. Le nouveau duc se fit baptiser à Rouen, et ses compagnons l'imitèrent (912). Il partagea le pays entre eux, au cordeau, et y établit si bonne police, qu'ayant oublié, dit-on, un de ses bracelets aux branches d'un chêne sous lequel il s'était reposé dans une partie de chasse, ce bracelet y resta trois ans sans que personne osât y toucher. La paix et l'ordre ramenèrent la culture dans cette riche province ; la servitude du corps y fut de bonne heure abolie, et par une révolution singulière, ce sont ces ducs normands, qui, les premiers, parlèrent la meilleure langue française, et c'est en Normandie que le régime féodal se constitua avec le plus de régularité, que les écoles des couvents furent le plus florissantes ; de là, enfin, que semble être parti l'art nouveau qui allait élever de si magnifiques monuments, l'architecture ogivale.

Élection de Robert, duc de France (922), et de Raoul, duc de Bourgogne (923-936). — Cette année 911, où Charles perdait une province, il gagna un royaume. Les Lorrains se donnèrent à lui ; mais sa faiblesse, ses complaisances pour ses favoris, irritèrent les grands. En 920, les seigneurs déclarèrent à l'assemblée de Soissons, qu'ils n'obéiraient plus au roi, si, dans l'espace d'un an, il ne changeait pas de conduite et ne renvoyait pas son ministre Haganon. En même temps les Lorrains lui reprirent la couronne qu'ils lui avaient donnée. L'avertissement fut inutile. Mais les grands tinrent parole : en 922, ils couronnèrent Robert, duc de France. Une rencontre eut lieu l'année suivante, entre les deux princes, près de Soissons. Charles fut battu, mais son rival fut tué. Il n'y gagna rien ; le gendre de Robert, Raoul, duc de Bourgogne, le remplaça. Ainsi, ducs de France ou de Bourgogne, c'étaient les chefs du centre de l'ancienne Gaule qui voulaient retenir la couronne ; ils y réussirent malgré l'opposition des seigneurs du nord et du midi.

La Germanie, plus fidèle au sang de Charlemagne, fournit quelques secours à Charles le Simple contre son nouvel adversaire ; il n'en fut pas plus heureux. Fait prisonnier en trahison par Herbert, comte de Vermandois, il fut enfermé dans le château de Péronne, où il mourut en 929. Raoul régna sept ans encore sans beaucoup d'éclat, malgré une double expédition en Aquitaine et en Provence, d'où il rapporta des promesses de fidélité, mais rien de plus. En 929, il avait repoussé une invasion de nouveaux barbares. Les Madgyares, ou Hongrois, arrivaient par l'est, comme les Normands étaient venus par le nord et par l'ouest, les Sarrasins par le sud. L'abandon fait à Rollon de la Normandie, et à d'autres chefs, de Tours, de Chartres, de Blois et de Senlis, avait mis un terme aux ravages des pirates du nord. Quant aux Sarrasins, la Provence seule en souffrit beaucoup. Ils s'y maintinrent pendant 84 ans. Leur principal établissement était à Fraxinet (la Garde-Freynet, dans le Var); il ne leur fut enlevé qu'en 973. Les Hongrois, plus nombreux et plus terribles que les Sarrasins, ne firent heureusement que de rares apparitions en Lorraine, dans la Bourgogne et jusque dans l'Aquitaine. L'Allemagne se chargea de les arrêter.

Louis IV d'Outre-Mer (936-954). — A la mort de Raoul, Hugues le Grand, son beau-frère, duc de France, dédaigna de se faire roi, et rappela d'Angleterre un fils de Charles le Simple, Louis IV, surnommé d'Outre-Mer à cause de cette circonstance. L'activité, le courage de ce prince furent inutiles. Il obtint l'appui de quelques seigneurs jaloux de la puissance du duc de France, qui s'était fait donner encore par son protégé le duché de Bourgogne. Mais lorsqu'il voulut, pour se refaire un domaine, dépouiller les fils du comte de Vermandois, et plus tard, le jeune héritier du duc de Normandie, Hugues s'arma pour arrêter l'essor de cette ambition inattendue, et Louis, fait prisonnier, fut retenu captif une année entière. Hugues ne lui ouvrit les portes de sa prison qu'après s'être fait céder la ville de Laon, la seule qui restât au malheureux roi. Louis se plaignit au pape, au roi de Germanie, et un concile excommunia le duc de France. Celui-ci brava toutes les menaces, même une invasion d'Otton le Grand, qui pénétra jusque sous les murs de Rouen, dont le duc s'était allié à Hugues de France (946). Louis fut réduit à venir dire, en 948, au concile d'Ingelheim, assemblé par ordre d'Otton : « S'il y a quelqu'un qui soutienne que mes malheurs me sont arrivés par ma faute, je suis prêt à accepter la sentence du synode et du roi ici présent, ou à repousser l'accusation par le jugement de Dieu, en combat singulier. » Aucun champion ne se présenta de la part du duc de France. Mais cet appel à un prince étranger, dont Charles le Simple avait donné l'exemple, acheva de rendre nationale, au moins dans la France du nord, l'opposition faite par la maison capétienne aux derniers rois du sang de Charlemagne.

Lothaire et Louis V (954-978). — Louis IV termina en 954, à l'âge de 34 ans, par un accident de chasse, « sa vie pleine d'angoisses et de tribulations. » Hugues le Grand, son beau-frère, ne voulut pas encore de cette couronne de France qu'il eût pu prendre aisément; il la donna à son neveu Lothaire, fils de Louis. Ce prince ne laissa pas de montrer quelque vigueur : les prétentions d'Otton à restaurer l'empire rallièrent autour du roi de France les grands vassaux de plusieurs pays, dont toute la tactique visait alors à empêcher, soit en France, soit en Germanie, le retour de l'ancienne puissance impériale qui les eût obligés à reculer de tout le chemin qu'ils avaient fait dans la voie des usurpations depuis le temps de Charlemagne. La Lorraine fut dans ce cas. Les seigneurs de ce pays appelèrent Lothaire pour l'opposer à Otton ; Hugues le Grand n'était plus, mais son fils, Hugues Capet, était dévoué à Lothaire, qui avait acheté assez chèrement cette fidélité de la maison de France en lui donnant la Bourgogne, qu'elle garda, et l'Aquitaine, qu'elle ne put prendre. Lothaire pénétra jusqu'à Aix-la-Chapelle et faillit enlever l'empereur. Otton, à son tour, vint jusqu'à Paris en ravageant le pays; mais sa retraite fut désastreuse, et presque toute son armée périt sur les bords de l'Aisne. C'était beaucoup pour Lothaire d'avoir tenu tête à un aussi puissant monarque; obligé d'abandonner la haute Lorraine (980), il obtint du moins pour son frère Charles le duché de basse Lorraine ou de Brabant. Il mourut en 986. Son fils, Louis V, périt l'année suivante d'une chute de cheval, avant d'avoir rien fait dont l'histoire puisse garder le souvenir, ce que les anciens chroniqueurs expriment en lui donnant le surnom de fainéant. Avec lui finit en France la race des Carlovingiens.

Les derniers descendants de Charlemagne avaient montré plus d'activité et de courage que les derniers descendants de Clovis, et ils méritaient de mieux finir. La cause de leur impuissance fut la misère profonde où ils tombèrent par suite de l'hérédité des fiefs. On a vu qu'ils étaient réduits à ne plus posséder que la petite ville de Laon. Comme ils n'avaient rien pour payer un service, ni terres, car ils n'avaient pas de domaines ; ni argent, car ils n'avaient pas d'impôts publics; ni fonctions, la féodalité ayant tout pris; ils furent peu à peu abandonnés. Dans leur isolement, ils cherchèrent appui au dehors; ils se firent les amis de l'étranger. Les invasions des Allemands en leur faveur achevèrent de ruiner leur cause et préparèrent le paisible avénement d'une dynastie nouvelle, plus française, plus nationale.

TABLEAU GÉNÉALOGIQUE DES ROIS DE LA SECONDE RACE.

(La date qui suit chaque nom est celle de la mort.)

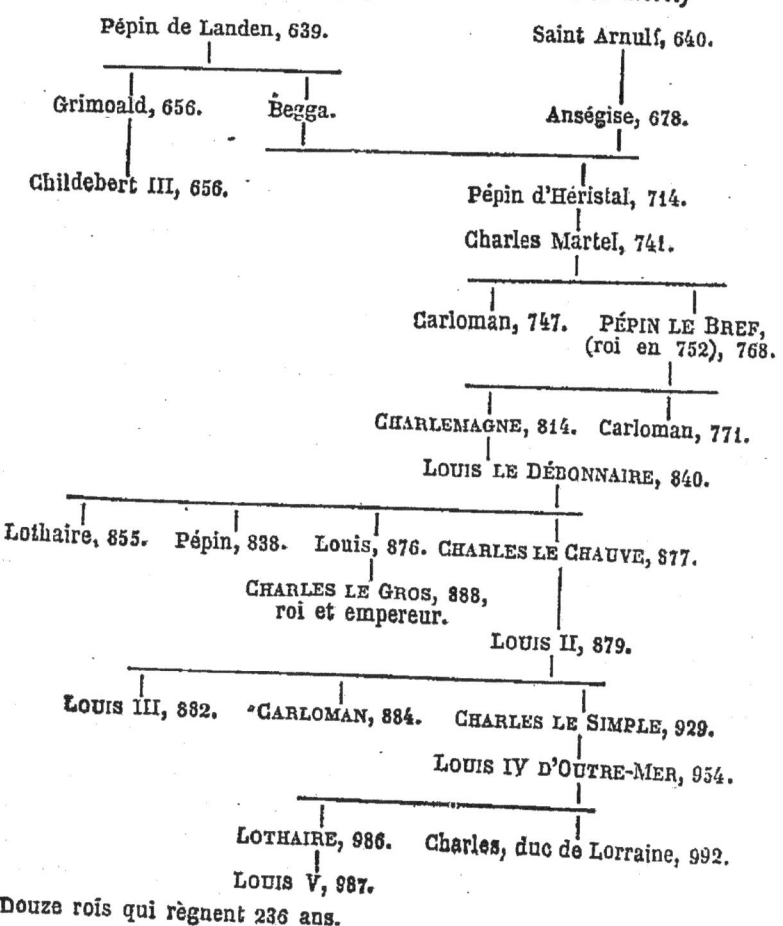

Douze rois qui règnent 236 ans.

CHAPITRE XVII.

LES QUATRE PREMIERS CAPÉTIENS (987-1108) [1].

Hugues Capet fonde la troisième race (987-996).
— Louis V avait un oncle, le carlovingien Charles, duc de la basse Lorraine ou de Lothier (Brabant, Liége, etc.), et par conséquent vassal du roi de Germanie. Mais Hugues Capet, fils aîné de Hugues le Grand et duc de France, comte de Paris et d'Orléans, de plus abbé de Saint-Martin de Tours, de Saint-Denis et de Saint-Germain des Prés, c'est-à-dire disposant des revenus et de l'influence de trois des plus riches abbayes de France, se décida à prendre enfin le titre de roi que son père avait dédaigné. Le duc de Bourgogne était son frère, le duc de Normandie son beau-frère. Ces princes, réunis à Senlis aux principaux seigneurs et évêques de France, rejetèrent Charles de Lorraine, que son étroite alliance avec les Allemands faisait regarder comme un étranger, et proclamèrent Hugues Capet, qui fut sacré à Noyon. Ainsi la France rompait définitivement avec l'Allemagne et avec l'Empire.

« Le royaume ne s'acquiert point par droit héréditaire, avait dit l'archevêque de Reims Adalbéron, mais par noblesse de sang et sagesse d'esprit; » et il avait proposé l'élection de celui qui l'avait protégé contre les menaces de Lothaire, et que l'on n'appelait que le grand Duc. Même durant la vie de Lothaire, le pape Sylvestre II, comme deux siècles et demi plus tôt le pape Zacharie, avait condamné l'ancienne race royale : « Lothaire est roi de nom, disait-il, mais Hugues est roi de fait et par ses œuvres. » Et l'on contait que les saints eux-mêmes s'étaient mis du côté de la nouvelle dy-

---

1. Ouvrages à consulter: la *Chronique* de Raoul Glaber, liv. II-V: *Vie du roi Robert*, par Helgaud; *Poëme* d'Adalbéron *sur le règne de Robert*; *Vie de Bouchard, comte de Melun*, par O.on; *Chronique de Hugues de Fleury*.

nastie : Hugues Capet faisant bâtir une chapelle à saint Valery, le saint lui était apparu et lui avait dit : « Toi et tes descendants vous serez rois jusqu'à la génération la plus reculée. »

Réunion d'un grand fief à la couronne. — Hugues Capet fondait une nouvelle maison qui régnait naguère encore sur plusieurs trônes de l'Europe. Mais le nom de roi au dixième siècle donnait si peu de pouvoir réel, que cette fin de la dynastie carlovingienne et cet avènement d'une troisième race royale causèrent peu de sensation dans les provinces éloignées. On n'y voyait que la fin d'une lutte séculaire et de longs tiraillements. C'était pourtant un grave événement. Les princes de la première race avaient été rois *des Francs;* ceux de la seconde, *empereurs.* Les uns avaient conservé l'institution barbare de la souveraineté de la tribu déléguée à son chef; les autres avaient repris l'idée romaine et juive de la souveraineté reconnue à un homme qui tenait ses pouvoirs de Dieu. Hugues Capet fut roi *de France,* c'est-à-dire d'une région déterminée; et, souverain territorial, il eut avec le sol de la France les mêmes rapports que le baron avec son fief; toutes les royautés modernes suivront ce modèle. En outre la couronne se trouvait cette fois réunie à un grand fief. Le roi devenait au moins, comme duc de France, comte de Paris, d'Orléans, etc., l'égal des plus puissants seigneurs. Que les circonstances lui viennent en aide, et il fera valoir les droits de son titre. Déjà, avec une adresse qui aura de sérieuses conséquences, il fait sacrer roi son fils dès la première année de son règne, et prévient le retour de ces comices électoraux d'où était sortie sa propre royauté, mais où la France aurait aussi trouvé, s'ils eussent été répétés aussi fréquemment qu'au delà du Rhin, l'anarchie cinq ou six fois séculaire de l'Allemagne.

Opposition au nouveau roi. — Tous les grands seigneurs de France n'étaient point venus à l'Assemblée de Senlis. On y avait vu le duc de Normandie, beau-frère du nouveau roi, les comtes du Vexin, de Chartres et d'Anjou, l'archevêque de Rouen, l'évêque de Soissons; mais non pas les puissants comtes de Flandre, de Vermandois, de Troyes et l'archevêque de Sens, qui se déclarèrent pour Charles de Lorraine. Ils le soutinrent mal. Hugues montra beaucoup de résolution et d'activité. Il menaça l'archevêque de Sens de le faire déposer par le pape et par les évêques de sa province ecclésiastique s'il ne lui prêtait pas serment avant le 1ᵉʳ novembre. Contre les comtes de Flandre et de Vermandois il fit des préparatifs considérables pour l'époque, et les deux comtes, acceptant la médiation du duc de Normandie, adhérèrent à la décision de Senlis. Il ne restait plus, au nord de la Loire, d'autre appui au Carlovingien que le comte de Troyes, son beau-père. La lutte dura, avec des chances diverses, jusqu'au 2 avril 991, où une trahison la termina. Charles, livré à son rival par l'évêque de Laon, fut pris et enfermé dans la tour d'Orléans, où il mourut l'année suivante[1]. Hugues Capet fut moins heureux dans l'Aquitaine. Il vainquit bien le comte de Poitiers, qui lui fit hommage, mais ce prince fut lui-même battu par le comte de Périgord, Adelbert, qui vint jusqu'à la Loire assiéger Tours. Hugues lui ordonna de se désister de cette entreprise, et Adelbert n'obéissant pas, il lui envoya un messager avec cette question : « Qui t'a fait comte? — Qui t'a fait roi? » répondit l'orgueilleux seigneur. Hugues Capet ne s'opiniâtra point à obtenir la soumission de ces Aquitains indociles. Il les laissa reconnaître pour roi le fils de son compétiteur Charles de Lorraine, ou mieux encore signer leur charte de ces mots : *Deo regnante*, pendant le règne de Dieu, en attendant un roi.

Inaction forcée des premiers Capétiens. — Ce roi, ils furent deux siècles à l'attendre, jusqu'à Philippe Auguste, qui rendit enfin à la royauté une partie des droits et de la force qu'elle avait perdus. Pendant la première moitié surtout de cette période de deux siècles, il y eut deux rois, mais qui ne régnèrent point; ils avaient un titre, une dignité bien plus qu'une force, une puissance. Les trois premiers successeurs de Hugues Capet occupèrent le trône 112 années (996-1108), sans que l'histoire ait à peine autre chose à dire d'eux que leur nom.

Au reste, il ne faut pas demander aux premiers Capétiens plus qu'ils ne pouvaient faire. Depuis que l'hérédité des fiefs avait morcelé le territoire et que l'hérédité des offices avait divisé l'autorité, il ne restait au roi ni assez de force maté-

---

1. Son fils aîné, duc de Lothier ou de Brabant, mourut en 1005, sans postérité. Deux autres fils jumeaux du duc Charles n'ont pas laissé de traces certaines de leurs destinées. Les Guises se prétendirent, au seizième siècle, les descendants de ce prince.

Cathédrale de Noyon[1].

1. Cette cathédrale, bâtie sur l'emplacement d'une église qu'avait construite saint Médard, fut commencée vers 1150. C'est un des plus curieux monuments religieux de la France.

rielle, ni assez d'influence pour agir hors de ses propres domaines à un autre titre que celui de suzerain, tenant réunies les diverses provinces par le lien féodal qui, sans lui, eût été rompu. Sur ses domaines, il vivait comme les autres seigneurs féodaux; il tenait sa cour de justice, cour plénière, parlement, faisait des chevauchées d'une de ses villes à l'autre, et n'interrompant ses longs loisirs que par des actes répétés de dévotions, de longues chasses dans les forêts qui avaient repris possession du pays, ou par une guerre contre quelque baron du voisinage. Pour le reste du royaume, tout y allait de soi, les seigneurs, sur leurs terres, faisant des lois et faisant la guerre, jugeant et exécutant, sans que le roi s'en mêlât. Le dernier capitulaire, c'est-à-dire la dernière loi générale pour tout le royaume, est du temps de Charles le Simple, et les plus anciens titres qui nous restent de la troisième race sont postérieurs à l'an 1100. Encore ne sont-ce, jusqu'à Philippe Auguste, que des chartes particulières. Pour trouver un document d'intérêt général, il faut descendre jusqu'à l'année 1190.

Alliance des premiers Capétiens avec l'Église. — Ces princes avaient cependant suivi l'exemple des premiers Carlovingiens et s'étaient étroitement unis à l'Église. S'ils ne tirèrent pas d'abord de cette alliance des résultats aussi brillants que Pépin et Charlemagne, du moins l'Église consacra leur droit et le rendit populaire. Jusqu'à Philippe Auguste, chaque roi prit soin de faire sacrer, de son vivant, son fils aîné. Hugues Capet ne porta jamais la couronne, mais la chape d'abbé de Saint-Martin de Tours, et rendit à l'Église plusieurs abbayes qu'il possédait. Robert fut un vrai saint; et malgré quelques actes de sévérité de la part du souverain pontife, les princes de la nouvelle dynastie méritèrent le surnom que Rome reconnaissante leur donnera de *fils aînés de l'Église*.

Robert (996-1031); son excommunication (998). — Hugues Capet était mort en 996, âgé de 54 ans. Robert, qu'il s'était associé de son vivant, commença son règne au milieu d'une universelle terreur. C'était une croyance depuis longtemps arrêtée, d'après une parole de l'Apocalypse, que le monde devait finir en l'an 1000. Aussi les donations aux églises se multipliaient, la piété croissant avec la crainte. Robert garda toute sa vie les impressions de ses premières années. Il fut un moine plutôt qu'un roi, fort occupé d'aumônes et de chants d'église[1], fort peu de mettre de l'ordre dans l'État, ce qui, au reste, lui eût été impossible. Cette quiétude fut pourtant troublée par une excommunication dont le pape le frappa pour avoir épousé Berthe, sa parente. Malgré sa piété, Robert résista d'abord aux foudres de Rome. Mais la terreur répandue dans le peuple par la sentence pontificale était si grande, dit un écrivain du temps, que tout le monde fuyait à l'approche du roi. Il ne resta près de lui que deux serviteurs pour lui apprêter sa nourriture ; et ils purifiaient par la flamme tous les vases auxquels il avait touché. Robert se soumit : il répudia Berthe et épousa Constance.

La reine Constance et les Aquitains. — Cette femme impérieuse, que le roi lui-même ne tarda pas à redouter, était fille du comte de Toulouse. Elle amena avec elle quelques-uns des troubadours qui charmaient de leurs vers toutes les cours du Midi. Mais ces Aquitains, par leur élégance, leur luxe et leurs mœurs légères, choquèrent singulièrement les Français du Nord, et il nous reste, dans le récit des écrivains du temps, une curieuse preuve de l'antipathie des deux races. « Dès que Constance parut à la cour, dit Raoul Glaber, on vit la France inondée d'une espèce de gens, les plus vains et les plus légers de tous les hommes. Leur façon de vivre, leur habillement, leur armure, les harnais de leurs chevaux étaient également bizarres. Leurs cheveux descendaient à peine au milieu de la tête [2] : vrais histrions dont le menton rasé, les hauts-de-chausses, les bottines ridicules, terminées par un bec recourbé, et tout l'extérieur mal composé, annonçaient le dérèglement de leur âme. Hommes sans foi, sans loi, sans pudeur, dont les contagieux exemples corrompirent la nation française autrefois si décente, et la précipitèrent dans toutes sortes de débauches et de méchancetés. » Il faudra se souvenir, quand nous arriverons à la croisade des Albigeois, de ces vieilles préventions des Français du Nord contre ceux du Midi, pour comprendre le caractère atroce de cette guerre.

Constance, « qui jamais ne plaisante, » dit le moine Hel-

1. Il nourrissait quelquefois jusqu'à mille pauvres par jour, et le jeudi-saint lavait les pieds à plusieurs et les servait à genoux. Il aimait à chanter au lutrin; et composa des hymnes que l'Église conserva.
2. Les Méridionaux portaient les cheveux courts, suivant l'usage romain ; les Français du Nord gardaient encore la mode germanique des longues chevelures.

gaud dans la touchante histoire qu'il nous a laissée de Robert, Constance fit le tourment du roi. Il se cachait d'elle pour faire ses aumônes, et elle poussa à la révolte son fils aîné Hugues, qui mourut en 1025, puis Henri, son troisième fils [1].

Importance extérieure du titre de roi de France; acquisition du duché de Bourgogne (1016). — De loin le titre de roi de France faisait illusion. Sous le règne précédent, le duc Borel, qui commandait dans la Marche d'Espagne, menacé par les Sarrasins, avait invoqué le secours de Hugues Capet, comme jadis les émirs de Saragosse et de Huesca imploraient ceux de Charlemagne. Lorsque les Italiens voulurent se débarrasser, à l'avénement de Conrad Ier, de la domination allemande, ils offrirent la couronne de leur pays à Robert. Les seigneurs de Lorraine lui proposèrent en même temps de le reconnaître pour leur souverain. Robert, effrayé de tant d'honneur, se hâta de refuser. Il avait raison pour l'Italie; il eut tort pour la Lorraine. Mais ce refus n'était sans doute que le juste sentiment de sa faiblesse. Ce roi acquit pourtant le duché de Bourgogne, après une guerre de cinq ans (1016). La maison royale se trouva alors posséder

---

1. « Un jour qu'il revenait de faire sa prière, Robert trouva sa lance garnie par sa vaniteuse épouse d'ornements d'argent. Après avoir considéré cette lance, il regarda tout autour de lui pour voir s'il ne trouverait pas quelqu'un à qui cet argent fût nécessaire; et apercevant un pauvre en haillons, il lui demanda quelque outil pour ôter l'argent. Celui-ci ne savait ce qu'il en voulait faire; mais le serviteur de Dieu lui dit d'en chercher un au plus vite. Quand il fut revenu avec l'outil, le roi et le pauvre s'enfermèrent ensemble et enlevèrent l'argent de la lance. Alors le roi le mit lui-même dans le sac du pauvre, en lui recommandant, selon sa coutume, de bien prendre garde que sa femme ne le vit. Lorsque la reine vint, elle s'étonna fort de voir la lance ainsi dépouillée, et Robert jura par complaisance le nom du Seigneur, qu'il ne savait comment cela s'était fait. Il avait une grande horreur pour le mensonge; aussi, pour empêcher ceux dont il recevait le serment de tomber dans le parjure, il avait fait une châsse de cristal tout entourée d'or, où il eut soin de ne mettre aucune relique.

« Comme il soupait à Étampes, dans un château que Constance venait de lui bâtir, il ordonna d'ouvrir la porte à tous les pauvres. Un d'eux vint se mettre aux pieds du roi, qui le nourrissait sous la table. Mais le pauvre, ne s'oubliant pas, lui coupa un ornement d'or de six onces qui pendait de ses genoux, et s'enfuit au plus vite. Lorsqu'on se leva de table, la reine vit son seigneur dépouillé, et, indignée, se laissa emporter contre le saint à des paroles violentes : « Quel ennemi de Dieu, bon seigneur, a déshonoré votre robe d'or? — Personne, répondit-il, ne m'a déshonoré : cela était sans doute plus nécessaire à celui qui l'a pris qu'à moi; et, Dieu aidant, lui servira. » Un autre voleur lui coupant la moitié de la frange de son manteau, Robert se retourna et lui dit: « Va-t'en, va-t'en, contente-toi de ce que tu as pris; un autre aura besoin du reste.... » (Helgaut, *Vie de Robert*.)

deux des plus grands fiefs, les duchés de France et de Bourgogne. Malheureusement Henri, qui succédera à son père comme roi, ne pourra pas garder le dernier.

L'Épaule de Gallardon [1].

Persécution contre les juifs (1010); premiers hérétiques brûlés (1022). — Il y a à noter sous le règne

[1]. L'*Épaule de Gallardon* est un débris fort curieux d'une tour de l'ancien château de Gallardon, près d'Épernon (Eure-et-Loir). La *tour* de Gallardon fut rasée par le roi Robert à cause des brigandages exercés par le châtelain, puis rebâtie au onzième siècle par Geoffroy, vicomte de Châteaudun, et enfin démantelée et mise dans son état actuel par Dunois lorsqu'il en chassa les Anglais.

de ce prince, en 997, une insurrection des serfs de Normandie (voy. p. 287), une persécution cruelle des juifs, en représailles de la destruction de l'église du Saint-Sépulcre à Jérusalem, par le khalife fathimite d'Égypte[1], et la première exécution, en France, d'hérétiques. Treize de ces malheureux furent brûlés à Orléans (1022). Un d'eux avait été confesseur de la reine Constance. Comme il passait près d'elle pour aller au supplice, elle lui creva un œil avec une baguette qu'elle tenait à la main. D'autres exécutions eurent lieu à Toulouse et ailleurs. L'hérésie indignait les fidèles et l'Église, mais elle attestait un certain mouvement des esprits. Ces écarts mêmes de l'intelligence, hors de la voie tracée, prouvent que nous ne sommes plus au temps où la pensée était comme morte. La première *Renaissance* commence au onzième siècle.

« Robert, dit la chronique de Saint-Denis, s'éteignit pour « la vie éternelle en copiant l'obituaire de Melun. » Cette ville, qui vit aussi mourir Philippe Ier et naître Philippe Auguste, servit souvent de résidence à saint Louis, et fut comme la seconde capitale des premiers Capétiens.

Henri Ier (1031-1060); fondation de la première maison capétienne de Bourgogne. — Henri Ier n'était que le troisième fils de Robert; un de ses frères aînés était mort, et l'autre « étant imbécile, ne fut pas roi. » Cette fois le duc d'Aquitaine assista au couronnement. La maison capétienne prenait racine dans le pays. Henri eut à souffrir de l'ambition de sa mère. Constance eût voulu que la couronne passât à son quatrième fils Robert. Henri ne se débarrassa de cette rivalité qu'en cédant la Bourgogne à son frère. Ce Robert fut la tige de la première maison capétienne de Bourgogne, laquelle subsista jusqu'à l'année 1361. Henri eut encore à réprimer une autre révolte de son frère Eudes, qu'il prit et renferma dans le château d'Orléans (1041).

Inertie de Henri Ier; son mariage avec une prin-

---

[1]. Pendant tout le moyen âge, les juifs qui, ne pouvant avoir de la terre, avaient de l'or, furent sans cesse chassés ou rappelés, persécutés ou tolérés, mais, dans ces derniers cas, toujours au prix de cruelles humiliations. A Toulouse, un dimanche de Pâques, un juif devait se présenter devant l'église pour y recevoir un soufflet. Le droit de souffleter le juif était délégué aux personnes que l'évêque voulait honorer. En 1018, un vicomte de Rochechouart s'en acquitta si bien que la cervelle du patient sauta. La persécution donna aux juifs des vices que sans elle ils n'auraient pas eus, et qui justifièrent ensuite le mépris et la crainte que ces malheureux inspirèrent.

cesse russe. — Ce règne de trente années est vide de faits « Nous avons vu, dit un contemporain, l'inertie du roi Robert, nous voyons maintenant celle de son fils, le roitelet Henri, héritier de la paresse paternelle. » Sauf, en effet, quelques expéditions en Normandie, la plupart malheureuses, Henri Ier ne fit rien. En 1046, il rejeta l'offre que lui faisait le duc de la haute et basse Lorraine de le reconnaître pour suzerain, et il laissa le comte de Flandre porter son hommage à l'empereur d'Allemagne.

Ruines du château de Robert le Diable.

L'acte le plus remarquable de ce règne fut le mariage du roi avec une fille du grand-duc de Russie. Henri avait pris une princesse d'une maison si éloignée, afin d'être bien sûr qu'elle ne pourrait se trouver sa parente à un degré prohibé par l'Église. Anne, disait-on, descendait par sa mère, fille de l'empereur Romanus II, de Philippe de Macédoine. Son premier-né porta le nom du père d'Alexandre.

Les ducs de Normandie; les comtes de Blois et

d'Anjou. — Si la royauté ne faisait rien, c'est que les seigneurs faisaient beaucoup. Trois surtout occupaient alors la France du bruit de leur ambition et de leurs guerres.

Robert, surnommé *le Magnifique* par les grands, et *le Diable* par le peuple, avait usurpé la couronne ducale de Normandie en empoisonnant dans un festin son frère, Richard III, avec les principaux barons. A force d'énergie et de courage, il écrasa les résistances que son crime avait soulevées, et maître incontesté de la Normandie, intervint chez tous ses voisins. Il soutint le roi Henri contre son frère, ce qui lui valut en retour le Vexin français. Il voulut renverser du trône d'Angleterre Kanut le Grand au profit des fils d'Éthelred, ses cousins ; mais la tempête ayant rejeté sa flotte des côtes anglaises sur celles de la Bretagne, il envahit ce pays et força le duc Alain à lui faire hommage (1033). En 1035, pris de remords, il alla chercher à Jérusalem le repos de sa conscience. Il mourut au retour, dans l'Asie Mineure. On voit encore au-dessous de Rouen, dans un des plus beaux sites de la Normandie, une colline qui porte quelques ruines informes. Ce sont les débris du château de Robert le Diable, qui, au dire des légendes, fut hanté par les mauvais esprits : et ce serait non loin de là que Jean sans Terre aurait poignardé son neveu.

Le fils et le successeur de Robert le Magnifique fut le célèbre Guillaume le Bâtard, qui eut beaucoup à faire pour obtenir l'obéissance de ses vassaux. La bataille du Val des Dunes, près de Caen (1046), le débarrassa enfin de ses adversaires. Le roi Henri, son suzerain, qui y avait combattu pour lui, trouva bientôt le jeune duc trop puissant et s'allia à tous ses ennemis. Ce fut la cause de rencontres nombreuses, entre les Normands et les *Français* (habitants de l'*Ile-de-France*), ceux-ci habituellement soutenus par les Angevins et les Bretons. Celle de Mortemer, en 1054, fut la plus sanglante.

Le roi, aidé du comte d'Anjou, était entré en Normandie par le comté d'Évreux, tandis que son frère Eudes pénétrait dans le pays de Caux avec les chevaliers picards, champenois et bourguignons. Le duc Guillaume fit face avec deux armées à cette double invasion ; ceux qui marchaient contre Eudes rencontrèrent près de Mortemer les Français dispersés au pillage. Ils tuèrent les uns, prirent les autres et mirent le reste en fuite. De rapides messagers portèrent au duc ces bonnes

nouvelles. « La nuit venue, il envoya un des siens qui monta sur un arbre près du camp du roi et se mit à pousser de grands cris. Les sentinelles lui ayant demandé pourquoi il criait ainsi à pareille heure : « Je m'appelle Raoul de Ternois,
« répondit-il, et je vous apporte de mauvaises nouvelles. Con-
« duisez vos chariots et vos chars à Mortemer pour empor-
« ter vos amis qui sont morts, car les Français sont venus
« vers nous afin d'éprouver la chevalerie des Normands et

Château d'Angers [1].

« ils l'ont trouvée beaucoup plus forte qu'ils ne l'eussent
« voulu. Eudes, leur porte-bannière, a été mis en fuite hon-
« teusement, et Gui, comte de Ponthieu, a été pris. Tous les
« autres ont été faits prisonniers ou sont morts, ou, fuyant
« rapidement, ont eu grand'peine à se sauver. Annoncez au
« plus tôt ces nouvelles au roi des Français de la part du
« duc de Normandie. » Le roi effrayé se retira en toute hâte,

---

1. Ce château, qui sert aujourd'hui d'arsenal, a été bâti par saint Louis sur l'emplacement de l'ancien château de Foulques Nerra.

et Geoffroi Martel fut obligé d'abandonner à Guillaume la suzeraineté sur le Maine.

Eudes II, comte de Blois, voulut s'emparer du royaume de Provence, ensuite de la Lorraine, et il comptait réunir encore à la Lotharingie reconstituée la couronne d'Italie. Mais une bataille dans le Barrois mit à néant les espérances du turbulent baron; Eudes y fut vaincu et tué (1037); sa femme seule put le reconnaître au milieu des cadavres qui jonchaient le sol et faire rendre les derniers honneurs à ses restes.

Un prince, contre lequel Eudes combattit souvent, eut encore plus de renommée; c'est Foulques Nerra ou le Noir, comte d'Anjou, qui fit trois pèlerinages à la Terre sainte. Au dernier il se fit traîner sur une claie par les rues de Jérusalem, nu, la corde au cou, se faisant fouetter à grands coups par deux de ses valets, et criant de toutes ses forces : « Seigneur, ayez pitié du traître, du parjure Foulques! » Puis il entreprit de revenir à pied, mais il mourut en route (1040). Foulques avait en effet bien des crimes à expier. Constance était sa nièce : s'étant plainte à lui d'un favori de son époux, Foulques avait aussitôt envoyé douze chevaliers avec ordre de poignarder le favori partout où ils le trouveraient. De ses deux femmes, il avait fait brûler l'une, ou, selon quelques-uns, il l'avait poignardée lui-même après qu'elle s'était sauvée d'un précipice où il l'avait fait jeter; l'autre, il l'avait contrainte, par ses mauvais traitements, à se retirer en Palestine. Son fils, Geoffroi Martel, fut aussi batailleur. Il avait voulu, en 1036, contraindre par les armes son père à lui céder le comté d'Anjou; mais le vieux Foulques l'avait vaincu et soumis à la peine du *harnescar*. Le fils rebelle avait fait plusieurs milles en rampant, une selle sur le dos, pour venir aux pieds du comte implorer son pardon. Geoffroi Martel, jaloux de la puissance du duc de Normandie, s'unit contre lui au roi Henri Ier. Ses successeurs suivirent cette politique, et les rois de France eurent dans les comtes d'Anjou d'utiles alliés contre les ducs normands devenus rois d'Angleterre, jusqu'au moment du moins où ces comtes héritèrent eux-mêmes de la couronne britannique. On rapporte que la femme de Geoffroi Martel aimait la lecture, mais que telle était alors la rareté des livres, qu'elle fut obligée de donner deux cents moutons, cinq quartiers de froment et autant de seigle et de millet pour avoir un manuscrit renfermant des homélies.

Cathédrale d'Angers.

La belle cathédrale d'Angers fut commencée sous Foulques Nerra.

La trêve de Dieu (1041). — Pour diminuer les maux qu'entraînaient les guerres continuelles des seigneurs entre eux, l'Église proposa et fit adopter par beaucoup de princes un pacte ainsi conçu : « Du mercredi soir au lundi matin de chaque semaine, les jours de grandes fêtes, l'avent et le carême tout entiers, il est interdit de faire œuvre de guerre. Ce sera *la trêve de Dieu*. Celui qui l'enfreindra composera pour sa vie ou sera banni du pays. » Essayée pendant cinquante ans par les évêques d'Aquitaine et de Bourgogne, cette trêve venait enfin d'être réalisée par ceux de Provence; de là elle gagna tous les pays chrétiens où elle mit un peu d'ordre en attendant que la royauté reconstituée en donnât davantage.

Philippe Ier (1060-1108). — Philippe Ier n'avait que sept ans à la mort de son père, mais le roi Henri avait eu soin de le faire sacrer à Reims de son vivant. Cette couronne des premiers Capétiens, était d'ailleurs si peu de chose, que même sur la tête d'un enfant, elle ne donnait à personne l'envie de s'en saisir. Le règne de Philippe Ier eût été encore moins rempli que celui de son père, si la nation avait été engourdie et somnolente comme son chef. Ce prince vit quelques gentilshommes de Coutances soumettre l'Italie méridionale et la Sicile, un Capétien de la maison de Bourgogne fonder le royaume de Portugal, le duc de Normandie, Guillaume le Bâtard, faire la conquête de l'Angleterre, enfin toute la chevalerie de France s'élancer à la croisade. Il laissa ces grandes choses s'accomplir sans y prendre part. A la fin, pourtant, poussé de jalousie contre son trop puissant vassal, le duc de Normandie, il lui montra, sinon une inimitié bien dangereuse, du moins un mauvais vouloir obstiné. Il soutint contre lui les Bretons, et l'obligea à lever le siége de Dol (1075); il secourut son fils aîné Robert, qui s'était révolté contre le nouveau roi, mais cette fois s'attira une guerre fâcheuse. « Quand donc ce gros homme accouchera-t-il? » avait-il dit en raillant l'embonpoint de Guillaume. A quoi le Conquérant avait répondu qu'il irait à Paris faire ses relevailles avec dix mille lances en guise de cierges. Il faillit tenir parole. Il entra dans les domaines du roi, mettant tout à feu et à sang. Mantes fut pris et brûlé, même les églises, où beaucoup de personnes périrent dans les flammes, et ses coureurs allèrent brûler les villages jusqu'aux portes de Paris. Heureusement il tomba malade à Mantes même et s'en alla mourir près de Rouen.

Le roi de France continua la même politique sous le successeur du Conquérant, mais avec la même mollesse. Il soutint encore Robert, duc de Normandie, contre Guillaume le Roux, qui avait usurpé sur son frère aîné la couronne d'Angleterre, et il vendit au dernier sa défection. Il sentait bien le péril où était la France, avec un roi d'Angleterre, maître par la Normandie des avenues de Paris; et il n'avait pas le courage de faire l'effort nécessaire pour le conjurer.

Son mariage avec Bertrade, femme du duc d'Anjou, l'exposa à un autre danger, l'excommunication, dont l'Église, gardienne des lois morales, le frappa. Pendant dix années, il n'en tint pas compte. Sous ce prince indolent, le domaine s'accrut pourtant du Vexin français, du Gâtinais et de la vicomté de Bourges.

FAITS DIVERS. — Sous les Capétiens, les assemblées nationales que Charlemagne avait si souvent consultées, même ces réunions de grands seigneurs et d'évêques qu'on trouve encore fréquemment au dixième siècle, tombent en désuétude par le progrès même de la féodalité et la ruine du pouvoir central. Elles ne reparaîtront qu'au quatorzième siècle, quand le roi aura décidément prévalu sur les seigneurs (voyez, chap. XXVI, le règne de Philippe IV). — Réforme de l'ordre des bénédictins, en 930, à Cluny, par saint Odon. En 972, réforme des monastères de la province de Reims par l'archevêque Adalbéron. Ainsi le grand mouvement de réforme religieuse que Grégoire VII imprima, au siècle suivant, à toute l'Europe, avait commencé dès celui-ci en France. — Gerbert, né en Auvergne, archevêque de Reims, puis de Ravenne, enfin pape sous le nom de Sylvestre II, invente l'horloge à balancier et substitue en Europe aux caractères romains qui servaient de chiffres, neuf sig es presque semblables à nos signes actuels, de là une plus grande facilité dans les calculs.

CHAPITRE XVIII.

LA FRANCE AU ONZIÈME SIÈCLE. EXPOSITION DU SYSTÈME FÉODAL[1].

Trois sociétés différentes. — Au sixième siècle, nous avons trouvé trois sociétés en Gaule, les Gallo-Romains, les barbares, et l'Église; il y en a trois encore au onzième siècle, les seigneurs, les clercs et les serfs, chacune ayant ses mœurs, son organisation propre, et jusqu'à un certain point sa langue et sa littérature particulières : les deux premières, riches, puissantes et actives; la dernière, opprimée et misérable.

I. La société féodale : les fiefs et les vassaux. — On a vu l'édit de Mersen permettre, en 847, à tout homme libre de se choisir un seigneur, et l'édit de Kiersy décréter, en 877, l'hérédité des fiefs et des offices royaux. Ces édits consacraient une révolution commencée depuis longtemps et qu'il convient d'étudier de plus près, car tout un ordre social nouveau en sortit, qui, après avoir régi souverainement l'Europe pendant plusieurs siècles, n'a pas encore complétement disparu. Dans les pays mêmes où une organisation fondée sur d'autres principes a remplacé la société féodale, le moyen âge a légué des coutumes qui se sont trouvées plus fortes que les nouvelles lois. La noblesse moderne est un reste toujours vivant des temps féodaux.

Il y eut, depuis les Carlovingiens, deux espèces principales de propriétés : les *alleux*, terres franches d'impôts et de redevances, « ne relevant que du soleil; » les *bénéfices*, terres chargées de redevances plus ou moins nombreu-

---

[1]. Principaux ouvrages à consulter: *Histoire de la Civilisation en France*, par M. Guizot, t. IV; *Histoire du droit français*, par M. Laferrière, t. IV; *Histoire littéraire de la France avant le douzième siècle*, par Ampère : *Polyptyque d'Irmion et Cartulaire de Saint-Père de Chartres*, par Guérard; *Histoire des classes agricoles*, par Dareste; *Histoire des classes ouvrières* par Levasseur.

ses. Celui qui avait reçu un bénéfice ou *fief* était obligé, vis-à-vis de celui qui l'avait donné, soit à des services personnels, soit à des prestations en nature, en échange desquels il pouvait compter sur la protection du donateur. La plus importante de ces obligations est celle du service militaire.

Les alleux changés en bénéfices ; la recommandation. — Au milieu d'une société livrée à toutes les violences, les propriétaires d'alleux, libres de toutes charges, mais isolés, par conséquent très en danger, cherchèrent un appui auprès des grands et se *recommandèrent* à quelque homme puissant du voisinage. La recommandation était l'acte par lequel un propriétaire d'alleu faisait une cession fictive de sa terre au protecteur qu'il s'était choisi, pour la reprendre de ses mains non plus comme *alleu*, mais comme *bénéfice*, avec toutes les charges de service militaire et de redevances en nature dont était frappée la propriété bénéficiaire. Cet usage devint général. Charlemagne lui-même contribua à le rendre tel par l'obligation qu'il imposa à tout homme libre de se choisir un seigneur et de lui rester fidèle. Il voulait par là discipliner une société qui avait conservé des goûts d'indépendance barbare, et y mettre de l'ordre en y mettant de la hiérachie. Mais il arriva qu'en travaillant pour l'ordre, il ravaillait contre son propre pouvoir, ou plutôt contre le pouvoir de ses successeurs, car, pour lui, il était inattaquable. Afin de sauvegarder les droits de l'autorité municipale, il avait exigé le serment direct des hommes libres. Louis le Débonnaire prit la même mesure au commencement de son règne ; à la fin, il eût été fort embarrassé de la renouveler ; pour ses fils, ils n'y songèrent même pas. Alors les hommes libres n'eurent plus affaire qu'au seigneur dont ils dépendaient, et ne connurent plus que de nom l'autorité royale, qu'ils ne sentaient jamais.

Comme c'étaient les propriétaires qui se recommandaient entre eux, on considéra bientôt la terre, qui reste, plutôt que l'homme, qui passe et meurt. Ce ne fut plus l'homme faible qui se recommanda à l'homme fort, mais le petit champ au grand domaine, et certaines formalités symbolisèrent cette relation nouvelle ; la terre venait en quelque sorte se placer elle-même dans la main du grand propriétaire, sous la forme d'une motte de gazon ou d'un rameau d'arbre que le propriétaire y déposait. C'est là le germe de la relation féodale. Vers la fin du règne de Charles le

Chauve, la révolution était accomplie : il n'y avait plus guère que des bénéfices ou fiefs, c'est-à-dire que toute terre dépendait d'une autre terre, tout homme d'un autre homme. La première était le *fief mouvant* tenu par le *vassal*; la seconde était le *fief dominant* tenu par le *suzerain* ou *seigneur*[1].

Hérédité des bénéfices. — Un jour Charlemagne reprochait à son fils Louis, roi d'Aquitaine, de ne point chercher assez à s'attacher ses sujets par des présents, des concessions de terre : « Vous ne donnez, ajoutait-il, raillant finement la dévotion de son fils, vous ne donnez que votre bénédiction, encore si on vous la demande, ce n'est point assez. » Le roi d'Aquitaine lui répondit qu'il n'avait plus rien à donner, parce que les leudes refusaient de rendre les bénéfices qu'ils avaient une fois reçus et les transmettaient à leurs héritiers. Charlemagne répliqua qu'il ne fallait pas laisser ainsi usurper les domaines royaux, mais les reprendre aux usurpateurs ; toutefois, en souverain prudent et en bon père de famille, il ne voulut pas compromettre la popularité de son fils et se chargea lui-même d'une tâche dangereuse pour tout autre : des agents envoyés en son nom firent sortir les bénéficiers des domaines qu'ils détenaient illégalement. Toute l'explication de la révolution de cette époque est là. Les obstacles que Charlemagne pouvait briser étaient insurmontables pour ses faibles successeurs. Sous eux, l'hérédité des bénéfices acquit la force d'une coutume, d'un droit, et ce droit fut légalement reconnu à partir de l'an 877.

Hérédité des fonctions publiques ou offices. — Il en fut de même de l'hérédité des charges publiques et des titres de duc, de comte, etc., auxquels était attaché l'exercice d'une autorité déléguée par le prince et d'autant plus étendue que les rois, Charlemagne tout le premier, avaient pensé fortifier leur propre pouvoir en donnant à leurs agents des pouvoirs plus larges. Mais, pour les offices, comme pour les bénéfices, Charlemagne avait l'œil ouvert sur les allures trop libres de ses comtes : on le voit à chaque instant, dans ses capitulaires, arrêter leurs tentatives d'empiétements, gourmander leur négligence et les empêcher d'oublier que le maître, c'est lui. Pour les mieux tenir, il ne confiait jamais qu'un comté au même individu. Ses successeurs oublièrent cette sage et

---

1. Il se conserva cependant des alleux, c'est-à-dire des terres n'étant sujettes à aucune redevance féodale, surtout dans le midi. Au nord de la Loire ils ne furent qu'une très-rare exception.

vigilante conduite, qui d'ailleurs leur eût été impossible. L'argent étant rare et l'impôt public n'existant plus, c'était par des terres, avec des bénéfices, qu'il fallait payer tous les services. Quand ces bénéfices furent devenus héréditaires, les rois ne possédèrent plus qu'un très-petit nombre de domaines échappés à l'avidité de leurs vassaux. Sans argent, sans soldats, sans terres, ils ne purent empêcher leurs officiers de s'attribuer aussi l'hérédité des fonctions dont ils étaient investis, le comte, par exemple, ce qu'on appelait son comté, c'est-à-dire le droit d'exercer, dans une certaine étendue de territoire, les prérogatives de l'autorité royale qui lui avaient été déléguées. Le capitulaire de Kiersy-sur-Oise consacra cette usurpation. On aurait une idée de ce qui se passa alors, en imaginant ce que serait la France si nos préfets, nos magistrats, nos généraux ne pouvaient plus être privés de leurs fonctions par le gouvernement qui les emploie, et avaient le droit de transmettre à leurs enfants, et au besoin celui de vendre, au même titre que toute autre propriété, l'autorité que l'État leur confie. Encore y aurait-il cette différence que chez nous ces autorités sont divisées, et qu'au onzième siècle elles étaient réunies, le comte étant à la fois chef politique, militaire et judiciaire dans son comté.

Cette usurpation des droits royaux donnait à tout grand propriétaire ou seigneur les prérogatives souveraines : le droit de guerre, celui de battre monnaie, de faire des lois, de juger et de faire exécuter les sentences, etc. Et, comme cette usurpation avait eu lieu à tous les degrés de l'échelle administrative, par le duc, le comte, le vicomte, le centenier, la *féodalité*, c'est le nom de ce régime, présenta une hiérarchie de propriétaires ayant plus de droits politiques en proportion de ce qu'ils avaient été primitivement investis par les rois de fonctions plus étendues. Cette explication peut aider à comprendre comment 150 grands tenanciers exerçaient à l'avénement de Hugues Capet, le droit régalien de battre monnaie et comment tant d'autres guerroyaient à leur guise, légiféraient et jugeaient ; mais elle ne suffirait pas à rendre compte de cette transformation des pouvoirs publics en priviléges domaniaux sur la surface entière du territoire. Il faut y ajouter que tout grand propriétaire avait déjà, de temps immémorial, une juridiction domestique sur ses esclaves, ses serviteurs, ses colons et ses tenanciers, et que la justice seigneuriale était, comme l'a dit Montesquieu, une dépendance antique de la grande propriété du fief. L'usurpation n'était donc pas dans le droit que s'attribuaient les seigneurs de rendre la justice, mais dans celui de juger souverainement en dernier ressort.

Il y avait peu de propriétaires au moyen âge; mais la propriété était alors, on le voit, bien plus fortement constituée qu'aujourd'hui, puisqu'elle donnait ce qu'elle ne donne plus, le pouvoir politique, législatif et judiciaire. « Alors propriété et magistrature étaient tout un. » Et cela caractérise ce temps qui a été si justement appelé le moyen âge. Le seigneur féodal, à la fois propriétaire et souverain, sert en effet de transition entre l'ancien maître, qui n'avait que des esclaves soumis à sa toute-puissance, et le propriétaire moderne, qui n'a plus que des fermiers ou des domestiques dont les relations avec lui sont l'effet de libres conventions.

Les grands vassaux. — On appela grands vassaux les seigneurs qui faisaient personnellement hommage au roi, comme les comtes de Champagne et de Flandre, les ducs de Bourgogne et d'Aquitaine, etc. Ces grands vassaux exerçant sur leurs terres tous les droits de la royauté, y administrant, jugeant, guerroyant, sans souci du roi, celui-ci n'avait plus qu'un titre sans force réelle, à moins que ce titre ne fût réuni à la possession de quelque grand fief, duché ou comté. Ce fut là toute l'importance de la révolution qui substitua les Capétiens aux Carlovingiens. En 987, le domaine royal se bornait à la cité de Laon et à quelques villas; par l'avénement de Hugues Capet, ce domaine comprit tout le duché de France, et le roi se trouva au moins égal en puissance à ses vassaux, tandis qu'auparavant il était inférieur en force réelle au plus faible d'entre eux.

Hiérarchie féodale. — Les propriétaires de fiefs formaient une vaste association, une hiérarchie qui remontait du simple chevalier jusqu'au roi, et où chacun pouvait avoir à la fois ce double caractère de suzerain et de vassal. Ainsi un comte, vassal d'un duc ou d'un roi, était suzerain de plusieurs vicomtes, barons ou chevaliers. Le roi de France fut lui-même vassal de l'abbé de Saint-Denis pour une terre qu'il tenait de cette abbaye; le duc de Bourgogne l'était de l'évêque de Langres; et on voit dans un acte que trente-deux chevaliers bannerets devaient l'hommage et le service militaire au vicomte de Thouars, qui lui-même devait l'un et l'autre au comte d'Anjou, vassal du roi de France. Seulement, il ne faudrait pas croire qu'un comte fût toujours et partout supérieur à un vicomte et subordonné à un duc. La subordination hiérarchique n'existait que dans l'intérieur de chaque grand fief, et le comte d'Anjou n'avait rien de commun avec le duc de Bourgogne, si ce n'est son titre de vassal de la couronne de France. Même dans bien des fiefs, les vassaux traitèrent leur suzerain comme les grands avaient traité le roi de France. C'était un droit du vassal, expressément reconnu, de guerroyer, quand bon lui semblait, contre son seigneur, en lui retirant son hommage, à condition de lui restituer le fief, ce que, habituellement, il se gardait bien de faire. Enfin, on pouvait être à la fois vassal de deux suzerains différents et être requis en même temps par eux du service militaire.

Hommage, foi, investiture. — La relation féodale était établie par une cérémonie où trois formalités principales devaient être accomplies. Celui qui recevait une terre d'un autre se plaçait à genoux devant lui, la main dans la main de son futur seigneur, et déclarait qu'il devenait son *homme*, c'est-à-dire qu'il devait défendre sa vie et son honneur; puis il prêtait serment de *foi* ou de fidélité. Voici la formule de l'hommage lige: « Doit l'homme joindre ses deux mains en nom d'humilité, et les mettre ès deux mains de son seigneur, en signe que tout lui voue, et promet foy; et le seigneur ainsi le reçoit et aussi lui promet de garder foy et loyauté, et doit l'homme dire ces paroles: « Sire, je viens à vostre
« hommage, en vostre foi, et deviens vostre homme de bou-
« che et de mains, et vous jure et promets foy et loyauté en-
« vers tous et contre tous, garder vostre droit en mon pou-
« voir[1]. Alors, le seigneur, à son tour, lui donnait la terre par l'*investiture*, soit en lui remettant une motte gazonnée un rameau d'arbre, ou, pour les grands fiefs, un étendard

---

[1]. Bouteiller, *Somme rurale*, liv. I, tit LXXIX. — *L'hommage simple ou franc* se rendait debout, le vassal tenant la main sur l'Évangile et ayant son épée et son éperon, qu'il ôtait pour la cérémonie de l'*hommage-lige*. Dans cette dernière cérémonie, le vassal tête nue, mettait un genou en terre, et, plaçant ses mains dans celles de son seigneur, lui prêtait serment de fidélité. Un vassal devait quelquefois l'hommage-lige pour un fief et l'hommage simple pour un autre. Ainsi le duc de Bretagne consentait au premier pour le comte de Montfort, mais prétendait ne devoir que le second pour son duché. Il y avait aussi hommage de foi et de service, par lequel le vassal s'obligeait à rendre service de son propre corps au seigneur, comme de lui servir de champion et de combattre pour lui en gage de bataille.

« C'est la coutume, dit Othon de Freysingen, que les royaumes soient livrés par le glaive, les provinces par l'étendard.»

Suzerain et vassal. — Cette triple cérémonie achevée l'un devenait le suzerain, l'autre le vassal, et, dès ce moment, des devoirs et des droits réciproques les unissaient. Le suzerain devait à son vassal protection et bonne justice, et il ne pouvait lui retirer son fief que pour forfaiture ou trahison.

La plus importante de toutes les obligations imposées au vassal était celle de suivre le suzerain à la guerre. Les conditions auxquelles les vassaux avaient reçu leur fief, déterminaient combien de jours, 60, 40, 30, ou même moins encore, ils devaient faire ce service, et avec combien d'hommes armés. Quelques-uns ne le devaient que dans les limites des terres du suzerain et pour le défendre, non pour attaquer. Les abbés, les femmes, exemptés de servir, fournissaient des remplaçants. Quiconque avait à remplir l'obligation du service féodal était réputé noble.

Si le vassal servait le suzerain dans ses guerres, il était tenu de l'aider aussi de conseils, quand il en était requis, et de le servir dans sa cour de justice. En prenant part aux jugements, il s'engageait à prêter son bras pour faire exécuter la sentence que sa bouche avait prononcée.

Il y avait en outre les *aides féodales*; le vassal devait aider le suzerain à payer sa rançon, à marier sa fille aînée, à armer son fils aîné chevalier, à s'équiper pour le voyage à la Terre sainte.

Ce n'étaient pas les seules occasions où le suzerain tirait de ses vassaux d'utiles redevances. A chaque mutation, le seigneur percevait un droit de *relief* que payait l'héritier du fief lorsqu'il en recevait l'investiture. C'était une somme d'argent, ou plus souvent, dans l'origine, un cheval de service, un destrier, une selle, des armes, une paire d'éperons dorés, etc.

Si un vassal vendait son fief, une partie du prix d'achat, équivalant d'ordinaire au revenu d'une année, appartenait au suzerain, comme droit de mutation.

Le fief sans héritier ou frappé de confiscation pour forfaiture, c'est-à-dire pour infidélité ou trahison de la part du vassal, revenait au seigneur. De là, la fortune des maisons suzeraines qui eurent l'avantage de durer. Une partie des terres de la couronne, sous la troisième race, se composa de fiefs qui, faute d'hoirs, avaient fait échute au domaine royal.

Le vassal mineur était sous la garde du suzerain, qui percevait les fruits jusqu'à sa majorité.

Les filles ne pouvaient prendre pour époux que l'homme qui leur était présenté par le suzerain, à moins de payer une somme quelquefois considérable.

Il y avait encore des obligations morales. Le vassal devait garder les secrets de son suzerain, lui dévoiler les machinations de ses ennemis : partout défendre son honneur; lui donner son cheval dans la bataille, s'il était démonté, ou prendre sa place en captivité ; en un mot, n'épargner ni son bien ni sa personne pour le sauver de péril ou de honte.

Ces obligations remplies, le vassal devenait à peu près maître absolu sur son fief, et ne pouvait le perdre que pour cas de forfaiture, c'est-à-dire en ne satisfaisant pas aux conditions du contrat féodal.

Remarquons que le système féodal, en se développant, érigea toute chose en fief. Toute concession : droit de chasse dans une forêt, de péage sur une rivière, de conduite, sur les routes, pour escorter les marchands, de four banal[1] dans une ville, toute propriété utile, enfin, concédée à condition de foi et hommage, devenait un fief. Les seigneurs multiplièrent les concessions de ce genre, afin de multiplier le nombre d'hommes qui leur devaient le service militaire. Mais le fief lui-même auquel des droits de justice étaient attachés, resta, en général, indivis et passa tout entier à l'aîné.

Relations des vassaux entre eux; pairs; duel judiciaire; droit de guerre privée. — Les vassaux d'un même seigneur étaient pairs ou égaux entre eux (*pares*), et ils composaient sa cour de justice, de laquelle il était permis d'appeler à la cour du suzerain supérieur. Les formalités n'y étaient ni longues ni difficiles. Si les parties ne pouvaient s'entendre, le conseil judiciaire, ou duel en champ clos, décidait de la justice et de la vérité. Le vaincu était nécessairement le coupable. C'était Dieu qui prononçait. Quand une

---

1. On donnait le nom de *banal* aux choses à l'usage desquelles le seigneur du fief était en possession d'assujettir ses vassaux, afin d'en retirer certaines redevances. Ainsi le four, le moulin, le pressoir où les vassaux *étaient contraints* de venir faire cuire leur pain, moudre leur blé et fouler leurs raisins, à charge de laisser au seigneur une portion de ce qu'ils apportaient en payement du service rendu.

des parties était une femme, un clerc, un enfant ou un vieillard, elle pouvait se faire remplacer par un champion, mais courait toujours les risques du combat. La défaite du champion était la condamnation de celui qu'il représentait. Cette comparution par-devant la cour du suzerain semblait même trop longue à l'impatience batailleuse de ces hommes. Pour un tort éprouvé, pour une injure reçue, ils recouraient immédiatement aux armes. C'était le droit de guerre privée. Toutefois on y mettait de la loyauté : on avertissait d'avance son ennemi.

Tous les seigneurs n'avaient pas une juridiction égale. Il y avait la haute, la moyenne et la basse justice, et certains nobles n'avaient que la dernière et la seconde. Ces distinctions, qui ne portent pas toujours sur la nature des peines, mais quelquefois sur la qualité des justiciables[1], ne furent régulièrement déterminées que dans les siècles suivants. Le droit de haute justice entraînait le droit de rendre des sentences de mort. Le pilori et le gibet qui s'élevaient près du château en étaient les sinistres emblèmes.

Un château féodal. — Tout régime politique pourrait, à la rigueur, se caractériser par le lieu où il a placé l'exercice du pouvoir. Les républiques anciennes avaient leur agora et leur forum ; la grande monarchie de Louis XIV eut son palais de Versailles où tenait tout ce qu'on appelait alors la France ; les seigneurs féodaux eurent leurs châteaux. C'étaient, en général, d'énormes édifices ronds ou carrés, placés sur des hauteurs, pour voir de loin, massifs, sans architecture ni ornement, et percés à peine de quelques meurtrières d'où sortaient les flèches, et ayant parfois, comme celui de Montlhéry, cinq enceintes se dominant l'une l'autre. « La porte, dit un moderne qui, à force d'érudition, s'est presque rendu le contemporain de ces vieux âges, la porte, flanquée de tourelles et couronnée d'un haut corps de garde, se présente toute couverte de têtes de sangliers et de loups. Entrez-vous, trois enceintes, trois fossés, trois ponts-levis à passer ; vous vous trouvez dans la grande tour carré où sont les citernes, et à droite, et à gauche, les écuries, les poulaillers.

---

1. Ainsi dans le Dauphiné, la haute justice s'exerçait sur les nobles et les clercs au civil comme au criminel ; la moyenne sur les roturiers et les mainmortables pour les causes criminelles et dans les causes civiles pour lesquelles l'amende dépassait 60 sous ; la basse pour les mêmes causes, quand l'amende était inférieure à 60 sous (Salvain de Boislieu, *De l'usage des fiefs en Dauphiné*, edit. de 1731.

les colombiers, les remises. Les caves, les souterrains, les prisons sont par-dessous; par-dessus, les logements, les magasins, les lardoirs ou saloirs, les arsenaux. Tous les combles sont bordés de mâchicoulis, de parapets, de chemins de ronde, de guérites. Au milieu de la cour est le donjon, qui renferme

Ancien château de Montlhéry.

les archives et le trésor. Il est profondément fossoyé dans son pourtour, et on n'y entre que par le pont, presque toujours levé; bien que les murailles aient, comme celles du château, plus de six pieds d'épaisseur, il est vêtu, jusqu'à la moitié de sa hauteur, d'un second mur en grosses pierres de taille [1]. »

[1]. Monteil. *Histoire des Français des divers États*, t. I, p. 110. Voyez aussi Chéruel, ouvrage cité, au mot *Châteaux forts*.

Le pont-levis couvrait, en se relevant, la porte du château

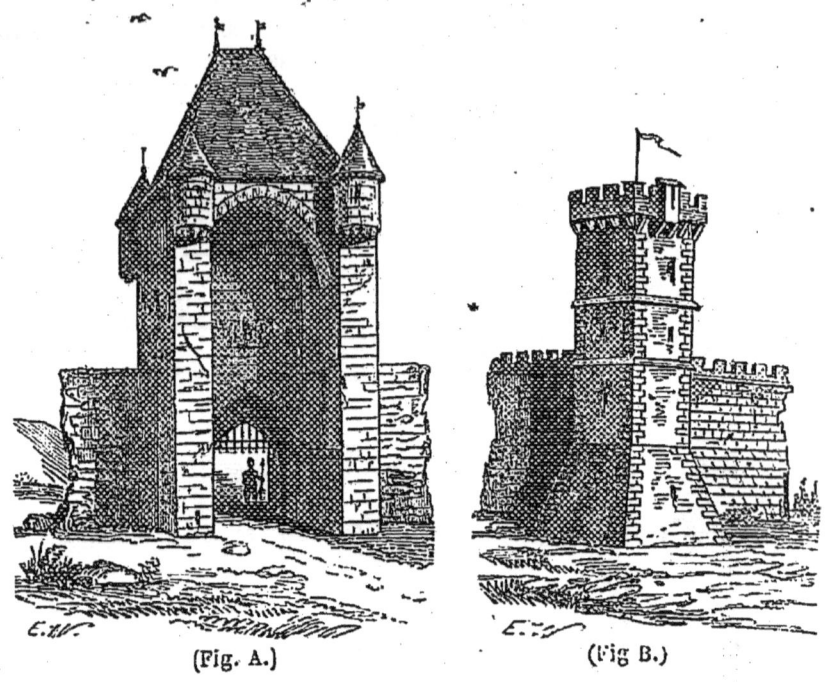

(Fig. A.)   (Fig B.)

qui était encore défendue par *la herse* (fig. A), lourde grille en fer, glissant dans des rainures.

Château de Coucy (fig. C).

Aux angles de la forteresse s'élevaient de grosses tours garnies de *créneaux* qui protégeaient les défenseurs de la place contre les traits lancés du dehors, et de *mâchicoulis*, sorte de parapet percé à jour dans sa partie inférieure, et d'où l'on pouvait verser sur les assaillants arrivés au pied du mur l'eau bouillante et la poix enflammée (fig. B).

Le donjon, devant être dans l'endroit le plus difficile d'accès, occuper et dominer toute la place, s'élevait habituellement au milieu, comme on le voit encore à Vincennes : quel-

Ruines du château de Coucy.

quefois il touchait aux remparts, comme dans le château de Coucy (fig. C). D'immenses souterrains ouvraient une issue au loin dans la plaine ou la forêt.

Le troubadour et le trouvère. — Les hommes qui habitaient une pareille demeure avaient besoin d'échapper à la tristesse et à l'ennui qui tombaient de ces voûtes sombres sous lesquelles n'arrivait jamais un joyeux rayon de soleil. Mais on ne pouvait ni se battre ni chasser toujours. Le pèlerin qui passait de loin en loin, venait pour quelques moments distraire les habitants du manoir par de pieux récits et des nouvelles des pays étrangers. Mais une bonne fortune, c'était l'arrivée d'un barde, appelé *trouvère* dans le nord. *troubadour* dans le midi, qui, assis au foyer du seigneur, lui chantait, pendant de longues veilles, la tragique aventure de la dame de Fayel et du sire de Coucy, ou les merveilleux exploits des chevaliers de la Table Ronde, de Renaud et de Roland, de Charlemagne et de ses douze pairs ; à moins que l'assistance, en veine de s'égayer, ne lui demandât quelque fabliau moqueur ou les bons tours joués à maître Isengrin par son rusé compère, maître Renard :

> Car ils ôtent le noir penser,
> Deuil et ennui font oublier.

Tournois. — Il y avait cependant aussi des jeux et des fêtes ; mais les jeux et les fêtes à l'usage de cette société batailleuse furent des défis et des combats souvent mortels, les joutes et les tournois. Geoffroy de Preuilly, seigneur du Vendômois, mort en 1066, en fut comme le législateur. On n'apportait aux tournois que des armes courtoises, à fer émoussé, c'est-à-dire sans pointe ni taillant ; mais dans les combats *à outrance*, on employait les armes ordinaires. Les juges ou diseurs de tournois faisaient prêter serment aux chevaliers de combattre loyalement ; et, après avoir mesuré les lances, les épées, vérifié si l'un des adversaires n'était pas attaché à la selle de son cheval, ils donnaient le signal de la lutte. Les combattants couraient l'un contre l'autre ; si leurs lances se brisaient contre les boucliers ou contre l'armure de fer, ils se frappaient avec l'épée ou la hache d'armes jusqu'à ce que l'un d'eux tombât vaincu. Celui qui n'observait pas les lois du combat, qui frappait autre part qu'entre les quatre membres, ou plus de coups que les juges n'en avaient permis, etc., perdait ses armes et son cheval. Ordinairement le heaume et l'épée du vaincu appartenaient au vainqueur. Les prix décernés par les juges étaient, au mieux frappant, une épée de tournoi : au mieux défendant, un heaume. C'étaient souvent les dames qui décernaient le prix. Ces fêtes attiraient toujours un grand concours de princes, de seigneurs et de chevaliers, mais toujours aussi quelques-uns étaient emportés de la lice mourants ou morts [1].

Armes. — Jusqu'à Charlemagne, les armes avaient été

---

1. Pour la chevalerie, voy. plus loin.

EXPOSITION DU SYSTÈME FÉODAL. 239

surtout offensives ; au moyen âge, elles furent surtout défensives. Du onzième au quatorzième siècle, les chevaliers por-

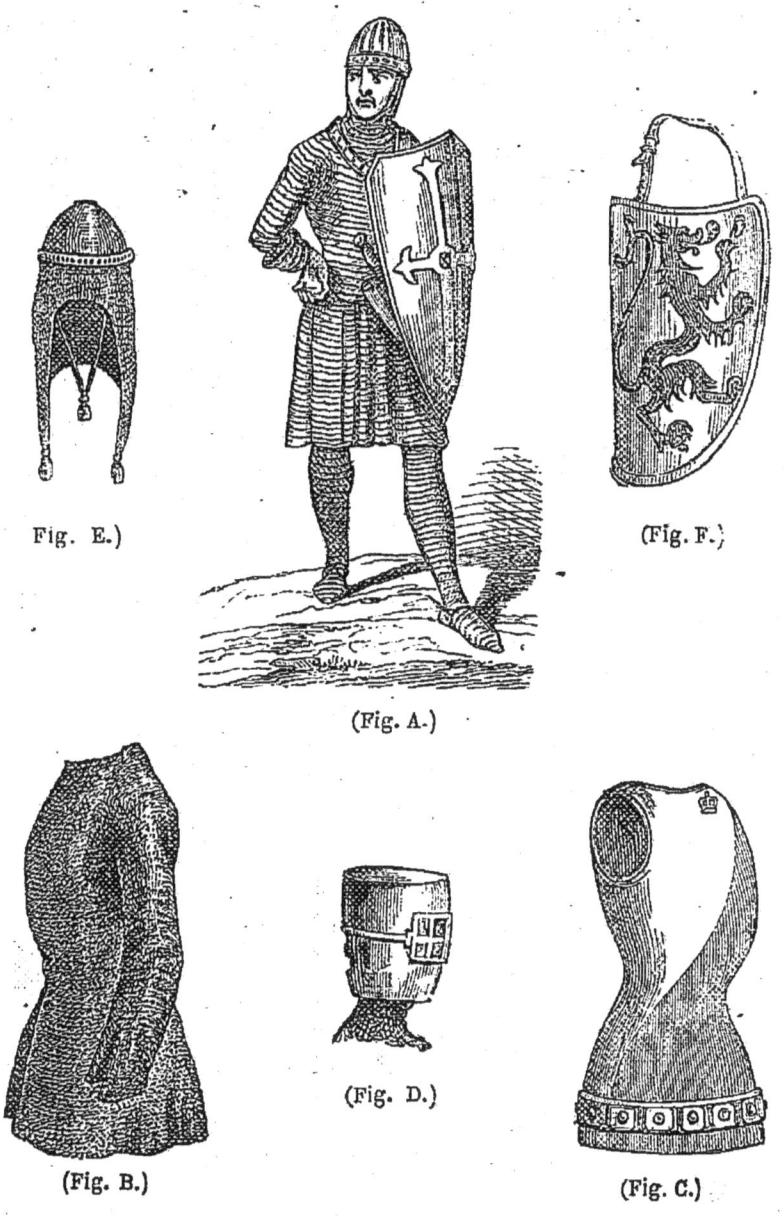

(Fig. E.)   (Fig. A.)   (Fig. F.)

(Fig. B.)   (Fig. D.)   (Fig. C.)

tèrent la cotte de mailles ou *haubert*, qui enveloppait l'homme d'armes de la tête aux pieds et qui était à l'épreuve de l'épée mais non de la lance (fig. A). Contre la lance on se garnissait

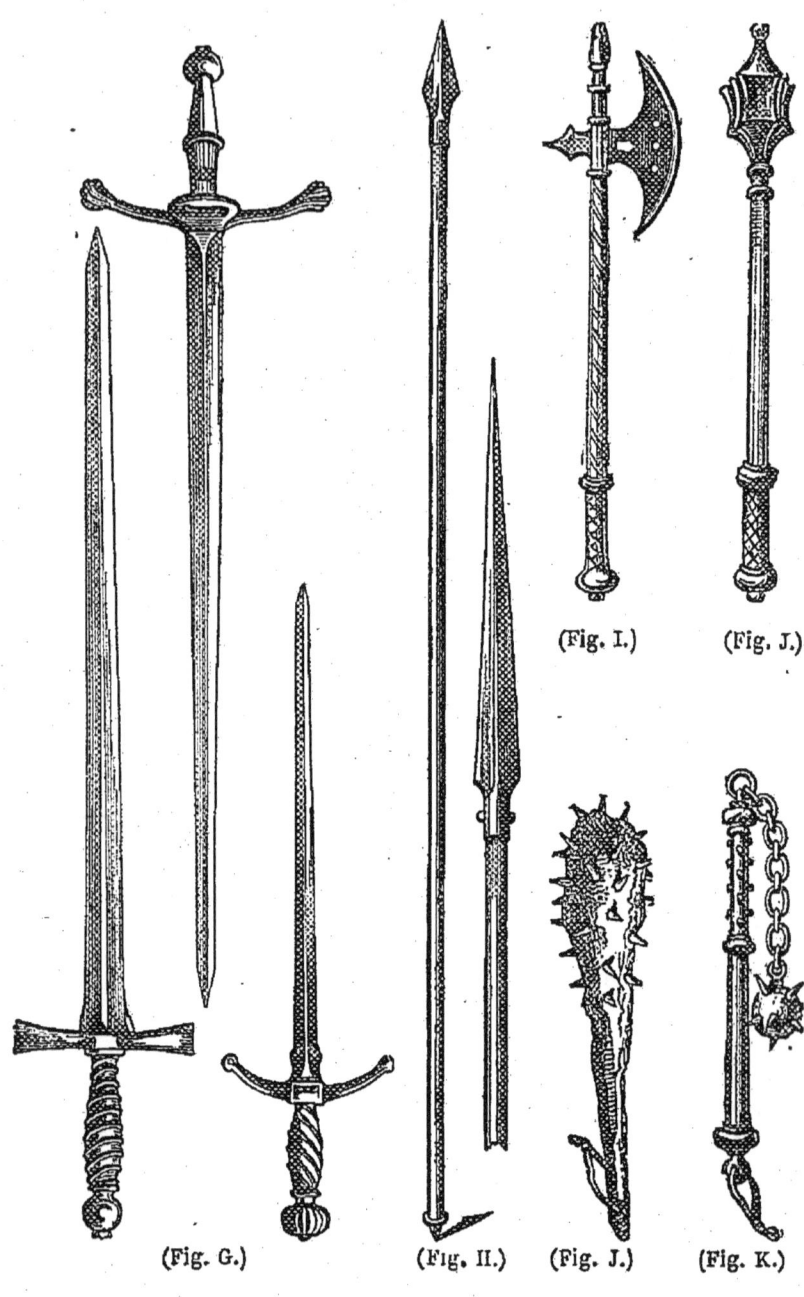

(Fig. G.)   (Fig. H.)   (Fig. J.)   (Fig. K.)

d'une camisole fortement rembourrée, le *gambeson* ou *hoqueton* (fig. B), ou d'une plaque de fer appliquée immédiatement sur la peau, et nommée *plate* (fig. C.) Le *heaume*, en fer mince, enveloppait la tête et ne laissait respirer et voir que par d'étroites ouvertures qu'on nommait *visière* ou *ventaille*. La figure D représente le heaume de saint Louis, tel qu'on le voit sur les vitraux de Chartres. Le heaume n'était porté que par les chevaliers, mais tous les hommes d'armes avaient le bonnet de fer (fig. E), qui se rattachait au haubert par plusieurs réseaux de mailles de fer. L'*écu* ou bouclier (fig. F) servait encore d'arme défensive. Les armes offensives étaient alors l'*épée* (fig. G), la *lance* (fig. H), la *hache d'armes* (fig. I), la *masse d'armes* (fig. J), le *fléau d'armes* (fig. K), et le *poignard de miséricorde*. Les fantassins n'avaient que le coutil ou couteau et l'arc, ou l'arbalète apportée d'Asie au douzième siècle.

II. La société religieuse : féodalité ecclésiastique.
— Le clergé était lui-même entré dans ce système. L'évêque, autrefois *défenseur de la cité*, en était bien souvent devenu le comte, par usurpation traditionnelle ou par expresse concession des rois qui avaient réuni, comme à Reims et en beaucoup d'autres villes, le comté à l'évêché, l'autorité politique à l'autorité spirituelle ; ce qui faisait de l'évêque le suzerain de tous les seigneurs de son diocèse. Outre ses dîmes, l'Église possédait, grâce aux donations des fidèles, des biens immenses. Pour les mettre à l'abri des brigandages de ce temps, elle avait recours au bras séculier. Elle choisissait des laïques, hommes de courage et de tête, à qui elle confiait ses domaines pour qu'ils les défendissent au besoin par l'épée. Mais ces *avoués* des monastères et des églises firent comme les comtes du roi, ils rendirent leurs fonctions héréditaires, et prirent pour eux le bien dont on leur avait commis la garde. Ils consentirent pourtant à se reconnaître vassaux de ceux qu'ils dépouillaient, à leur rendre foi et hommage, aux conditions ordinaires de redevances en nature et de services personnels. Les abbés, les évêques, devinrent ainsi des suzerains, des seigneurs temporels, ayant de nombreux vassaux prêts à s'armer pour leur cause, une cour de justice, toutes les prérogatives enfin exercées par les grands propriétaires. Alors on vit des évêques ducs, des évêques comtes, vassaux eux-mêmes d'autres seigneurs, surtout du roi, dont ils recevaient l'investiture des biens attachés à leur église, ou, comme on disait, de leur temporel.

Cette féodalité ecclésiastique fut si nombreuse, si puissante, qu'en France et en Angleterre elle posséda, au moyen âge, plus du cinquième de toutes les terres, en Allemagne près du tiers. Car il y avait cette différence entre l'Église et le roi, que celui-ci, la conquête achevée, ne reçut plus rien, tandis qu'il donnait toujours, de sorte qu'il arriva à ne plus posséder que la ville de Laon ; et que l'Église, si elle perdait quelques domaines, chose difficile parce qu'elle avait l'excommunication pour les défendre, acquérait tous les jours. Il y avait en effet peu de fidèles qui mourussent sans lui laisser quelque bien, de sorte qu'elle recevait sans cesse et ne rendait jamais ou rendait peu, et seulement ce que la violence lui enlevait.

Les lettres dans l'Église. — On a vu comment l'empire des Francs, en tombant des mains de Charlemagne, se brisa. Il en fut de même de la civilisation, dont les éléments commençaient à se rassembler et à se coordonner par ses soins. Il ne lui avait point échappé que l'unité d'idées est le ciment indispensable de l'unité politique; et il avait eu d'ailleurs, comme tous les grands esprits, la passion de régner sur un empire civilisé plutôt que sur des barbares. De là ces lettres, ces capitulaires où il ordonne de « former des écoles et d'y appeler, non-seulement des fils de serfs, mais ceux des hommes libres, » c'est-à-dire non-seulement les enfants des pauvres gens des campagnes, à qui les guerriers laissaient avec dédain l'humble et pacifique avenir de clerc ou de moine, mais encore ceux mêmes qui devaient un jour succéder à ces guerriers, et porter dans les batailles la grande épée de leurs pères. De pareils commandements ne tendaient à rien moins qu'à former une société laïque éclairée, ce qui eût changé tout le moyen âge. Mais, Charlemagne mort, cette noblesse à l'école jeta bien loin la grammaire latine et la grammaire tudesque, et vit avec joie s'ouvrir la carrière des guerres civiles, où chacun fait ce qu'il veut et où le courage gagne tout.

Hincmar et Scot Érigène. — Du moins la société ecclésiastique conserva quelque chose de l'impulsion donnée aux études par Charlemagne. Sous le vaste édifice ébranlé en tous sens, mais point encore renversé, le neuvième siècle abrita un développement intellectuel qui ne manque pas d'une certaine grandeur. Hincmar remplaçait Alcuin, et Charles le Chauve s'efforçait d'imiter Charlemagne. En 855, la loi et un concile recommandèrent à l'envi l'enseignement des lettres divines et humaines ; nouvelles tentatives en 859

Ancienne église abbatiale de Saint-Riquier¹.

1. Cette belle église d'une des plus célèbres abbayes du moyen âge date du quinzième siècle. L'école de l'abbaye de Saint-Riquier était, sous Charlemagne, dirigée par Alcuin. Cette école et l'abbaye ont donné vingt-six papes à l'Église.

pour restaurer les écoles carlovingiennes, « parce que cette interruption des études amène l'ignorance de la foi et la disette de toute science. » On retrouve en 822 la première mention de l'école épiscopale de Paris, qui jeta plus tard tant d'éclat, et dans le catalogue de la bibliothèque de Saint-Riquier pour l'année 831 il est fait mention de 256 volumes, parmi lesquels les *Églogues* de Virgile et la *Rhétorique* de Cicéron, Térence, Macrobe et peut-être Trogue Pompée, que nous avons perdu.

Il y eut même un mouvement d'idées philosophiques et des disputes qui présageaient celles des grands siècles du moyen âge: le moine Gotheschalk avait cru trouver dans les écrits de saint Augustin le dogme de la prédestination. Combattu par le savant évêque de Mayence, Raban Maur, disciple d'Alcuin, condamné par deux conciles, il fut enfermé au fond d'un cloître par Hincmar jusqu'à la fin de ses jours, sans avoir voulu se rétracter. Le célèbre Jean Scot Érigène (l'Irlandais), chargé par Hincmar de lui répondre, appela à son tour la répression par ses raisonnements purement humains, philosophiques, comme il les nommait lui-même et puisés en effet dans l'étude de la philosophie des anciens.

Nouvelle décadence à la fin du neuvième siècle, et seconde renaissance au onzième. — Mais la confusion politique augmente; l'empire achève de s'écrouler; les seigneurs s'agitent, combattent, dépouillent, font le désordre à leur aise. Quelle place, au milieu de ces violences, pour les études! Aussi ne les trouve-t-on plus que dans quelque monastère isolé, seul asile où se cachent, au dixième siècle, pour éviter le souffle des tempêtes, les derniers et pâles flambeaux de la science. Au dehors, nuit profonde: affreuse misère physique et morale; des pestes, des famines; il semble que la mort physique va s'emparer du monde, que la mort intellectuelle a déjà presque entièrement conquis; lui-même croit qu'il va périr. L'an 1000 approche, on ne bâtit plus, on ne répare plus, on n'amasse plus pour l'avenir, du moins pour l'avenir d'ici-bas ; on donne au clergé ses terres, ses maisons, *mundi fine appropinquante*, parce que la fin du monde approche.

Mais cette heure d'angoisses et d'inexprimable terreur se passe comme toutes les autres. Le soleil se lève encore le premier jour de l'an 1001. La vie suspendue reprend son

Portail de l'église de Moissac.

cours avec une impétuosité nouvelle. Le monde remercie le Dieu qui l'a laissé vivre, par une grande pensée d'unité chrétienne et d'héroïsme religieux, que le chef des chrétiens exprime : « Soldats du Christ, s'écrie le premier pape français, Sylvestre II, (999-1003), en montrant Jérusalem saccagée, soldats du Christ, levez-vous, il faut combattre pour lui ! » Le siècle ne sera pas écoulé que des millions d'hommes auront répondu à son appel.

En attendant, tous les bras travaillent, et « la terre semble dépouiller sa vieillesse pour se revêtir d'une blanche parure d'églises nouvelles. » On reconstruit les basiliques, on fonde des monastères. En huit siècles, 1108 seulement avaient été bâtis en France ; 326 s'élèvent au onzième siècle, 802 au douzième. Les esprits se remettent en mouvement. Sylvestre II en donne l'exemple ; simple moine d'Aurillac, sous le nom de Gerbert, il était allé chez les musulmans d'Espagne étudier les lettres, l'algèbre, l'astronomie ; il réunit une bibliothèque considérable ; il construisit des sphères ; il imagina l'horloge à balancier, merveille qui le fit plus tard passer aux yeux de la foule pour un magicien, vendu au diable.

La seconde renaissance se produit surtout en France, et plus particulièrement dans cette province de Normandie, où s'était déjà montré, dans sa plus haute expression, l'esprit guerrier de la société féodale. Là se trouve la magnifique abbaye de Fontenelle ou de Saint-Wandrille, restaurée par le duc en 1035, celle de Jumièges, dont on voit encore des ruines importantes (p. 142), celle du Bec, fondée en 1040 et qui s'illustra dès son origine par la présence de deux grands docteurs, Lanfranc, et saint Anselme ; sans parler des monastères de Caen, de Rouen, d'Avranches, de Bayeux, de Fécamp et du Mont-Saint-Michel, « au milieu du danger de la mer. » Guillaume le Bâtard était appelé le Conquérant, mais aussi le Grand-Bâtisseur.

Au fond de ces monastères les moines ne se contentent plus de copier les rares manuscrits qui ont survécu au naufrage de la civilisation antique. Ils sont curieux des événements qui s'accomplissent autour d'eux et les écrivent, ou s'inquiètent d'affermir leur foi par des discussions théologiques qui redeviennent savantes. Richer, élève de Sylvestre II, et qui est médecin en même temps que moine, écrit à l'abbaye de Saint-Rémi, une histoire du dixième siècle dans laquelle il imite Salluste comme Éginhard imitait Suétone. Abbon, moine de Saint-Germain, chante en vers quelquefois boiteux les exploits du comte Eudes et des Parisiens contre les Northmans, dont un autre Guillaume compose l'histoire à l'abbaye de Jumièges.

Lanfranc et saint Anselme; Bérenger et Roscelin.

Notre-Dame d'Orcival.

— Pendant que ceux-là écrivent, d'autres enseignent, et les écoliers accourent. A Saint-Étienne de Caen, l'Italien Lanfranc (1005-1089) avait plus de 4000 auditeurs. En vain il voulut fuir dans la solitude du Bec une illustration qui le poursuivait; elle le porta, malgré lui sur le siége archiépiscopal de Cantorbéry. Cette activité renaissante de l'esprit s'écartait parfois des sentiers battus. Nous avons parlé de l'hérésie qui conduisit 13 malheureux au bûcher, en 1022. Une autre, suscitée par Bérenger de Tours, troubla plus de trente ans, l'Église (1050-1080). Bérenger ne voyait, comme Scot Érigène, qu'un pur symbole dans l'Eucharistie, et soumettait les choses de la foi à la raison : « Il faut pourtant bien se résigner à ne pas comprendre, lui disait l'évêque de Liége, son ami, car comprendras-tu jamais la grande énigme de Dieu? » Mais Bérenger voulait se rendre compte de sa croyance et portait audacieusement sa raison au milieu des mystères. Il est un des précurseurs de Luther, quoique Luther n'ait rien connu de ses écrits. Lanfranc fut son principal adversaire.

Saint Anselme, Italien comme Lanfranc[1], son successeur à l'abbaye du Bec et sur le siége de Cantorbéry, recommença la théologie dogmatique, à peu près délaissée depuis saint Augustin, c'est-à-dire depuis six siècles. Il s'établit, avec une foi absolue, au cœur du dogme chrétien, et employa toutes les forces de son puissant esprit et toutes les ressources de la dialectique, c'est-à-dire l'art du raisonnement, à en démontrer la vérité. Il procède parfois avec la rigueur de Descartes, et la preuve fameuse de l'existence de Dieu donnée par le père de la philosophie moderne lorsqu'il s'élève du fait seul de la pensée à l'être absolu qui en renferme la raison et l'origine, n'est qu'un argument de saint Anselme.

Saint Anselme eut, comme Lanfranc, à faire tête à de hardis novateurs, qui, s'aidant de la dialectique, cette dangereuse alliée de la théologie, ébranlaient les dogmes en voulant les soumettre au raisonnement suivant les règles de la logique d'Aristote. Bérenger avait essayé d'interpréter le mystère de l'Eucharistie, Roscelin attaqua, vers 1085, celui de la Trinité, et la scolastique naissante commença, avec les querelles des *réalistes* et des *nominalistes*, les subtiles discussions qui stérilisèrent tant de laborieux efforts. (Voy. chap. xxv.)

Les arts dans l'Église. — L'Église était non-seulement la foi, mais la science. Elle avait des docteurs; elle formait aussi et dirigeait des architectes, des peintres et des sculpteurs. Le dixième siècle avait peu construit; au onzième, quand la troisième année après l'époque fatale de l'an 1000 eut dissipé toute crainte, les populations, comme par un

---

1. Il était d'Aoste en Piémont, mais il passa presque toute sa vie (1039-1109) et écrivit tous ses ouvrages en France. Lanfranc était de Pavie.

La cathédrale d'Angoulême restaurée.

élan de reconnaissance, travaillèrent dans toute la chrétienté à la reconstruction des basiliques, et on peut dater de ce moment la première époque de la grande architecture du moyen âge. Une nouvelle religion produit une architecture nouvelle, parce qu'il faut aux croyances qu'elle apporte des symboles matériels qui en soient l'expression sensible. En Orient, l'architecture chrétienne trouva sa forme dès le sixième siècle : la croix grecque et la coupole en furent les caractères symboliques. La première, ou le gammada formé par la réunion de quatre gamma, ⌐, représenta la Trinité parce que le gamma est la troisième lettre de l'alphabet grec ; la seconde fut considérée comme l'emblème du triomphe de Jésus s'élevant de sa croix vers le ciel. Sainte Hélène avait déjà au IVe siècle, fait couvrir d'un dôme l'église de l'Ascension à Jérusalem.

Mais d'une part, la construction de ce dôme à base circulaire, au centre d'une croix, c'est-à-dire sur un carré présentait de grandes difficultés architectoniques. D'autre part, le culte ne s'accomplissant plus, comme dans le paganisme en dehors, mais à l'intérieur du temple, l'édifice religieux dut couvrir un vaste espace pour abriter la multitude des fidèles accourus aux cérémonies et aux instructions pastorales. Le problème fut résolu par un système de construction dont Sainte-Sophie à Constantinople, fut la plus belle expression : une voûte centrale appuyée par des voûtes secondaires à qui d'autres plus petites servent encore de contrefort. Saint-Marc, à Venise, Saint-Front à Périgueux, et beaucoup d'églises du Périgord, de l'Angoumois et de la Saintonge, furent bâties sur ce modèle[1]. Dans ce système, toutes les surfaces planes et rectangulaires de l'architecture grecque, sont devenues circulaires et curvilignes. Le trait dominant est alors la coupole sur pendentifs et non plus la coupole portant de fond, c'est-à-dire reposant sur le sol même, ou, comme au Panthéon d'Agrippa à Rome, élevée sur un mur cylindrique.

L'Occident attendit plus longtemps sa formule d'architecture religieuse. Les chrétiens s'établirent d'abord dans les basiliques, vastes bâtiments quadrangulaires, destinés aux marchands et aux plaideurs, dont l'intérieur était divisé en trois nefs par une double colonnade, les nefs des bas côtés

---

1. De Verneilh, *De l'architecture byzantine en France*.

Façade de Notre-Dame-la-Grande, à Poitiers, architecture romano-byzantine.

coupés par un étage en galerie, celle du centre terminée par un hémicycle où siégeait le juge. Le besoin du symbolisme modifia bientôt le plan de la basilique romaine. On y traça une croix, non pas le gammada byzantin aux quatre bras égaux et représentant une idée métaphysique, celle de la Trinité, mais la croix latine, figure exacte de l'instrument du supplice, de sorte que l'Église devint comme l'enveloppe terrestre et sainte qui couvrit le corps du crucifié. Alors l'*abside* fut coupée par les *transsepts* dont le centre forma le *chœur*. La nécessité imposée par le climat d'avoir des toits en pente qui ne retiendraient ni la pluie, ni la neige, et la difficulté trop grande pour les populations barbares du xe siècle de soulever dans les airs la coupole byzantine, obligèrent à couvrir les églises de lourdes charpentes dont la poussée eut renversé les murs, s'ils n'eussent été soutenus par de puissants contreforts extérieurs. Enfin, pour faire pénétrer la lumière dans ces édifices qui ne s'éclairaient pas d'en haut, on ouvrit des jours sur la façade et les côtés par des fenêtres terminées en plein cintre. De ces diverses innovations qui s'enchaînaient les unes aux autres, résulta l'architecture appelée saxone en Angleterre, lombarde en Italie et romane en France, où elle domina du xe au xiiie siècle. Alors les robustes piliers des vieilles églises carlovingiennes s'élancèrent plus légers; les voûtes écrasées devinrent plus hardies, les nefs moins sombres, les tours moins basses. L'air et la lumière entrèrent dans l'édifice plus élancé vers le ciel; les *maîtres des œuvres vives* commencèrent à animer la pierre : déjà l'ogive se montrait, seulement, il est vrai, dans les voûtes et en vue de la solidité, non encore de l'agrément.

On peut prendre pour marquer ce progrès trois églises; celle d'Orcival en Auvergne, de la fin du dixième siècle ou du commencement du onzième, a déjà quelque élégance mais peu d'élévation et d'ornements; point de portail principal, deux entrées seulement par les côtés; à quelle distance est-on du style ogival! la cathédrale d'Angoulême de 1120 affecte encore les lignes droites et horizontales de l'ancien système d'architecture. Sa façade rectangulaire et sobre d'ornements n'offre que le plein cintre; l'ogive se montre à peine dans la nef. Mais Notre-Dame-la-Grande, à Poitiers, du même siècle, est un des chefs-d'œuvre de l'architecture romane. Bas-reliefs, arcades, statues, ornementation variée, sont multipliés avec profusion sur sa riche façade que surmonte un fronton triangulaire peu élancé, où s'annonce déjà la forme pyramidale du style qui doit régner au siècle suivant. Le portail de l'église de Moissac, construit au commencement du douzième siècle, offre un autre exemple de la transition de l'arc à l'ogive; le plein cintre y est à peine brisé. C'est de plus un véritable musée de sculptures romanes.

III. Les serfs. — Au onzième siècle, la France était couverte d'une multitude de fiefs, qui formaient chacun un État ayant sa vie propre, ses lois, ses coutumes, et son chef laïque ou ecclésiastique à peu près indépendant. Ce chef, ce noble, n'avait pas seulement des vassaux, il avait des sujets résidant sur la portion de son fief qu'il n'avait pas inféodée. Et d'abord les *serfs* proprement dits, les *hommes de la terre*, livrés à son entière discrétion. « Le sire, dit Beaumanoir, peut leur prendre tout ce qu'ils ont, et les tenir en prison toutes les fois qu'il lui plaît, soit à tort, soit à droit, et il n'est tenu à en répondre fors à Dieu. »

Les mainmortables. — Au-dessus sont les *mainmortables*, « plus débonnairement traités, continue le vieux juriste du Beauvaisis; car le seigneur ne leur peut rien demander s'ils ne meffont, fors leurs cens et leurs rentes et leurs redevances qu'ils ont accoustumé à payer pour leurs servitudes.» Mais le mainmortable ne peut se marier sans le consentement du seigneur, et s'il prend femme franche ou née hors la seigneurie, « il convient qu'il fine (finance) à la volonté du seigneur. » C'est le droit de *formariage*. Les enfants seront également partagés entre les deux seigneurs. S'il n'y en a qu'un, il sera au seigneur de la mère. A la mort des mainmortables, tout ce qu'ils possèdent appartient au seigneur. Pour eux, nul moyen d'échapper à la rude main qui les courbe sur le sillon. Si loin qu'ils aillent, le droit de *suite* s'attache à leur personne et à leur pécule; le sire hérite partout de son serf.

Les vilains. — A un degré supérieur se trouvent les tenanciers libres appelés vilains, manants ou roturiers. Leur condition était moins précaire. Ils avaient sauvé leur liberté, que le serf ne possédait pas, et ils tenaient, à condition d'une rente annuelle et de corvées, les terres censives que le propriétaire domanial leur avait concédées et qu'ils pouvaient transmettre avec tous leurs biens à leurs enfants. Mais, tandis que leurs tenures bénéficiaires ou fiefs étaient sous la garantie d'un droit public et bien déterminé, les tenures censives étaient dans la juridiction absolue du propriétaire et garanties seulement par des conventions privées [1]. C'est pourquoi les vilains, surtout ceux des campagnes, qu'il n'était pas nécessaire de ménager comme ceux des grandes villes (voy. chap. XII), étaient, eux aussi, soumis à un pouvoir le plus souvent illimité.

On lit dans un ancien document au sujet des seigneurs : « Ils sont seigneurs du ciel à la terre, et ils ont juridiction sur et sous terre..., sur cou et tête, sur eau, vents et prairies. » Le vilain ne pouvait *fausser jugement*, car la loi féodale disait : « Entre toi, seigneur, et toi, vilain, il n'y a juge fors Dieu. » — « Nous reconnaissons à notre gracieux seigneur, dit une autre formule, le ban et la convocation; la haute forêt, l'oiseau dans l'air, le poisson dans l'eau qui coule, la bête au buisson aussi loin que le gracieux seigneur ou le serviteur de sa grâce pourra le forcer. Pour ce, notre gracieux seigneur prendra sous son appui et protection la veuve et l'orphelin, comme aussi l'homme du pays. » Ainsi abandon de tout droit au seigneur, mais en échange, il devra défendre le faible. Tel est le principe de la société féodale à l'égard des sujets. La royauté ne remplissait plus l'office pour lequel elle était instituée; on demandait aux évêques, aux comtes, aux barons, à tous les puissants, la protection qu'on ne pouvait attendre du chef nominal de l'État.

Redevances des sujets. — Tout appartenait au seigneur; mais comme il n'y avait ni industrie ni commerce, ni le luxe qui permet à un seul de consommer en quelques instants le fruit du travail de beaucoup, les exigences du seigneur ne furent point d'abord oppressives, et, pour les vilains, elles étaient régulièrement déterminées, comme le sont aujourd'hui les droits du propriétaire à l'égard de ses fermiers. Seulement il faut toujours, au moyen âge, faire la part de l'arbitraire et des violences que la loi maintenant ne souffrirait plus.

Les obligations des vilains étaient donc, soit des redevances en nature, comme des provisions, du blé, du bétail,

---

1. Le vilain était, comme le serf, soumis aux droits de formariage et de suite. Plus tard, le seigneur n'eut qu'un an et un jour pour réclamer le vilain réfugié dans une ville de commune.

de la volaille, les produits de la terre et de la ferme; soit du travail ou services de corps, comme les corvées sur les terres et dans les vignes du seigneur, pour la construction du château ou le curage des fossés, pour la réparation des routes et la confection des meubles et des ustensiles, fers de cheval, socs de charrue, voitures[1], etc. Dans les villes et partout où il y avait un peu de fortune, le seigneur ne se faisait pas faute, bien entendu, d'exiger des redevances en argent, et d'imposer des tailles arbitraires. Mais laissons faire au temps. Écoutons déjà ces paroles d'un clerc : « Le seigneur qui prend des droits injustes de son vilain les prend au péril de son âme. » Si la crainte du ciel ne suffit, voici les communes qui arrivent, et les gens du roi ne tarderont guère.

Il y avait aussi des redevances bizarres pour égayer cette vie si triste du seigneur féodal enfermé tout l'an entre les sombres murailles de son manoir. A Bologne, en Italie, le tenancier des bénédictins de Saint-Procule payait, à titre de redevance, la fumée d'un chapon bouilli. Chaque année, il apportait son chapon à l'abbé, entre deux plats, le découvrait, et la fumée partie, était quitte : il remportait son chapon. Ailleurs, les paysans amenaient solennellement au seigneur, sur une voiture traînée par quatre chevaux, un petit oiseau; ou bien c'était un arbre de mai orné de rubans. A Langeac, le jour de la fête de saint Gilles, un châtelain jetait un millier d'œufs à la tête de ses paysans; en Bretagne, on apportait chez un seigneur un œuf garotté sur un grand chariot traîné par dix bœufs. Le porteur de singes est quitte, d'après une ordonnance de saint Louis, en faisant jouer son singe devant le péager du seigneur; le jongleur ne doit qu'une chanson. Les seigneurs eux-mêmes ne se refusent pas quelquefois à jouer un rôle dans ces comédies populaires. Le margrave de Juliers, à son entrée solennelle, devait être monté sur un cheval borgne avec une selle de bois et une bride d'écorce de tilleul, deux éperons d'aubépine et un bâton blanc. Quand

---

1. Il faut ajouter aux revenus du seigneur les droits de mutation sur les terres censives, ceux qu'il percevait sur les mainmortables, le profit des amendes, confiscations, déshérences, epaves et droits d'aubaine, les péages, les droits sur les foires et marchés, les droits de chasse et de pêche.
Il y avait encore les droits de banalité, l'obligation de faire le guet ou la garde dans les châteaux. (Renauldon, *Dictionnaire des droits féodaux.*)

l'abbé de Figeac faisait sa rentrée dans la ville, le seigneur de Montbrun le recevait revêtu d'un costume grotesque et une jambe nue.

La féodalité, ennuyée d'elle-même, riait donc quelquefois avec le pauvre peuple, comme faisait aussi l'Église quand elle autorisait la célébration, dans ses basiliques, de la fête de l'Ane. Les puissants, les heureux, en ces temps si tristes et si durs, où la misère était partout, la sécurité nulle part, devaient bien à leurs vilains et manants quelques instants d'oubli et de gaieté.

Anarchie et violences. — Ç'a été, en effet, un temps bien dur pour le pauvre peuple que ce moyen âge, où malgré toutes les formules et toutes les conventions, les nobles ne croyaient qu'au droit de l'épée. En théorie, les principes de la relation féodale sont fort beaux, en réalité ils menaient à l'anarchie, car les institutions judiciaires étaient trop défectueuses pour que le lien de vassalité ne fût pas, à chaque instant brisé. Là fut le principe des interminables guerres, la grande désolation de cette époque. Chacun pouvait en appeler à son épée d'un tort éprouvé ou d'une sentence qu'il estimait juste; l'état de guerre fut l'état habituel de cette société. Toute colline devint une forteresse, toute plaine un champ de bataille. Cantonnés en des châteaux forts, couverts d'armures de fer, entourés d'hommes d'armes, les seigneurs féodaux, les tyrans, comme le moine Richer les appelle, n'aimèrent que les combats et ne connurent d'autre moyen de s'enrichir que le pillage. Plus de commerce, car les routes n'étaient point sûres[1]; plus d'industrie, car les seigneurs, maîtres aussi des villes, rançonnaient les bourgeois, dès que ceux-ci faisaient paraître quelque peu d'opulence. Partout les coutumes les plus diverses, chaque noble ayant seul le pouvoir législatif sur son fief, partout aussi la plus profonde ignorance, si ce n'est au fond de quelques mo-

---

1. La diversité des monnaies était aussi pour le commerce un très-grand obstacle. Cent cinquante seigneurs battaient monnaie au onzième siècle, et souvent ne voulaient recevoir que la leur; de sorte que les marchands étaient obligés de changer d'espèces presque à chaque grand fief qu'ils traversaient. De là des pertes énormes. Il faut ajouter, comme autres entraves au commerce, le *droit d'aubaine*, en vertu duquel l'étranger, qui passait un an et un jour sur le fief, devenait comme le serf du seigneur. Sa succession lui était dévolue. Le seigneur avait encore le droit de *gîte* ou d'*hébergement* chez ses vassaux, et le droit de *pourvoierie*, ou droit de requérir chevaux, voitures, denrées, etc., quand il voyageait.

nastères. Le clergé gardien des lois morales, se voyait réduit non à interdire la violence, mais à la régulariser en établissant la *trêve de Dieu*, qui défendait de tuer et de voler du mercredi soir au lundi matin.

Affreuse misère : une disette au onzième siècle. — Sur qui retombait tout le poids de ces misères féodales? Peu meurtrières pour le noble bardé de fer, elles l'étaient beaucoup pour le manant, à peu près sans armure défensive. A Brenneville, où combattaient les deux rois de France et d'Angleterre, 900 cavaliers sont engagés, 3 seulement restent sur la place. A Bouvines, Philippe Auguste est renversé de son cheval et reste quelque temps sans défense aux mains des fantassins ennemis : ils cherchent vainement un défaut dans son armure pour y faire passer la lame d'un poignard, et ils le frappent de masses d'armes qui ne peuvent enfoncer sa cuirasse; les chevaliers ont tout loisir de venir le délivrer et le remettre en selle. Après quoi il se jette avec eux au milieu de cette ribaudaille, où les longues lances et les pesantes haches ne frappent pas un coup en vain. Le seigneur pris, autre calamité; il faut payer sa rançon. Mais qui payait la chaumière et la moisson brûlée du pauvre diable? qui pansait ses blessures? qui nourrissait tant de veuves et d'orphelins?

Deux auteurs contemporains, deux historiens des croisades, peignent ainsi ces temps désastreux : « Avant que les chrétiens partissent pour la contrée d'outre-mer, dit Guibert de Nogent, le royaume de France était en proie à des troubles perpétuels. On n'entendait parler que de brigandages commis sur les voies publiques. Les incendies étaient innombrables, et la guerre sévissait de toutes parts sans autre cause qu'une insatiable cupidité. Bref, des hommes avides ne respectaient aucune propriété et se livraient au pillage avec une audace effrénée. » Guillaume, archevêque de Tyr, dit également : « Il n'y avait aucune sécurité pour les propriétés; quelqu'un était-il regardé comme riche, c'était un motif suffisant pour le jeter en prison, le retenir dans les fers et lui faire subir de cruelles tortures. Ces brigands ceints du glaive assiégeaient les routes, dressaient des embûches et n'épargnaient ni les étrangers, ni les hommes consacrés à Dieu. Les villes et les places fortes n'étaient pas même à l'abri de ces calamités; des sicaires en rendaient les rues et les places dangereuses pour les gens de bien. »

Le chroniqueur Raoul Glaber raconte de la manière suivante une famine qui arriva en l'an 1033 et dont il fut témoin. « Des pluies continuelles avaient noyé la terre, la moisson fut perdue, et il fallut, grands et petits, se nourrir de bêtes et d'oiseaux. Cette ressource épuisée, la faim se fit cruellement sentir, et, après avoir essayé de se nourrir avec l'écorce des arbres ou l'herbe des ruisseaux, il fallut se résoudre à dévorer des cadavres. Le voyageur assailli succombait sous les coups de ses agresseurs ; ses membres étaient déchirés, grillés au feu et dévorés. D'autres, fuyant leur pays et croyant fuir la famine, recevaient l'hospitalité sur les chemins, et leurs hôtes les égorgeaient la nuit pour en faire leur nourriture. Quelques-uns présentaient à des enfants un œuf ou une pomme pour les attirer à l'écart, et les immolaient à leur faim. Les cadavres furent déterrés en beaucoup d'endroits pour servir à ces tristes repas. Un misérable osa même porter de la chair humaine au marché pour la vendre cuite. Arrêté, il ne chercha pas à nier son crime, on le garrotta et on le jeta dans les flammes. Un autre alla dérober cette chair qu'on avait enterrée, la mangea et fut brûlé de même.

« On a trouvé, à trois milles de Mâcon, dans la forêt de Châtenay, une église isolée consacrée à saint Jean. Un scélérat s'était construit non loin de là une cabane où il égorgeait tous les passants et les voyageurs qui s'arrêtaient chez lui. Le monstre se nourrissait ensuite de leurs cadavres. Un homme, un jour, vint y demander l'hospitalité avec sa femme, et se reposa quelques instants ; mais, en jetant les yeux sur tous les coins de la cabane, il y vit des têtes d'hommes, de femmes et d'enfants. Aussitôt il se trouble, il pâlit ; il veut sortir. Mais son hôte s'y oppose. La crainte de la mort double les forces du voyageur ; il s'échappe avec sa femme et court en toute hâte à la ville communiquer au prince Otton et aux habitants cette affreuse découverte. On envoie à l'instant un grand nombre d'hommes pour vérifier le fait ; ils trouvent, à leur arrivée, cette bête féroce dans son repaire avec quarante-huit têtes d'hommes qu'il avait égorgés et dont il avait mangé la chair. On l'emmène à la ville, on l'attache à une poutre dans un cellier et on le jette dans le feu. Nous avons nous-même assisté à son exécution.

« On essaya, dans la même province, un moyen dont nous ne croyons pas qu'on se soit jamais avisé ailleurs. Beaucoup de personnes mêlaient une terre blanche semblable à l'argile avec ce qu'elles avaient de son et de farine, et elles en formaient des pains pour satisfaire leur faim cruelle. C'était le seul espoir qui leur restât d'échapper à la mort, et le succès ne répondit pas à leurs vœux. Tous les visages étaient pâles et décharnés, la peau tendue et enflée, la voix grêle et imitant le cri plaintif des oiseaux expirants. Le grand nombre des morts ne permettait pas de leur donner la sépulture, et des loups, depuis longtemps attirés par l'odeur des cadavres, venaient déchirer leur proie. Comme on ne pouvait pas donner à tous les morts une sépulture particulière à cause de leur grand nombre, des hommes pleins de la grâce de Dieu creusèrent dans quelques endroits des fosses nommées charniers, où l'on mettait 500 corps et quelquefois plus, quand elles pouvaient en contenir davantage. Ils gisaient là confondus, pêle-mêle, demi-nus, souvent même sans aucun vêtement. Les carrefours, les fossés dans les champs servaient aussi de cimetières. »

Ce lugubre récit d'un témoin oculaire montre ce que l'absence de commerce et d'administration faisait souffrir au moyen âge. Aujourd'hui, l'esprit d'ordre et de prévoyance sait si bien combattre de pareils fléaux, qu'ils laissent en somme peu de misère là où ils ont passé, et, ce qui vaut mieux encore, ils n'ébranlent pas la moralité publique. Autrefois rien ne pouvait parer aux intempéries des saisons. Toute récolte médiocre amenait la disette, toute disette la famine, et, avec la famine, les crimes et les atrocités qu'on vient de lire. Sur 70 années, de 970 à 1040, il y en eut 48 de famine ou d'épidémie.

Quelques résultats heureux. — Cependant la marche générale de la civilisation n'est jamais si complétement suspendue que trois siècles puissent être complétement stériles pour l'humanité. On a déjà vu dans l'Église la pensée renaître, et dans la société laïque la poésie se montrer. Il y eut même progrès dans la moralité, du moins pour la classe dominante. Dans l'isolement où chacun vivait, exposé à tous les périls, l'âme se retrempa pour y faire face. Le sentiment de la dignité de l'homme, que le despotisme détruit, fut retrouvé; et cette société, qui versa le sang avec une si déplorable facilité, montra souvent une élévation morale qui n'est que de cet âge. Les vices bas, la lâcheté des Romains de la décadence ou des peuples asservis lui furent inconnus et il a légué aux temps modernes le sentiment de l'honneur. La noblesse féodale savait mourir : c'est la première condition pour savoir bien vivre.

Une autre conséquence heureuse fut la réorganisation de la famille. Dans les cités antiques, l'homme vivait hors de sa maison, aux champs ou au forum ; il connaissait à peine sa

Fontevrault, ruines de l'abbaye.

femme et ses enfants, et avait sur eux droit de vie et de mort. Sous la première race, l'habitude de la polygamie et la facilité des divorces empêchèrent la famille de se constituer sur des bases meilleures. Dans la société féodale, où l'homme vivait dans l'isolement, le père fut rapproché des siens. Quand les combats le laissaient oisif au fond de ce château perché

Cloître de Fontevrault. Statues de Henri II, comte d'Anjou, roi d'Angleterre, d'Éléonore de Guyenne, de Richard Cœur de Lion.

sur la montagne comme un nid d'aigle, il ne trouva pour occuper sa vie et son cœur que la mère de ses enfants. L'Église, qui avait courbé ces rudes soldats aux pieds d'une vierge, qui leur faisait respecter dans la Mère du Sauveur toutes les vertus de la femme, adoucit l'humeur farouche de ces batailleurs, et les prépara à tomber sous le charme de l'esprit plus fin, des sentiments plus délicats que la nature a départis à l'autre sexe. La femme reprit alors son rang dans la famille et dans la société, celui que déjà la loi mosaïque lui donnait. On alla même plus loin : elle devint l'objet d'un culte qui créa des sentiments nouveaux dont la poésie des troubadours et des trouvères s'empara et que la chevalerie mit en action. Ainsi, dans la belle légende de saint Christophe, le fort est vaincu par le faible, et le géant par l'enfant.

Cela se voit dans une institution de ce temps. Robert d'Arbrissel fonda près de Saumur, à Fontevrault, vers l'an 1100, une abbaye qui devint bientôt célèbre, et qui réunissait des reclus des deux sexes. Les femmes étaient cloîtrées et priaient, les hommes travaillaient aux champs, desséchaient les marais, défrichaient les landes et restaient les serviteurs perpétuels des femmes. L'abbaye était gouvernée par une abbesse, « parce que, disait la bulle de confirmation, Jésus-Christ, en mourant, avait donné pour fils à sa mère le disciple bien-aimé[1]. »

Hors de la famille, l'Etat sans doute est bien mal organisé. Il faut pourtant faire attention, malgré tous les faits contraires, à la théorie politique que cette société représente. Si le serf n'y a pas de droit, le vassal en a, et de fort étendus. Le lien féodal n'était formé qu'à des conditions bien connues et acceptées d'avance par lui; des conditions nouvelles ne pouvaient lui être imposées que de son aveu. De là ces grandes et fortes maximes de droit public qui, à travers mille violations, sont arrivées jusqu'à nous : nulle taxe ne put être exigée qu'après le consentement des contribuables; nulle loi n'est valable si elle n'est acceptée par ceux qui lui devront obéissance; nulle sentence n'est légitime si elle n'est rendue par les pairs de l'accusé. Voilà les droits de la société féodale que les États généraux de 1789 retrouvèrent sous les débris

---

1. L'abbesse ne devait pas être prise parmi les vierges du cloître, mais avoir été élevée dans le monde, afin qu'elle sût mieux gouverner les affaires extérieures.

de la monarchie absolue ; et, comme garantie de ces droits, le vassal a la faculté de rompre le lien de vassalité en rendant son fief, ou de répondre par la guerre à un déni de justice de son suzerain. Ce droit de résistance armée que saint Louis lui-même reconnut, conduisait, il est vrai, à l'anarchie, il faisait la société faible, mais il faisait l'individu bien fort. Et c'est par là qu'il fallait commencer. Avant de songer à constituer savamment l'État, il était nécessaire de relever l'individu, la famille : cette double tâche fut l'œuvre du moyen âge.

L'Église y travailla énergiquement, en établissant la sainteté du mariage, même pour le serf; en prêchant l'égalité de tous les hommes devant Dieu, ce qui était une menace contre les grandes inégalités de la terre; proclamant, par le principe de l'élection qu'elle conserva pour elle-même au sommet de sa hiérarchie, les droits de l'intelligence, en face du monde féodal qui ne reconnaissait que les droits du sang; en couronnant, enfin, de la triple couronne et en faisant asseoir dans la chaire de saint Pierre, d'où ils avaient le pied sur la tête des rois, un serf, comme Adrien IV, ou le fils d'un pauvre charpentier, comme Grégoire VII.

CHAPITRE XIX.

ENTREPRISES EXTÉRIEURES DANS LA SECONDE MOITIÉ DU ONZIÈME SIÈCLE[1].

Les pèlerinages. — Le onzième siècle est le temps de la foi la plus ardente des populations. On venait d'échapper aux terreurs qu'avait causées l'approche de l'an 1000, où le monde, pensait-on, devait finir; les peuples, heureux de vivre, témoignaient leur reconnaissance par un redoublement

---

1. A. g. Thierry, *Histoire de la conquête de l'Angleterre par les Normands*; Zeller, *Histoire d'Italie*, et Bouchot, *Histoire du Portugal*.

de ferveur. « Les basiliques, dit un des pieux et brillants esprits de ce temps, le chroniqueur Raoul Glaber, les basiliques furent alors renouvelées dans presque tout l'univers, et les peuples chrétiens semblaient rivaliser entre eux de magnificence. On eût dit que le monde entier avait secoué les haillons du vieil âge pour revêtir la robe blanche des églises. » Partout la piété retrouvait des reliques de saints oubliés, et des monastères s'élevaient sur leurs tombeaux. A l'annonce de quelque pieuse découverte, la foule accourait des provinces voisines. On venait de loin, car le salut semblait être au bout du voyage. Peu à peu, on s'enhardit à aller plus loin encore, à Saint-Martin de Tours sur la Loire, à Saint-Jacques de Compostelle en Galice, au Mont-Cassin en Italie, aux tombeaux des saints apôtres à Rome. De là à Jérusalem il n'y avait plus que la mer à passer. C'était bien périlleux; mais la foi ne comptait pas les périls. Le moine Glaber atteste que, dès le temps du roi Henri, « une foule innombrable venait des extrémités du monde visiter le saint sépulcre à Jérusalem. D'abord la basse classe du peuple, puis la classe moyenne, puis les comtes, les margraves, les prélats, enfin, ce qui ne s'était jamais vu, beaucoup de femmes, nobles ou pauvres, entreprirent ce pèlerinage, et plusieurs témoignaient le plus ardent désir de mourir à Jérusalem plutôt que de rentrer dans leur pays. » Foulques Nerra, comte d'Anjou, y alla trois fois, la dernière en 1039. Robert le Magnifique, duc de Normandie, fit aussi ce pèlerinage et mourut à Nicée (1035). Les comtes de Barcelone, de Flandre, de Verdun, tentèrent le voyage et réussirent. En 1054, l'évêque de Cambrai partit avec 3000 Flamands; en 1067, quatre évêques allemands avec 7000 hommes.

Réformes dans l'Église par Grégoire VII, qui ranime l'enthousiasme religieux. — Ainsi le monde, immobilisé depuis deux siècles par la féodalité, se remettait de lui-même en mouvement, lorsque Grégoire VII lui donna une nouvelle secousse qui ébranla l'Église, et par elle la société laïque. Au onzième siècle, l'Église était trop riche; beaucoup de ses membres oubliaient que leur bien n'était que celui des pauvres, et prenaient les habitudes des seigneurs féodaux. La discipline se relâchait comme les mœurs. Le célibat n'était plus rigoureusement observé; et il semblait que les charges dans l'Église allaient devenir héréditaires, comme l'étaient devenues celles de l'État. Les nobles les envahissaient; « les sanctuaires, dit un écrivain du temps, ne retentissent plus du chant des psaumes, des louanges de Dieu, mais du bruit des armes et des aboiements de meutes de chasse. »

Hildebrand, longtemps moine en France, à Cluny, devenu pape sous le nom de Grégoire VII, en 1073, arracha l'Église à ce danger. Il rendit au clergé les vertus de l'abstinence et du sacrifice; et cette Église régénérée, il essaya de la mettre au-dessus du pouvoir temporel. Pour la ramener sous la seule autorité du Siége de Rome, il voulait qu'elle ne tînt rien des laïques et tout du pape; de sorte qu'en donnant à l'évêque la consécration spirituelle, le pontife lui donnât en même temps l'investiture des terres dépendant de son église. C'est la querelle des investitures qui intéressa surtout l'Italie et l'Allemagne. Grégoire VII échoua dans cette partie de sa grande entreprise. Vaincu, fugitif, il répétait ces paroles amères : « J'ai aimé la justice, j'ai fui l'iniquité, voilà pourquoi je meurs dans l'exil. » Il ne mourut pourtant pas tout entier. Le saint-siége avait repris, par lui, une vie nouvelle, l'Église une influence plus grande sur les populations et sur les affaires du siècle. Elle dut à Grégoire VII de pouvoir accomplir un des événements les plus considérables du moyen âge, de changer les pèlerinages en croisades.

Conquête de l'Italie méridionale par les Normands (1053-1130). — Il y eut d'abord comme des croisades particulières, c'est-à-dire des expéditions militaires faites sous l'influence du saint-siége et pour éloigner de lui un péril ou pour rétablir son autorité méconnue. Ainsi, des pèlerins normands, venus à Rome vers l'an 1016, furent employés par le pape contre les Grecs qui attaquaient Bénévent. D'autres, revenant de Jérusalem, aidèrent les habitants de Salerne à chasser les Sarrasins qui les assiégeaient. Le bruit de leurs succès, celui surtout du butin qu'ils enlevèrent, firent accourir d'autres Normands. Il en vint tant, qu'ils se trouvèrent assez forts pour rester les maîtres du pays. Le pape Léon IX, commençant à se repentir de s'être donné de si vaillants voisins, marcha contre eux avec une armée d'Allemands. Ils le firent prisonnier. Mais ils se souvinrent que le pontife disposait des couronnes, et qu'il pouvait donner le droit à celui qui n'avait que la force. Ils s'agenouillèrent devant leur prisonnier, se déclarèrent ses vassaux, et reçurent de lui en fief tout ce qu'ils avaient conquis (1053). Le pape sortit de captivité suzerain d'un nouvel État. C'était le duché de Pouille, auquel les Normands ajoutèrent bientôt la Sicile (le tout fut réuni, en 1130, sous le nom de royaume des Deux-Siciles). Une dynastie normande, ayant pour chefs Robert Guiscard et Roger, les fils de Tancrède de Hauteville, gentilhomme de Coutances, régna à Naples, où les comtes d'Anjou portèrent aussi la couronne, où la maison de Bourbon était naguère encore souveraine.

Conquête de l'Angleterre par les Normands (1066).
— Une autre dynastie normande s'assit, dans le même temps, sur le trône d'Angleterre. La grande île de Bretagne, conquise au cinquième siècle par les Saxons et les Anglais, l'avait été encore une fois au onzième par les Danois. Ceux-ci ne purent la garder longtemps. Édouard le Confesseur, descendant des anciens rois du pays, recouvra la couronne en 1042; mais il prépara le succès d'une invasion nouvelle par la faveur qu'il montra aux Normands, parmi lesquels il avait vécu durant son exil. Il en attira un grand nombre à sa cour, leur distribua les principales fonctions, et accorda un grand crédit à Eustache, comte de Boulogne, son beau-frère. Quand le duc de Normandie, Guillaume II, fils bâtard du duc Robert le Diable, vint rendre visite au roi anglo-saxon, il vit des Normands partout : à la tête des troupes, dans les forteresses, dans les évêchés; il lui sembla que la conquête de l'Angleterre était à moitié faite, et il revint en songeant qu'il serait facile de changer sa couronne de duc contre cette couronne de roi. Mais les Saxons avaient été blessés du fastueux appareil dans lequel Guillaume s'était montré et des égards qu'avaient eus pour lui les Normands, qui l'avaient reçu en souverain. Ils forcèrent Édouard à renvoyer ses dangereux amis d'outre-Manche; le Saxon Harold eut toute influence à la cour et dans le pays.

Édouard avait autrefois livré des otages à Guillaume; il chargea Harold d'aller les réclamer. Le duc l'accueillit avec honneur. Un jour qu'ils chevauchaient ensemble : « Quand Édouard et moi, dit le Normand, nous vivions comme deux frères, il me promit que, s'il devenait roi d'Angleterre, il me ferait son héritier; Harold, si tu m'aidais à le devenir, je te comblerais de biens; promets-moi de me livrer le château de Douvres, et en attendant, laisse-moi un des otages. » Harold promit vaguement, n'osant refuser à l'homme qui le tenait en son pouvoir. Arrivé à Bayeux, en présence de sa cour,

Guillaume l'invite à jurer, sur deux petits reliquaires, qu'il exécuterait ses promesses, Harold jura : il lui sembla qu'un serment prêté sur deux petits reliquaires n'était pas un serment de grande conséquence ; mais Guillaume l'avait trompé : il y avait dessous une grande cuve pleine d'ossements ; quand on la découvrit, Harold pâlit : comment se parjurer sur les corps de tous les saints !

Son retour fut suivi de la mort d'Édouard. Le Wittenagemot, ou grand conseil national, lui donna la couronne. Aussitôt Guillaume lui envoya rappeler ses promesses « faites sur de bons et saints reliquaires. » Harold répondit qu'arrachées par la force, elles étaient sans valeur, et que d'ailleurs sa royauté appartenait au peuple saxon. Guillaume traita le Saxon d'usurpateur, de sacrilége, et en appela à la cour de Rome. Hildebrand, qui la dirigeait et qui se plaignait que le denier de Saint-Pierre, tribut imposé aux Saxons par un des rois danois, en faveur de l'Église romaine, ne fût plus payé, fit excommunier Harold et donner à Guillaume la royauté d'Angleterre. Le pape lui envoya une bannière bénite, symbole de l'investiture militaire, avec un anneau contenant un cheveu de saint Pierre enchâssé sous un diamant, emblème de l'investiture ecclésiastique. Le duc publia alors son ban de guerre par toute la France. Une foule d'aventuriers accoururent, et une armée de 60 000 hommes partit, le 27 septembre 1066, du port de Dives, montée sur 1400 navires.

Elle débarqua à Pevensey, dans le comté de Sussex. Harold, qui venait de repousser, sur les côtes de Yorkshire, une invasion norvégienne, accourut en toute hâte ; mais il fut vaincu et tué à la journée d'Hastings (1066), après avoir vaillamment combattu ; la belle Édith, au cou de cygne, put seule reconnaître le corps du dernier roi saxon. Avec lui, la nationalité saxonne succomba. Guillaume divisa le pays entre tous ceux qui l'avaient suivi, en s'adjugeant pour lui-même la meilleure part, 1462 manoirs et les principales villes. Tel qui, sur le continent, était valet ou serf, se trouva homme d'armes et gentilhomme ayant serfs et vassaux, château et seigneurie. La race saxonne dépouillée maudit longtemps les Français, ses nouveaux maîtres.

C'étaient bien les Français, en effet, qui venaient de vaincre ; c'étaient leur civilisation, leurs coutumes, leur langue, leurs institutions féodales qui allaient s'implanter en Angleterre. Parmi les noms du baronnage anglais, on retrouve des noms de France, et le français resta jusqu'à Édouard III, au milieu du quatorzième siècle, la langue de la cour et des tribunaux ; à présent encore l'Anglais nous doit la moitié de son vocabulaire.

Mais la France paya cher cette conquête faite par ses armes, ses mœurs et son idiome. Les ducs de Normandie, devenus rois d'Angleterre, eurent une puissance qui tint longtemps en échec celle de nos rois. Deux siècles de guerre, huit d'inimitié jalouse entre les deux peuples, tels furent pour nous les résultats de ce grand événement.

Conquête du Portugal par un prince français (1095). — Les infidèles étaient en Sicile et à Jérusalem ; ils étaient plus près encore et plus menaçants en Espagne. De bonne heure des chevaliers français prirent la route des Pyrénées pour soutenir les chrétiens de ce pays. En 1086, après la désastreuse bataille de Zallaka, Alphonse VI écrivit au roi de France pour implorer son secours. L'indolent monarque ne répondit point à cet appel d'honneur ; mais une foule de chevaliers passèrent les monts et aidèrent le roi de Castille à rejeter les Arabes sur l'Andalousie. Parmi ces pieux volontaires, on vit arriver, vers la fin du onzième siècle, deux princes, Raymond, comte de Toulouse, et Henri, quatrième fils du duc capétien de Bourgogne. Tous deux venaient combattre sous l'étendard d'Alphonse VI, roi de Castille. Leurs services furent éclatants, car Alphonse leur donna ses deux filles en mariage. Avec la main de Thareja, Henri reçut un territoire qui s'étendait alors du Minho au Mondego (1095). C'était un petit domaine : il se chargea de l'agrandir aux dépens des infidèles ; il remporta sur eux dix-sept victoires, et fonda glorieusement l'indépendance du Portugal. Ses descendants y ont régné jusqu'à nos jours (branche de Bragance)[1] ; mais, de bonne heure, ils oublièrent leur patrie d'origine. Celle-ci leur doit pourtant un souvenir, car ils portèrent son nom avec honneur aux extrémités de l'Occident. D'autres, dans le même temps, le portaient au milieu de l'Asie.

---

[1]. La reine dona Maria ayant épousé un prince de la maison de Saxe-Cobourg-Gotha (1836), c'est cette maison qui règne à Lisbonne depuis la mort prématurée de dona Maria (1855). La maison de Bragance conserve encore l'empire du Brésil.

CHAPITRE XX.

LA PREMIÈRE CROISADE (1095-1099)[1].

Pierre l'Ermite et le concile de Clermont (1095).
— L'empereur grec Alexis Comnène, menacé par les Arabes qui campaient en face de Constantinople, sur la rive opposée du Bosphore, faisait retentir toutes les cours chrétiennes de ses cris de détresse. Mais les dangers de ce dernier débris de l'empire romain ne pouvaient tirer les chrétiens occidentaux de leur indifférence. Déjà le premier pape français, Sylvestre II, avait écrit en vain aux princes une lettre éloquente au nom de Jérusalem délaissée. Grégoire VII, dont l'âme ne concevait que de grandes idées, aurait voulu se mettre à la tête de 50 000 chevaliers pour délivrer le saint sépulcre. Empereurs et papes échouèrent. Ce qu'ils n'avaient pu faire, un pauvre moine l'accomplit.

Jérusalem venait de tomber aux mains d'une horde farouche de Turcs, et au lieu de la tolérance dont les califes de Bagdad et du Caire usaient à l'égard des pèlerins, ceux-ci étaient maintenant abreuvés d'outrages; ce n'était plus qu'avec de grands risques qu'on approchait des saints lieux. Pierre l'Ermite fit retentir la France du triste récit de ces calamités, et le peuple, saisi d'un pieux enthousiasme, s'arma partout pour arracher le tombeau du Christ aux mains des infidèles. Le concile de Clermont, réuni en 1095, sous la présidence du pape français Urbain II, prêcha la croisade; le nombre de ceux qui, en cette année et dans la suivante, attachèrent sur leur poitrine la croix de drap rouge, signe de leur engagement dans la sainte entreprise, monta à plus d'un

---

[1]. Les chroniques des principaux historiens des croisades : Guillaume de Tyr, Bernard le Trésorier, Albert d'Aix, Raymond d'Agiles, Jacques de Vitry, Raoul de Caen, Robert le Moine, Foulcher de Chartres, Guibert de Nogent, ont été réunies par M. Guizot dans sa collection des *Mémoires relatifs à l'histoire de France;* Michaud, *Histoire des croisades*.

million. L'Église les plaça sous la protection de la trêve de Dieu, et leur accorda pour leurs biens, pendant la durée de l'expédition, plusieurs priviléges.

Départ des premiers croisés (1096). — Il vint des hommes des plus lointains pays : « On en voyait d'abord dans les ports de France, dit Guibert de Nogent, qui ne pouvant se faire comprendre, mettaient leurs doigts l'un sur l'autre en forme de croix pour marquer qu'ils voulaient s'associer à la sainte guerre. » Les plus impatients, les pauvres, se confiant en Dieu seul, partirent les premiers, au cri de *Dieu le veut*, sans préparatifs, presque sans armes. Femmes, enfants, vieillards, accompagnaient leurs époux, leurs pères, leurs fils, et on entendait les plus petits, placés sur des chariots que des bœufs traînaient, s'écrier, dès qu'ils voyaient un château, une ville : « N'est-ce pas là Jérusalem? » Une avant-garde de 15 000 hommes, qui à eux tous n'avaient que 18 chevaux, ouvrait la route sous les ordres d'un pauvre chevalier normand, Gauthier *Sans avoir*. Pierre l'Ermite suivait avec 100 000 hommes. Une autre troupe fermait la marche, conduite par le prêtre allemand Gotteschalck. Ils prirent par l'Allemagne, égorgeant en chemin les Juifs qu'ils rencontraient, pillant partout pour se procurer des vivres, et s'habituant à la violence. En Hongrie, les désordres furent tels que la population s'arma, et rejeta les croisés sur la Thrace, après en avoir tué beaucoup. Il n'en arriva à Constantinople qu'un petit nombre. L'empereur Alexis, pour se débarrasser de pareils auxiliaires, se hâta de les faire passer en Asie. Ils tombèrent tous sous le sabre des Turcs, dans la plaine de Nicée, et leurs ossements servirent plus tard à fortifier le camp des seconds croisés.

Départ de la seconde armée des croisés (1096). — Pendant que cette téméraire avant-garde mourait, les nobles s'armaient, se comptaient, s'organisaient et partaient enfin au nombre, dit-on, de 100 000 chevaliers et de 600 000 fantassins, par différentes routes et sous différents chefs. Les Français du nord et les Lorrains prirent par l'Allemagne et la Hongrie. Avec ceux-là marchaient Godefroy, duc de Bouillon et de basse Lorraine, le plus brave, le plus fort, le plus pieux des croisés, et ses deux frères, Eustache de Boulogne et Baudouin. Les Français du midi, avec le riche et puissant comte de Toulouse, passèrent les Alpes, et par la Dalmatie et l'Esclavonie, gagnèrent la Thrace; l'évêque du Puy, Adhémar, légat du saint-siége et chef spirituel de la croisade, était dans cette armée. Le duc de Normandie, les comtes de Blois, de Flandre et de Vermandois allèrent rejoindre les Normands d'Italie. Bohémond, prince de Tarente, et son cousin Tancrède, après Godefroy le plus parfait chevalier de ce temps; et tous ensemble franchirent l'Adriatique, traversèrent la Grèce et la Macédoine.

Les croisés à Constantinople (1097). — Le rendez-vous général était à Constantinople. L'empereur tremblait qu'ils ne voulussent commencer là leur croisade, en s'emparant de la grande cité. Quelques-uns, en effet, y songeaient, afin de mettre un terme aux perfidies « de ces Grécules, les plus lâches des hommes. » Mais Godefroy de Bouillon s'y opposa. Il consentit même à faire d'avance hommage à l'empereur Alexis pour toutes les terres dont il s'emparerait. « Quand il l'eut fait, personne n'osa refuser. Comme ils prêtaient ce serment, un d'entre eux, un comte de haute noblesse, eut l'audace de s'asseoir dans le trône impérial. L'empereur ne dit rien, connaissant l'outrecuidance des Francs; le comte Baudouin fit retirer cet insolent en lui disant que ce n'était pas l'usage qu'on s'assît de la sorte à côté des empereurs. L'autre ne répondit pas, mais il regardait l'empereur avec colère, et maugréait, disant en sa langue : « Voyez ce « rustre qui est assis lorsque tant de braves capitaines sont « debout. » L'empereur se fit expliquer ces paroles, et quand les comtes se furent retirés, il prit à part cet orgueilleux et lui demanda qui il était : « Je suis Franc, dit-il, et des plus « nobles. Dans mon pays, il y a, à la rencontre de trois rou- « tes, une vieille église où quiconque a envie de se battre va « prier Dieu et attendre son adversaire. Moi, j'ai eu beau at_ « tendre, personne n'a osé venir. » Alexis ne fut rassuré qu'après qu'il eut fait passer en Asie jusqu'au dernier de ces batailleurs si fiers.

Traversée de l'Asie Mineure; bataille de Doryléé (1097). — La première ville qu'ils rencontrèrent fut Nicée; après deux combats et trente-cinq jours de siége, ils allaient la prendre, quand ils virent flotter sur les murs l'étendard des Grecs. Pour traverser l'Asie Mineure par le plus court chemin, ils s'engagèrent dans les solitudes qui en occupent le centre. Ils eurent à y supporter d'affreuses souffrances. Les légers escadrons turcs du sultan d'Iconium tournaient sans relâche autour d'eux, enlevant les rainards, les malades, empêchant qu'on s'écartât pour aller aux vivres, aux fourrages, à l'eau. Quand le sultan les crut affaiblis, découragés, il vint, avec une immense cavalerie, leur présenter la bataille dans la plaine de Dorylée en Phrygie, au nord-est de Konieh. L'action fut quelque temps incertaine; déjà les Turcs avaient coupé un grand nombre de têtes, quand l'arrivée de Godefroy de Bouillon et d'un gros corps de cavalerie les força à fuir.

Les croisés à Antioche (1098). — Après de nouvelles souffrances pour franchir le Taurus et descendre en Syrie, ils arrivèrent, le 18 octobre 1097, devant la grande ville d'Antioche, que défendaient une forte enceinte garnie de 450 tours et une garnison de 20 000 hommes. Les croisés n'étaient déjà plus que 300 000. Ils restèrent sept mois devant la place : ils y seraient restés bien davantage si Bohémond n'avait suborné un émir qui lui livra trois tours. Pendant une nuit d'orage, où le bruit du vent et du tonnerre assourdissait les sentinelles, les chrétiens escaladèrent les murailles avec des échelles de corde qu'on leur jeta de la place, et se précipitèrent dans la ville aux cris de : *Dieu le veut!* 10 000 personnes furent égorgées. Avant d'y faire entrer l'armée chrétienne, le Normand stipula avec les autres princes qu'Antioche lui demeurerait comme sa part de butin. Les croisés se dédommagèrent de leurs longues privations par des excès qui les décimèrent, et ils se virent eux-mêmes assiégés dans leur conquête par une innombrable multitude de Turcs que commandait Kerbogâ, lieutenant du calife de Bagdad. Bientôt la peste et la famine furent à la fois dans la cité; beaucoup de croisés, désespérant d'arriver jamais à Jérusalem, quittèrent l'armée pour revenir en Europe. Les autres, soutenus par leur courage, demeurèrent : leur foi les sauva. Un prêtre marseillais, nommé Pierre Barthélemy, vint déclarer au chef de l'armée que saint André lui avait révélé, pendant son sommeil, que la lance qui a percé le flanc du Christ était sous le maître-autel de l'église, et qu'elle donnerait la victoire aux chrétiens. On creuse, on trouve la lance, l'enthousiasme s'empare des croisés; ils marchent contre Kerbogâ et taillent son armée en pièces.

Prise de Jérusalem (1099). — Au lieu de s'acheminer aussitôt sur Jérusalem, ils perdirent encore six mois dans Antioche, où la peste les dévora. Quand ils partirent enfin, ils n'étaient plus que 50 000 à peine; un certain nombre, il

Jérusalem.

est vrai, s'étaient fixés dans les différentes villes que la croisade avait traversées. Ils longèrent le rivage de la Méditerranée, afin de se tenir en communication avec les flottes des Génois et des Pisans, qui leur apportaient des provisions. L'enthousiasme croissait à mesure qu'ils approchaient de la ville sainte et traversaient des lieux consacrés par le souvenir de l'Évangile. Enfin, lorsqu'ils eurent franchi la dernière colline, Jérusalem se montra à leurs yeux. « O bon Jésus, dit un moine qui était dans l'armée, lorsque les chrétiens virent ta cité sainte que de larmes coulèrent de leurs yeux! » Des cris éclatent : « Jérusalem! Jérusalem! Dieu le veut! Dieu le veut! » Ils tendent les bras, ils se jettent à genoux, et embrassent la terre.

Cette ville, l'objet de tant de vœux, il fallait maintenant la prendre. Elle était défendue par les soldats du calife fatimite du Caire, qui s'en était récemment emparé sur les Turcs. Ce calife avait offert aux chrétiens, lorsqu'ils étaient dans Antioche, de les laisser entrer dans Jérusalem, mais désarmés, et ils avaient rejeté cette offre avec indignation. Ils voulaient que la ville sainte fût leur conquête et le prix de leur sang. Ils souffrirent encore beaucoup sous ses murs. Le soleil d'un été d'Asie brûlait la terre; le torrent de Cédron était desséché, les citernes comblées ou empoisonnées par l'ennemi : on ne trouvait plus que quelques flaques d'une eau fétide qui faisait reculer les chevaux. Pour relever le moral de l'armée, une procession solennelle se déploya autour de la ville : tous les croisés s'arrêtèrent sur le mont des Oliviers et s'y prosternèrent. Le 14 juillet 1099, à la pointe du jour, un assaut général fut livré. Trois grandes tours roulantes s'approchèrent des murs; mais, après une journée de combat, rien n'était encore fait : ce ne fut que le lendemain que les croisés l'emportèrent enfin. Tancrède et Godefroy sautèrent les premiers dans la place. Il fallut encore combattre dans les rues et forcer la mosquée d'Omar, où les musulmans se défendirent. Des flots de sang coulèrent. « Du côté du temple il y en avait, dit un chroniqueur, jusqu'au poitrail des chevaux. » Le combat terminé, les chefs et tout le peuple déposèrent leurs armes, changèrent de vêtements, purifièrent leurs mains et pieds nus, chantant des hymnes et des cantiques sacrés avec une dévotion ardente, allèrent visiter les saints lieux.

Fondation d'un royaume français en Palestine (1099). — Pour conserver la conquête, il fallait l'organiser et lui donner un chef. Aucun roi n'avait voulu organiser la première croisade. Hugues de Vermandois, frère du roi de France, et Étienne de Blois, neveu du roi d'Angleterre, étaient retournés en Europe: Bohémond avait déjà sa princi-

Croisés en marche.

pauté d'Antioche, Baudouin celle d'Édesse. Le comte de Toulouse ambitionnait celle de Jérusalem; on lui préféra Godefroy de Bouillon, qui fut proclamé roi. Il ne voulut prendre que le titre de *défenseur et baron du Saint-Sépulcre*, refusant « de porter couronne d'or là où le Roi des rois avait porté couronne d'épines. » La victoire d'Ascalon, qu'il gagna peu de temps après sur une armée égyptienne venue pour reprendre Jérusalem, assura la conquête des croisés. Les poëtes musulmans gémirent : « Que de sang a été répandu ! Que de désastres ont frappé les vrais croyants ! Les femmes ont été obligées de fuir en cachant leur visage. Les enfants sont tombés sous le fer du vainqueur ! Il ne reste plus d'autre asile à nos pères, naguère maîtres de la Syrie, que le dos de leurs chameaux agiles et les entrailles des vautours ! » L'islamisme, en effet, expiait ses anciennes conquêtes. Mais déjà les chrétiens étaient las de tant de fatigues et avaient hâte de revoir leurs foyers ; il ne resta guère auprès de Godefroy et de Tancrède que 300 chevaliers. « N'oubliez jamais, disaient-ils tout en larmes à ceux qui partaient, n'oubliez jamais vos frères que vous laissez dans l'exil. » Mais l'Europe fut refroidie quand elle vit revenir si peu de monde d'une expédition si gigantesque, et cinquante ans s'écoulèrent avant qu'une nouvelle croisade fût entreprise pour secourir les chrétiens de Palestine.

Organisation du royaume de Jérusalem. — Ainsi livré à lui-même, ce petit royaume s'organisa pour la défense et se constitua régulièrement suivant les principes de la féodalité transportée en Asie. Les lois, la langue, les mœurs de la France, furent conservées dans la colonie qu'elle venait de fonder si audacieusement au delà des mers. Son code fut les *Assises de Jérusalem*, que Godefroy de Bouillon fit rédiger, et où nous trouvons un tableau complet du régime féodal qui ne s'était pas encore résumé dans un grand monument législatif. Des fiefs furent établis : les principautés d'Édesse et d'Antioche, accrues ensuite du comté de Tripoli et du marquisat de Tyr ; les seigneuries de Naplouse, de Jaffa, de Ramla, de Tibériade, mélange singulier de noms bibliques et d'institutions féodales où se voit le caractère propre du moyen âge : l'union intime de la foi religieuse et de la vie militaire.

Part de la France dans les croisades. — Ce grand mouvement, qui se continua plus d'un siècle et demi, et qui entraîna tous les peuples de l'Europe, était parti de la France. « On avait pleuré en Italie, dit Voltaire, on s'arma en France ; » et la France fut ce que le grand poëte anglais est contraint de l'appeler : « le vrai soldat de Dieu. » Les Français, en effet, firent à peu près seuls la première croisade. Ils partagèrent la seconde (1147) avec les Allemands, la troisième (1190) avec les Anglais, la quatrième (1202) avec les Vénitiens. La cinquième (1217) et la sixième (1228) furent sans importance. La septième (1248) et la huitième (1270) furent exclusivement françaises. Aussi l'historien des croisades a-t-il donné à son livre ce titre *Gesta Dei per Francos*. Aujourd'hui encore, en Orient, tous les chrétiens, quelque langue qu'ils parlent, n'ont qu'un nom, celui de Francs.

Résultats généraux des croisades.—Ainsi, au onzième siècle, les Français, recommençant les invasions gauloises, passaient les Pyrénées comme autrefois les Celtibériens ; la Manche, comme les Belges et les Kymris ; les Alpes, comme les Boïes et les Insubres ; le Rhin et le Danube, comme ces Gaulois qui allèrent braver Alexandre, piller Delphes et faire trembler l'Asie. Il y avait donc, à quinze siècles de distance, le même mouvement d'expansion au dehors, par toutes les frontières. Mais si c'était avec la même bravoure, c'était avec d'autres idées et une bien grande supériorité morale. En Angleterre, à Naples, les Français n'allaient que chercher fortune ; en Espagne, en Orient, ils combattaient et mouraient pour leur croyance. Et c'est un des beaux spectacles qui aient été donnés au monde que ces millions d'hommes se levant et courant à la conquête d'un tombeau. Bien peu revinrent, et ceux qui succédèrent à ces premiers pèlerins purent suivre leurs traces aux ossements qui jonchaient la route. Mais la civilisation est comme une place forte : les premiers qui font brèche tombent noblement, et les autres passent le fossé comblé de leurs cadavres ; seulement l'histoire ramasse les noms glorieux et en consacre le souvenir en associant à cette gloire la foule inconnue qui se pressait derrière les chefs.

Les croisés n'ont pas atteint leur but. Jérusalem, un moment délivrée, retomba au pouvoir des infidèles. Mais dans les pays mêmes d'où les croisés étaient partis, et dans l'esprit de ces hommes et de leurs contemporains, que de changements ! Auparavant on vivait à l'écart et en ennemis ; la croisade diminua l'isolement et les divisions. Dans ce périlleux voyage, à travers de lointaines contrées et au milieu de peuples d'une autre religion, les croisés s'étaient reconnus pour frères en Jésus-Christ. Dans le partage de l'immense armée en corps de nations, les hommes d'un même pays se reconnurent pour enfants d'une même patrie. Les Français du Nord se rapprochèrent des Français du Midi : la fraternité nationale, perdue depuis les temps de Rome, à peine un instant sentie sous Charlemagne, fut retrouvée sur la route de Jérusalem, et les troubadours, les trouvères, commencèrent à chanter, au moins pour les barons et chevaliers, « le doux pays de France. »

A Clermont, Urbain II n'avait pas prêché la croisade pour la délivrance seulement du saint-sépulcre, mais encore en vue de mettre un terme au fléau des guerres privées. Dans toute la chrétienté saisie de recueillement, « il se fit alors, dit Guibert de Nogent, un grand silence. » Silence des armes et des passions malfaisantes qui, malheureusement, ne dura guère, mais pourtant donna quelque répit au monde, et favorisa l'expansion de deux puissances nouvelles, la royauté et les communes, qui toutes deux voulaient la paix publique.

Résultats pour le commerce et l'industrie. — Ces grandes expéditions, qui renouèrent les liens brisés des nations chrétiennes et qui rattachèrent l'Europe à l'Asie, rouvrirent aussi les routes du commerce fermées depuis l'invasion. L'Orient redevint accessible aux marchands de l'Occident. L'industrie, à son tour, se réveilla pour fournir les armes, les harnais, les vêtements nécessaires à tant d'hommes; et ce mouvement, une fois commencé, ne s'arrêta plus. Les artisans se multiplièrent comme les marchands. Pour protéger leurs diverses industries, ils formèrent des *corporations d'arts et de métiers*, et peu à peu beaucoup d'argent s'accumula entre leurs mains. Un nouvel élément de force, qu'on ne connaissait plus, fut donc retrouvé : la richesse mobilière, qui désormais grandira en face de la richesse immobilière, et fera monter à côté des nobles, maîtres du sol, les bourgeois devenus, par le travail des bras et de l'intelligence, maîtres de l'or.

Création des ordres militaires; armoiries. — Les croisades furent la cause de quelques institutions nouvelles ; un Provençal, Gérard de Martigues, fonda en 1100 l'*ordre militaire des Hospitaliers*, connu plus tard sous le nom de chevaliers de Rhodes et de chevaliers de Malte. L'ordre des *Templiers*, institué en 1118 par le Français Hugues des Payens, en fut une imitation. Dans la confusion que produisaient ces grands rassemblements d'hommes, des signes de reconnaissance étaient nécessaires; on inventa ou on multiplia les *armoiries*, emblèmes divers dont les guerriers de distinction couvraient leur bouclier, leur cotte d'armes ou leur bannière, et qui, depuis le treizième siècle, passèrent du père au fils. Ces armoiries devinrent une langue compliquée qui forma la science du *blason*. Les *noms de famille* commencèrent aussi vers ce temps à s'introduire. Aux noms de baptême[1], jusqu'alors presque seuls usités et peu nombreux, de sorte que

Armorial de l'église de Lyon[2].

beaucoup de personnes avaient le même, on joignit un nom de terre pour distinguer les familles. Les roturiers furent

1. A une cour plénière, tenue en 1171, près de Bayeux, il se trouva 110 seigneurs du nom de *Guillaume*.
2. Les armoiries se composent de plusieurs parties essentielles, telles que l'*écu*, les *émaux*, les *pièces* et les *meubles*. 1° L'*écu* est le champ des armoiries : il est quelquefois coupé par des lignes qui produisent des *quartiers*, dans lesquels on figure les armes réunies de plusieurs familles. Les armoiries des cadets sont *brisées* ou *parties* des armes maternelles. Cette

désignés par une qualité physique ou morale, *Lefort*, *Lebon*, par une circonstance de leur vie, *Dumont*, *Dupré*, ou par leur profession, *maréchal*, *verrier*, etc. Ce nom devint héréditaire et commun à tous les membres d'une maison, tandis que le nom de baptême était personnel et mourait avec celui qui l'avait porté.

Développement de la chevalerie; lois de cette institution. — Les nobles, distingués déjà des *manants* par ces signes héréditaires, voulurent se donner une organisation qui les séparât davantage du peuple; ils instituèrent la *chevalerie*, sorte de confrérie militaire où les nobles seuls, après de longues épreuves, purent entrer. Les *ordres* de l'Europe moderne en sont un dernier reste. « Dès l'âge de sept ans, le futur chevalier était enlevé aux femmes et confié à quelque vaillant baron qui lui donnait l'exemple des vertus chevaleresques. Jusqu'à quatorze ans, il accompagnait le châtelain et la châtelaine comme *page*, *varlet*, *damoiseau*, ou *damoisel*.

brisure s'appelle *lambel* et est en forme d'un filet garni de pendants. Les armes des bâtards sont traversées d'une barre. 2° On entend par les *émaux* les *métaux*, *couleurs* ou *fourrures* qui caractérisent le champ de l'écu. Les principaux métaux sont l'*or* et l'*argent*; les principales couleurs sont *gueules* ou rouge, *sinople* ou vert, *azur* ou bleu, *pourpre* ou violet, *sable* ou noir; les fourrures sont l'*hermine* et le *vair* ou petit-gris. 3° On appelle *pièces*, le *chef* ou haut de l'écu; la *fasce* ou bande horizontale de l'écu; le *pal* ou bande perpendiculaire sur l'écu; la *croix* qui est formée du croisement de la fasce et du pal; la *bande* et *barre* qui sont des bandes diagonales, etc. 4° Les *meubles* se composent de figures héraldiques qui sont présentées dans les armoiries, telles que *lions*, *croix*, *tours*, *têtes de maures*, et les ornements extérieurs, comme les *timbres* ou casques, cimiers et couronnes, les *lambrequins*, les *supports*, les *devises*.

Les trente-deux quartiers de l'armorial de l'Église de Lyon représentent les armoiries des trente-deux chanoines nobles de Lyon. Le premier quartier est de gueules ou rouge au sautoir engrêlé d'argent. La couleur de gueules ou rouge se marque en gravure par des traits perpendiculaires; l'argent, en laissant le fond tout uni sans points et sans hachures; le sautoir est une *pièce honorable* composée de la bande et de la barre. Le second quartier est d'argent à l'écu de gueules surmonté de trois merlettes; les merlettes sont des oiseaux sans bec ni pattes. Le troisième porte l'or à trois chevrons d'azur; l'or se marque en gravure par des points et l'azur par des hachures horizontales. Le quatrième est écartelé, au premier et au quatrième, de gueules à la tour crénelée d'argent; au deuxième et quatrième, d'azur à trois maillets d'argent. Le cinquième est de gueules semés de fleurs de lis d'or, à la bande d'argent brochant sur le tout. Le sixième a déjà été décrit. Le septième est d'or à l'aigle de gueules. Le huitième, d'azur à deux clefs d'argent adossées et entretenues : on dit, en termes de blason, que deux clefs sont adossées quand leurs pannetons sont tournés en dehors, l'un d'un côté, l'autre de l'autre; entretenu se dit des clefs et autres objets liés ensemble. Le neuvième est écartelé, au premier et au quatrième, d'argent à deux fasces de sable ou noir (le sable se marque en gravures par des traits croisés); au deuxième et troisième d'or avec trois canettes ou petites cannes, etc. (CHÉRUEL, ouvrage cité, p. 80, 81.)

Il les suivait à la chasse, lançait et rappelait le faucon, maniait la lance et l'épée, s'endurcissait aux plus durs exercices, et, par cette activité incessante, se préparait aux fatigues de la guerre, et acquérait la force physique nécessaire pour porter les lourdes armures du temps. L'exemple d'un seigneur qu'on présentait comme modèle de chevalerie, les hauts faits d'armes et d'amour qu'on racontait pendant les longues veillées d'hiver dans la salle où étaient suspendues

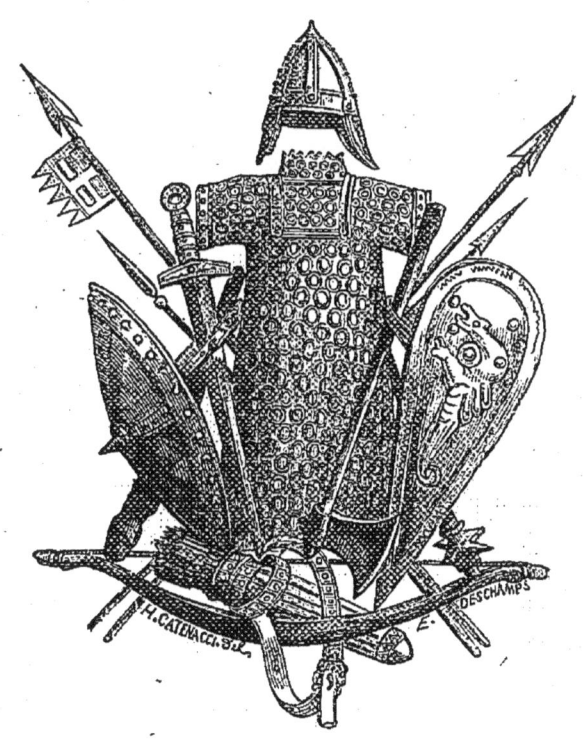

Armures du onzième siècle.

les armures des chevaliers et qui était pleine de leur souvenir; parfois aussi les chants d'un troubadour qui payait l'hospitalité du seigneur par quelque canzone en l'honneur des paladins de Charlemagne et d'Arthur; voilà l'éducation morale et intellectuelle que recevait le jeune homme. Elle gravait dans sa pensée un certain idéal de chevalerie qu'il devait chercher un jour à réaliser.

« A quinze ans, il devenait *écuyer*. Il y avait des *écuyers de corps* ou d'*honneur*, qui accompagnaient à cheval le châtelain et la châtelaine; des *écuyers tranchants*, qui servaient à la table du seigneur; des *écuyers d'armes*, qui portaient sa lance

Tournoi.

et les diverses pièces de son armure. Les idées du temps ennoblissaient ces services domestiques. Un noble seul pouvait faire l'essai du vin et des mets à la table seigneuriale, et accompagner la châtelaine dans les courses à travers la forêt. La religion et la guerre, qui avaient une influence dominante dans la vie du moyen âge, se réunissaient pour consacrer l'initiation de l'écuyer. Il était conduit à l'hôtel au moment où il sortait de l'enfance pour entrer dans la jeunesse. Son éducation physique, militaire et morale se continuait par des exercices violents. Couvert d'une pesante armure, il franchissait des fossés, escaladait des murailles, et les légendes de la chevalerie développaient de plus en plus dans son esprit ce modèle de courage et de vertu que, sous les noms d'Amadis, de Roland, d'Olivier et de tant d'autres héros, la poésie offrait aux imaginations. Qu'on ajoute à cette éducation, qui formait le corps et inspirait le goût des aventures héroïques, les préceptes de la religion chrétienne, dont l'influence salutaire enveloppait en quelque sorte le futur chevalier et le pénétrait de ses principes, et on comprendra comment se formèrent les âmes saintes et magnanimes d'un Godefroy de Bouillon et d'un Louis IX. A dix-sept ans, l'écuyer partait souvent pour des expéditions lointaines. Un anneau suspendu au bras ou à la jambe annonçait qu'il avait fait vœu d'accomplir quelque prouesse éclatante, avant de recevoir l'ordre de la chevalerie.

« Enfin, lorsqu'il avait vingt et un ans et qu'il paraissait digne par sa vaillance d'être fait chevalier, il se préparait à cette initiation par des cérémonies symboliques. Le bain, signe de la pureté du corps et de l'âme, la veillée d'armes, la confession souvent à haute voix, la communion, précédaient la réception du nouveau chevalier; couvert de vêtements de lin blanc, autre symbole de pureté morale, il était conduit à l'autel par deux prud'hommes, chevaliers éprouvés, qui étaient ses parrains d'armes. Un prêtre disait la messe et bénissait le glaive. Le seigneur qui devait armer le nouveau chevalier le frappait du plat de l'épée en lui disant . « Je te « fais chevalier au nom du Père, du Fils et du Saint-Esprit. » Il lui faisait jurer de consacrer ses armes à la défense des faibles et des opprimés; puis il lui donnait *l'accolade* et lui ceignait l'épée. Les parrains d'armes couvraient le nouveau chevalier des diverses pièces de l'armure, et lui chaussaient les éperons dorés, signe distinctif de la dignité de chevalier. La cérémonie se terminait souvent par un *tournoi*. La chevalerie conférait des priviléges et imposait des devoirs. Formés en associations et liés par un sentiment d'honneur et de fraternité, les chevaliers se défendaient mutuellement; mais si un d'eux manquait à la loyauté et à l'honneur, il était déclaré *félon*, dégradé solennellement et livré au dernier supplice. La courtoisie et le respect pour les femmes étaient des vertus chevaleresques [1]. » Ainsi cette société si violente avait su pourtant se créer un idéal de perfection. L'homme du moyen âge avait pour modèle, dans la vie religieuse, le saint, son patron; dans la vie civile et politique, le chevalier.

CHAPITRE XXI.

LOUIS VI, DIT LE GROS (1108-1137). LES COMMUNES[2].

Étendue du domaine royal à la fin du onzième siècle. — Le domaine royal avait bien diminué depuis le jour où Hugues Capet y avait réuni tout le duché de France. Philippe Ier ne possédait plus à sa mort que les comtés de Paris et Melun, d'Orléans et de Sens; encore n'avait-il pas la route libre de l'une de ces villes à l'autre. Entre Paris et Étampes s'élevait le château du seigneur de Montlhéry; entre Paris et Melun, la ville de Corbeil, dont le comte espéra quelque temps pouvoir fonder une quatrième dynastie : enfin entre Paris et Orléans, le château du Puiset dont la prise coûta trois années de guerre à Louis VI. Plus près de Paris encore se trouvaient les seigneurs de Montmorency et de Dammartin; et à l'ouest les comtes de Montfort, de Meulan et de Mantes, qui tous pillaient les marchands et les pèlerins, malgré les sauf-conduits du roi. « Beau fils, disait un

---

1. Chéruel, *Dictionnaire des institutions et coutumes de la France*, publié dans la collection de l'*Histoire universelle* (au mot *Chevalerie*).
2. Principaux ouvrages à consulter pour ce chapitre et le suivant : Suger, *Vie de Louis le Gros*; Guillaume, *Vie de Suger*; Galbert, *Vie de Charles le Bon, comte de Flandre*. Cette dernière chronique, qui raconte le meurtre du comte et la punition de ses assassins, est fort curieuse, car elle montre en action la société du douzième siècle. Aug. Thierry, *Lettres sur l'histoire de France* et *Essai sur l'histoire du tiers état*.

jour Philippe à Louis VI en lui montrant le château de Montlhéry aux portes de Paris, garde bien cette tour qui m'a donné tant d'ennuis. Je me suis envieilli à la combattre et l'assaillir. » Au nord, le roi avait encore, comme duc de France, de puissants vassaux dans les comtes de Ponthieu (Montreuil et plus tard Abbeville), d'Amiens, de Soissons, de Clermont en Beauvaisis, de Valois et de Vermandois, deux fiefs alors réunis aux mains d'un frère de Philippe Ier. Au sud de la Loire, le roi venait d'acheter la vicomté de Bour-

Tour de Montlhéry [1].

ges, et les autres seigneurs du Berry, le prince de Déols (Châteauroux), le sire de Bourbon (Moulins), lui portaient directement leur hommage.

Grands vassaux de la couronne et féodalité ecclésiastique. — Autour du domaine royal s'étendaient de vastes principautés féodales dont les possesseurs rivalisaient de richesses et de puissance avec le roi. C'étaient ; au nord, le comte de Flandre; à l'ouest, le duc de Normandie et son

---

1. Cette tour a 32 mètres d'élévation; elle couronnait la plate-forme autour de laquelle s'étendaient quatre autres enceintes étagées les unes au-dessus des autres. Le château a servi, pendant plus de deux siècles, de carrière aux habitants des villages voisins.

indocile vassal le duc de Brétagne; au sud-ouest, le comte d'Anjou, dont le roi recevait l'hommage comme duc de France; à l'est, le comte de Champagne, et au sud-est, le duc de Bourgogne. Plus loin, au midi de la Loire, étaient le duc d'Aquitaine et de Gascogne et les comtes de Toulouse et de Barcelone, avec leurs innombrables vassaux, car chaque fief s'était à son tour divisé comme s'était divisé le royaume. Le clergé occupait lui-même une place importante dans la hiérachie féodale. Ses chefs étaient ducs, comtes et seigneurs avec tous les droits régaliens exercés par les autres suzerains, de sorte qu'à l'exception de cinq ou six villes possédées par le roi, la France tout entière appartenait aux seigneurs laïques et ecclésiastiques, grands ou petits, ducs et comtes, évêques et abbés, seigneurs bannerets portant bannière et simples chevaliers n'arborant que le pennon. Mais cette royauté si faible avait pour elle les souvenirs de puissance, de justice, d'unité nationale et d'ordre public attachés à son titre; elle avait des droits, elle n'avait point de force; qu'un prince actif et brave lui arrive, et cette force lui viendra.

Activité de Louis VI; bonne police dans ses domaines; il protége les églises. — Tandis que la nation française, tirée d'un engourdissement qui avait duré deux siècles, sortait par toutes ses frontières à la fois pour conquérir l'Angleterre, Naples, Jérusalem, et fonder un royaume en Espagne, l'indolent Philippe Ier sommeillait sur le trône. On commençait à s'irriter de cette inertie des Capétiens. « C'est le devoir des rois, disait Suger, de réprimer de leur main puissante, et par le droit originaire de leur office, l'audace des grands qui déchirent l'État par des guerres sans fin, désolent les pauvres et détruisent les églises. » Dans les idées de l'Église, dans celles du peuple, la royauté devait être un pouvoir protecteur, bien plus qu'un pouvoir militaire. Hugues Capet l'avait compris, lorsque, au lieu du globe de Charlemagne, ambitieux emblême d'une domination conquérante, il n'avait joint au sceptre que la main de justice. Mais sous son quatrième successeur, il ne suffisait pas que le roi s'armât du pacifique symbole, comme saint Louis fera au pied du chêne de Vincennes; la main de justice devait être alors un glaive. Louis VI fut le roi que Suger demandait. Toujours à cheval et la lance au poing, il combattit sans relâche contre les nobles qui détroussaient les voyageurs ou pillaient les biens des églises, et parvint à mettre un peu d'ordre et de sécurité dans ses étroits domaines de l'Ile-de-France. Les comtes de Corbeil et de Mantes, les sires de Montmorency, du Puiset, de Coucy et de Montfort furent contraints de respecter les marchands et les clercs. Tous les faibles, tous les opprimés accoururent autour de l'étendard protecteur qui se levait. Le clergé mit à son service ses milices : « Car, disait Suger, la gloire de l'Église de Dieu est dans l'union de la royauté et du sacerdoce. » Louis se procura de nouveaux alliés en intervenant dans la révolution communale.

Mouvement dans la population urbaine et rurale.
— L'évêque Adalbéron, dans un poëme latin adressé au roi Robert, ne reconnaissait que deux classes dans la société : les clercs qui prient, les nobles qui combattent; au-dessous, bien loin, sont les serfs et manants qui travaillent, mais ne comptent pas dans l'État. Ces hommes que l'évêque Adalbéron ne comptaient pas l'effrayaient pourtant. Il pressentait avec douleur une révolution prochaine. « Les mœurs changent, s'écrie-t-il, l'ordre social est ébranlé ! » C'est le cri de tous les heureux du siècle à chaque réclamation partie d'en bas. Il ne se trompait point : une révolution commençait qui allait tirer les manants de servitude pour les élever au niveau de ceux qui étaient alors les maîtres du pays. Mais il lui a fallu, à cette révolution, sept cents ans pour réussir.

Villes nouvelles. — Au huitième siècle, les serfs n'étaient pas encore assez éloignés du temps où régnait l'ancien esclavage pour avoir conquis le droit de vivre et de mourir, avec leurs femmes et leurs enfants, sur la terre qu'ils fécondaient de leur travail. Mais, deux siècles plus tard, on les voit tous *casés* par familles : leur cabane et le terrain qui l'avoisine sont devenus pour eux un héritage[1]. L'esprit de famille amena à sa suite l'esprit d'association. Quand ces cases de serfs se trouvaient dans le voisinage d'un cours d'eau, d'un grand chemin ou de terres fertiles, sur le penchant d'une colline de facile défense, et que le maître n'était point trop dur, elles se multipliaient, elles devenaient

---

[1]. *Casati*, réunis dans la même case (Aug. Thierry, *Essai sur l'histoire du tiers état*, p. 12). Le pape Adrien IV, qui était d'origine servile, déclara les mariages des serfs valables avec ou sans consentement du seigneur, lequel n'eut que la faculté de réclamer l'indemnité pécuniaire appelée droit de *formariage* ou de poursuite.

un village : s'il s'y trouvait assez de bras et de ressources, on y bâtissait une église et l'évêque formait une nouvelle circonscription rurale, une *paroisse*. Cette paroisse n'existait d'abord que comme division ecclésiastique; mais le curé y recevait les actes qui dans les villes, d'après le droit romain, devaient être inscrits sur les registres municipaux. L'Église donna la première organisation aux communautés rurales; un second pas fut fait, quand l'intendant du seigneur, chargé de maintenir la police du bourg, et souvent serf lui-même [1], prit quelques-uns des vilains pour lui servir d'assesseurs. Pour le plus grand nombre des villages les choses en restèrent là pendant bien longtemps; mais ceux qui grandirent jusqu'à devenir des villes où il y eut de l'industrie, du commerce, de l'argent, des biens en un mot à garantir contre les exactions, furent animés au onzième siècle de désirs nouveaux; et comme les seigneurs avaient annulé l'autorité du roi, et bien souvent les vassaux celle des seigneurs, les serfs voulurent restreindre les droits du maître sur leur terre et leur personne.

Anciennes cités et débris des anciennes institutions urbaines. — Ces désirs ne fermentaient pas seulement dans les villes qui s'étaient formées autour des abbayes et des châteaux. L'empire romain avait aussi laissé sur le sol de la Gaule un grand nombre de cités qui restèrent, au milieu de la confusion générale, des foyers d'industrie et de commerce. Quelques-unes, dans le midi surtout, gardèrent leur organisation municipale, leur sénat, et accrurent même la juridiction de leurs magistrats librement élus. D'autres ne sauvèrent que des débris de cette ancienne organisation. Mais, chez toutes, le souvenir des anciennes libertés s'était conservé; il s'y réveilla avec énergie, lorsque la multiplication des familles féodales et le luxe croissant accrurent le nombre et les exigences des seigneurs, et que l'oppression arriva à son comble.

Insurrections sur plusieurs points pour obtenir des chartes de commune (1066). — Dès l'année 997, sous le roi Robert, les vilains de Normandie avaient préparé un soulèvement général. « Pourquoi, disaient-ils en attestant

---

1. Guérard, *Cartulaire de Saint-Père de Chartres*, préface. La mairie donna à ce *villicus* la liberté, comme plus tard, dans les grandes villes, elle donna la noblesse.

avec une naïve éloquence l'égalité de tous les hommes dans la force et dans la souffrance :

> Pourquoi nous laisser faire dommage ?
> Nous sommes hommes comme ils sont;
> Des membres avons, comme ils ont;
> Et de tout autant grands cœurs avons;
> Et tout autant souffrir pouvons [1]. »

Ils se lièrent par serment, et des députés de tous les districts se réunirent en assemblée générale. Mais le complot s'ébruita, et les chefs, surpris par le comte d'Évreux et ses chevaliers, furent torturés atrocement : les uns furent brûlés à petit feu, arrosés de plomb fondu ou empalés; on renvoya les autres les yeux crevés, les poings ou les jarrets coupés, pour répandre la terreur dans les campagnes. En 1024, révolte des paysans bretons. La lutte fut acharnée. Beaucoup de nobles hommes périrent; mais l'insurrection fut noyée dans le sang des manants. Ces cruautés parurent réussir, et les seigneurs, en voyant la résignation des campagnes, crurent en avoir fini avec ces témérités : les paysans, en effet, seuls, ne pouvaient rien. Mais quelques années s'écoulent, et voilà que le mouvement recommence, cette fois au sein des antiques cités et des villes nouvelles.

Ce fut vers le milieu du onzième siècle que quelques-unes s'insurgèrent, pour obtenir le droit de s'administrer elles-mêmes par des magistrats élus. D'autres, profitant des besoins des nobles, pressés de partir pour la croisade, achetèrent des concessions; d'autres encore, qui avaient conservé depuis les Romains leur administration locale et élective, firent augmenter leurs priviléges. En un mot, par des causes diverses, un vif désir de liberté agita toutes les villes du nord de la France. Le Mans (1066), puis Cambrai (1076) donnèrent le signal, suivi par Noyon, Beauvais, Saint-Quentin, Laon, Amiens et Soissons, qui toutes arrachèrent à leurs seigneurs des chartes de commune. « Commune, dit Guibert de Nogent qui écrivait au douzième siècle, commune est un nom nouveau et détestable. Et voici ce qu'on entend par ce mot : les gens taillables ne payent plus qu'une fois l'an à leurs seigneurs la rente qu'ils lui doivent. S'ils commettent quelques délits, ils en sont quittes pour une amende légalement fixée. »

---

[1]. *Roman de Rou* (de Rollon), par le poëte anglo-normand Robert Wace, chanoine de Bayeux, mort en Angleterre vers 1184.

Ainsi, la légalité substituée pour les manants à l'arbitraire, voilà cette chose détestable que réprouve le vieil écrivain. C'était, en effet, la ruine de la société féodale, puisque c'était

Cathédrale du Mans.

une tentative pour imposer des bornes à la violence. Mais la société qui périt par ses fautes accuse toujours celle qui la remplace[1].

[1]. Les chartes de commune se multiplièrent en nombre infini au douzième siècle et surtout au treizième; comme elles sont toutes locales,

Intervention du roi dans cette révolution. — Ce mouvement se fit sentir dans la France entière, sans que les bourgeois se fussent nulle part concertés, la cause étant partout la même : l'oppression des seigneurs. Louis VI joua cependant un rôle dans cette révolution : en lutte avec le même ennemi, la féodalité, il seconda par calcul cette insurrection qui lui assurait des alliés au milieu même des possessions de ceux qu'il combattait. Il confirma huit chartes de commune, c'est-à-dire qu'il accorda la sanction et la garantie royale aux traités de paix conclus entre les vassaux rebelles et leurs seigneurs, et qui stipulaient les concessions obtenues par les manants. Cette politique habile donnait tout d'un coup une immense force au petit prince qui portait le titre de roi de France, parce qu'elle le montrait comme le patron de ceux qu'on appela plus tard le tiers état. De ce jour-là, en effet, data la religion si vivace en France du peuple pour le roi. Il est vrai que si Louis le Gros favorisa la création de communes sur les terres des seigneurs, il n'en souffrit pas une seule dans ses domaines, où il n'accorda que des lettres d'affranchissement partiel[1]. Il voulait rester le maître chez lui, et le devenir un jour chez ses turbulents vassaux.

Histoire de la commune de Laon (1112-1128). — L'histoire de la commune de Laon nous fera assister à un de ces nombreux drames dont le nord de la France fut alors le théâtre. Laon était, à la fin du onzième siècle, une riche et industrieuse cité qui avait son évêque pour seigneur, mais où régnait, à cause de ses richesses mêmes, le plus grand désordre. Les nobles pillaient les bourgeois ; les bourgeois

---

elles sont toutes différentes ; de sorte que les priviléges obtenus par les gens de la commune ou *jurés* diffèrent beaucoup, suivant les lieux. Ici c'est une organisation toute républicaine : des magistrats élus maires, échevins, consuls, jurats, etc., qui font des lois, une cour de justice qui prononce au criminel comme au civil, des impôts votés par les bourgeois, une milice communale. Là ce sont des officiers que le roi ou le seigneur a choisis parmi les élus de la commune, et seulement le droit de basse justice, la répartition des tailles et la police de la cité.

1. Suger affranchit les habitants de Saint-Denis (1125) ; Louis VI, beaucoup de serfs de ses domaines (1130) ; Louis VII, tous les bourgeois d'Orléans et de sa banlieue dans un rayon de 5 lieues (1180) ; Philippe II, ceux de Beaumont-sur-Oise et de Chambly (1222) ; Louis VIII, ceux du sud d'Étampes, etc. Paris, Orléans, Lorris, Montargis, Compiègne, Melun, Senlis, etc., cités du domaine royal, ne furent jamais des *communes*, mais des *villes de bourgeoisie*. Si elles étaient privilégiées quant aux droits civils, elles n'avaient point d'organisation politique ni de juridiction qui leur fût propre.

pillaient les paysans quand ils venaient au marché de la ville, et l'évêque imposait des charges toujours plus fortes. En 1109, un homme emporté, arrogant, de mœurs bien plutôt militaires que cléricales, le Normand Gaudry, obtint l'évêché à prix d'argent. Sous un tel seigneur, la malheureuse condition des bourgeois de Laon empira, et ils se mirent à penser aux moyens d'y remédier. On ne parlait, en ce temps-là, que de la bonne justice qui se faisait dans la commune de Noyon, de la bonne paix qui y régnait. L'établissement d'une commune parut le remède nécessaire. L'évêque était alors en Angleterre. Les bourgeois offrirent à ses clercs et aux chevaliers de la ville une somme d'argent pour obtenir l'autorisation d'instituer une magistrature élective. Elle fut composée d'un maire et de douze jurés qui eurent le droit de convoquer le peuple au son de la cloche, de juger les délits commis dans la ville et la banlieue, et de faire exécuter leurs jugements. L'évêque, en retour, fit payer son consentement, puis jura de respecter les priviléges de la nouvelle commune. Les bourgeois, afin d'avoir toutes les garanties, achetèrent encore celle du roi Louis VI.

Mais, à trois ans de là, en 1112, il ne restait rien de tout l'argent donné par les bourgeois; l'évêque se repentit de la concession qu'il avait faite. Il invita le roi à venir à Laon pour la solennité de Pâques, et promit au prince, s'il retirait son consentement à la charte de commune, 700 livres d'argent, qu'il comptait bien faire payer à ses bourgeois redevenus taillables à merci. Ce parjure excita dans la ville une grande émotion; l'évêque n'en tint compte et prépara le rôle des contributions; mais le quatrième jour un grand bruit s'éleva dans la rue, et on entendit une foule de gens crier : *Commune! Commune!* Aussitôt la maison de l'évêque fut investie; les nobles qui accouraient à sa défense furent tués; lui-même, découvert dans un cellier, fut abattu d'un coup de hache. La cathédrale, prise et reprise d'assaut, devint la proie des flammes [1].

Comme il arrive toujours avec la foule, au lieu de maintenir ses droits sans violence, elle avait versé le sang, et le sang d'un prince de l'Église. Les bourgeois s'effrayèrent de ce qu'ils avaient fait : pour trouver une protection con-

---

[1]. La cathédrale qui la remplaça est un des beaux types du style ogival. C'est bien le temple d'un municipe hardi et fier.

Cathédrale de Laon.

tre la colère du roi, ils demandèrent à un seigneur du voisinage, Thomas de Marle, de défendre la ville moyennant une somme d'argent. Thomas n'était pas un homme à redouter une guerre avec le roi, mais il ne se trouva pas assez fort pour défendre contre lui une grande ville, et il conseilla aux habitants d'abandonner leur cité et de le suivre dans son château de Crécy. Les plus compromis acceptèrent. Le reste attendit les événements. D'abord les paysans des environs se jetèrent dans la ville pour y butiner, et Thomas conduisit lui-même ses vassaux au pillage. Ensuite, les partisans de l'évêque et tous les nobles traquèrent les bourgeois partout où ils les purent atteindre, et se vengèrent, par de nouveaux massacres, de ceux qui avaient été commis.

Cependant Thomas de Marle, excommunié, et poursuivi par une armée royale qui avait grossi par une levée en masse de paysans, fut réduit à livrer les fugitifs de Laon. La plupart furent pendus et leurs corps restèrent sans sépulture. Puis le roi entra dans la ville et la commune fut abolie. Mais seize ans n'étaient pas encore écoulés que le parti des bourgeois et les idées de liberté avaient repris le dessus : le successeur de l'évêque Gaudry jura, en 1128, une charte nouvelle que le roi ratifia encore[1].

Caractère et conséquences de la révolution communale. — Cette révolution communale eut ses excès, souvent provoqués par le manque de foi et les violences du parti contraire. Cela est malheureusement de tous les temps; mais ce qu'il faut admirer dans ces manants des onzième et douzième siècles, c'est la persévérance avec laquelle ils luttèrent pour échapper à l'oppression féodale, pour substituer l'ordre au désordre, la loi à l'arbitraire, pour obtenir une bonne paix, suivant le nom donné à la dernière charte de Laon. Leurs efforts échouèrent parce qu'ils restèrent isolés, parce que chaque ville ne songea qu'à fonder ses libertés particulières, et la royauté, devenue, au quatorzième siècle, toute-puissante, déchira les chartes de commune. Mais elles avaient été assez nombreuses pour qu'un peuple nouveau se formât à leur abri : quand les communes disparurent, le tiers état se montra, et les libertés générales de la nation purent

---

[1]. Voy. dans les *Lettres sur l'histoire de France*, de M. Aug. Thierry, *Histoire de la commune de Laon*, lettres XVI, XVII et XVIII.

commencer au moment où finirent les libertés locales de quelques cités.

Pouvoir croissant du roi. — « Sans cesse, dit Suger, on voyait le roi courir avec quelques chevaliers pour mettre l'ordre jusque sur les frontières du Berry, de l'Auvergne et de la Bourgogne, afin qu'il parût clairement que l'efficacité de la vertu royale n'est point renfermée dans la limite de certains lieux. » Souvent les hommes d'armes, les chevaliers l'abandonnaient ou le soutenaient mollement. Ce ne fut guère qu'avec les milices des églises et des communes qu'il prit et rasa le château de Crécy, un repaire de brigands, et celui du sire Hugues de Puiset, « ce loup dévorant qui désolait tout le pays d'Orléanais.... » Le siége du dernier fut long ; les chevaliers refusant un jour d'aller à l'assaut, un pauvre prêtre chauve, venu avec les communautés des environs, courut, sans armes, jusqu'aux palissades ; il en arracha quelques-unes, et, en appelant les siens à l'aide, ils finirent par faire brèche et par entrer dans le château. Louis le fit abattre et établit sur l'établissement de la tour maudite un marché public.

Ces efforts de Louis pour protéger les faibles et discipliner la société féodale furent récompensés. Dans sa guerre contre Henri Ier, roi d'Angleterre, les milices communales vinrent se ranger autour de son oriflamme[1] ; et à la nouvelle d'une attaque projetée par l'empereur d'Allemagne, une armée nombreuse de bourgeois et de vassaux se tint prête à le défendre.

Lutte contre Henri Ier, roi d'Angleterre. — Dans la guerre contre Henri Ier, Louis s'était proposé d'assurer la Normandie à Guillaume Cliton, neveu du roi anglais. C'était un projet habile dont le succès eût éloigné un péril toujours imminent pour la couronne de France, tant que l'Angleterre était réunie au duché normand ; mais Louis fut vaincu à Brenneville (1119)[2]. Du reste cet échec n'eût point de consé-

---

[1]. L'*oriflamme* était la bannière de l'abbaye de Saint-Denis. Le roi étant vassal de l'abbaye pour la terre du Vexin, prenait, chaque fois qu'il avait guerre, cet étendard, qui devint ainsi l'étendard royal. C'était un morceau de taffetas couleur de feu, sans broderies ni figure, fendu par le bas en trois endroits, orné de houppes de soie verte, et suspendu au bout d'une lance dorée

[2]. « Je me suis assuré, dit Orderic Vital, que dans cette bataille où près de 200 chevaliers furent engagés, il n'y en eut que 3 de tués, car ils étaient entièrement couverts de fer et cherchaient bien plus à se prendre pour se mettre à rançon qu'à se tuer. »

quences fâcheuses, parce que le roi anglais, combattant son suzerain, n'osait pousser la guerre à outrance, de peur que cet exemple de rébellion du vassal contre son seigneur n'engageât ses propres vassaux à agir de même avec lui; mais le plan de Louis VI fut renversé: Cliton n'eut pas la Normandie.

Naufrage de la Blanche-Nef. — A quelques jours de là, le roi Henri fut frappé d'un épouvantable malheur. Comme il s'embarquait à Honfleur, raconte Orderic Vital, un homme de Normandie, Thomas, fils d'Étienne, vint le trouver, et lui offrant un marc d'or, lui dit: « Mon père a servi le vôtre sur mer toute sa vie; c'est lui qui l'a porté sur son vaisseau en Angleterre, quand votre père y est allé pour combattre Harold. Seigneur roi, accordez-moi en fief le même office; j'ai pour votre royal service un vaisseau bien équipé que l'on appelle *la Blanche-Nef.* » Le roi répondit : « J'ai choisi le navire sur lequel je passerai, mais volontiers je vous confie mes fils Guillaume et Richard, et tout leur cortége. » Par l'ordre du roi, près de trois cents personnes s'embarquèrent sur *la Blanche-Nef.* C'étaient de hauts barons, et parmi eux dix-huit dames de haute naissance, filles, sœurs, nièces ou épouses de rois et de comtes. Toute cette brillante jeunesse se préparait joyeusement au voyage. Ils firent donner du vin aux cinquante rameurs et chassèrent avec dérision les prêtres qui voulurent bénir le vaisseau.

Cependant la nuit était venue, mais la lune éclairait la surface tranquille des eaux; les jeunes princes pressaient le patron Thomas de faire force de rames pour atteindre le vaisseau du roi qui était déjà bien loin. L'équipage, animé par le vin, obéit avec ardeur, et, afin de couper au plus court, le patron prit par le ras de Catteville, qui est bordé d'écueils à fleur d'eau. *La Blanche-Nef* vint frapper violemment contre un d'eux et s'entr'ouvrit aussitôt. On entendit un cri affreux, immense, unique, pour ainsi dire, poussé par tout l'équipage; mais l'eau monta encore et tout rentra dans le silence. Deux hommes seulement se retinrent à la grande vergue, un boucher de Rouen, nommé Bérold, et le jeune Godefroi, fils de Gilbert de l'Aigle. Ils aperçurent un homme relevant la tête au-dessus de l'eau : c'était le pilote Thomas, qui, après avoir plongé dans les flots, remontait à la surface. « Qu'est devenu le fils du roi? » leur demanda-t-il. « Il n'a point reparu, ni lui, ni son frère, ni aucun des leurs, » répondirent les deux naufragés. « Malheur à moi ! » s'écria Thomas, et il replongea dans la mer. Le jeune Godefroi de l'Aigle ne put supporter le froid de cette nuit glacée de décembre ; il laissa la vergue et se laissa couler à fond, après avoir recommandé à Dieu son compagnon le boucher Bérold, le plus pauvre des naufragés, qui, recueilli le lendemain par des pêcheurs, resta seul pour raconter le désastre. « Fatal désastre, s'écrie un poëte du temps, qui plonge au fond des mers une noble jeunesse ! Les princes deviennent le jouet des flots. La pourpre et le lin vont pourrir dans le liquide abîme, et les poissons dévorent celui qui naquit du sang des rois. »

Ce fut un enfant qui annonça au roi Henri la sinistre nouvelle. Aux premiers mots qu'il entendit, il tomba à terre comme foudroyé, et, depuis ce jour, jamais on ne le vit plus sourire.

Union de la Normandie, de l'Angleterre et de l'Anjou. — Ce malheur fut fatal aussi à la France. Henri n'avait plus qu'une fille, Mathilde : il la déclara son héritière. Mathilde était veuve de l'empereur Henri V ; en 1127, elle épousa en secondes noces Geoffroi, comte d'Anjou, surnommé Plantagenet, à cause de l'habitude qu'il avait de mettre en guise de plume une branche de genêt fleuri à son chaperon. Jusqu'alors les rois de France avaient pu s'appuyer sur l'Anjou contre la Normandie. Le mariage de Mathilde mit fin à cette politique, et porta jusqu'à la Loire la domination anglo-normande. Un autre, celui du fils de Mathilde avec Éléonore de Guyenne, la portera jusqu'aux Pyrénées.

Meurtre du comte de Flandre (1127). — La même année où Louis VI voyait se former cette union menaçante, une autre catastrophe lui offrit l'espoir d'un dédommagement. La Flandre, en ce temps-là, était déjà couverte de cités industrieuses, et sa bourgeoisie, nombreuse et fière, ne tenait pas grand compte des distinctions sociales qui ailleurs avaient tant de force. Beaucoup de serfs s'étaient glissés dans ses rangs et avaient acquis richesses et pouvoir. La révolution que nous avons vue s'opérer par les armes dans les villes du nord de la France se faisait d'elle-même dans le comté flamand. En 1127, le premier personnage de la province, après le comte, était un serf, Bertholf, prévôt du chapitre de Saint-Donatien de Bruges. Il avait marié ses neveux et nièces dans les plus nobles familles du pays ; il trouva aisément, un jour, 500 chevaliers pour soutenir une guerre privée contre un gentilhomme son ennemi. Or le comte Charles le Bon, pieux personnage, très-ami des pauvres, mais aussi de l'ordre antique, comme l'évêque Adalbéron le comprenait, fit faire des recherches dans tout son comté pour constater l'état des personnes et ramener à la servitude ceux qui n'en étaient pas légalement sortis. Il promulgua même un édit qui dégradait l'homme libre ayant épousé une femme de condition servile. Dans l'an et jour après son mariage, il devenait serf comme elle. Le prévôt et tous les siens, directement menacés, complotèrent d'assassiner le comte, et l'égorgèrent un jour qu'il était en prière dans l'église de Saint-Donatien. Ce meurtre excita un grand scandale. On fit du comte un saint; les gens de Gand, jaloux de ceux de Bruges, vinrent en armes réclamer son corps. Toute la cavalerie du pays s'arma pour ou contre les traîtres, qui assiégés dans le château de Bruges, puis dans l'église même où le meurtre avait été commis, se défendaient avec acharnement. Le roi Louis, suzerain du comte, vint lui-même avec Guillaume Cliton les y attaquer, et les obligea de se rendre. Les chefs périrent dans d'affreux supplices; les autres, au nombre de cent onze, furent précipités du haut de la tour de Bruges. Louis investit alors Cliton du comté de Flandre, en dédommagement de la Normandie qu'il n'avait pu lui assurer. Mais cette sanglante tragédie n'était pas finie; les parents et amis du prévôt soulevèrent contre Cliton Gand, Lille, Furnes, Alost, et appelèrent au comté Thierry d'Alsace. Cliton périt dans cette guerre d'une blessure qu'il reçut devant Alost, et avec lui tomba l'influence de Louis VI en Flandre.

Influence de Louis VI dans le midi. — Louis réussit mieux au midi. Son influence, même son autorité, s'y étendirent. L'évêque de Clermont, étant en guerre avec le comte d'Auvergne, invoqua l'assistance royale et l'obtint (1121). Molesté de nouveau, il recourut encore au roi, qui passa la Loire, cette fois avec une nombreuse armée où étaient les comtes de Flandre, de Bretagne et d'Anjou. Il prit le château de Montferrand, y fit couper une main aux prisonniers, et les renvoya portant dans la main qui leur restait celle qu'on leur avait coupée. Le duc d'Aquitaine vint lui-même demander grâce pour son vassal (1126). Deux seigneurs se disputaient le Bourbonnais; Louis prononça entre eux, et l'un refusant d'accepter la sentence, il l'y obligea par les armes. Ainsi, le roi, pour s'être fait, en un temps de troubles et de violences,

« comme le grand juge de paix du pays », voyait l'autorité qu'il avait perdue peu à peu lui revenir; bientôt elle lui reviendra avec une force qu'elle n'avait jamais eue.

Un des derniers actes de Louis fit grand bruit et montra bien ce caractère nouveau de la royauté. Thomas de Marle avait recommencé ses brigandages. Il tenait dans ses prisons une troupe de marchands qu'il avait dépouillés sur le grand chemin, malgré un sauf-conduit du roi, et il voulait leur arracher encore une rançon. Il se croyait sûr de l'impunité derrière les remparts de son château de Coucy, une des plus fortes places qu'il y eût au nord de la Seine. Le roi cependant conduisit ses troupes au pied de ces murs qui passaient pour imprenables. Thomas sortit de la place pour tendre une embuscade; mais il fut blessé, pris et porté à Laon, où il mourut. Sa mort fut comme une délivrance pour tout le pays.

Trois papes en France. — La querelle des investitures, c'est-à-dire la rivalité du Saint-Siége et de l'Empire, commencée avec Grégoire VII, n'était pas finie, et les papes, chassés de Rome par les armes ou les intrigues de l'empereur, cherchaient en France un refuge et des secours. Gélase II y vint mourir. Calixte II y fut élu, et réunit à Reims, en 1119, pour terminer ce grand débat, un concile auquel assistèrent 15 archevêques, plus de 200 évêques et autant d'abbés. Cette assemblée promulgua plusieurs canons contre les simoniaques et tous ceux qui exigeaient un salaire pour les baptêmes et les sépultures. On y prohiba encore le mariage des clercs: la trêve de Dieu fut confirmée, et la licence des mœurs de plusieurs princes condamnée. Trois ans après, les négociations commencées par Calixte II à Reims avec l'empereur aboutirent au concordat de Worms, le premier de ces difficiles traités de paix qui ont réglé les rapports des deux puissances temporelle et spirituelle.

En 1130, une double élection eut lieu à Rome. Innocent II, forcé de laisser cette ville à son compétiteur, se réfugia en France. Louis le Gros réunit à Étampes un concile qui examina les prétentions des deux adversaires et se déclara, sur la proposition de saint Bernard, pour Innocent II. L'année suivante, ce pontife tint un nouveau concile à Reims, auquel assistèrent 13 archevêques et 263 évêques. Il y sacra roi le jeune fils de Louis le Gros. La France devenait donc l'asile des pontifes et le lieu où se traitaient les grandes affaires de l'Église. La royauté ne pouvait que gagner à jouer ce rôle de protectrice des papes.

Abélard. — Au moment où finissait le grand scandale de la lutte du pape et de l'empereur, commençait la grande querelle qui divisa l'École pendant tout le moyen âge, celle des *réalistes* et des *nominaux*, disputes obscures, mais retentissantes, par lesquelles le mouvement se remit dans les esprits. Guillaume de Champeaux, fils d'un laboureur de la Brie, professa la doctrine réaliste avec un grand éclat à l'é-

Abbaye de Saint-Victor.

cole du cloître de Notre-Dame de Paris, puis à l'abbaye de Saint-Victor, qu'il fonda en 1113, dans le quartier où ce nom se conserve encore. Mais il fut éclipsé par un de ses disciples, Abélard, né en 1079 près de Nantes, noble et beau jeune homme, plein de séduction et de génie, qui ne pouvait fuir la popularité, lors même qu'il se retirait au désert. Dans son enseignement, dans ses livres, Abélard rencontra plus d'une fois la théologie, qui touchait alors à tout. Le plus grand homme d'Église en ce temps-là et un de ses grands docteurs dans tous les temps, saint Bernard, crut voir l'hérésie s'y glisser, il dénonça les écrits du brillant professeur. Le concile de Soissons fit brûler son livre sur la *Trinité* (1122); et le concile de Sens le condamna encore en 1140. Abélard mourut deux ans après, moine à Cluny. Son éloquence, sa lutte contre saint Bernard le rendirent alors célèbre; ses malheurs et l'amour d'Héloïse ont perpétué son souvenir dans le peuple jusqu'à nos jours.

Faites vivre ce puissant et libre esprit sept siècles plus tard, et, au lieu de s'agiter dans le vide et de se heurter sa vie entière contre d'infranchissables obstacles, il devient une des lumières et l'honneur de son temps.

FAITS DIVERS. — L'abbaye de Saint-Victor donna à l'Église, au douzième siècle, 7 cardinaux, 2 archevêques, 6 évêques et 54 abbés. — Fondation, en 1114, de l'abbaye de Clairvaux par saint Bernard. — En 1127, concile de Nantes, qui condamna l'exercice du droit de bris ou d'épaves, et concile de Narbonne, qui oblige les juifs à porter une rouelle de drap sur la poitrine, afin qu'on pût toujours les reconnaître.

CHAPITRE XXII.

LOUIS VII, DIT LE JEUNE (1137-1180).

Louis VII (1137-1180), son mariage avec Éléonore de Guyenne. — Louis le Gros laissait six fils. Trois entrèrent dans l'Église; deux autres furent, l'un, Robert, chef de la maison de Dreux, l'autre, Pierre, chef de celle de Courtenay, qui existe encore en Angleterre. L'aîné, Louis VII, dit le Jeune, avait contracté, avant la mort de son père, un brillant mariage. Il avait épousé Éléonore de Guyenne, héritière du Poitou et du duché d'Aquitaine. Il s'était, en effet, établi que les femmes pouvaient hériter des fiefs, recevoir hommage, jurer et conduire leurs vassaux à la guerre. Cette loi que, durant 330 années, la maison de France n'eut pas besoin d'appliquer, et qu'elle repoussa quand la lignée directe de Hugues Capet vint à s'éteindre, fut une des causes les plus actives de la ruine des familles féodales que la guerre décimait sans relâche. Les femmes portèrent par mariage les fiefs de maison en maison, jusqu'à ce qu'ils arrivassent, pour la plupart, dans celle de France qui durait toujours, tandis que les autres s'éteignaient. Cette fois, la dot d'Éléonore était la plus belle qu'eût encore reçue un de nos rois. Ce n'était pas moins que la moitié de la France méridionale. Malheureusement Louis VII ne la conserva pas.

Continuation de la politique de Louis le Gros (1137-1147). — Louis le Jeune continua la politique de son père. « Les églises d'Angoulême, de Cluny, de Clermont, du Puy, de Vézelay, ayant imploré sa protection, dit Suger, il les couvrit du bouclier de sa protection, et saisit pour les défendre la verge du châtiment. » Un comte de Châlons, un sire de Montjai, d'autres encore furent dépouillés de leurs fiefs à cause de leurs violences. Une guerre contre le comte de Champagne eut une autre cause et plus de conséquence. Le pape avait nommé son propre neveu à l'archevêché de Bourges, sans tenir compte du droit royal de présentation. Louis chassa de son siége le nouveau prélat, à qui le comte de Champagne donna asile. Le roi avait contre ce seigneur un ancien grief. Dans une tentative qu'il avait faite pour mettre la main sur Toulouse, le comte de Champagne lui avait refusé ses services. Louis le Jeune saisit l'occasion d'humilier ce vassal peu docile : il entra en armes sur ses terres, les ravagea et y brûla la petite ville de Vitry. Treize cents personnes réfugiées dans l'église périrent dans l'incendie.

La seconde croisade (1147). — C'était là un événement qui n'était que trop ordinaire ; mais il pesa sur la conscience du roi, et, pour l'expier, Louis prit la croix. Son père avait dû en partie ses succès à cette circonstance que les plus riches seigneurs avaient épuisé toutes leurs ressources pour aller à Jérusalem, et que beaucoup n'en étaient point revenus. C'était donc une faute de renoncer à ce système. Mais aucun roi n'avait pris part à la première croisade ; leur réputation, leur piété en souffraient. L'empereur d'Allemagne voulait cette fois partir ; le roi de France ne pouvait rester en arrière et abandonner ce royaume, fondé par des Français aux bords du Jourdain, où la discorde, la corruption, s'étaient glissées, et qui déjà penchait vers la ruine, sous le poids des maux intérieurs et des attaques du dehors.

Les Atabecks d'Alep venaient d'enlever Édesse en y massacrant toute la population chrétienne, et Noureddin menaçait la Palestine. Malgré les prudents conseils de l'abbé Suger, Louis résolut de se mettre à la tête d'une seconde expédition à la Terre sainte. La croisade fût prêchée en France et en Allemagne par saint Bernard, mais déjà le zèle était bien refroidi. Une taxe générale, établie sur tout le royaume et sur toute condition, nobles, prêtres ou manants, causa beaucoup de murmures ; à Sens, les bourgeois tuèrent l'abbé de Saint-Pierre-le-Vif, seigneur d'une partie de leur ville, à cause d'un impôt qu'il voulait lever. « Le roi, dit un contemporain, se mit en route au milieu des imprécations. » On avait offert à saint Bernard le commandement de l'expédition ; il se souvint de Pierre l'Ermite et refusa.

Louis, après avoir pris l'oriflamme à Saint-Denis, s'achemina par Metz et l'Allemagne vers Constantinople. L'empereur Manuel envoya de fort loin des députés à sa rencontre. Nos seigneurs féodaux s'indignèrent des basses adulations de ces Grecs : un d'eux les interrompit en disant : « Ne parlez pas si souvent de la gloire, de la piété, de la sagesse du roi ; il se connaît et nous le connaissons. Dites brièvement ce que vous voulez. » Ce que voulait Manuel, effrayé qu'il était, c'est que les croisés lui prêtassent serment de fidélité. Ils y consentirent encore, non sans laisser échapper, comme la première fois, de sourdes menaces. Déjà les Allemands étaient au milieu de l'Asie Mineure. Mais, trahis par leurs guides grecs, ils s'égarèrent dans les défilés du Taurus, et y tombèrent sous l'épée des Turcs. Conrad revint presque seul à Constantinople.

Louis, averti du péril, prit route le long de la mer et l'assura d'abord par la victoire du Méandre. Mais, aux environs de Laodicée, on entra dans les montagnes. L'ineptie des chefs et l'indiscipline des soldats amenèrent un premier désastre. Le roi faillit périr et combattit longtemps seul, tous les seigneurs qui faisaient son escorte ayant été tués, « nobles fleurs de France, dit un chroniqueur, qui se fanèrent avant d'avoir porté leurs fruits sous les murs de Damas. » A Stalie on jugea qu'il n'était pas possible d'aller plus loin. Le roi, les grands, montèrent sur des vaisseaux grecs pour achever par mer leur pèlerinage, abandonnant la multitude des pèlerins, qui périrent sous les flèches des Turcs, ou qui, accusant le Christ de les avoir trompés, se firent musulmans. Trois mille échappèrent ainsi à la mort.

Arrivé à Antioche, Louis ne songea plus aux combats, mais à accomplir son vœu de pèlerin, à prier sur le saint sépulcre et à terminer au plus vite cette malencontreuse entreprise. Sans plus écouter les prières que lui adressaient pour le retenir le prince d'Antioche et le comte de Tripoli, il précipita sa marche vers Jérusalem. Le peuple, les princes, les prélats

Marche des croisés aux environs de Laodicée.

sortirent au-devant de lui, portant des branches d'olivier et chantant : « Béni soit celui qui vient au nom du Seigneur. » Il fallait cependant faire quelque chose et tirer au moins une fois l'épée en Palestine. On proposa l'attaque de Damas. C'est une des villes saintes de l'islamisme et la perle de l'Orient. Entourée de jardins immenses qu'arrosent les divers bras du Barradiet qui forment autour d'elle une forêt d'orangers, de citronniers, de cèdres et d'arbres aux fruits dorés et

Portail de l'église de Saint-Denis.

savoureux, elle est la capitale du désert, et, pour la Syrie, un boulevard ou une menace perpétuelle, selon qu'elle est entre des mains amies ou hostiles. L'attaque parut d'abord réussir: on enleva les jardins, mais les princes chrétiens se disputèrent la peau de l'ours avant de l'avoir tué. Le choix du comte de Flandre pour prince de Damas indisposa les autres seigneurs. On servit avec moins de zèle une cause devenue celle d'un seul homme, et on donna le temps aux secours musulmans d'arriver, à l'ours de montrer qu'il avait encore dents et ongles. Il fallut lever le siége. L'Europe revit encore bien peu de ceux qui étaient partis. La première croisade avait du moins atteint son but, elle avait délivré Jérusalem; la seconde avait inutilement répandu le sang chrétien. Après elle la Palestine se trouva plus faible, l'islamisme plus fort, et les croisés ne rapportèrent de leur entreprise que de la honte, ou, comme Louis VII, du déshonneur.

Divorce de Louis VII (1152); vastes possessions du roi d'Angleterre en France. — Au retour, le roi trouva ses États paisibles, grâce à l'habile administration de Suger; mais il répudia sa femme Éléonore, qui l'avait mécontenté pendant la croisade et qui alla porter son duché de Guyenne à Henri Plantagenet, comte d'Anjou, duc de Normandie et héritier de la couronne d'Angleterre (1152). Lorsque, deux ans plus tard, Henri fut entré en possession de son héritage, et qu'il y eut ajouté la Bretagne par le mariage d'un de ses fils avec la fille unique du comte de ce pays, il se trouva maître de presque toute la France occidentale.

Diversions favorables à Louis VII. — Le roi de France pouvait trembler pour sa couronne, mais Henri II, forcé de respecter en lui son suzerain, s'il voulait obtenir de ses vassaux le même respect, hésitait à l'attaquer. Un jour il menaçait Toulouse, Louis accourt avec quelques chevaliers et se jette dans la place. Henri recule aussitôt parce que la ville était peuplée et forte, mais aussi pour ne pas se rencontrer sur la brèche avec celui que le droit féodal lui interdisait de combattre. Louis trouva moyen encore de se défendre en soutenant les révoltes continuelles des quatre fils d'Henri II contre leur père. Il eut un autre allié que les violences du roi d'Angleterre lui donnèrent, un saint. Des officiers de ce prince assassinèrent au pied même de l'autel l'archevêque de Cantorbéry, Thomas Becket (1170). L'évêque mort fut plus redoutable qu'il ne l'eût jamais été vivant. Louis demanda au

Église de Saint-Denis (vue intérieure.)

pape que le martyr fût vengé. Pour prévenir une excommunication, Henri consentit à toutes les humiliations qu'on lui imposa et passa ses derniers jours à combattre ses sujets, ses fils et le roi de France.

Administration de Louis VII : Suger. — Louis était plutôt un moine sur le trône qu'un roi actif et résolu. Cependant il seconda encore le mouvement communal. Vingt-cinq chartes sont souscrites de son nom. Mais, comme son père aussi, il n'en voulut point sur ses terres. A Orléans, un mouvement de bourgeois fut durement réprimé. Il aida même parfois les seigneurs à faire dans leurs domaines ce qu'il faisait dans les siens : ainsi l'abbé Pons, qui renversa, après sentence du roi, la commune de Vézelay, dont nous avons encore la dramatique histoire. L'ordre, que Louis tâcha de faire régner, favorisa pourtant les progrès de la population urbaine. Sous lui, dit un chroniqueur, un grand nombre de villes furent bâties, et beaucoup d'anciennes s'agrandirent. Des forêts tombèrent, et de vastes espaces furent défrichés. Il confirma les antiques priviléges de la *hanse*, ou société des marchands de Paris; et le pape Alexandre III posa, en 1163, la première pierre de la cathédrale de cette ville, l'église de Notre-Dame. Louis VII fit couronner, de son vivant, son fils Philippe Auguste, et attacha le privilége du sacre à la cathédrale de Reims. Les *pairs* prirent séance à la cérémonie [1].

Suger, né de parents pauvres, aux environs de Saint-Omer, fut recueilli par les moines de Saint-Denis. Il mérita, par son sens droit, par l'activité de son esprit, par son dévouement aux intérêts du roi et du royaume, l'amitié de Louis VI, qui avait été son condisciple à l'abbaye, et la confiance de Louis VII. Élu par les moines abbé de Saint-Denis pendant un voyage qu'il faisait à Rome, il renonça au faste dont les prélats s'entouraient, et employa toutes ses ressources à décorer l'intérieur de l'église et à rebâtir les tours et le portail construits par Dagobert [2]. Louis VII l'appela à gouverner

---

[1]. On appela plus particulièrement *pairs de France* les possesseurs des grandes seigneuries qui relevaient directement de la couronne. Leur nombre fut fixé, sous Louis VII, à 12; les ducs de Bourgogne, de Normandie et de Guyenne, les comtes de Champagne, de Flandre et de Toulouse, l'archevêque de Reims et les évêques de Laon, Noyon, Châlons, Beauvais et Langres. Les vassaux immédiats du roi dans le duché de France, relevant du duc, non du roi, n'étaient pas pairs de France.

[2]. La dédicace eut lieu en 1140. Le cintre romain domine encore dans

l'État pendant sa croisade; il montra la même modestie et une habileté qui mit l'ordre dans les finances du roi et la paix dans le royaume. Il est vrai que le départ de tant de turbulents seigneurs rendait la tâche facile; et si l'on a placé le nom de Suger parmi ceux des trois ou quatre grands ministres dont la France s'honore, il faut reconnaître qu'il n'y a point à comparer ses services avec ceux de Sully, de Richelieu et de Colbert. Du moins il avait comme eux le sentiment des devoirs de la royauté et le besoin de l'ordre. On a vu plus haut ses paroles à Louis VI ; je rappellerai sa lettre à Louis VII pour le presser de revenir de la croisade; il l'adjurait, par le serment de son sacre, « de ne pas abandonner plus longtemps le troupeau à la fureur des loups [1]. »

toute la construction de Suger, qui fut reprise et terminée au treizième siècle. La grande flèche, frappée par la foudre en 1837, a été démolie en 1846.

1. FAITS DIVERS. — On attribue à Suger la rédaction des fameuses chroniques de Saint-Denis, qui réunirent en corps d'histoire les chroniques antérieures, et furent ensuite continuées de règne en règne. Malheureusement les premiers rédacteurs ne mirent aucune critique dans ce travail, et mêlèrent tant de fables à leur récit que la connaissance de nos origines en fut faussée pour des siècles. — Apparition de la fleur de lis sur les monnaies royales. Toutefois, il a été remarqué que la couronne de Frédégonde était terminée par des fleurs de lis, et son sceptre par un lis champêtre. Plusieurs couronnes des rois carlovingiens portent le même ornement.

SIXIÈME PÉRIODE.

PREMIÈRE VICTOIRE DE LA ROYAUTÉ SUR L'ARISTOCRATIE FÉODALE

(1180-1328).

CHAPITRE XXIII.

PHILIPPE AUGUSTE ET LOUIS VIII (1180-1226)[1].

Caractère de cette période. — Du neuvième au douzième siècle, le roi vivait toujours, mais la royauté n'existait plus, les pouvoirs publics, qui auraient dû rester dans sa main, étant devenus des pouvoirs domaniaux exercés par tous les grands propriétaires. A cette révolution, qui avait brisé pendant trois siècles l'unité du pays, en succède une autre qui s'efforce de réunir les membres épars de la société française et d'enlever aux seigneurs les droits usurpés par eux, pour les rendre à la royauté, ce qui fera du roi le seul juge, le seul administrateur, le seul législateur du pays. Cette révolution commence avec Philippe Auguste et saint Louis, qui reconstituent un gouvernement central, et n'est accomplie qu'avec Louis XIV, parce que divers incidents, la guerre de Cent ans aux quatorzième et quinzième siècles, au seizième les guerres de religion, suspendent ce grand travail intérieur.

Philippe Auguste (1180-1223) : acquisition de plusieurs provinces. — Philippe II, surnommé Auguste à cause de sa naissance dans le mois d'août, monta sur le trône

---

1. Ouvrages à consulter : la *Vie de Philippe Auguste*, par Ricord et Guillaume Le Breton; *la Philippide*, poëme par Guillaume Le Breton; *Histoire de la conquête de Constantinople*, par Villehardouin; *Faits et gestes de Louis VIII*, par Nicolas de Bray; *Chronique de Guillaume de Nangis*; *Histoire de la croisade contre les Albigeois*, par Pierre de Vaulx-Cernay; *Chroniques* de Guillaume de Puy-Laurens; le *Poëme de la croisade des Albigeois*, traduit par Fauriel.

à quinze ans. Ses proches, ses vassaux, crurent avoir bon marché d'un enfant ; il les trompa par son activité et sa résolution. Le résultat des guerres qu'il eut à soutenir fut l'acquisition en 1183, des comtés d'Amiens, de Vermandois et de Valois. L'Artois, qui lui était échu en 1191 par héritage de sa femme, porta jusqu'aux frontières de la Flandre le domaine immédiat de la couronne. Le duc de Bourgogne, le sire de Beaujeu, le comte de Châlons, qui pillaient les églises, furent contraints de les respecter. Il chassa les juifs, en prenant pour lui leurs terres, leurs maisons (1182), et fit brûler nombre de patérins ou hérétiques. Enfin une insurrection des *cotereaux*, bandes de brigands qui ravageaient le centre de la France, fut étouffée par des troupes royales unies aux habitants des communes, et punie par de cruels supplices.

Troisième croisade (1190-1191). — Philippe, comme son père, entreprit une croisade. Il s'agissait de recouvrer Jérusalem, tombée en 1187 aux mains des infidèles. Huit rois, tous français, y avaient régné depuis Godefroy de Bouillon. Le dernier, Guy de Lusignan, venait d'être fait prisonnier par Saladin à la bataille de Tibériade. La chrétienté fit un puissant effort ; Richard Cœur de Lion, roi d'Angleterre, et Philippe Auguste partirent ensemble. L'empereur Frédéric Barberousse les avait précédés. On ne dépassa pas Saint-Jean d'Acre, qui fut repris.

Rivalité de Philippe Auguste et de Richard. — Durant le long siége de cette ville, la mésintelligence éclata entre les deux rois. Philippe, éclipsé par son brillant rival, se hâta de regagner la France pour y travailler à la ruine de la trop puissante maison d'Angleterre. Il s'entendit avec un frère que Richard avait laissé, Jean sans Terre, tous deux espérant partager ses dépouilles. Mais Richard, sorti de la prison où l'empereur d'Allemagne l'avait retenu contre toute foi, voulait se venger de son frère et de son rival. Le premier acheta son pardon en égorgeant une garnison française qu'il avait introduite dans le château ; pour Philippe Auguste, il accepta la guerre. Elle commença en Normandie avec violence. Richard, troubadour et roi, la faisait et la chantait tout ensemble. Il battit Philippe près de Gisors, mais sans tirer grand parti de la victoire. Le pape Innocent III s'interposa et leur fit signer une trêve de cinq ans (janvier 1199). Deux mois après, Richard était tué d'un coup de flèche au siège du château de Chalus en Limousin, où il voulait ravir un trésor que le seigneur de ce château avait trouvé.

Condamnation de Jean sans Terre; acquisition de plusieurs provinces (1204). — Le frère du Cœur de Lion lui succéda (1199). Le roi de France, aussitôt devenu l'ennemi de son ancien allié, soutint contre lui un prétendant, le jeune Arthur, fils d'un frère aîné de Jean sans Terre; et, lorsque Jean eut poignardé celui-ci de sa propre main, Philippe cita le meurtrier à comparaître par-devant les douze grands vassaux de la couronne ou pairs du royaume. Sur son refus, il confisqua ses fiefs, entra avec une armée en Normandie, que Jean ne défendit pas, et prit le château Gaillard, forte place bâtie par Richard, et qui résista six mois. Le pape Innocent III voulut imposer la paix aux deux rois; Philippe gagnait trop à cette guerre contre un lâche ennemi pour n'y pas résister; il répondit fièrement au pontife; et, poussant vivement ses succès, mit la main sur toutes les villes de la province, même sur Rouen, « la très-riche cité, pleine de nobles hommes et chefs de toute la Normandie. » L'Anjou, la Touraine et le Poitou furent aussi aisément réunis au domaine royal. C'étaient les plus brillantes conquêtes qu'un roi de France eût encore faites (1203-1204).

Victoire de Bouvines (1214). — Quelque lâche qu'il fût, Jean ne pouvait se résigner à tant de honte. Il forma une vaste coalition. Pendant qu'il attaquerait lui-même la France par le sud-ouest, l'empereur d'Allemagne, Otton IV, les comtes de Flandre et de Boulogne, avec tous les princes des Pays-Bas, devaient l'attaquer par le nord. Mais la France se leva pour repousser l'invasion étrangère. Le fils du roi, Louis, alla tenir tête au roi anglais dans le Poitou; et Philippe, avec le restant de la chevalerie et les milices des communes du nord, marcha au-devant de l'ennemi, qu'il rencontra près du pont de Bouvines, sur la Marq, entre Lille et Tournai (27 juillet). Les chefs ennemis, entourés de forces qu'on porte à 100 000 hommes, étaient si assurés de vaincre, qu'ils se partageaient d'avance le pays.

Le péril du roi de France explique un fait que l'histoire a singulièrement dénaturé. On a représenté Philippe Auguste plaçant sa couronne sur l'autel en disant : « Elle est au plus digne. » Je ne crois pas à cette scène théâtrale, mais je croirais volontiers au récit suivant d'un ancien chroniqueur : « Le roi, rapporte-t-il, demanda une messe; quand elle fut dite, il fit apporter pain et vin et fit tailler des soupes, et en mangea une, et puis il dit à tous ceux qui étaient autour de lui : « Je prie à tous mes bons amis qu'ils mangent avec « moi en souvenance des douze apôtres qui, avec Notre-Sei- « gneur, burent et mangèrent ; et, s'il y en a aucun qui pense « mauvaiseté ou tricherie, qu'il ne s'approche pas. » Alors s'avança messire Enguerrand de Coucy et prit la première soupe, et le comte Gauthier de Saint-Pol la seconde, et dit au roi : « Sire, on verra bien de ce jour si je suis un traître. » Il disait ces paroles parce qu'il savait que le roi l'avait en soupçon à cause de certains mauvais propos. Le comte de Sancerre prit la troisième soupe, et les autres barons après, et il y eut une si grande presse, qu'ils ne purent tous arriver au buffet qui contenait les soupes. Quand le roi le vit, il en fut grandement joyeux, et il dit aux barons : « Sei- « gneurs, vous êtes tous mes hommes et je suis votre roi, « quoi que je soie, et je vous ai beaucoup aimés.... Pour ce, « je vous prie, gardez en ce jour mon honneur et le vôtre. Et « si vous voyez que la couronne soit mieux employée en l'un « de vous que en moi, je m'y ôterai volontiers et le veuille « bon cœur. » Lorsque les barons l'ouïrent ainsi parler, ils commencèrent à pleurer, disant : « Sire, pour Dieu, merci ! « Nous ne voulons roi sinon vous. Or chevauchez hardiment « contre vos ennemis, et nous sommes appareillés de mourir « avec vous[1]. »

Cependant les deux armées restèrent quelque temps à peu de distance l'une de l'autre sans oser commencer l'action, et les Français se retiraient par le pont de Bouvines, pour marcher sur le Hainaut, quand l'ennemi, attaquant l'arrière-garde, les obligea à faire face.

« Philippe, dit son chapelain Guillaume le Breton, qui, pendant l'action, resta derrière le roi à chanter des psaumes, Philippe se reposait à ce moment sous un arbre, proche d'une chapelle, et son armure défaite ; au premier bruit du combat, il entra dans l'église pour y faire une courte prière, s'arma promptement et sauta sur son destrier avec une aussi grande joie que s'il dût aller à noce ou à fête ; alors commença à crier par les champs : Aux armes, hommes de guerre, aux

1. *Chronique de Reims*, publiées par M. L. Paris, p. 148. Cette sorte de communion avant la bataille était alors habituelle. Duguesclin, avant le combat, mangeait toujours trois soupes (trois tranches de pain) dans du vin, en l'honneur de la Trinité. Les preux du roman de Perceval faisaient tous la même chose. (Fournier, *l'Esprit dans l'histoire*, p. 43-47.)

armes! et les trompettes sonnèrent. Le roi se porta en avant, sans attendre sa bannière, l'oriflamme de Saint-Denis, tissu de soie d'un rouge éclatant, qui était ce jour-là porté par un très-vaillant homme, Gallon de Montigni. L'évêque élu de Senlis, Guérin, ordonna les batailles de manière que les Français eussent le soleil à dos, tandis que l'ennemi l'eut dans les yeux. Trois cents bourgeois de Soissons, vassaux de l'abbé de Saint-Médard, et qui servaient à cheval, commencèrent l'action à l'aile droite, en chargeant audacieusement les chevaliers de Flandre. Ceux-ci hésitent quelque temps à lutter avec des hommes du peuple. Cependant, le cri de *mort aux Français!* poussé par un d'eux, les anime, et les Bourguignons, conduits par leur duc, étant venus renforcer les gens de Soissons, la mêlée devient furieuse. C'est de ce côté que combattait le comte Ferrand. »

Quand l'action avait commencé, les milices des communes étaient déjà au delà de Bouvines, elles repassèrent le pont en toute hâte, coururent du côté de l'enseigne royale et vinrent se placer au centre, en avant du roi et de sa bataille. Les chevaliers allemands, au milieu desquels était l'empereur Otton, chargèrent ces braves gens et passèrent au travers pour percer jusqu'au roi; mais les plus renommés des hommes d'armes de France se jetèrent au-devant d'eux et les arrêtèrent. Pendant cette mêlée, les fantassins allemands passèrent derrière les cavaliers et arrivèrent à l'endroit où était Philippe. Ils l'arrachèrent de son cheval, et, pendant qu'il était renversé à terre, essayèrent de le percer par la visière de son casque ou le défaut de son armure. Montigni, qui portait l'enseigne de France, élevait et agitait sa bannière pour appeler au secours : quelques chevaliers et les gens des communes accoururent. On délivra le roi, on le remit sur un destrier et il se rejeta dans la mêlée. L'empereur à son tour, faillit être pris. Guillaume des Barres, le plus brave et le plus fort chevalier de toute l'armée, l'heureux adversaire de Richard Cœur de Lion, qu'il avait deux fois terrassé, tenait déjà Otton par son heaume et le frappait violemment, quand un flot d'ennemis se rua sur lui. Ne pouvant lui faire lâcher prise, ni l'atteindre, ils tuèrent son cheval pour le renverser lui-même à terre; mais il se dégagea à temps, et seul, à pied, comme un lion furieux, fit avec son épée et son poignard un large vide autour de lui. Otton, du moins, put s'échapper.

A la droite, le comte de Flandre, Ferrand, était tombé blessé aux mains des Français; au centre, l'empereur avec ses princes allemands fuyait : mais, à la gauche, Renaud de Bourgogne et les Anglais tenaient bon. Ils avaient fait plier les gens de Dreux, du Perche, du Ponthieu et du Vimeu. « A cette vue, dit le poëte chroniqueur, Philippe de Dreux, évêque de Beauvais, s'afflige, et, comme il tenait par hasard une massue à la main, oubliant sa qualité d'évêque, il frappe le chef des Anglais, l'abat et avec lui bien d'autres, brisant les membres, mais ne versant pas le sang, et recommandant à ceux qui l'entouraient de dire que c'étaient eux qui avaient fait ce grand abatis, de peur qu'on ne l'accusât d'avoir violé les canons et commis une œuvre illicite pour un prêtre. » Les Anglais furent bientôt en pleine déroute, à l'exception de Renaud de Boulogne qui avait disposé une troupe de sergents à pied en double cercle hérissé de longues piques. Il s'élançait de là comme d'un fort ou s'y réfugiait pour reprendre haleine. A la fin, son cheval fut blessé, il tomba lui-même et fut pris : cinq autres comtes et vingt-cinq seigneurs bannerets étaient déjà captifs.

Le retour du roi à Paris fut une marche triomphale ; partout sur son passage les églises retentissaient d'actions de grâces, et on entendait les doux chants des clercs mêlés au bruit des cloches et aux sons harmonieux des instruments de guerre. Les maisons étaient tendues de courtines et de tapisseries, les chemins jonchés de rameaux verts et de fleurs nouvelles. Tout le peuple, hommes et femmes, enfants et vieillards, accourait aux carrefours des chemins; tous voulaient voir le comte de Flandre qui, blessé et enchaîné, était couché dans une litière, et ils lui disaient : « Ferrand, te voilà ferré maintenant et lié, tu ne regimberas plus pour ruer et lever le bâton contre ton maître. » A Paris, les bourgeois et la multitude des clercs, des écoliers et du peuple, allèrent à la rencontre du roi, chantant des hymnes et des cantiques. Ils firent une fête sans égale, et, le jour n'y suffisant pas, ils festoyèrent la nuit avec de nombreux luminaires en sorte que la nuit paraissait aussi brillante que le jour. Les écoliers firent durer la fête une semaine entière. Pendant ces réjouissances, les milices communales, qui s'étaient si bien comportées dans la bataille, vinrent en pompe livrer leurs prisonniers au prévôt de Paris. Cent dix chevaliers étaient tombés entre leurs mains, sans les petites gens. Le roi leur en donna une partie pour les mettre à rançon, il enferma le reste au grand et petit châtelet de Paris. Ferrand fut détenu dans la nouvelle tour du Louvre; il y resta treize ans (1227). Près de Senlis, s'éleva l'*abbaye de la Victoire*, dont les ruines subsistent encore.

Philippe semble n'avoir pas tiré de ce grand succès tous les résultats qu'il pouvait obtenir. Il n'acquit aucune terre nouvelle; la Flandre resta à la femme de Ferrand, le comté de Boulogne, à la fille de Renaud, et Jean d'Angleterre acheta une trêve qui lui laissa la Saintonge et la Guyenne. Mais Philippe avait repoussé une invasion formidable, fait fuir devant lui un empereur et un roi, déjoué les mauvais desseins de plusieurs grands vassaux, enfin donné à la dynastie capétienne le baptême de gloire qui jusqu'alors lui avait manqué, et révélé la France à elle-même. Ce triomphe, en effet, fit éclater dans le pays quelque chose que l'on ne connaissait pas, l'esprit national, le patriotisme : sentiment faible encore, malgré l'explosion de la joie publique, et qui plus d'une fois paraîtra s'éteindre, mais pour reparaître avec une énergie victorieuse. Il y a maintenant en France une nation et un roi.

Activité guerrière de la noblesse. — La noblesse signala encore sous ce règne son activité guerrière par deux entreprises : la quatrième croisade, qui changea l'empire grec en empire français, et la guerre contre les Albigeois, qui rattacha à la France les populations du midi. Philippe ne prit part ni à l'une ni à l'autre. Il laissa les nobles user leurs ressources et leur turbulence dans ces expéditions qui profitaient doublement à la France, par l'ordre qu'elles permettaient d'établir dans le royaume et par la gloire dont elles couvraient au loin son nom. « J'ai aux flancs, écrivait-il au pape qui le pressait de se croiser contre les Albigeois, deux grands et terribles lions, l'empereur Otton et le roi Jean; aussi ne puis-je sortir de France. » Après Bouvines, pourtant, l'un et l'autre lui causèrent bien peu d'inquiétude.

Quatrième croisade (1202-1204). — La quatrième croisade, que le sénéchal du comté de Champagne, Villehardouin, fit et raconta, fut une entreprise particulière. Depuis le mauvais succès de la troisième croisade, on oubliait Jérusalem, et, au lieu de ces pieuses expéditions, on ne voyait dans le monde chrétien que guerres entre les rois et les peuples. L'Angleterre, l'Allemagne, la France, jadis unies pour la délivrance du saint sépulcre, étaient armées les unes contre les autres. L'empereur Otton IV était excommunié, Philippe Auguste l'avait été, Jean le sera. Tous ces excommuniés songeaient peu à la Terre sainte. Le grand pape Innocent III voulut la leur rappeler ; il fit prêcher une croisade, promettant la rémission de leurs péchés à ceux qui serviraient Dieu un an. Foulques, curé de Neuilly-sur-Marne, en fut le prédicateur. Il vint à un tournoi qu'on célébrait en

Ruines de l'abbaye de la Victoire.

Champagne, et son ardente parole fit prendre la croix à tous les princes et chevaliers qui s'y trouvaient. Cette fois encore les rois se tinrent à l'écart, le peuple aussi. On résolut de faire route par mer et on députa à Venise pour louer des vaisseaux (1201). La république demanda 85 000 marcs d'argent et la moitié des conquêtes que feraient les chevaliers. Comme ils ne pouvaient payer si grosse somme, Venise leur accorda du temps, à condition qu'ils l'aideraient à prendre

Zara en Dalmatie. Ils y consentirent (1202). Ce premier compte ainsi réglé, on put partir. Mais où aller? Les échecs des deux dernières croisades montraient qu'il fallait avoir un point d'appui pour opérer sûrement en Palestine ; et ce point d'appui devait être l'Égypte ou l'empire grec. Les Vénitiens persuadèrent à leurs alliés que les clefs de Jérusalem étaient au Caire ou à Constantinople. Il y avait du vrai dans cette pensée, mais il y avait surtout un intérêt commercial. La possession du Caire donnait aux marchands de Venise la route de l'Inde, celle de Constantinople leur assurait le commerce de la mer Noire et tout l'Archipel. On se décida pour Constantinople, où un jeune prince grec, Alexis, s'offrit à les conduire, à condition qu'ils rétabliraient sur le trône son père Isaac l'Ange, qui en avait été précipité (1203).

Quand les Français, arrivés en vue de Constantinople, aperçurent ses hauts murs, ses églises innombrables qui étincelaient au soleil avec leurs dômes dorés, et que leurs regards se furent promenés, dit Villehardouin, « et de long et de large sur cette ville qui de toutes les autres était souveraine, sachez qu'il n'y eut si hardi à qui le cœur ne frémît.... et chacun regardait ses armes, que bientôt en auront besoin. » Sur le rivage s'alignait une magnifique armée de 60 000 hommes. Les croisés comptaient sur une bataille terrible. Des barques les conduisirent à terre tout armés. Avant même de toucher la plage, « les chevaliers sortent des vaisseaux et saillent en la mer jusqu'à la ceinture, tout armés, les hommes lacés, les glaives ès mains, et les bons archers, et les bons sergents, et les bons arbalestriers. Et les Grecs firent mult grand semblant de les arrêter. Et quand ce vint aux lances baisser, les Grecs leur tournent le dos et s'en vont fuyant et leur laissant le rivage. Et sachez que oncques plus orgueilleusement nul pas ne fut pris. » Le 18 juillet 1203, la ville fut emportée d'assaut, et le vieil empereur, tiré de son cachot, fut rétabli sur le trône. Alexis avait fait aux croisés les plus brillantes promesses ; pour les tenir, il mit de nouveaux impôts et exaspéra si bien ce peuple débile, qu'il étrangla son empereur, en fit un autre, Murtzuphle, et ferma les portes de la ville. Les croisés l'attaquèrent aussitôt. Trois jours leur suffirent pour y entrer (mars 1204) ; cette fois ils la mirent à sac. Tout un quartier, une lieue carrée de terrain, fut brûlé. Que de chefs-d'œuvre alors périrent!

Fondation d'un empire français à Constantinople

PHILIPPE AUGUSTE ET LOUIS VIII (1180-1226). 319

(1204-1261). — Constantinople prise, on se partagea l'empire. Baudouin IV, comte de Flandre, fut élu empereur. Boniface, marquis de Monferrat, fut fait roi de Macédoine ; Villehardouin maréchal de Romanie, et son neveu prince d'Achaïe. Il y eut des ducs d'Athènes et de Naxos, des comtes de Céphalonie, un sire de Thèbes, de Corinthe. Venise garda un quartier de Constantinople, avec tous les ports de l'empire et toutes les îles. C'était une nouvelle France qui s'élevait avec ses mœurs féodales à l'extrémité de l'Europe. Mais ces croisés étaient trop peu nombreux pour garder longtemps leur conquête. En 1261, l'empire latin s'écroula. Cependant, jusqu'à la fin du moyen âge et aux conquêtes des Turcs, il subsista, dans certaines portions de la Grèce, un reste de ces principautés féodales si étrangement établies par les Français du treizième siècle sur le vieux sol de Miltiade et de Léonidas.

Croisade contre les Albigeois (1208). — La croisade contre les Albigeois fut plus directement profitable que celle de Constantinople. Le midi de la France s'était depuis longtemps séparé du Nord. On a vu ses tentatives pour se constituer à part au temps de Dagobert, Charles Martel, Pépin, Charlemagne, Charles le Chauve et Hugues Capet. Il avait une autre langue, d'autres mœurs. Le commerce y avait amené l'aisance parmi les bourgeois, le luxe parmi les seigneurs ; et les uns et les autres, réunis sans jalousie ni haine dans les charges municipales, donnaient la paix au pays. Mais, dans ces riches cités, dans ces cours brillantes qu'animaient les chants des troubadours, les doctrines religieuses étaient aussi légèrement traitées que les mœurs. L'hérésie perçait de toutes parts. Le pape Innocent III organisa contre elle l'inquisition, tribunal chargé de rechercher et de juger les hérétiques, en s'aidant de la torture ; ce tribunal a immolé d'innombrables victimes humaines sans réussir à tuer l'hérésie, parce que le bûcher est le pire moyen de faire triompher la vérité.

Cependant l'inquisition ayant elle-même échoué, le pape fit prêcher une croisade. Les chevaliers du nord de la France, grossiers et barbares à côté de ceux du midi, saisirent l'occasion de se venger d'une supériorité odieuse. Ils s'enrôlèrent en foule dans l'espoir de piller les riches cités dont on leur avait dit tant de merveilles. Un comte des environs de Paris, Simon de Montfort, était leur chef. La guerre fut sans pitié ; à Béziers, 15 000 personnes furent égorgées, partout ailleurs à proportion. Le puissant comte de Toulouse, les vicomtes de Narbonne, de Béziers, furent dépossédés (1209) ; le roi d'Aragon, venu à leur secours, fut tué à la bataille de Muret (1213). Le légat du saint-siége offrit leurs fiefs aux puissants barons qui avaient fait cette croisade ; ils refusèrent de prendre ce bien taché de sang. Le légat les donna à

Porte Bardou à Montfort-l'Amaury [1].

Simon de Montfort, et déclara que les veuves des hérétiques possédant des fiefs nobles ne pourraient épouser que des Français [2] durant les dix années qui allaient suivre. La civilisation du midi, étouffée par ces rudes mains, périt. La gaie

1. Cette porte était sans doute le premier ouvrage extérieur du château. Elle est cintrée et probablement antérieure au douzième siècle.
2. La *France* proprement dite ne comprenait alors qu'une partie des

Béziers.

science, comme les troubadours appelaient la poésie, ne pouvait chanter sur tant de ruines sanglantes.

Dans leur misère, les gens de la langue d'oc se souvinrent du roi de France. Montpellier se donna à lui, et Philippe envoya son fils Louis leur montrer la bannière de France. Louis y retourna après la mort de Simon de Montfort, tué devant Toulouse, et le fils du comte, Amaury de Montfort, offrit au roi de lui céder les conquêtes de son père, qu'il ne pouvait plus défendre contre l'universelle réproba-

Ruines du château de Montfort[1].

tion de ses nouveaux sujets. Philippe, alors sur le bord de la tombe, repoussa cette offre, qui fut acceptée cinq ans plus tard.

Expédition d'Angleterre (1216). — En rentrant vaincu, humilié, dans son île, après la bataille de Bouvines, Jean y avait trouvé ses barons soulevés. Toute l'Angleterre était en armes : nobles et bourgeois, clercs et laïques, don-

pays situés entre la Somme et la Loire. Ce dernier fleuve séparait à peu près les pays où *oui* se disait *oïl* de ceux où il se disait *oc*, la langue d'oïl de la langue d'oc.

1. Ces ruines consistent en deux tours, dont l'une est du seizième siècle.

nant à l'Europe féodale le grand exemple de leur union, forcèrent le roi à signer la grande charte des libertés anglaises (1215). Jean recourut au pape Innocent III, qui, de son autorité, déclara la grande charte non avenue et releva le roi de ses serments. Jean commença aussitôt la guerre contre ses barons qui appelèrent à l'aide le fils de Philippe Auguste, Louis, neveu de Jean par sa femme Blanche de Castille. Innocent III menaça Philippe Auguste de l'excommunication, et le roi feignit de vouloir arrêter son fils. Mais Louis lui répondit : « Sire, je suis votre homme-lige pour les terres que vous m'avez baillées en France, mais point ne vous appartient de décider du sort du royaume d'Angleterre. » Louis continua donc son entreprise, et, le 30 mai 1216, débarqua en Angleterre, malgré une excommunication du pape. Cette sentence, dont l'effet, à force d'être répété, commençait à s'affaiblir, n'eût point empêché le prince français de réussir sans la mort du roi Jean. Celui-ci laissait pour successeur un enfant, Henri III. Les barons comprirent que mieux valait pour leur cause ce roi enfant qu'un prince étranger peu disposé sans doute à respecter, après la victoire, leurs priviléges, et qui serait au besoin aidé des forces de la France. Louis fut donc peu à peu abandonné et contraint de revenir en France en 1217.

Administration intérieure. — Sous Philippe Auguste, Paris fut embelli, pavé et ceint d'une muraille, formée d'un mur de 8 pieds d'épaisseur, flanquée de 500 tours, percée de 13 portes et défendue par un fossé. Elle commençait sur la rive droite de la Seine, un peu au-dessus de l'emplacement actuel du pont des Arts. La porte Saint-Honoré se trouvait dans la rue de ce nom, à la hauteur du temple de l'Oratoire. L'enceinte allait au nord jusqu'à la porte Saint-Denis et finissait au quai des Célestins, à la hauteur du lycée Charlemagne ; au sud elle commençait à la Tournelle et remontait par les rues des Fossés-Saint-Bernard et Saint-Victor, aux portes Saint-Jacques et Saint-Michel, et allait gagner, par le carrefour Buci, la tour de Nesle, sur l'emplacement du palais Mazarin.

La ville fut dotée de halles et surveillée par une meilleure police ; les travaux de la cathédrale de Notre-Dame furent conduits activement[1] ; le Louvre fut commencé ; l'Université

---
1. La nef, le chœur, la façade principale si majestueuse et si imposante furent élevés sous le règne de Philippe Auguste.

de Paris[1] constituée avec de grands priviléges, et les archives furent fondées.

Ainsi Philippe Auguste avait glorieusement rempli son règne de quarante-trois ans : le domaine royal doublé par l'acquisition du Vermandois, de l'Amiénois, de l'Artois, de la Normandie, du Maine, de l'Anjou, de la Touraine, du Poitou et d'une partie de l'Auvergne ; les soixante-treize prévôtés dont il se composait en 1223, placées sous la surveillance des *baillis* ; la féodalité attaquée dans un de ses plus ruineux

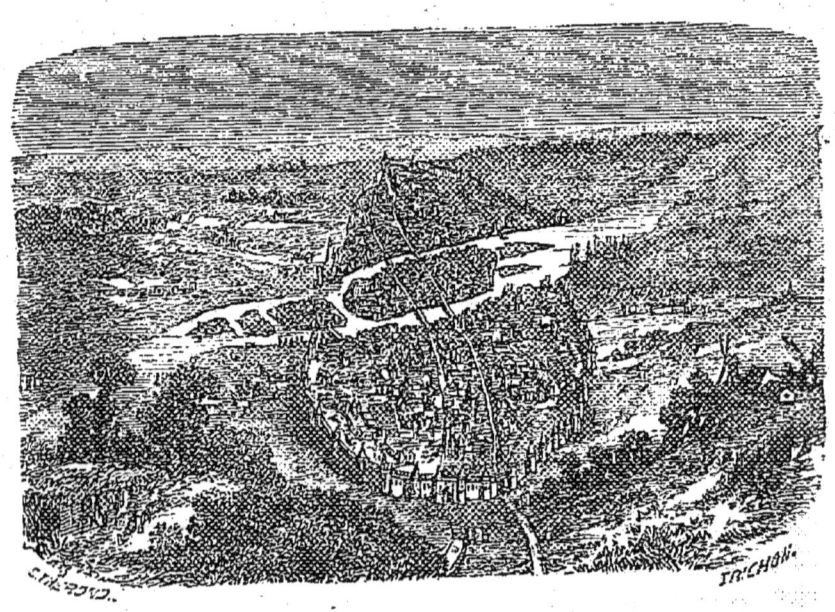

Paris sous Philippe Auguste.

priviléges, le droit de guerre privée, par l'établissement de la *Quarantaine le roy*[2] ; l'autorité de la cour des pairs consacré par le mémorable exemple de la condamnation du roi

---

1. Elle s'appelait l'Étude de Paris, et ne prit le nom d'Université que vers 1250. En 1181, le pape Alexandre IV chargea un cardinal et les archevêques de Rouen et de Reims de dresser les règlements qui lui furent donnés. Les élèves et les professeurs de l'Université de Paris n'étaient justiciables que du tribunal ecclésiastique.
2. C'était une trêve forcée de 40 jours entre le meurtre commis ou l'injure reçue, et la vengeance qu'en tiraient les offensés. Dans l'intervalle, les passions s'apaisaient, le roi pouvait intervenir et justice être faite. Cette ordonnance est aussi attribuée à saint Louis, qui la renouvela et la fit exécuter sévèrement, s'il ne la publia pas le premier.

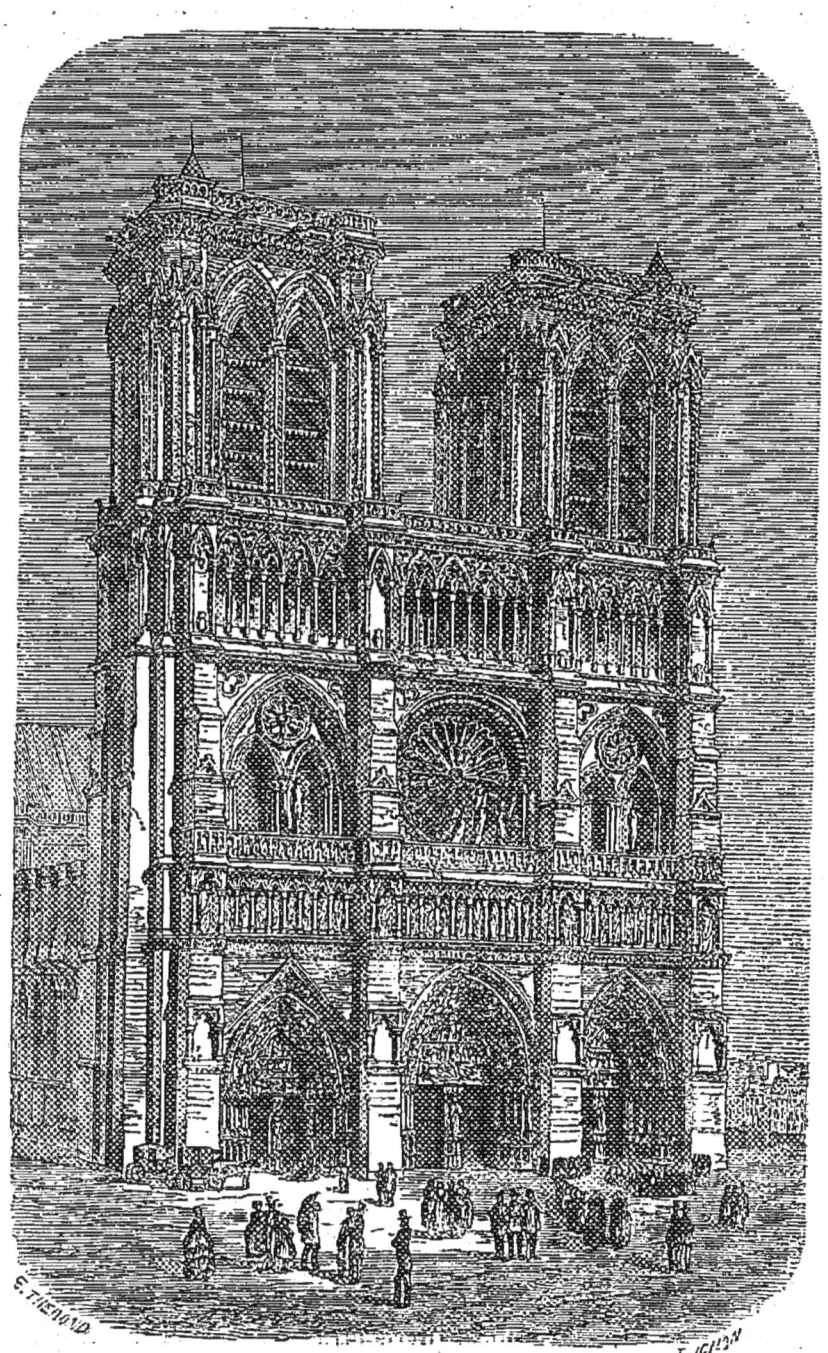

Notre-Dame de Paris.

d'Angleterre; enfin la royauté apparaissant de nouveau comme pouvoir législateur, et les ordonnances reprenant le caractère de généralité pour tout l'État, qu'elles n'avaient plus depuis les derniers capitulaires de Charles le Simple: tels sont les résultats qui ont mérité à Philippe Auguste la reconnaissance de la postérité. Il avait mis la royauté hors de tutelle, au grand profit de l'ordre, de l'industrie, du commerce, qu'il encouragea, c'est-à-dire au profit d'elle-même et du peuple.

Porte Saint-Honoré.

Relations de Philippe avec la cour de Rome. — Ce prince avait cependant encouru les censures de Rome. Il avait épousé en secondes noces Ingeburge de Danemark (1193); mais, le lendemain même du mariage, il la répudia. Un concile d'évêques prononça la nullité de cette union, et Philippe épousa aussitôt Agnès de Méranie. Il y avait là un grand scandale. Un homme, parce qu'il était roi, se jouait de l'honneur d'une femme, d'une pauvre étrangère, sans défenseur. Philippe crut tout terminé par la sentence des évêques. Mais Ingeburge en appela au pape, et Innocent III prit en main, au nom de la morale et de la religion outragées, la cause de celle que tous abandonnaient. Philippe résista. Le pape lança l'interdit sur son royaume. Alors partout les offices cessèrent; les peuples furent sans prières, sans consolations. En vain le roi chassa de leurs siéges les évêques qui observaient l'interdit, il dut plier devant le mécontentement universel qui menaçait sa couronne : il renvoya Agnès de Méranie, qui mourut de douleur, et reprit Ingeburge en 1213. Un de ces grands exemples que le christianisme seul a donnés avait donc été de nouveau offert aux peuples.

Philippe céda, et eut raison; dans une autre circonstance, il résista, et eut raison encore. C'était en 1203. Il envahissait les fiefs que Jean avait perdus par sa félonie. Innocent III le menaça des anathèmes de l'Église s'il allait plus avant. Philippe s'assura du concours de ses grands vassaux et se fit donner par écrit l'engagement qu'ils prirent de le soutenir dans cette cause envers et contre tous, même contre le seigneur pape, puis continua son entreprise.

Dans ces deux circonstances, le pape et le roi font tour à tour appel à l'opinion publique et au bon droit : l'un en intéressant le peuple à la cause de la moralité, l'autre en intéressant les barons aux légitimes prérogatives de la couronne.

C'est un progrès, et on voit que nous commençons à sortir des temps où la force seule régnait.

Louis VIII (1223-1226.) La France du midi ramenée sous l'autorité du roi. — Philippe Auguste était mort à Mantes, le 14 juillet 1223, âgé seulement de 59 ans. Le règne de son fils n'était que la continuation du sien. Louis VIII avait été un instant, du vivant de son père, proclamé roi dans Londres, par les barons anglais révoltés, et deux fois il s'était croisé contre les Albigeois. Devenu roi de France, il poursuivit ces deux guerres. Sur les Anglais, il conquit ce que Phillippe Auguste n'avait pas pris du Poitou, l'Aunis, la Rochelle, Limoges, Périgueux; dans la langue d'oc, il alla prendre Avignon. Le pays, depuis le Rhône jusqu'à quatre lieues de Toulouse, lui fit soumission; et il mit des sénéchaux et des baillis à Beaucaire, à Carcassonne et à Béziers. Ainsi, tout le midi, à l'ouest du Rhône, moins la Guyenne et Toulouse, reconnaissait l'autorité royale. Il n'y avait plus deux Frances; l'œuvre de l'unité territoriale avançait.

Louis VIII mourut au retour de cette expédition, à l'âge de 39 ans, au château de Montpensier en Auvergne. Il donna par son testament 100 sous à chacune des 200 léproseries de France et 20 000 livres aux 200 hôtels-Dieu. Il avait en 1224 affranchi tous les serfs du fief d'Étampes. Ces affranchissements se multiplieront jusqu'à Louis X, qui autorisera tous les serfs du domaine royal à se racheter.

CHAPITRE XXIV.

SAINT LOUIS (1226-1270)[1].

Saint Louis. — Voici le vrai héros du moyen âge, un prince aussi pieux que brave, qui aimait la féodalité, et qui lui porta les coups les plus sensibles ; qui vénérait l'Église, et qui sut au besoin résister à son chef ; qui respecta tous les droits, mais suivit par-dessus tout la justice ; âme candide et douce, cœur aimant, tout rempli de la charité chrétienne, et qui condamnait à la torture le corps du pécheur pour sauver son âme, qui sur la terre ne voyait que le ciel, et qui fit de son office de roi une magistrature d'ordre et d'équité. Rome l'a canonisé et le peuple le voit encore assis sous le chêne de Vincennes rendant justice à tout venant. Ce saint, cet homme de paix fit plus, dans la simplicité de son cœur, pour le progrès de la royauté, que les plus subtils conseillers et que dix monarques batailleurs, parce que le roi, après lui, apparut au peuple comme l'ordre même et la justice incarnés.

Régence de Blanche de Castille (1226-1236). — Depuis plus d'un siècle, l'épée de la royauté, qui était celle de la France, était vaillamment portée. Mais le fils de Louis VIII était un enfant de 11 ans. Une coalition des grands vassaux

---

1. Ouvrages à consulter : *Mémoires* de Joinville ; *Vie de saint Louis*, par Le Nain de Tillemont ; *Histoire d'Angleterre*, de Mathieu Paris ; elle s'arrête à 1256, mais fournit pour notre propre histoire de précieux renseignements que Joinville ne donne pas ; *Histoire des Croisades*, par Michaud ; *Histoire de saint Louis*, par M. Félix Faure.

se forma aussitôt pour profiter de sa minorité. Heureusement la régente Blanche de Castille, sa mère, était à la fois habile et courageuse. Elle gagna un des confédérés, le puissant comte de Champagne, Thibaut; puis le sauva avec l'armée royale des attaques de ses anciens alliés. En reconnaissance de ce service, elle obtint de Thibaut, devenu, par héritage, roi de Navarre, les importants comtés de Blois, de Chartres et de Sancerre. Un traité, signé en 1229, assura à un frère du roi l'héritage du comte de Toulouse, et un mariage ménagé entre un second frère de saint Louis et l'héritière de la Provence prépara pour une autre époque la réunion de ce pays à la France. Déjà des sénéchaux royaux étaient établis à Beaucaire et à Carcassonne, de sorte que le roi se trouvait maître par lui-même ou par ses frères d'une grande partie du midi de la France. La majorité de saint Louis fut proclamée en 1236; mais la sage régente conserva la plus grande influence sur l'esprit de son fils et sur la direction des affaires.

Croisade particulière (1239). — Le grand pontificat d'Innocent III avait rendu une énergie nouvelle à l'Église et au sentiment religieux. L'esprit des croisades, qui s'était éteint durant la rivalité de Philippe Auguste avec Richard Cœur de Lion et Jean sans Terre, venait de se réveiller. En 1235, on avait recommencé à prêcher la guerre sainte en France, et, comme trop souvent, avant de partir pour Jérusalem, on avait inauguré l'expédition par le massacre de ceux dont les pères avaient cloué la sainte victime sur la croix du Golgotha. Partout on égorgeait les juifs; le concile de Tours fut obligé de prendre ces malheureux sous sa protection. Les hérétiques trouvèrent moins de pitié. Thibaut, comte de Champagne, en fit brûler en une seule fois 183 sur le mont Aimé, près de Vertus. Au reste, cette croisade, dont Thibaut lui-même et les ducs de Bourgogne et de Bretagne firent partie, réussit mal. Les croisés furent battus à Gaza, en Palestine, et ceux qui revinrent ne rapportèrent que l'honneur d'avoir rompu quelques lances en Terre sainte.

Fermeté de Louis IX à l'égard de l'empereur et du pape. — Jusqu'à sa guerre contre les Anglais, on voit peu agir saint Louis; mais en 1241, l'empereur Frédéric II ayant retenu des prélats français qui se rendaient à Rome pour un concile, saint Louis réclama avec fermeté leur mise en liberté : «Puisque les prélats de notre royaume n'ont, pour aucune cause, mérité leur détention, lui écrit-il, il conviendrait que votre grandeur leur rendît la liberté; vous nous apaiserez ainsi; car nous regardons leur détention comme une injure, et la majesté royale perdrait de sa considération si nous pouvions nous taire dans un cas semblable... Que votre prudence impériale... ne se borne pas à alléguer votre puissance ou votre volonté, car le royaume de France n'est pas si affaibli qu'il se résigne à être foulé aux pieds par vous. » L'empereur relâcha ses prisonniers. Quelque temps auparavant, Louis avait refusé de recevoir, pour lui-même et pour un de ses frères, la couronne impériale de Frédéric II que le pape lui offrait. Il avait également refusé au pontife de modifier une ordonnance royale de 1234 qui restreignait la juridiction des tribunaux ecclésiastiques, mesure nécessaire, car ces cours en étaient venues à juger beaucoup plus de causes civiles que les tribunaux laïques.

Victoire de Taillebourg (1242); traités de 1258 et 1259. — Cet homme qui parlait si fermement, agit de même quand il fut forcé de prendre les armes. Attaqué en 1242 par les Anglais, qui favorisèrent la révolte de quelques-uns de ses barons, saint Louis les battit à Taillebourg et à Saintes. Peut-être serait-il venu à bout de les chasser de France; il refusa de pousser sa victoire. Les acquisitions faites depuis un demi-siècle avaient triplé l'étendue du domaine royal; mais elles lui semblaient entachées de violence. C'était le profit de deux confiscations. Par scrupule de conscience, il laissait au roi d'Angleterre, en vertu d'un traité qui ne fut signé qu'en 1259, à son retour de la croisade, le duché de Guyenne, c'est-à-dire Bordeaux, Limoges, Périgueux, Cahors, Agen, la Saintonge au sud de la Charente, et la Gascogne, à charge d'hommage envers la couronne. Afin de prévenir les parjures, il obligea les seigneurs qui tenaient des fiefs des deux couronnes à opter entre les deux souverains. La limite était également incertaine au sud; il la fixa par une convention avec le roi d'Aragon, et le comté de Barcelone cessa de relever de la couronne de France (1258).

Concile œcuménique de Lyon (1245). — En 1245, le pape Innocent IV, chassé d'Italie par l'empereur Frédéric II, vint se réfugier à Lyon et y tint dans la grande église de Saint-Jean, cathédrale de cette ville, le treizième concile œcuménique, auquel assistèrent 140 évêques. Le pape y déposa solennellement l'empereur et exhorta les princes chrétiens à marcher à la délivrance du saint sépulcre. Les chrétiens de Palestine avaient été l'année précédente écrasés par les Kharizmiens à la journée de Gaza, et Jérusalem était de nouveau tombée aux mains des infidèles.

Saint-Jean, cathédrale de Lyon.

**Première croisade de saint Louis (1248-1254);
Joinville.** — Saint Louis n'avait pas attendu l'appel des Pères du concile pour prendre la croix. Durant la maladie qui le mit aux portes du tombeau en 1244, il fit vœu d'aller en Terre sainte. Sa mère et ses conseillers combattirent en

www.ingramcontent.com/pod-product-compliance
Lightning Source LLC
Chambersburg PA
CBHW070857170426
43202CB00012B/2103